Verwaltungsressourcen und Verwaltungsstrukturen

herausgegeben von:

Prof. Dr. Hermann Hill, Universität Speyer,
Prof. Dr. Dieter Engels,
Präsident des Bundesrechnungshofs Bonn a.D., und
Prof. Dr. Utz Schliesky,
Direktor des Schleswig-Holsteinischen Landtages

Band 37

Bettina Engewald | Zarina Feller | Kathrin Annika Kruse
Axel Piesker | Tim Vallée | Hanna Willwacher | Jan Ziekow

Luftsicherheit in Deutschland

Organisation und Aufgabenwahrnehmung

Nomos

Onlineversion
Nomos eLibrary

Die Deutsche Nationalbibliothek verzeichnet diese Publikation in der Deutschen Nationalbibliografie; detaillierte bibliografische Daten sind im Internet über http://dnb.d-nb.de abrufbar.

ISBN 978-3-8487-8109-6 (Print)

ISBN 978-3-7489-2527-9 (ePDF)

1. Auflage 2021

Vorwort

In Deutschland sind die gesetzlichen Vorschriften zur Luftsicherheit im Luftsicherheitsgesetz zusammengefasst, das im Jahr 2005 in Kraft getreten ist und im Jahr 2016 novelliert wurde. Der Bereich der Luftsicherheit zeichnet sich dadurch aus, dass die Zuständigkeiten und Aufgaben auf unterschiedliche Akteure verteilt sind. So nehmen auf Bundesebene das Bundesministerium des Innern, für Bau und Heimat (BMI), das Bundesministerium für Verkehr und digitale Infrastruktur (BMVI), die Bundespolizei (BPOL) und das Luftfahrtbundesamt (LBA) Aufgaben in diesem Bereich wahr. Auf Länderebene sind die Landesluftsicherheitsbehörden (z. B. für die Durchführung der Luftsicherheitskontrollen) zuständig. Darüber hinaus sind auch die Flughafenbetreiber und die Fluggesellschaften für bestimmte Maßnahmen der Luftsicherheit verantwortlich.

Der Koalitionsvertrag für die 19. Legislaturperiode betont, dass Luftsicherheitskontrollen eine hoheitliche Aufgabe sind. Damit wird begründet, dass der Staat mehr strukturelle Verantwortung und Anteile der in den letzten Jahren gestiegenen Kosten für die Sicherheit der Flugreisenden übernehmen soll. Zudem enthält der Koalitionsvertrag den Auftrag, die bestehende Organisation und Aufgabenwahrnehmung und -verteilung für die Luftsicherheit zu begutachten und konzeptionelle Vorschläge erarbeiten zu lassen, um diese in Deutschland einheitlicher und effizienter zu gestalten.[1] Mit dieser Untersuchung beauftragte das BMI im Jahr 2019 das Deutsche Forschungsinstitut für öffentliche Verwaltung. Die vorliegende Publikation stellt eine an einigen Stellen redaktionell überarbeitete Version der ursprünglichen Studie dar, die dem BMI im Mai 2020 übergeben wurde.

Unser Dank gilt vor allem den Interviewpartnerinnen und -partnern der Luftverkehrswirtschaft, des bayerischen Staatsministeriums für Wohnen, Bau und Verkehr, der BPOL und der Gewerkschaften (DPolG, GdP und ver.di), ohne deren kooperative Mitwirkung die Studie nicht zu einem erfolgreichen Abschluss hätte gebracht werden können. Ebenfalls danken möchten wir der Arbeitsgemeinschaft deutscher Verkehrsflughäfen, die uns auch bei der Umsetzung der Umfrage unterstützt hat, den interna-

1 *CDU/CSU/SPD*, Ein neuer Aufbruch für Europa. Eine neue Dynamik für Deutschland. Ein neuer Zusammenhalt für unser Land, S. 80 f.

tionalen und nationalen Luftsicherheitsbehörden sowie den deutschen Verkehrsflughäfen, die durch ihre Teilnahme an den onlinegestützten Befragungen wertvolle Informationen beigesteuert haben. Schließlich möchten wir uns bei den für die Betreuung der Studie zuständigen Mitarbeiterinnen und Mitarbeitern des Referats B 3 im BMI für die sehr gute Zusammenarbeit und bei *Frau Diaz-Carreño* für das Korrekturlesen des Manuskripts bedanken.

Speyer, im Juli 2021

Bettina Engewald
Zarina Feller
Kathrin Annika Kruse
Axel Piesker
Tim Vallée
Hanna Willwacher
Jan Ziekow

Inhaltsverzeichnis

Abbildungsverzeichnis 15

Tabellenverzeichnis 17

Abkürzungsverzeichnis 23

Management Summary 29

Gutachtenauftrag und methodisches Vorgehen 29

Status quo: laufende Optimierungsprozesse und weitere Potenziale 30

Vorstellung und Bewertung möglicher Reformmodelle 32

Modellwechsel oder Optimierung des bestehenden Systems? 34

1 Hintergrund und Zielsetzung des Gutachtens 37

2 Methodisches Vorgehen 40

3 Rechtliche Grundlagen der Luftsicherheit 45

3.1 Rechtliche Vorgaben auf internationaler Ebene 45

3.2 Rechtliche Vorgaben auf europäischer Ebene 47

3.3 Rechtliche Vorgaben in Deutschland 48

3.3.1 Grundgesetz 49

3.3.2 LuftSiG 50

3.3.2.1 Zuständigkeiten 50

3.3.2.2 Kontrolle von Passagieren und Handgepäck, § 5 LuftSiG 51

3.3.2.2.1 Allgemeines 51

3.3.2.2.2 Kontrolle und Durchsuchung von Personen 52

3.3.2.2.3 Anhalten von Personen und Platzverweis 53

3.3.2.2.4 Durchsuchung von Fracht, aufgegebenem Gepäck, Postsendungen und sonstigen Gegenständen 54
3.3.2.3 Sicherheitsmaßnahmen der Flugplatzbetreiber, § 8 LuftSiG 54
3.3.2.3.1 Allgemeines 54
3.3.2.3.2 Nr. 1: Erstellung und Gestaltung von Flughafenanlagen etc. 57
3.3.2.3.3 Nr. 3: Herbeiholen des Fluggastes und Öffnung des Gepäcks 57
3.3.2.3.4 Nr. 5: Durchsuchung eigener und fremder Mitarbeiter 58
3.3.2.4 Sicherheitsmaßnahmen der Luftfahrtunternehmen, § 9 LuftSiG 62
3.3.2.5 Beleihung, § 16a LuftSiG 63
3.3.2.5.1 Allgemeines 63
3.3.2.5.2 Beleihung im LuftSiG 66
3.3.3 Haftungsfragen 67
3.3.3.1 Terrorhaftung 68
3.3.3.2 Schäden an Leben, Leib und Eigentum durch die Kontrolle 70
3.3.3.3 Flugzeug verpasst 70
3.3.3.3.1 Zuführung von Passagieren 71
3.3.3.3.2 Zu lange Wartezeit an der Kontrolle 72
3.3.3.3.2.1 Ansprüche aus Amtshaftung 72
3.3.3.3.2.2 Ansprüche aus Aufopferung 73
3.3.3.4 Innenregress 74

4 Luftsicherheit in Deutschland 76

4.1 Überblick 76
4.1.1 Ausgangslage Passagier- und Gepäckkontrollen 78

4.1.2 Wesentliche Aufgaben im Bereich der Passagier- und Gepäckkontrollen 81
4.1.2.1 Situation an den Flughäfen in Bundeszuständigkeit 82
4.1.2.1.1 Ausschreibung § 5-Kontrollen, Kontrahierung und Vertragsmanagement 82
4.1.2.1.2 Organisation und Durchführung der § 5-Kontrollen 83
4.1.2.1.3 Zertifizierung der Sicherheitstechnik 84
4.1.2.1.4 Beschaffung und Wartung der Sicherheitstechnik 85
4.1.2.1.5 Einrichtung und Betrieb der Kontrollstellen 86
4.1.2.1.6 Qualitätsmanagement (einschließlich Fachaufsicht) 86
4.1.2.1.7 Aus- und Fortbildung sowie Beleihung der LuftAss 87
4.1.2.1.8 Berechnung und Erhebung der Luftsicherheitsgebühr 89
4.1.2.1.9 Übersicht über die wesentlichen Aufgaben im Bereich der Passagier- und Gepäckkontrollen 92
4.1.3 Situation an den Flughäfen in Landeszuständigkeit 93
4.1.4 Das bayerische Organisationsmodell der Luftsicherheit 94
4.1.5 Kostenentwicklung im Bereich der Passagier- und Gepäckkontrollen 100

4.2 Luftsicherheit aus Sicht der Flughafenbetreiber 109
4.2.1 Rahmenbedingungen §§ 5 und 8 LuftSiG 110
4.2.2 Einschätzung der Flughafenbetreiber zu den § 5-Kontrollen 113
4.2.3 Einschätzung der Flughafenbetreiber zu den § 8-Kontrollen 127

4.3 Luftsicherheit aus Sicht der Landesluftsicherheitsbehörden 143

4.4 Kritik am bestehenden System der Luftsicherheit aus Sicht der relevanten Stakeholder 152
4.4.1 Grundbedingungen im Bereich der Luftsicherheit 152
4.4.2 Anwendungspraxis 153

4.5 Zusammenfassung 162

5 Bisherige Optimierungsansätze und -vorschläge 166

5.1 Zentrale Ergebnisse der BDL/-BMI-Pilotprojekte 166
5.1.1 Pilotprojekt am Flughafen Hamburg (HAM) 167
5.1.2 Pilotprojekt am Flughafen Berlin-Schönefeld (SXF) 171
5.1.3 Pilotprojekt am Flughafen Köln-Bonn (CGN) 173
5.1.4 Umsetzungstand und Bewertung der Maßnahmen der Pilotprojekte 175

5.2 Perspektive der Verkehrsflughäfen zu Optimierungsmaßnahmen 179
5.2.1 Optimierung des Informationsflusses und -austauschs 180
5.2.2 Modifizierung der Vertragsbedingungen der Sicherheitskontrollen 181
5.2.3 Weitere Optimierungsmaßnahmen der Passagier- und Gepäckkontrollen 183

5.3 Perspektive der Landesluftsicherheitsbehörden zu Optimierungsmaßnahmen 185
5.3.1 Optimierung des Informationsflusses und -austauschs 186
5.3.2 Reformmaßnahmen der Sicherheitskontrollen 187
5.3.3 Kenntnisse und Umsetzungsgrad der BMI/-BDL-Pilotprojekte 187

5.4 Neue Welt 188

5.5 Weitere Optimierungsansätze im bestehenden System 189
5.5.1 Luftverkehrswirtschaft beteiligen: Beschaffung Sicherheitstechnik und Einrichtung Kontrollstellen 190
5.5.2 Peaks vorbeugen: Flugplan entzerren 191
5.5.3 Überprüfung und Anpassung des derzeitigen Schulungssystems der LuftAss 191

6 Erfahrungen ausländischer Luftsicherheitsbehörden 194

6.1 Einleitung 194

6.2 Zentrale Ergebnisse der Befragung der ausländischen Luftsicherheitsbehörden 195
6.2.1 Planung und Durchführung der Passagier- und Handgepäckkontrollen 195
6.2.1.1 Schutz der Kontrollstellen 203
6.2.1.2 Einsatz der LuftAss in anderen Bereichen 205

6.2.2 Ausbildung der LuftAss 206
6.2.2.1 Organisation der Ausbildung der LuftAss 206
6.2.2.2 Dauer der Ausbildung der LuftAss und Festlegung der Ausbildungsinhalte 207
6.2.3 Zertifizierung, Beschaffung und Betrieb der Sicherheitstechnik 209
6.2.4 Finanzierung der Kosten für die Passagier- und Handgepäckkontrollen und weitere Fragen 211
6.2.5 Unterschiede zwischen Flughäfen innerhalb eines Staates 212
6.3 Zentrale Ergebnisse (im Abgleich mit dem deutschen System) 213

7 Vorstellung und Bewertung möglicher Reformmodelle 216
7.1 Vorstellung möglicher Reformmodelle 216
7.1.1 Übertragung wesentlicher Aufgaben auf die Flughäfen 216
7.1.2 Teilweise Aufgabenübertragung auf die Flughäfen (Sicherheitstechnik und Kontrollstellen) 219
7.1.3 Anstalt des öffentlichen Rechts in Bundeshand (für Flughäfen in Bundeszuständigkeit) 219
7.1.4 Modell: Gründung BPOL-Direktion Luftsicherheit 221
7.1.5 Gründung staatlicher Sicherheitsgesellschaften (Bayerisches Modell) 223
7.1.6 Gründung halbstaatlicher Sicherheitsgesellschaften 223
7.1.7 Optionsmodelle 225
7.1.8 Übersicht wesentliche Aufgaben im Zusammenhang mit den Passagier- und Gepäckkontrollen nach Zuständigkeiten und Modellen 226
7.2 Ableitung von Kriterien zur Bewertung der Modelle 231
7.2.1 Qualität/effektive Aufsicht 231
7.2.2 Effiziente Aufgabenwahrnehmung 232
7.2.3 Einheitlichkeit der Aufgabenerfüllung 234
7.2.4 Sozialverträglichkeit 235
7.2.5 Finanzielle Auswirkungen 236
7.2.6 Umsetzbarkeit 237
7.3 Bewertung der verschiedenen Reformmodelle 237
7.3.1 Modell: Weitgehende Übertragung auf Flughäfen 237
7.3.1.1 Qualität/effektive Aufsicht 237

7.3.1.2 Effiziente Aufgabenwahrnehmung 240
7.3.1.3 Einheitlichkeit der Aufgabenerfüllung 244
7.3.1.4 Sozialverträglichkeit 244
7.3.1.5 Finanzielle Auswirkungen 244
7.3.1.6 Umsetzbarkeit 245
7.3.1.7 Vorschläge zur Modifikation des Ausgangsmodells 247
7.3.1.8 Erledigung durch flughafeneigene Unternehmen 247
7.3.1.8.1 Effiziente Aufgabenwahrnehmung 248
7.3.1.8.2 Sozialverträglichkeit 249
7.3.2 Modell teilweise Aufgabenübertragung auf die Flughäfen (Sicherheitstechnik und Kontrollstellen) 249
7.3.2.1 Qualität/effektive Aufsicht 249
7.3.2.2 Effiziente Aufgabenwahrnehmung 250
7.3.2.3 Einheitlichkeit der Aufgabenerfüllung 252
7.3.2.4 Sozialverträglichkeit 252
7.3.2.5 Finanzielle Auswirkungen 252
7.3.2.6 Umsetzbarkeit 253
7.3.3 Modell: Gründung AöR 253
7.3.3.1 Qualität/effektive Aufsicht 253
7.3.3.2 Effiziente Aufgabenwahrnehmung 254
7.3.3.3 Einheitlichkeit der Aufgabenerfüllung 257
7.3.3.4 Sozialverträglichkeit 257
7.3.3.5 Finanzielle Auswirkungen 258
7.3.3.6 Umsetzbarkeit 259
7.3.4 Gründung BPOL-Direktion 259
7.3.4.1 Qualität/effektive Aufsicht 259
7.3.4.2 Effiziente Aufgabenwahrnehmung 260
7.3.4.3 Einheitlichkeit der Aufgabenerfüllung 264
7.3.4.4 Sozialverträglichkeit 264
7.3.4.5 Finanzielle Auswirkungen 264
7.3.4.6 Umsetzbarkeit 266
7.3.5 Modell: Gründung staatlicher Sicherheitsgesellschaften („Bayerisches Modell") 267
7.3.5.1 Qualität/effektive Aufsicht 267
7.3.5.2 Effiziente Aufgabenwahrnehmung 268
7.3.5.3 Einheitlichkeit der Aufgabenerfüllung 270
7.3.5.4 Sozialverträglichkeit 270
7.3.5.5 Finanzielle Auswirkungen 271

7.3.5.6 Umsetzbarkeit 272
7.3.6 Modell: Halbstaatliche Sicherheitsgesellschaften (HSG) 272
7.3.6.1 Qualität/effektive Aufsicht 272
7.3.6.2 Effiziente Aufgabenwahrnehmung 273
7.3.6.3 Einheitlichkeit der Aufgabenerfüllung 276
7.3.6.4 Sozialverträglichkeit 277
7.3.6.5 Finanzielle Auswirkungen 277
7.3.6.6 Umsetzbarkeit 278
7.3.7 Modell: optionale Übernahme wesentlicher Aufgaben durch Flughäfen (Optionsmodell 1) 280
7.3.7.1 Qualität/effektive Aufsicht 280
7.3.7.2 Effiziente Aufgabenwahrnehmung 280
7.3.7.3 Einheitlichkeit der Aufgabenerfüllung 281
7.3.7.4 Sozialverträglichkeit 282
7.3.7.5 Finanzielle Auswirkungen 282
7.3.7.6 Umsetzbarkeit 283
7.3.8 Modell: Optionale Übernahme der Sicherheitstechnikbeschaffung und Einrichtung der Kontrollstellen (Optionsmodell 2) 284
7.3.8.1 Qualität/effektive Aufsicht 284
7.3.8.2 Effiziente Aufgabenwahrnehmung 284
7.3.8.3 Einheitlichkeit der Aufgabenerfüllung 286
7.3.8.4 Sozialverträglichkeit 286
7.3.8.5 Finanzielle Auswirkungen 286
7.3.8.6 Umsetzbarkeit 287
7.4 Haftungsfragen bei den einzelnen Modellen 288
7.4.1 Terroranschläge 288
7.4.2 Verletzung von Rechtsgütern bei der Kontrolle 288
7.4.3 Haftung für verpasste Flüge 288
7.4.3.1 Zu lange Wartezeit vor der Kontrolle (Zuführung) 289
7.4.3.2 Ungenügende Menge an LuftAss 289
7.4.3.2.1 Steuerung durch den Flughafen 289
7.4.3.2.2 Steuerung durch die BPOL 290
7.4.3.2.3 Steuerung durch eine AöR 290
7.4.3.2.4 Steuerung durch eine staatliche Sicherheitsgesellschaft 290
7.4.3.2.5 Steuerung durch eine halbstaatliche Sicherheitsgesellschaft 291
7.4.3.3 Zu langsame Kontrolle 292

7.5 Fazit Modellbewertung 292

8 Zusammenfassung 298

9 Literaturverzeichnis 303

10 Verzeichnis der zitierten Rechtsprechung 307

11 Verzeichnis der verwendeten Webseiten 309

Abbildungsverzeichnis

Abb. 1: Organisation und Aufgabenwahrnehmung Passagier- und Gepäckkontrollen bei Flughäfen in Bundeszuständigkeit (§ 5 LuftSiG) 77

Abb. 2 Organisation und Aufgabenwahrnehmung Personal- und Warenkontrollen (§ 8 LuftSiG) 78

Abb. 3: Darstellung der Luftsicherheitsgebühren pro Passagier in den Jahren 2018 und 2020 101

Abb. 4: Darstellung der Zusammensetzung der über die Luftsicherheitsgebühr abgerechneten Kosten an allen Flughäfen in Bundeszuständigkeit im Jahr 2018 102

Abb. 5: Darstellung der über die Luftsicherheitsgebühren abgerechneten Kosten im Verhältnis zu den abfliegenden Passagieren an allen Flughäfen in Bundespolizeizuständigkeit im Zeitraum 2014-2018 104

Abb. 6: Darstellung der über die Luftsicherheitsgebühren abgerechneten Sachkosten an allen Flughäfen in Bundespolizeizuständigkeit im Zeitraum 2014-2018 105

Abb. 7: Darstellung der über die Luftsicherheitsgebühren abgerechneten Personalkosten an allen Flughäfen in Bundespolizeizuständigkeit im Zeitraum 2014-2018 106

Abb. 8: Darstellung der über die Luftsicherheitsgebühren abgerechneten Kosten an allen Flughäfen in Bundespolizeizuständigkeit im Zeitraum 2014-2018, getrennt nach Personal- und Sachkosten 107

Abb. 9: Darstellung der Stundenlohnentwicklung für die tariflich beschäftigten LuftAss im Bereich der § 5-Kontrollen zwischen 2018 und 2021 108

Abb. 10: Anzahl der § 5-Zuständigkeiten, die übernommen werden 140

Tabellenverzeichnis

Tab. 1: Flughäfen nach Bundes- und Landeszuständigkeit 79

Tab. 2: Aufgaben im Zusammenhang mit den Passagier- und Gepäckkontrollen 92

Tab. 3: Konfiguration der Passagier- und Gepäckkontrollen an deutschen Verkehrsflughäfen 111

Tab. 4: Konfiguration der Personal- und Warenkontrollen an deutschen Verkehrsflughäfen 112

Tab. 5: Bewertung und Begründung der Zusammenarbeit mit den Landesbehörden aus Sicht der Flughäfen in Bundeszuständigkeit 113

Tab. 6: Bewertung der Zusammenarbeit und Begründung der Zusammenarbeit mit den Landesbehörden aus Sicht der Flughäfen in Landeszuständigkeit 114

Tab. 7: Bewertung des Sicherheitsniveaus an den jeweiligen Flughafen aus Sicht der Flughafenbetreiber 117

Tab. 8: Bewertung und Begründung des Sicherheitsniveaus an den jeweiligen Flughäfen aus Sicht der Flughäfen in Bundeszuständigkeit 117

Tab. 9: Bewertung und Begründung des Sicherheitsniveaus an den Flughäfen aus Sicht der Flughäfen in Landeszuständigkeit 118

Tab. 10: Bewertung der Kundenfreundlichkeit der Passagier- und Gepäckkontrollen am jeweiligen Flughafen aus Sicht der Flughafenbetreiber 119

Tab. 11: Bewertung und Begründung der Kundenfreundlichkeit der Passagier- und Gepäckkontrollen aus Sicht der Flughäfen in Bundeszuständigkeit 119

Tab. 12: Bewertung und Begründung der Kundenfreundlichkeit der Passagier- und Gepäckkontrollen aus Sicht der Flughäfen in Landeszuständigkeit 120

Tab. 13: Bewertung der Wartezeit vor den Kontrollstellen der Passagier- und Gepäckkontrollen am jeweiligen Flughafen 120

Tab. 14: Bewertung und Begründung der Wartezeit vor den Kontrollstellen aus Sicht der Flughäfen in Bundeszuständigkeit 121

Tab. 15: Bewertung und Begründung der Wartezeit vor den Kontrollstellen aus Sicht der Flughäfen in Landeszuständigkeit 121

Tab. 16: Einschätzung der Zufriedenheit mit den Passagier- und Gepäckkontrollen am jeweiligen Flughafen aus Sicht der Flughafenbetreiber 122

Tab. 17: Bewertung und Begründung der Zufriedenheit mit der Arbeit der privaten Sicherheitsdienstleister aus Sicht der Flughäfen in Bundeszuständigkeit 123

Tab. 18: Bewertung und Begründung der Zufriedenheit mit der Arbeit der privaten Sicherheitsdienstleister aus Sicht der Flughäfen in Landeszuständigkeit 124

Tab. 19: Einschätzung der Zufriedenheit der Flughafenbetreiber mit der grundsätzlichen Organisation und Zuständigkeitsverteilung im Bereich der Passagier- und Gepäckkontrollen 125

Tab. 20: Bewertung und Begründung der Zufriedenheit mit der grundsätzlichen Organisation und Zuständigkeitsverteilung im Bereich der Passagier- und Gepäckkontrollen aus Sicht der Flughäfen in Bundeszuständigkeit 125

Tab. 21: Bewertung und Begründung der Zufriedenheit mit der grundsätzlichen Organisation und Zuständigkeitsverteilung im Bereich der Passagier- und Gepäckkontrollen aus Sicht der Flughäfen in Landeszuständigkeit 126

Tab. 22: Bewertung der Qualität der Arbeit im Bereich Personal- und Warenkontrollen aus Sicht der Flughäfen 128

Tab. 23: Bewertung und Begründung der Qualität der Arbeit im Bereich der Personal- und Warenkontrollen aus Sicht der Flughäfen in Bundeszuständigkeit 128

Tab. 24: Bewertung und Begründung der Qualität der Arbeit im Bereich der Personal- und Warenkontrollen aus Sicht der Flughäfen in Landeszuständigkeit 129

Tab. 25: Zusammenarbeit zwischen den Flughäfen und den die Kontrollen Durchführenden aus Sicht der Flughafenbetreiber 129

Tab. 26: Bewertung und Begründung Zusammenarbeit mit den die Personal- und Warenkontrollen Durchführenden aus Sicht der Flughäfen in Bundeszuständigkeit 130

Tab. 27: Bewertung und Begründung der Zusammenarbeit mit den die Personal- und Warenkontrollen Durchführenden aus Sicht der Flughäfen in Landeszuständigkeit 130

Tab. 28: Ausschreibung der § 8-Kontrollen am jeweiligen Flughafen 131

Tab. 29: Bereitschaft zur Übernahme von Aufgaben bzw. Zuständigkeiten im Bereich der Passagier- und Gepäckkontrollen durch die Flughäfen 136

Tab. 30: Zuständigkeit für die Ausschreibung der Passagier- und Gepäckkontrollen 136

Tab. 31: Grundsätzliche Bereitschaft zur Übernahme der Zuständigkeit für die Einsatzplanung und -steuerung der LuftAss durch die Flughäfen 136

Tab. 32: Grundsätzliche Bereitschaft zur Übernahme der Zuständigkeit für die Einrichtung der Kontrollstellen durch die Flughäfen 137

Tab. 33: Grundsätzliche Bereitschaft zur Übernahme der Zuständigkeit für Beschaffung, Betrieb und Wartung Sicherheitstechnik durch die Flughäfen 138

Tab. 34: Grundsätzliche Bereitschaft zur Übernahme der Vorfinanzierung der Sicherheitstechnik durch die Flughäfen 138

Tab. 35: Übersicht Bereitschaft zur Übernahme von Zuständigkeiten bzw. konkreten Aufgaben im Bereich der Passagier- und Gepäckkontrollen durch die Flughäfen 139

Tab. 36: Bewertung des Vorschlags zur zukünftigen Übernahme der § 5-Kontrollen durch die Flughäfen 142

Tab. 37: Optimierung des Informationsflusses und -austauschs der Flughäfen in Bundeszuständigkeit 180

Tab. 38: Optimierung des Informationsflusses und -austauschs der Flughäfen in Länderzuständigkeit 181

Tab. 39: Vertragsmodifizierungen hinsichtlich mehr Verantwortung für den PSDL im Bereich der Einsatzplanung und -steuerung der LuftAss an Flughäfen in Bundeszuständigkeit 182

Tab. 40: Vertragsmodifizierungen hinsichtlich mehr Verantwortung für den PSDL im Bereich der Einsatzplanung und -steuerung der LuftAss an Flughäfen in Länderzuständigkeit 182

Tab. 41: Durchgeführte Optimierungsmaßnahmen in jüngster Vergangenheit an Flughäfen in Bundeszuständigkeit 183

Tab. 42: Durchgeführte Optimierungsmaßnahmen in jüngster Vergangenheit an Flughäfen in Länderzuständigkeit 184

Tab. 43: Planung weiterer Maßnahmen zur Verbesserung/ Optimierung der Passagier- und Gepäckkontrollen der Flughäfen in Bundeszuständigkeit 184

Tab. 44: Planung weiterer Maßnahmen zur Verbesserung/ Optimierung der Passagier- und Gepäckkontrollen der Flughäfen in Länderzuständigkeit 185

Tab. 45: Bewertung und Begründung der Optimierung des Informationsflusses und -austauschs 186

Tab. 46: Verantwortlichkeiten für die Durchführung des Passagier- und Handgepäckkontrollen in den jeweiligen Ländern 197

Tab. 47: Durchführung der Passagier- und Handgepäckkontrollen in den jeweiligen Ländern 198

Tab. 48: Schutz der Kontrollstellen für die Passagier- und Handgepäckkontrollen in den jeweiligen Ländern 204

Tab. 49: Wesentliche Aufgaben und ihnen zugeordnete Teilaufgaben im Zusammenhang mit den Passagier- und Gepäckkontrollen 227

Tab. 50: Bewertungsmatrix für die vorgestellten Reformmodelle 294

Abkürzungsverzeichnis

a. F.	alte Fassung
Abs.	Absatz
AESA	Agencia Estatal De Seguridad Aèrea
AEUV	Vertrag über die Arbeitsweise der Europäischen Union
AG	Amtsgericht
AOC	Air Operator Certificates (Luftverkehrsbetreiberzeugnisse)
Art.	Artikel
ASQA	Australian Skills Quality Authority
BayLT Drs.	Bayerischer Landtag Drucksachen
BGB	Bürgerliches Gesetzbuch in der Fassung der Bekanntmachung vom 2. Januar 2002 (BGBl. I S. 42, 2909; 2003 I S. 738), das zuletzt durch Artikel 1 des Gesetzes vom 21. Dezember 2019 (BGBl. I S. 2911) geändert worden ist
BGBl.	Bundesgesetzblatt
BGH	Bundesgerichtshof
BMI	Bundesministerium des Innern, für Bau und Heimat
BMVI	Bundesministeriums für Verkehr und digitale Infrastruktur
BPOL	Bundespolizei
BPOLD	Bundespolizeidirektion
BPolG	Bundespolizeigesetz vom 19. Oktober 1994 (BGBl. I S. 2978, 2979), das zuletzt durch Artikel 26 Absatz 1 des Gesetzes vom 20. November 2019 (BGBl. I S. 1724) geändert worden ist
BPOLI	Bundespolizeiinspektion
BRH	Bundesrechnungshof
bspw.	beispielsweise
BT-Drs.	Bundestagsdrucksachen
BVerfG	Bundesverfassungsgericht

BVerfGE	Entscheidungen des Bundesverfassungsgerichts
BVerwG	Bundesverwaltungsgericht
BVerwGE	Entscheidungen des Bundesverwaltungsgerichts
bzw.	Beziehungsweise
CAA	Civil Aviation Authority (in mehreren Staaten vorhanden)
Canada TC	Transport Canada
CATSA	Canadian Air Transport Security Authority
CDU	Christlich Demokratische Union Deutschlands
Chicagoer Abkommen	Convention on International Civil Aviation
CSU	Christlich-Soziale Union in Bayern e. V.
d. h.	das heißt
Da-CAA	Danish Centre for Civil Aviation
DfT	Department for Transport (in diesem Fall von Großbritannien)
Drs.	Drucksache (des Bayerischen Landtags)
ECAC	European Civil Aviation Conference
EG	Europäische Gemeinschaft
Einl	Einleitung
etc.	et cetera
EU	Europäische Union
f.	folgend
FMM	Flughafen Memmingen-Allgäu
GG	Grundgesetz für die Bundesrepublik Deutschland in der im Bundesgesetzblatt Teil III, Gliederungsnummer 100-1, veröffentlichten bereinigten Fassung, das zuletzt durch Artikel 1 des Gesetzes vom 15. November 2019 (BGBl. I S. 1546) geändert worden ist
ggf.	gegebenenfalls
ggü.	gegenüber
Haager Übereinkommen	Convention for the Suppression of Unlawful Seizure of Aircraft

Hague Hijacking Convention	Convention for the Suppression of Unlawful Seizure of Aircraft
Hs.	Halbsatz
i. S. d.	im Sinne des/der
i. V. m.	in Verbindung mit
ICAO	International Civil Aviation Organisation
LG	Landgericht
LPOL	Landespolizei
LPOL	Landespolizei
LuftAss	Luftsicherheitsassistent/-in
LSKK	Luftsicherheitskontrollkraft
LT NRW Drs.	Landtag Nordrhein-Westfalen Drucksache
LuftSiG	Luftsicherheitsgesetz vom 11. Januar 2005 (BGBl. I S. 78), das zuletzt durch Artikel 154 des Gesetzes vom 20. November 2019 (BGBl. I S. 1626) geändert worden ist
LuftSiGebV	Luftsicherheitsgebührenverordnung vom 23. Mai 2007 (BGBl. I S. 944), die zuletzt durch Artikel 2 Absatz 181 des Gesetzes vom 7. August 2013 (BGBl. I S. 3154) geändert worden ist
LuftVG	Luftverkehrsgesetz in der Fassung der Bekanntmachung vom 10. Mai 2007 (BGBl. I S. 698), das zuletzt durch Artikel 11 des Gesetzes vom 30. November 2019 (BGBl. I S. 1942) geändert worden ist
LuftVZO	Luftverkehrs-Zulassungs-Ordnung vom 19. Juni 1964 (BGBl. I S. 370), die zuletzt durch Artikel 6 des Gesetzes vom 12. Dezember 2019 (BGBl. I S. 2510) geändert worden ist
m. w. N.	mit weiteren Nachweisen
Montrealer Konvention	Übereinkommen vom 01. März 1991 über die Markierung von Plastiksprengstoffen zum Zwecke des Aufspürens
Montrealer Übereinkommen	Convention for the Suppression of Unlawful Acts against the Safety of Civil Aviation

Montrealer Zusatzprotokoll	Protokoll vom 24. Februar 1988 zur Bekämpfung widerrechtlicher gewalttätiger Handlungen an Flughäfen, die der internationalen Luftfahrt dienen
MUC	Flughafen München
MüKo-BGB	Münchener Kommentar zum BGB
NAV Canada	Kanadas civil air navigation services provider
Nr.	Nummer
NUE	Flughafen Nürnberg
NUE	Flughafen Nürnberg
NXCT	National X-Ray Competency Test
Rn.	Randnummer
S.	Seite
SGM	Sicherheitsgesellschaft am Flughafen München mbH
SGMM	Sicherheitsgesellschaft am Flughafen Memmingen mbH
SGN	Sicherheitsgesellschaft am Flughafen Nürnberg mbH
sog.	sogenannte/r
SPD	Sozialdemokratische Partei Deutschlands
StGB	Strafgesetzbuch in der Fassung der Bekanntmachung vom 13. November 1998 (BGBl. I S. 3322), das zuletzt durch Artikel 62 des Gesetzes vom 20. November 2019 (BGBl. I S. 1626) geändert worden ist
StmFH	Bayerisches Staatsministerium der Finanzen und für Heimat
StmFH	Bayerisches Staatsministerium der Finanzen und für Heimat
TNO	Toegepast Natuurwetenschappelijk Onderzoek
Tokioter Abkommen	Convention on Offences and Certain Other Acts Committed on Board Aircraft
TSA	Transportation Security Administration (in diesem Fall der USA)
TSPs	Transport Security Programs (in diesem Fall in Australien)
u. a.	unter anderem
USA	United States of America

UzwG	Gesetz über den unmittelbaren Zwang bei Ausübung öffentlicher Gewalt durch Vollzugsbeamte des Bundes in der im Bundesgesetzblatt Teil III, Gliederungsnummer 201-5, veröffentlichten bereinigten Fassung, das zuletzt durch Artikel 4 des Gesetzes vom 24. Mai 2016 (BGBl. I S. 1217) geändert worden ist
VO 2015/1998/EU	Durchführungsverordnung (EU) 2015/1998 der Kommission vom 5. November 2015 zur Festlegung detaillierter Maßnahmen für die Durchführung der gemeinsamen Grundstandards für die Luftsicherheit
VO 300/2008/EG	Verordnung (EG) Nr. 300/2008 des Europäischen Parlaments und des Rates vom 11. März 2008 über gemeinsame Vorschriften für die Sicherheit in der Zivilluftfahrt und zur Aufhebung der Verordnung (EG) Nr. 2320/2002
VZÄ	Vollzeitäquivalent/en
z. B.	zum Beispiel

Management Summary

Gutachtenauftrag und methodisches Vorgehen

Das Deutsche Forschungsinstitut für öffentliche Verwaltung ist vom Bundesministerium des Innern, für Bau und Heimat (BMI) damit beauftragt worden, das derzeitige System der Luftsicherheit unter besonderer Berücksichtigung der Passagier- und Gepäckkontrolle zu untersuchen, um auf dieser Grundlage Vorschläge für eine mögliche Reform der Organisation und Aufgabenwahrnehmung im Bereich der Luftsicherheit zu erarbeiten. Entsprechend der Leistungsbeschreibung erfolgte dies in drei aufeinander aufbauenden Arbeitspaketen:

1. Ist-Analyse der bestehenden Organisation und Aufgaben-/Zuständigkeitsverteilung im Bereich Luftsicherheit
2. Identifikation neuer Organisationsmodelle und Analyse ihrer Stärken und Schwächen
3. Entwicklung von Vorschlägen zur effektiveren und effizienteren Gestaltung der Organisation und Aufgaben-/Zuständigkeitsverteilung im Bereich der Luftsicherheit

Zur Erhebung der erforderlichen Daten wurden zunächst vorhandene Datenquellen (z. B. Dokumente des BMI, Berichte zu den BMI-/BDL-Pilotprojekten, Statistiken, Prüfmitteillungen des Bundesrechnungshofs, Positionspapiere unterschiedlicher Akteure, Bundes- und Landtagsdrucksachen) analysiert. Als weitere Erhebungsinstrumente kamen zum Einsatz:

- Leitfadengestützte Interviews mit relevanten Stakeholdern im Bereich der Luftsicherheit
- Teilstandardisierte Befragung ausgewählter ausländischer Luftsicherheitsbehörden[2]
- Onlinegestützte teilstandardisierte Befragung von 28 deutschen Flughafenbetreibern
- Onlinegestützte teilstandardisierte Befragung der Landesluftsicherheitsbehörden

---

2 Australien, Dänemark, Frankreich, Großbritannien, Kanada, Niederlande, Polen, Schweden, Spanien und die USA.

Status quo: laufende Optimierungsprozesse und weitere Potenziale

Das System der Luftsicherheit ist durch komplexe Strukturen und eine Vielzahl von Akteuren geprägt. Trotz der damit einhergehenden Herausforderungen wird das Sicherheitsniveau von relevanten Stakeholdern im Bereich der Luftsicherheit als hoch bis sehr hoch eingeschätzt. Um den Herausforderungen begegnen zu können, kommt guter und regelmäßiger Kommunikation auf Grundlage wechselseitigen Vertrauens und eines gemeinsamen Verständnisses der ‚Aufgabe Luftsicherheit' sowie definierten und gelebten Rollenverständnissen eine besondere Bedeutung zu. Um die Kommunikation und den Informationsaustausch zu verbessern, werden zunehmend strukturierte Standortdialoge genutzt, die in den letzten Jahren an vielen Flughäfen eingeführt wurden und durchweg positiv bewertet werden. Auf ihrer Grundlage werden zudem teils neue Instrumente, etwa Systeme zum Monitoring von Sicherheit, Servicequalität und Wirtschaftlichkeit, eingeführt, sodass datenbasiert laufend Verbesserungen vorgenommen werden können.

Insgesamt befindet sich der Status quo im Fluss. Neben den dargestellten Standortdialogen werden die Verträge mit den privaten Sicherheitsdienstleistern (PSDL) angepasst, um die BPOL von vollzugsfremden, administrativen Planungs- und Steuerungsaufgaben zu entlasten und den PSDL mehr Eigenverantwortung einzuräumen. Zudem werden von den verschiedenen Stakeholdern weitere (spezifische) Optimierungsmaßnahmen umgesetzt. Es ist also eine deutliche Bewegung in die richtige Richtung zu erkennen.

Darüber hinaus gibt es weitere, bisher nicht vollständig ausgeschöpfte Optimierungspotenziale. Auf Seiten der BPOL wäre dies bspw. bei der IT-Ausstattung im Bereich der Planung- und Steuerung von Kontrollstellen. Sie verfügt derzeit über einzelne IT-Systeme, deren Anwendbarkeit an weiteren Standorten sukzessive erfolgen soll. Das Ziel des BMI und der Bundespolizei, letztere von vollzugsfremden Aufgaben zu entlasten, bietet die Möglichkeit, Polizeivollzugsbeamtinnen und -beamte im stärkeren Umfang im Bereich der Qualitätskontrollen und der unmittelbaren Abwehr von Gefahren für die Luftsicherheit einzusetzen. Auf Seiten der Luftverkehrswirtschaft sind etwa die (teils stoßweise erfolgende) Abfertigung der Passagiere, die Flugplangestaltung sowie die Fluggastinformation und -steuerung zu nennen, um Abläufe zu erleichtern und Peaks zu vermeiden.

Auch erscheinen die bisherigen rechtlichen Regelungen zur Bereitstellung der Fluggastdaten als nicht ausreichend. Nur eine valide und zeitgerechte Bereitstellung der erforderlichen Daten durch die Luftverkehrswirtschaft an die Bundespolizei ermöglicht eine bedarfsgerechte Planung. Darüber hinaus wurden einzelne, in Pilotprojekten erprobte und als durchaus vielversprechend eingeschätzte Maßnahmen, deren Umsetzung von verschiedenen Akteuren zu verantworten wären, nicht weiterverfolgt.

Im Folgenden soll auf von einzelnen Stakeholdern vorgetragene Aspekte eingegangen werden, bei denen kein eindeutiges Optimierungspotenzial erkennbar ist:

- Ein Ansatz zum Umgang mit Peaks könnte die Möglichkeit der Einsetzbarkeit von Kontrollkräften sowohl für § 5- als auch für § 8-Kontrollen (sog. Doppelfunktionalität) sein. Ihre Einführung ist jedoch von erheblichen Voraussetzungen abhängig (allen voran die Zuständigkeit derselben Stelle für beide Kontrollen, darüber hinaus aber auch z. B. persönliche Fähigkeiten der LuftAss, bauliche Voraussetzungen vor Ort, zeitliches Auseinanderfallen der Auslastung der Kontrollstellen sowie Änderung der LuftAss-Ausbildung).
- Teile der Luftverkehrswirtschaft kritisieren die Technikbeschaffung als umständlich und innovationshindernd: Bindende Rahmenverträge würden dazu führen, dass nicht die aktuellste – z. B. weniger personalintensive oder durchsatzstärkere – Sicherheitstechnik zum Einsatz komme. Hierzu ist festzustellen, dass die Technikbeschaffung haushaltsrechtlichen Beschaffungsprinzipien (Wirtschaftlichkeit und Sparsamkeit der Bundesverwaltung) sowie wissenschaftlichen Erkenntnissen aus Lageinformationen der Behörden für Ordnung und Sicherheit folgt und unter Einbeziehung des Beschaffungsamtes durchgeführt wird. Ob und inwieweit dies Prozesse verlangsamt und ob der Abschluss von Rahmenverträgen tatsächlich Innovation behindert oder aber – umgekehrt – gerade die Voraussetzung für eine planungssichere, lageangemessene und kostengünstige Beschaffung ist, wurde nicht untersucht.
- Teile der Luftverkehrswirtschaft fordern eine stärkere Berücksichtigung wirtschaftlicher Aspekte (z. B. Kundenzufriedenheit, Wartezeit) bei Auswahl und Steuerung der PSDL. Demgegenüber werden die Wartezeiten und Kundenzufriedenheit im Zusammenhang mit den Passagier- und Gepäckkontrollen von den befragten Flughäfen insgesamt als positiv bis sehr positiv bewertet.
- Aus Sicht von BPOL schränkt die fehlende Möglichkeit, LuftAss unterhalb der Gefahrenschwelle direkt Weisungen zu erteilen, die reibungslose Zusammenarbeit vor Ort ein. Da die Ursache die unionsrechtliche Rechtsfigur der unzulässigen Arbeitnehmerüberlassung ist, kann dies im bestehenden System nicht geändert werden.

Vorstellung und Bewertung möglicher Reformmodelle

Es wurden folgende Modelle einer Bewertung unterzogen[3]:

1. **Weitgehende Aufgabenübertragung auf die Flughäfen**, d. h. die Flughäfen sind für die Ausschreibung, Auswahl und operative Steuerung der PSDL, für die Beschaffung der Sicherheitstechnik und die Konfiguration der Kontrollstellen zuständig. Bei ihnen läge in der Folge das Finanzierungsrisiko. Der Staat wäre für die Zertifizierung der Sicherheitstechnik, Fachaufsicht über Flughäfen, PSDL sowie LuftAss, die Qualitätssicherung (z. B. Sicherheitstests), den Erlass von Vorgaben für Ablauf, Standards und Prozess bei den Kontrollen sowie die Prüfung und Beleihung der LuftAss zuständig.
2. **Teilweise Aufgabenübertragung auf die Flughäfen (Sicherheitstechnik und Kontrollstellen)**, d. h. die Flughäfen wären für die Beschaffung der Sicherheitstechnik und die Konfiguration der Kontrollstellen zuständig. Der Staat würde die Technik zertifizieren und die Kontrollstellen abnehmen. Im Übrigen würde sich zum Status quo nichts ändern.
3. **Gründung einer Anstalt öffentlichen Rechts** auf Bundesebene. Die AöR würde für alle Flughäfen in Bundeszuständigkeit (nahezu) sämtliche Luftsicherheitsaufgaben der BPOL und der PDSL übernehmen.
4. **Gründung einer BPOL-Direktion (nebst 13 Inspektionen)**. Entsprechende Zuständigkeiten wie die AÖR, nur dass nahtlos(er) an vorhandene Strukturen angeknüpft werden kann.
5. Gründung **staatlicher Sicherheitsgesellschaften (Bayerisches Modell)**. Danach würde an jedem Flughafen eine staatliche Sicherheitsgesellschaft gegründet, die im Wesentlichen die Aufgaben der PSDL übernehmen würde. Die operative Steuerung obliegt weiterhin der Luftsicherheitsbehörde. Diese wäre auch für die Fachaufsicht, die Festlegung der Methodik der Kontrolle, die Aufsicht über die LuftAss, deren Prüfung und Beleihung sowie für Technikbeschaffung und Festsetzung der Luftsicherheitsgebühr zuständig.
6. Gründung **halbstaatlicher Sicherheitsgesellschaften.** Danach würde an jedem Flughafen eine halbstaatliche Sicherheitsgesellschaft gegründet, die für die operative Durchführung der Kontrollen sowie Steuerung der LuftAss, aber auch für die Beschaffung der Sicherheitstechnik und Einrichtung der Kontrollstellen zuständig wäre. Gesellschafter wä-

3 Eine vollständige Privatisierung der Kontrollen wurde aufgrund des Gutachtenauftrags nicht geprüft.

ren neben dem Staat die Flughäfen und ggf. PSDL. Der Luftsicherheitsbehörde oblägen die Fachaufsicht, die Festlegung der Methodik der Kontrolle, die Kontrolle der LuftAss, die Prüfung und Beleihung der LuftAss sowie die Technikbeschaffung

7. **Optionale Übernahme weitreichender Aufgaben durch die Flughäfen.** Danach würden die Flughäfen einmalig entscheiden, ob sie die unter Punkt 1 beschriebenen Aufgaben übernehmen würden.
8. **Optionale Übernahme der Sicherheitstechnikbeschaffung und Einrichtung der Kontrollstellen** Danach würden die Flughäfen einmalig entscheiden, ob sie die unter Punkt 2 beschriebenen Aufgaben übernehmen würden.

Diese Modelle wurden anhand folgender Kriterien bewertet:

- Qualität/Sicherheitsniveau, einschließlich effektiver staatlicher Aufsicht,
- effiziente Aufgabenwahrnehmung (mittels acht Unterkriterien),
- Einheitlichkeit der Kontrollen,
- Sozialverträglichkeit,
- Finanzielle Auswirkungen für Staat und Wirtschaft,
- Umsetzbarkeit

Die Modellbewertung hat gezeigt, dass das Ausmaß der mit dem entsprechenden Modell einhergehenden Änderungen bzgl. der Prüfkriterien ggü. dem Status quo äußerst unterschiedlich ist. Jenseits der rechtlich eng regulierten operativen Kontrolltätigkeit bestehen teils erhebliche Optimierungspotentiale gerade im Bereich der Effizienz. Die finanziellen und organisationalen Auswirkungen für die einzelnen Stakeholder variieren erheblich zwischen den Modellen. Damit gehen auch deutliche Unterschiede in den Voraussetzungen einher, die für einen erfolgreichen Modellwechsel geschaffen werden müssten. Dies beeinflusst zugleich wesentlich die Umsetzbarkeit: Keines der Modelle, das signifikante Aufgabenverschiebungen und/oder die Schaffung neuer Organisationseinheiten vorsieht, wäre ohne Weiteres umsetzbar.[4] Die Erfolgsaussichten der Modelle hängen dabei auch von der grundsätzlichen Frage ab, in welchem Umfang die Aufgabenerledigung durch den Staat erfolgen soll.

4 Das von einigen Stakeholdern präferierte Modell der weitgehenden Aufgabenübertragung auf die Flughäfen würde vor allem bei den Flughäfen erhebliche Änderungen erfordern. Die Flughafen-Befragung hat insoweit ergeben, dass nur ein Flughafen ohne Weiteres zu einer solchen Aufgabenübernahme bereit wäre. Zentrales Argument für die Zurückhaltung ist vor allem die Übernahme der finanziellen Risiken, bei kleinen Flughäfen aber auch die Einschätzung, dass die Übernahme mit Effizienzverlusten einhergehen könnte.

Modellwechsel oder Optimierung des bestehenden Systems?

Trotz der bereits begonnenen, teils recht umfangreichen Optimierungsprozesse bestehen noch Optimierungspotentiale. Die Auswirkungen dieser angestoßenen Optimierungsprozesse (v.a. auf die Effizienz) können derzeit nicht abschließend beurteilt werden, werden aber als durchaus nicht unerheblich eingeschätzt. Die politische Bewertung alternativer Modelle muss somit unter den Bedingungen eines dynamischen *Status quo* erfolgen.

Dabei ist auch die Tatsache zu berücksichtigen, dass die Kernaufgabe – Gewährleistung der Luftsicherheit – derzeit auf hohem und verlässlichem Niveau erfüllt wird. Zudem ist die Bewertung des Gesamtsystems durch die Flughäfen in der Summe positiv. Einige der dargestellten Reformansätze würden zu tiefgreifenden Veränderungen führen, die nicht nur die Organisation der Luftsicherheit, sondern auch die Akteure im Bereich der Luftsicherheit betreffen, wobei die Umsetzung sich äußerst voraussetzungsvoll gestalten würde.

Vor diesem Hintergrund sollte in Erwägung gezogen werden, zunächst abzuwarten, bis die angestoßenen Optimierungsmaßnahmen vollständig umgesetzt und noch vorhandene Optimierungspotenziale konsequent ausgeschöpft worden sind. Diese Veränderungsprozesse müssten von einer zentralen Stelle – z. B. einer Steuerungsgruppe bestehend aus BMI und Vertretern der Luftverkehrswirtschaft – begleitet und evaluiert werden. Dabei könnten zudem wesentliche Erkenntnisse zu weitergehenden, auch systemischen Optimierungs- bzw. Reformpotentialen gewonnen werden. Parallel dazu sollte – wenn nicht schon jetzt eine Entscheidung zugunsten eines anderen Modells getroffen werden soll – geprüft werden, den äußerst weit gediehenen Neue Welt-Prozess[5] wieder aufzugreifen. Zum einen könnten dadurch am Flughafen Frankfurt am Main, der das größte Interesse an einer weitgehenden Aufgabenübernahme zeigt, mögliche Optimierungspotenziale ausgeschöpft werden. Zum anderen könnten so erste Umsetzungserfahrungen und Daten für dieses derzeit von verschiedenen Stakeholdern präferierte Modell gesammelt werden – wenngleich eine

5 Dies beschreibt die Verhandlungen zwischen Fraport und BMI über die Übertragung weitreichender Aufgaben im Bereich der § 5-Kontrollen auf Fraport. Die Aufgaben umfassen v.a. die Beauftragung und Steuerung der PSDL und die Beschaffung der Sicherheitstechnik, entsprechen also den Modellüberlegungen „weitgehende Aufgabenübertragung auf die Flughäfen“. Die Verhandlungen konnten u. a. wegen Fragen der Verteilung finanzieller Risiken nicht abgeschlossen werden und sind derzeit ausgesetzt.

Übertragung dieser Erkenntnisse auf andere, v.a. kleinere Flughäfen noch einmal im Rahmen weiterer Modellprojekte geprüft werden müsste.

Sollte dennoch ein Systemwechsel angestrebt werden, empfiehlt es sich, das bevorzugte Modell noch einmal im Detail zu prüfen. Auch hier bietet es sich an, zunächst einen Pilotversuch mit umfassender Evaluation zu starten.

1 Hintergrund und Zielsetzung des Gutachtens

Im Jahr 2019 wurden an deutschen Flughäfen über 250 Millionen an- und abreisende Fluggäste abgefertigt.[6] Zugleich sieht sich die Bundesrepublik Deutschland der Bedrohungslage durch den internationalen Terrorismus und der daraus folgenden Notwendigkeit, gerade auch den zivilen Luftverkehr vor terroristischen Angriffen zu schützen, gegenüber. Um dieser Bedrohungslage entgegen zu treten, wurde 2005 das Luftsicherheitsgesetz (LuftSiG) erlassen.[7] Das LuftSiG dient dem „Schutz vor Angriffen auf die Sicherheit des Luftverkehrs, insbesondere vor Flugzeugentführungen, Sabotageakten und terroristischen Anschlägen", § 1 LuftSiG.

Die Organisation und die Zuständigkeiten im Bereich der Luftsicherheit sind in Deutschland fragmentiert. Luftsicherheit ist die „Kombination von Maßnahmen sowie von personellen und materiellen Ressourcen, die dazu dienen, die Zivilluftfahrt vor unrechtmäßigen Eingriffen zu schützen"[8]. Dabei ist zwischen Safety und Security zu unterscheiden. Safety ist die „Abwehr von Gefahren für die Sicherheit des Luftverkehrs sowie für die öffentliche Sicherheit oder Ordnung durch die Luftfahrt"[9]. Sie ist „die Sicherheit vor (flug-)betriebsbedingten Gefahren"[10]. Flugbetriebliche Gefahren sind dem Luftverkehr immanent, da sie durch den Flugbetrieb selbst entstehen oder vom Flugbetrieb auf die öffentliche Sicherheit und Ordnung ausgehen.[11] Das Bundesministerium für Verkehr und digitale Infrastruktur (BMVI) ist oberste Bundesbehörde für die Luftverkehrsverwaltung[12] und zusammen mit den Landesbehörden zuständig für die Safety. Security ist der „Schutz vor Angriffen auf die Sicherheit des Luftverkehrs, insbesondere vor Flugzeugentführungen und Sabotageakten"[13]. Sie ist „die Sicherheit vor äußeren, auf die Sicherheit des Luftverkehrs einwirkenden

---

6 Fachserie / 8 / 6 / 1 des statistischen Bundesamtes (Ausgabe 2019) https://www.destatis.de/GPStatistik/receive/DESerie_serie_00000094

7 BT-Drs. 15/2361, S. 14.

8 *Borsdorff/Deyda*, Luftsicherheitsgesetz für die Bundespolizei, S. 143.

9 *Borsdorff/Deyda*, Luftsicherheitsgesetz für die Bundespolizei, S. 145.

10 *Meyer/Wysk*, in: Grabherr, Einl LuftSiG, Rn. 53.

11 *Meyer/Wysk*, in: Grabherr, Einl LuftSiG, Rn. 53.

12 https://www.bmvi.de/DE/Themen/Mobilitaet/Luft/Luftverkehr/luftverkehr.html (zuletzt abgerufen am 14. Februar 2020).

13 *Borsdorff/Deyda*, Luftsicherheitsgesetz für die Bundespolizei, S. 145.

Gefahren im Sinne der §§ 1 ff. LuftSiG.[14] Das Bundesministerium des Innern, für Bau und Heimat (BMI) und das BMVI sind zuständig für die Security.[15] Darunter fällt das LuftSiG, das im Zusammenspiel mit dem Grundgesetz (GG) wiederum eine Zuständigkeit von Bund und Ländern regelt.

Inhaltlich wird die Luftsicherheit in erster Linie durch EU-weite einheitliche Sicherheitsmaßnahmen detailliert geregelt, die auch die Kontrollen von Passagieren, Handgepäck, Reisegepäck und Personal der Flughäfen und der Luftfahrtunternehmen vorsehen.

Das LuftSiG überträgt die Passagier- und Handgepäckkontrolle und die Reisegepäckkontrolle den Luftsicherheitsbehörden des Bundes und der Länder. Diese beauftragen und beleihen wiederum in aller Regel (private) Sicherheitsdienstleister (PSDL) mit der Aufgabenerledigung. Insbesondere die Passagier- und Gepäckkontrollen sind in den letzten Jahren als raum-, personal- und technikintensiv und zugleich ineffizient in die Kritik geraten.[16] Der Koalitionsvertrag für die 19. Legislaturperiode sieht deshalb eine Überprüfung des Systems vor:

> *„Luftsicherheitskontrollen sind eine hoheitliche Aufgabe. Daher soll der Staat mehr strukturelle Verantwortung und Anteile der in den letzten Jahren gestiegenen Kosten für die Sicherheit der Menschen beim Fliegen übernehmen. Wir werden gleichzeitig die bestehende Organisation und Aufgabenwahrnehmung und -verteilung für die Luftsicherheit begutachten und konzeptionelle Vorschläge erarbeiten lassen, um diese in Deutschland einheitlicher und effizienter zu gestalten.“*[17]

Aus diesem Grund hat das BMI das Deutsche Forschungsinstitut für öffentliche Verwaltung damit beauftragt, das derzeitige System der Luftsicherheit unter besonderer Berücksichtigung der Passagier- und Gepäckkontrolle zu untersuchen, um auf dieser Grundlage Vorschläge für eine

---

14 *Meyer/Wysk*, in: Grabherr, Einl LuftSiG, Rn. 53.

15 https://www.bmi.bund.de/DE/themen/sicherheit/kriminalitaetsbekaempfung-und-gefahrenabwehr/luft-schiene-grenzen/luft-schiene-grenzen-node.html (zuletzt abgerufen am 14. Februar 2020).

16 Siehe nur: *Flughafenverband ADV*, Luftsicherheit im Blick, S. 10; Antrag der Fraktion der SPD (LT NRW Drs. 17/6258); *Deutsche Polizeigewerkschaft Bundespolizeigewerkschaft*, LT NRW Drs. 17/1708; *Auskunft des BMI*; *Bundesrechnungshof*, Bericht an den Haushaltsausschuss des Deutschen Bundestages nach § 88 Abs. 2 BHO über die Gestaltung des Systems der Luftsicherheitskontrollen durch das Bundesministerium des Innern, für Bau und Heimat, S. 11.

17 *CDU/CSU/SPD*, Ein neuer Aufbruch für Europa. Eine neue Dynamik für Deutschland. Ein neuer Zusammenhalt für unser Land, S. 80 f.

mögliche Reform der Organisation und Aufgabenwahrnehmung im Bereich der Luftsicherheit zu erarbeiten.

Anzumerken ist an dieser Stelle, dass sich zwischen der Abfassung des Koalitionsvertrages, der Auftragsvergabe durch das BMI und der Erstellung des Gutachtens die Rahmenbedingungen durch die Anhebung der Luftverkehrssteuer[18] in Deutschland verändert haben. Ein weiteres relevantes Ereignis war zudem die frühzeitige Auflösung des Vertrags über die Durchführung der Passagier- und Gepäckkontrollen am Flughafen Düsseldorf auf Antrag des PSDL durch das Beschaffungsamt des BMI Ende 2019.[19] Beide Ereignisse lagen nach Beginn der Gutachtenerstellung und sind daher nicht Gegenstand des vorliegenden Gutachtens.

Im Rahmen des Gutachtens werden zunächst das methodische Vorgehen (Kapitel 2) sowie die wesentlichen rechtlichen Grundlagen für die Luftsicherheit in Deutschland (Kapitel 3) vorgestellt. Im Anschluss daran erfolgt eine Darstellung des Status quo der Organisation und Aufgabenwahrnehmung im Bereich der Passagier- und Gepäckkontrollen in Deutschland (Kapitel 4). Des Weiteren werden die wesentlichen Probleme des bestehenden Systems der Luftsicherheit sowie bisherige Optimierungsbemühungen und -vorschläge analysiert (Kapitel 5). Anschließend werden die Modelle der Passagier- und Gepäckkontrollen in anderen Ländern untersucht (Kapitel 6). Auf Grundlage der Erkenntnisse, die im Rahmen der Analyse des bestehenden Systems, der bisherigen Optimierungsüberlegungen sowie der ausländischen Erfahrungen gewonnen wurden, werden Kriterien für die Bewertung von Änderungsvorschlägen abgleitet, die dann im folgenden Teilkapitel vorgestellt und diskutiert werden (Kapitel 7).

---

18 https://www.bundesregierung.de/breg-de/themen/klimaschutz/luftverkehrsteuer-1681874 (zuletzt abgerufen am 25. Februar 2020).

19 https://www1.wdr.de/nachrichten/rheinland/sicherheitsfirma-koetter-duesseldorf-flughafen-100.html (zuletzt abgerufen am 25. Februar 2020); https://www.handelsblatt.com/unternehmen/mittelstand/familienunternehmer/sicherheitsunternehmen-koetter-security-steigt-am-flughafen-duesseldorf-aus/25166792.html?ticket=ST-7469480-GkLvF1zan7eoax4BjQuF-ap2 (zuletzt abgerufen am 25. Februar 2020).

2 Methodisches Vorgehen

Im Mittelpunkt des Gutachtens steht die Analyse des Zusammenspiels der verschiedenen Akteure bei der Wahrnehmung von luftsicherheitsrechtlichen Aufgaben. Eine Konkretisierung des Gutachtenauftrags erfolgt durch den in der Leistungsbeschreibung aufgeführten Fragenkatalog, aus dem sich folgende drei aufeinander aufbauende Arbeitspakete ableiten ließen:

1. Ist-Analyse der bestehenden Organisation und Aufgaben-/ Zuständigkeitsverteilung im Bereich Luftsicherheit
2. Stärken-Schwächen-Analyse der identifizierten Organisationsmodelle
3. Entwicklung von Vorschlägen zur effektiveren und effizienteren Gestaltung der Organisation und Aufgaben-/Zuständigkeitsverteilung im Bereich der Luftsicherheit

Die Bearbeitung dieser Arbeitspakete erforderte einen interdisziplinären Untersuchungsansatz unter Einbeziehung von verwaltungs-, rechts- und wirtschaftswissenschaftlichen Perspektiven. Zur Erhebung der für die Beantwortung des Fragenkatalogs erforderlichen Daten wurden zunächst vorhandene Datenquellen (z. B. Dokumente des BMI, Statistiken, Prüfmitteilungen und Bericht des Bundesrechnungshofs[20], Positionspapiere unterschiedlicher Akteure, Bundes- und Landtagsdrucksachen) analysiert. Darüber hinaus war es jedoch auch erforderlich, weitere Daten zu erheben. Hierzu kamen unterschiedliche Erhebungsinstrumente zum Einsatz.

Vor Beginn der Datenerhebung wurden in enger Abstimmung mit dem BMI für den Bereich der Luftsicherheit relevante Stakeholder identifiziert. Hierbei handelte es sich um

1) Arbeitsgemeinschaft Deutscher Verkehrsflughäfen (ADV)
2) Bundesverband der Deutschen Luftverkehrswirtschaft (BDL)
3) Bundesverband der Luftsicherheitsunternehmen (BDLS)
4) Bundesverband der Deutschen Fluggesellschaften (BDF)
5) Board of Airline Representatives in Germany (BARIG)[21]

---

20 Der BRH hat dem Haushaltsausschuss des Deutschen Bundestages Ende 2019 einen Bericht *über die Gestaltung des Systems der Luftsicherheitskontrollen durch das Bundesministerium des Innern, für Bau und Heimat* vorgelegt, der dem Gutachter zum Zwecke der Begutachtung zur Verfügung gestellt wurde.

21 Mit der BARIG wurde ein Interview geführt. Die Ergebnisse des Interviews sollten jedoch auf Wunsch der BARIG nicht bei der Erstellung des Gutachtens berücksichtigt werden.

6) Bundespolizeipräsidium (Referat 24 Luftsicherheit)
7) BMI (Referat B 3)
8) Bayerisches Staatsministerium für Wohnen, Bau und Verkehr (Referat 57 Sicherheit im Luftverkehr)
9) Deutsche Polizeigewerkschaft (DPolG)
10) Gewerkschaft der Polizei (GdP)[22]
11) Ver.di
12) Fraport

Durchführung leitfadengestützter Interviews mit den relevanten Akteuren im Bereich der Luftsicherheit

Auf Grundlage der ersten Ergebnisse der Sekundärdatenanalyse wurden für die jeweiligen Akteure Interviewleitfäden erarbeitet, die Fragen zu folgenden thematischen Schwerpunkten enthielten:
1) Ausschreibung der § 5-Kontrollen
2) Einsatzsteuerung und -planung der Luftsicherheitsassistentinnen und -assistenten (LuftAss) bei § 5-Kontrollen (auch unter Berücksichtigung eines doppelfunktionalen Einsatzes bei § 8-Kontrollen)
3) Ausbildung/Schulung und Qualifikation der Luftsicherheitsassistenten
4) Beschaffung, Betrieb und Wartung von Sicherheitstechnik
5) Berechnung und Erhebung der Luftsicherheitsgebühr
6) Zusammenarbeit mit den Flughafenbetreibern und Fluggesellschaften
7) Weiterentwicklung des bestehenden Modells der Aufgabenwahrnehmung im Bereich der § 5-Kontrollen

Hauptziel der leitfadengestützten Interviews war es, weiterführende Informationen zum bestehenden System der Luftsicherheit zu generieren. Dadurch konnten detailliertere Informationen zur konkreten Aufgabenwahrnehmung und Organisation, zu Problemen sowie zu Präferenzen für mögliche Alternativmodelle gewonnen werden. Durchgeführt wurden die Interviews zwischen August und November 2019.

Durchführung einer teilstandardisierten Befragung ausländischer Luftsicherheitsbehörden

In enger Abstimmung mit dem BMI wurden Länder mit einem mit Deutschland vergleichbaren Sicherheitsniveau ausgewählt, um einen Über-

---

22 Leider war es nicht möglich, im Untersuchungszeitraum einen Interviewtermin mit der GdP zu vereinbaren, sodass im Rahmen der Gutachtenerstellung lediglich die schriftlichen Stellungnahmen der GdP zum Thema Luftsicherheit berücksichtigt werden konnten.

blick zu erhalten, wie die Aufgabenwahrnehmung und Organisation im Bereich der Luftsicherheit in anderen Ländern erfolgt. Für die Untersuchung wurden auf dieser Grundlage folgende zehn Staaten ausgewählt:

1) Australien
2) Dänemark
3) Frankreich
4) Großbritannien
5) Kanada
6) Niederlande
7) Polen
8) Schweden
9) Spanien
10) USA

Der Fragebogen enthielt im Wesentlichen Fragen zu folgenden Themenschwerpunkten:

1) Planung und Durchführung der Passagier- und Handgepäckkontrollen
2) Ausbildung des Personals, das die Passagier- und Handgepäckkontrollen durchführt
3) Zertifizierung, Anschaffung und Betrieb der Sicherheitstechnik
4) Finanzierung der Kosten für die Passagier- und Handgepäckkontrollen

Der Fragebogen wurde vom BMI an die jeweiligen Sicherheitsbehörden verschickt. Alle zehn Staaten haben den Fragebogen beantwortet wieder ans BMI zurückgeschickt. Die Befragung der ausländischen Luftsicherheitsbehörden wurde zwischen Juli und September 2019 durchgeführt.

Durchführung einer onlinegestützten teilstandardisierten Befragung der Flughafenbetreiber

Da bei vielen thematischen Schwerpunkten des Gutachtens nicht auf vorhandene Daten zurückgegriffen werden konnte, wurde nach Rücksprache mit dem BMI zusätzlich eine teilstandardisierte Onlinebefragung konzipiert und durchgeführt, die im ursprünglichen Untersuchungsdesign nicht vorgesehen war. Ziel dieser Untersuchung war es, einen differenzierteren Überblick über die Situation der Luftsicherheit an den deutschen Verkehrsflughäfen zu bekommen. Der Fragebogen umfasste dabei Fragen zu folgenden Themenbereichen:

1) Allgemeine Informationen zu den Rahmenbedingungen an den jeweiligen Flughäfen
2) Einschätzungen zu den Passagier- und Gepäckkontrollen
3) Einschätzungen zu den Personal- und Warenkontrollen

4) Optimierungsaktivitäten/-bemühungen im bestehenden System der Luftsicherheit
5) Einschätzungen zur Übernahme von Zuständigkeiten im Bereich der Passagier- und Gepäckkontrollen durch die Flughäfen

Die Befragung richtete sich an alle 28 deutschen Verkehrsflughäfen, für die im Zeitraum 1. Januar bis 31. Dezember 2020 eine Luftsicherheitsgebühr erhoben wird. Die ADV unterstützte die Konzeption und Durchführung der Umfrage, indem sie ergänzende Hinweise zum Fragebogen gab sowie den Fragebogen-Link an die Flughafenbetreiber verschickte und für die Teilnahme an der Umfrage warb. Durchgeführt wurde die Befragung zwischen Mitte November und Mitte Dezember 2019. Insgesamt beantworteten 18 Verkehrsflughäfen den Fragebogen vollständig.

Durchführung einer onlinegestützten teilstandardisierten Befragung der Landesluftsicherheitsbehörden

Da auch aus Sicht der Landesluftsicherheitsbehörden zur Situation der Luftsicherheit in den einzelnen Bundesländern kaum Daten vorlagen, wurde eine weitere teilstandardisierte Onlinebefragung, die im ursprünglichen Untersuchungsdesign nicht vorgesehen war, konzipiert und durchgeführt. Ziel dieser Untersuchung war es, Informationen zur Organisation und Aufgabenwahrnehmung auf Länderebene zu gewinnen, um feststellen zu können, ob es wesentliche Unterschiede zwischen den Flughäfen in Bundes- und Landeszuständigkeit gibt. Ursprüngliches Ziel war es, die örtlich zuständigen Luftsicherheitsbehörden in den jeweiligen Ländern, die ausschließlich oder zumindest auch über Flughäfen in Landeszuständigkeit verfügen, zu befragen, um Aussagen zu Einschätzungen zu folgenden Themenbereichen zu erhalten:

1) Organisation und Aufgabenverteilung im Bereich der Passagier- und Gepäckkontrollen im jeweiligen Bundesland
2) Einschätzungen zu verschiedenen Aspekten (z. B. zur Zusammenarbeit mit den Flughafenbetreibern, Fluggesellschaften)
3) Optimierungsaktivitäten und Reformen im Zuständigkeitsbereich der jeweiligen Landesluftsicherheitsbehörde
4) Einschätzungsfragen zur zukünftigen Gestaltung der Aufgabenverteilung und Organisation der Passagier- und Gepäckkontrollen

Der Fragebogen-Link wurde im November 2019 vom BMI an die jeweiligen Bundesländer verschickt. Da jedoch vor allem die obersten Landesluftsicherheitsbehörden den Fragebogen beantworteten, konnten viele Fragen zu operativen Aufgaben, die in der Regel von den nachgeordneten Luftsicherheitsbehörden wahrgenommen werden, nicht beantwortet werden.

Die Befragung wurde zwischen Mitte November und Mitte Dezember 2019 durchgeführt.

Darstellung der empirischen Ergebnisse sowie Ableitung von Reformvorschlägen

Auf Grundlage der Ergebnisse der Dokumentenanalyse, der Interviews mit den verschiedenen Stakeholdern sowie der Befragung der Flughafenbetreiber und der Landesluftsicherheitsbehörden wurde die Ist-Situation im Bereich der Luftsicherheit – auch unter Berücksichtigung der Ergebnisse und Umsetzung der BMI-/BDL-Pilotprojekte, die in den Jahren 2014 bis 2017 durchgeführt wurden – umfassend dargestellt.[23] Zusätzlich erfolgte die Darstellung der Ergebnisse der Befragung der ausländischen Luftsicherheitsbehörden, um einen Eindruck zu gewinnen, wie die Organisation und Aufgabenwahrnehmung im Bereich der Passagier- und Gepäckkontrollen im Vergleich zu Deutschland erfolgt. Des Weiteren erfolgten unter Berücksichtigung der Ergebnisse der empirischen Erhebungen einerseits eine Auseinandersetzung mit bestehenden Reformvorschlägen verschiedener Stakeholder aus dem Bereich der Luftsicherheit und andererseits eine Vorstellung eigener Reformvorschläge. Im Anschluss daran wurden Kriterien entwickelt, die für dann folgende systematische Bewertung der dargestellten Reformvorschläge herangezogen wurden.

23 Anzumerken ist, dass aufgrund der Umsetzung einzelner Ergebnisse der BMI-/BDL-Pilotprojekte bereits Optimierungen des bestehenden Systems vorgesehen sind, die sukzessive an den Flughäfen in Bundeszuständigkeit, aber auch zum Teil an den Flughäfen in Landeszuständigkeit in den nächsten ein bis zwei Jahren umgesetzt werden bzw. bereits umgesetzt worden sind.

3 Rechtliche Grundlagen der Luftsicherheit

Die rechtlichen Grundlagen der Luftsicherheit in Deutschland speisen sich aus Rechtsquellen verschiedener Ebenen. Es gibt eine Reihe von Vorgaben auf internationaler Ebene (3.1). Daneben gibt es umfangreiche Vorgaben auf europäischer Ebene, die gerade die Luftsicherheitskontrollen betreffen (3.2). Dazu kommt das nationale Recht (3.3).

3.1 Rechtliche Vorgaben auf internationaler Ebene

Die Internationale Zivilluftfahrtorganisation (International Civil Aviation Organisation, ICAO) ist als Sonderorganisation der Vereinten Nationen zuständig für Luftverkehrsfragen.[24] Die ICAO wurde auf Grundlage der Convention on International Civil Aviation (Chicagoer Abkommen) geschaffen.[25] Annex 17 zum Chicagoer Abkommen befasst sich mit der Luftsicherheit im Sinne von Security.[26] Die Bundesrepublik Deutschland ist dem Chicagoer Abkommen 1956 beigetreten.[27]

Seit den 1960er Jahren wurden mehrere völkerrechtliche Verträge zum Schutz der Zivilluftfahrt vor widerrechtlichen Handlungen geschlossen. Dies sind:

- die Convention on Offences and Certain Other Acts Committed on Board Aircraft (Tokioter Abkommen)[28], die die Gerichtsbarkeit für an Bord begangene strafbare Handlungen regelt,

---

24 https://www.icao.int/about-icao/Pages/default.aspx (zuletzt abgerufen am 6. September 2019).

25 https://www.icao.int/publications/Pages/doc7300.aspx (zuletzt abgerufen am 6. September 2019).

26 https://www.icao.int/Security/SFP/Pages/Annex17.aspx (zuletzt abgerufen am 6. September 2019).

27 Gesetz über den Beitritt der Bundesrepublik Deutschland zu dem Abkommen vom 7. Dezember 1944 über die Internationale Zivilluftfahrt und die Annahme der Vereinbarung vom 7. Dezember 1944 über den Durchflug im Internationalen Fluglinienverkehr, BGBl. 1956 II, S. 411.

28 https://treaties.un.org/doc/db/terrorism/conv1-english.pdf (zuletzt abgerufen am 6. September 2019).

- die Convention for the Suppression of Unlawful Acts against the Safety of Civil Aviation (Montrealer Übereinkommen)[29], die die Gewaltakte näher bestimmt,
- das Protokoll vom 24. Februar 1988 zur Bekämpfung widerrechtlicher gewalttätiger Handlungen an Flughäfen, die der internationalen Luftfahrt dienen, in Ergänzung des am 23. September 1971 in Montreal beschlossenen Übereinkommens zur Bekämpfung widerrechtlicher Handlungen gegen die Sicherheit der Zivilluftfahrt (Montrealer Zusatzprotokoll),
- die Convention for the Suppression of Unlawful Seizure of Aircraft (Hague Hijacking Convention, Haager Übereinkommen)[30], die sich mit Flugzeugentführungen befasst, und
- das Übereinkommen vom 1. März 1991 über die Markierung von Plastiksprengstoffen zum Zwecke des Aufspürens (Montrealer Konvention).

Die Bundesrepublik ist dem Tokioter Abkommen am 4. Februar 1969,[31] dem Montrealer Übereinkommen am 8. Dezember 1977,[32] dem Montrealer Zusatzprotokoll am 9. Juni 1993,[33] das Haager Übereinkommen am 6. November 1972[34] und der Montrealer Konvention am 9. September 1998[35] beigetreten. Diese Abkommen verpflichteten die Bundesrepublik zur Schaffung nationaler Straftatbestände.[36]

29 https://treaties.un.org/doc/Publication/UNTS/Volume%20974/volume-974-I-14118-English.pdf (zuletzt abgerufen am 6. September 2019).

30 http://www.oas.org/juridico/mla/en/treaties/en_conve_suppre_unlaw_seiz_aircr_sig_the_hague_1970.pdf (zuletzt abgerufen am 6. September 2019).

31 Gesetz zu dem Abkommen vom 14. September 1963 über strafbare und bestimmte andere an Bord von Luftfahrzeugen begangene Handlungen, BGBl. 1969, S. 121.

32 Gesetz zu dem Übereinkommen vom 23. September 1971 zur Bekämpfung widerrechtlicher Handlungen gegen die Sicherheit der Zivilluftfahrt, BGBl. 1977, S. 1229.

33 Gesetz zu dem Protokoll vom 24. Februar 1988 zur Bekämpfung widerrechtlicher gewalttätiger Handlungen auf Flughäfen, die der internationalen Zivilluftfahrt dienen, BGBl. 1993 II, S. 866.

34 Gesetz zu dem Übereinkommen vom 16. Dezember 1970 zur Bekämpfung der widerrechtlichen Inbesitznahme von Luftfahrzeugen, BGBl. 1972 II, S. 1505.

35 Gesetz zu dem Übereinkommen vom 01. März 1991 über die Markierung von Plastiksprengstoffen zum Zweck des Aufspürens, BGBl. 1991 II, S. 2301.

36 *Meyer/Wysk*, in: Grabherr, Einl LuftSiG, Rn. 5.

3.2 Rechtliche Vorgaben auf europäischer Ebene

Die europarechtlichen Vorgaben fußen auf dem verkehrlichen Titel IV des AEUV, speziell Art. 100 Abs. 2 AEUV, und nicht auf den Bestimmungen zur polizeilichen Zusammenarbeit nach Art. 87 ff. AEUV.[37]

Die wesentlichen europäischen Regelungen zur Luftsicherheit finden sich in der Verordnung (EG) Nr. 300/2008 des Europäischen Parlaments und des Rates vom 11. März 2008 über gemeinsame Vorschriften für die Sicherheit in der Zivilluftfahrt und zur Aufhebung der Verordnung (EG) Nr. 2320/2002 (VO 300/2008/EG). Art. 4 VO 300/2008/EG regelt die gemeinsamen Grundstandards. Art. 5 VO 300/2008/EG überlässt es den Mitgliedstaaten, vorbehaltlich der einschlägigen Vorschriften des Gemeinschaftsrechts zu bestimmen, wer die Kosten der Luftsicherheit trägt. Die weiteren Vorschriften enthalten Regelungen für ein nationales Luftsicherheitsprogramm sowie für ein nationales Qualitätskontrollprogramm, von den Flughafenbetreibern zu erstellende Programme für die Flughafensicherheit, von den Luftfahrtunternehmen und weiteren Stellen zu erstellende Sicherheitsprogramme, Inspektionen durch die Kommission, Berichtspflichten und Sanktionen.

Nach Art. 4 Abs. 1 der VO 300/2008/EG werden die gemeinsamen Grundstandards für den Schutz der Zivilluftfahrt vor unrechtmäßigen Eingriffen, die die Sicherheit der Zivilluftfahrt gefährden, im Anhang festgelegt. Dieser Anhang ist ursprünglich Teil der VO 300/2008/EG und später mehrfach durch Durchführungsverordnungen konkretisiert und ergänzt worden, zuletzt durch die Durchführungsverordnung (EU) 2015/1998 der Kommission vom 5. November 2015 zur Festlegung detaillierter Maßnahmen für die Durchführung der gemeinsamen Grundstandards für die Luftsicherheit (VO 2015/1998/EU). Diese wurde inzwischen ebenfalls mehrfach geändert, zuletzt durch die Durchführungsverordnung (EU) 2020/111 der Kommission vom 13. Januar 2020 zur Änderung der Durchführungsverordnung (EU) 2015/1998 in Bezug auf die Zulassung von Ausrüstungen für die Sicherheit in der Zivilluftfahrt sowie in Bezug auf Drittländer, die anerkanntermaßen Sicherheitsstandards anwenden, die den gemeinsamen Grundstandards für die Sicherheit in der Zivilluftfahrt gleichwertig sind. Eine offizielle konsolidierte Fassung existiert leider nicht. Die VO 2015/1998/EU sieht in ihrem Anhang detaillierte Regelungen über die Flughafensicherheit, die Sicherheit von Luftfahrzeugen, Fluggäste und Handgepäck, aufgegebenes Gepäck, Fracht und Post, Post und

---

37 *Meyer/Wysk*, in: Grabherr, Einl LuftSiG, Rn. 17.

Material von Luftfahrtunternehmen, Bordvorräte, Flughafenlieferungen, Einstellung und Schulung von Personal und die Sicherheitsausrüstung vor.

Bei der für dieses Gutachten relevanten Kontrollen der Fluggäste und des Handgepäcks finden sich Vorgaben in Nr. 4 und Nr. 5 Anhang VO 2015/1998/EU. Nr. 4.1.1. Anhang VO 2015/1998/EU legt detailliert fest, auf welche Weise und mit welchen technischen Hilfsmitteln die Fluggäste kontrolliert werden müssen und dürfen. Einige Regelungen wie Nr. 4.1.1.2. Anhang VO 2015/1998/EU stellen es den Mitgliedstaaten frei, welches Kontrollmittel bzw.
-verfahren sie wählen. Andere, wie Nr. 4.1.1.1. Anhang VO 2015/1998/EU schreiben zu erledigende Tätigkeiten genau vor. Vergleichbar gestalten sich die Vorgaben zur Kontrolle des Handgepäcks in Nr. 4.1.2. des Anhangs VO 2015/1998/EU. Ebenso finden sich in Nr. 11 Anhang VO 2015/1998/EU konkrete Vorgaben, wie die Personen, die die Kontrollen durchführen, aus- und fortgebildet sein müssen. Spiegelbildlich schreibt Nr. 12 Anhang VO 2015/1998/EU vor, woraus die Sicherheitsausrüstung zu bestehen hat und was sie leisten können muss.

3.3 Rechtliche Vorgaben in Deutschland

Bereits ab 1970 gab es Maßnahmen wie Fluggast- und Gepäckkontrollen an den Flughäfen.[38] Erstmals wurden luftsicherheitsrechtliche Vorschriften 1980 erlassen.[39] Aus dieser Zeit stammt auch die Trennung zwischen Maßnahmen und Zuständigkeiten zur Abwehr betriebsbedingter Gefahren/Safety und zur Abwehr äußerer Gefahren/Security.[40] Seit 1992 besteht die Dualität zwischen behördlichen Kompetenzen und Eigensicherungspflichten der Flughäfen und der Luftfahrtunternehmen.[41]

Rechtliche Vorgaben zur Luftsicherheit finden sich im deutschen Recht im Grundgesetz (3.3.1) und im Luftsicherheitsgesetz (3.3.2). Dazu kommen Haftungsfragen (3.3.3).

---

38 *Meyer/Wysk,* in: Grabherr, Einl LuftSiG, Rn. 6.
39 *Meyer/Wysk,* in: Grabherr, Einl LuftSiG, Rn. 6.
40 *Meyer/Wysk,* in: Grabherr, Einl LuftSiG, Rn. 10.
41 *Meyer/Wysk,* in: Grabherr, Einl LuftSiG, Rn. 14.

3.3.1 Grundgesetz

Nach Art. 73 Abs. 1 Nr. 6 GG hat der Bund die ausschließliche Gesetzgebungskompetenz über den Luftverkehr. Diese Kompetenzregelung ist weit zu verstehen und unterwirft das gesamte Luftfahrtwesen der Kompetenz des Bundes.[42] „Die jeweilige Gesetzgebungskompetenz des Bundes umfaßt auch Regelungen, welche der Aufrechterhaltung der öffentlichen Sicherheit und Ordnung in dem jeweiligen Sachbereich dienen; sie sind diesem Kompetenzbereich zuzuordnen.“[43] Art. 87 d Abs. 1 GG bestätigt diese Auslegung.[44] „Der verfassungsändernde Gesetzgeber hat 1961 für den Regelfall die Luftverkehrsverwaltung als bundeseigene Verwaltung vorgesehen und damit der Regelung des Art. 85 Abs. 1 GG unterworfen. Nach allgemeiner Auffassung begründet Art. 85 Abs. 1 GG ergänzend eine Gesetzgebungskompetenz zugunsten des Bundes [...].“[45] Der notwendige Zusammenhang zwischen dem Sicherheits- und Ordnungsrecht und dem allgemeinen Luftverkehr besteht, weil die Verfassung eine staatlich verbürgte Luftsicherheit will, da nur so ein wirkungsvoller Luftverkehr möglich ist.[46] „Mit Art. 87 d GG ist anerkannt, daß das Luftfahrtwesen insgesamt, d. h. auch einschließlich des Schutzes gegen Flugzeugentführungen und Sabotageakte, eine überörtliche, die Grenzen der Bundesländer überschreitende nationale Aufgabe darstellt. Diese Auffassung wird durch die bisherige Staatspraxis – die für Auslegung von Gesetzgebungszuständigkeiten bedeutsam sein kann – bestätigt.“[47] Insoweit liegt eine Annexkompetenz vor.[48]

Nach Art. 87d Abs. 1 Satz 1 GG wird die Luftverkehrsverwaltung in Bundesverwaltung geführt. Nach Art. 87d Abs. 2 GG können durch Bundesgesetz, das der Zustimmung des Bundesrates bedarf, können Aufgaben der Luftverkehrsverwaltung den Ländern als Auftragsverwaltung übertra-

---

42 BVerwG, Urteil vom 3. März 1994 – 4 C 1/93 –, BVerwGE 95, 188 (190f.); *Stucke*, in: Grabherr, LuftSiG § 5, Rn. 5.

43 BVerwG, Urteil vom 3. März 1994 – 4 C 1/93 –, BVerwGE 95, 188 (190f.).

44 BVerwG, Urteil vom 3. März 1994 – 4 C 1/93 –, BVerwGE 95, 188 (190f.).

45 BVerwG, Urteil vom 3. März 1994 – 4 C 1/93 –, BVerwGE 95, 188 (190f.) m. w. N.

46 BVerwG, Urteil vom 3. März 1994 – 4 C 1/93 –, BVerwGE 95, 188 (191f.). So auch: *Meyer/Wysk*, in: Grabherr, Einl LuftSiG, Rn. 46; *Stucke*, in: Grabherr, LuftSiG § 5, Rn. 5.

47 BVerwG, Urteil vom 3. März 1994 – 4 C 1/93 –, BVerwGE 95, 188 (191f.).

48 *Meyer/Wysk*, in: Grabherr, Einl LuftSiG, Rn. 46; *Stucke*, in: Grabherr, LuftSiG § 5, Rn. 5.

gen werden. Nach der Rechtsprechung des *Bundesverfassungsgerichts* ergibt sich aus Art. 87d Abs. 2 GG auch die Gesetzgebungskompetenz des Bundes für die Rückübertragung der Aufgaben der Luftverkehrsverwaltung in die Verwaltungszuständigkeit des Bundes.[49]

3.3.2 LuftSiG

Nach § 1 LuftSiG dient das LuftSiG dem Schutz vor Angriffen auf die Sicherheit des zivilen Luftverkehrs, insbesondere vor Flugzeugentführungen, Sabotageakten und terroristischen Anschlägen. Der Aufgabenvollzug der Luftsicherheit folgt einem Drei-Säulen-Modell, bestehend aus den Luftsicherheitsbehörden, den Flugplatzbetreibern und den Luftfahrtunternehmen.[50] Die Flugplatzbetreiber und Luftfahrtunternehmer treffen Eigensicherungs- und Mitwirkungspflichten.[51]

Relevant für die vorliegende Untersuchung sind Fragen der Zuständigkeit (3.3.2.1). Im Bereich der Befugnisse der Akteure sind die Kontrollen von Passagieren und Handgepäck, § 5 LuftSiG (3.3.2.2) und die Sicherheitsmaßnahmen der Flugplatzbetreiber, § 8 LuftSiG (3.3.2.3) von Interesse. Dazu kommt die Regelung der Beleihung, § 16a LuftSiG (3.3.2.5).

3.3.2.1 Zuständigkeiten

Nach § 16 Abs. 2 LuftSiG werden die Aufgaben der Luftsicherheitsbehörden von den Ländern in Bundesauftragsverwaltung ausgeführt. Aufgrund der Struktur des Art. 87d GG ist das bereits die Ausnahme von der grundsätzlichen bundeseigenen Verwaltung.[52] Das bezeugt auch § 16 Abs. 3a Satz 2 LuftSiG, der die bundeseigene Aufgabenwahrnehmung nur zur Gewährleistung der bundeseinheitlichen Durchführung vorsieht.[53] *Giemulla* meint, da nur zwei Länder nicht von der nach altem Recht möglichen freiwilligen Aufgabenrückübertragung der Länder an den Bund Gebrauch

---

49 BVerfG, Beschluss vom 20. März 2013 – 2 BvF 1/05 –, BVerfGE 133, 241 (261, Rn. 56).

50 *Meyer/Wysk*, in: Grabherr, Einl LuftSiG, Rn. 62.

51 *Meyer/Wysk*, in: Grabherr, Einl LuftSiG, Rn. 62.

52 *Giemulla*, in: Giemulla, § 5 LuftSiG, Rn. 21.

53 *Giemulla*, in: Giemulla, § 5 LuftSiG, Rn. 21.

gemacht haben, dränge es sich für den Bund auf, die Aufgabe rückzuholen.[54]

Nach § 16 Abs. 4 LuftSiG ist das BMI die Oberste Luftsicherheitsbehörde. Dies gilt für die Bundespolizei bereits kraft Organisationsrechts.[55] Die Aufsicht des BMI reicht nur soweit, wie keine Aufsicht des BMVI vorliegt.[56]

3.3.2.2 Kontrolle von Passagieren und Handgepäck, § 5 LuftSiG

3.3.2.2.1 Allgemeines

Nach § 5 Abs. 1 Satz 1 LuftSiG kann die Luftsicherheitsbehörde Personen, welche den Sicherheitsbereich des Flugplatzes betreten haben oder betreten wollen, durchsuchen oder in sonstiger geeigneter Weise überprüfen. Sie kann Gegenstände durchsuchen, durchleuchten oder in sonstiger geeigneter Weise überprüfen, die in diese Bereiche verbracht wurden oder werden sollen, § 5 Abs. 1 Satz 2 LuftSiG. § 5 LuftSiG findet seine Grundlage im Europäischen Recht.[57]

§ 5 LuftSiG regelt die Abwehr der äußeren Gefahren (Security).[58] Die äußere Gefahr „umfasst alle vorsätzlichen Eingriffe in die Sicherheit des Luftverkehrs, soweit sie nicht in unmittelbarem Zusammenhang mit betriebstechnischen Abläufen des Luftverkehrs stehen“[59]. Die Gefahren entstehen durch äußere, nicht luftfahrtspezifische Einwirkungen, wie Luftfahrzeugentführungen, Geiselnahmen, Bombendrohungen.[60] Er bildet die Rechtsgrundlage für die systematischen staatlichen Personen- und Handgepäckkontrollen.[61]

Aus der Wahrnehmung durch die Luftsicherheitsbehörde ergibt sich, dass es sich bei § 5 Abs. 1 LuftSiG um die Ausübung von Hoheitsbefugnissen und nicht um privatrechtliche Befugnisse der Flughäfen und Luftfahrtunternehmen oder eine Verpflichtung im Rahmen der Eigensiche-

---

54 *Giemulla,* in: Giemulla, § 5 LuftSiG, Rn. 22.
55 *Meyer/Wysk,* in: Grabherr, Einl LuftSiG, Rn. 68.
56 *Meyer/Wysk,* in: Grabherr, Einl LuftSiG, Rn. 69.
57 *Giemulla,* in: Giemulla, § 5 LuftSiG, Rn. 16.
58 *Giemulla,* in: Giemulla, § 5 LuftSiG, Rn. 4.
59 *Giemulla,* in: Giemulla, § 5 LuftSiG, Rn. 4.
60 *Giemulla,* in: Giemulla, § 5 LuftSiG, Rn. 4.
61 *Buchberger,* in: Schenke/Graulich, § 5 LuftSiG, Rn. 1.

rungspflicht handelt.[62] „Ansonsten müsste das Kontrollpersonal nämlich den genannten Unternehmen zugeordnet werden; ihre Tätigkeit wäre Bestandteil des Vertragsverhältnisses zwischen dem Passagier und diesen Unternehmen.“[63] Der Gesetzgeber war der Ansicht, dass es sich bei der Abwehr äußerer Gefahren wegen der damit verbundenen Eingriffe in die Privatsphäre um eine staatliche Aufgabe handelt.[64]

§ 5 LuftSiG enthält keine Ermächtigung, die Befugnisse mittels unmittelbaren Zwanges durchzusetzen.[65] Für die Bundespolizei ergibt sich die Ermächtigung zu unmittelbarem Zwang aus dem UZwG und für die Landespolizeien aus den Landespolizeigesetzen.[66] Notfalls muss sich die Luftsicherheitsbehörde mittels Amtshilfe der allgemeinen Polizeibehörde bedienen.[67]

3.3.2.2.2 Kontrolle und Durchsuchung von Personen

§ 5 Abs. 1 LuftSiG regelt die Standardmaßnahmen, deren Schwerpunkt die Durchsuchung und Überprüfung bzw. Durchleuchtung von Personen und Gegenständen bildet.[68]

Nach Art. 3 Abs. 8 VO 300/2008/EG bedeutet „Kontrolle“ den Einsatz technischer oder sonstiger Mittel, die dazu dienen, verbotene Gegenstände zu identifizieren und/oder aufzuspüren. „Kontrolle“ ist der Oberbegriff der in § 5 LuftSiG aufgeführten Maßnahmen.[69] Die verbotenen Gegenstände definiert § 11 Abs. 1 LuftSiG.

„Sicherheitskontrolle“ ist die Anwendung von Mitteln, mit denen die Einschleusung verbotener Gegenstände verhindert werden kann, Art. 3 Abs. 9 VO 300/2008/EG. Der „Sicherheitsbereich“ ist der Teil der Luftseite, für den nicht nur eine Zugangsbeschränkung besteht, sondern weitere Luftsicherheitsstandards gelten, Art. 3 Abs. 13 VO 300/2008/EG. Die „Luftseite“ sind die Bewegungsflächen eines Flughafens, angrenzendes Gelände

---

62 *Giemulla,* in: Giemulla, Vorbemerkungen zu Abschnitt 2 LuftSiG, Rn. 13.
63 *Giemulla,* in: Giemulla, Vorbemerkungen zu Abschnitt 2 LuftSiG, Rn. 13.
64 BT-Drs. 8/3431, S. 22; *Giemulla,* in: Giemulla, Vorbemerkungen zu Abschnitt 2 LuftSiG, Rn. 14.
65 *Buchberger,* in: Schenke/Graulich, § 5 LuftSiG, Rn. 9.
66 *Buchberger,* in: Schenke/Graulich, § 5 LuftSiG, Rn. 9.
67 *Buchberger,* in: Schenke/Graulich, § 5 LuftSiG, Rn. 9.
68 *Giemulla,* in: Giemulla, § 5 LuftSiG, Rn. 23.
69 *Stucke,* in: Grabherr, LuftSiG § 5, Rn. 28.

und angrenzende Gebäude bzw. Teile davon, zu denen der Zugang beschränkt ist, Art. 3 Abs. 11 VO 300/2008/EG.

Nach Art. 3 Abs. 19 VO 300/2008/EG ist „Handgepäck“ Gepäck, das in der Kabine eines Luftfahrzeugs befördert werden soll. „Durchsuchung“ bedeutet die Durchsuchung der Kleidung wie auch körperliche Durchsuchung, auch auf der Körperoberfläche.“[70] Sie ist die planmäßige Suche nach verbotenen Gegenständen mit den Händen.[71] Die Intensität richtet sich nach der Wahrscheinlichkeit des Gefahreneintritts bei einer Person und der Schutzbedürftigkeit des Sicherheitsbereiches.[72] Hilfsmittel wie Metalldetektoren sind zulässig.[73] Sicherheitsscanner sind nicht erfasst, wie Nr. 4.1.1.10 Anhang VO 2015/1998/EU zeigt.[74] Die Details der Durchsuchung sind in Nr. 4.1 Anhang VO EU/2015/1998 detailliert geregelt. Die Überprüfung in sonstiger Weise ist der Oberbegriff für den Einsatz sonstiger technischer Kontrollmittel.[75] Sie kann durch Befragung, Identitätsfeststellung oder erkennungsdienstliche Maßnahmen erfolgen.[76]

3.3.2.2.3 Anhalten von Personen und Platzverweis

Nach § 5 Abs. 2 LuftSiG kann die Luftsicherheitsbehörde Fluggäste, Mitarbeiter der Flugplatzbetreiber, der Luftfahrtunternehmen und anderer Unternehmen sowie sonstige Personen, welche die Luftseite des Flugplatzes betreten haben oder betreten wollen, insbesondere anhalten und aus diesen Bereichen verweisen, wenn eine dieser Bedingungen erfüllt ist:

1. Sie weisen ihre Berechtigung zum Betreten nicht nach.
2. Sie lehnen eine Durchsuchung ihrer Person und mitgeführter Gegenstände oder deren Überprüfung in sonstiger geeigneter Weise vor dem Betreten des Sicherheitsbereichs durch die Luftsicherheitsbehörde nach den in § 11 Abs. 1 LuftSiG genannten Gegenständen ab.
3. Sie lassen die in § 11 Abs. 1 LuftSiG genannte Gegenstände oder sonstige Gegenstände, die bei der Durchsuchung oder Überprüfung festgestellt werden und die sich zu Angriffen auf Personen oder zur Beschädigung von Luftfahrzeugen eignen, nicht außerhalb des Sicherheitsbe-

---

70 *Buchberger*, in: Schenke/Graulich, § 5 LuftSiG, Rn. 6.
71 *Stucke*, in: Grabherr, LuftSiG § 5, Rn. 33.
72 *Buchberger*, in: Schenke/Graulich, § 5 LuftSiG, Rn. 6.
73 *Buchberger*, in: Schenke/Graulich, § 5 LuftSiG, Rn. 6.
74 *Buchberger*, in: Schenke/Graulich, § 5 LuftSiG, Rn. 7.
75 *Stucke*, in: Grabherr, LuftSiG § 5, Rn. 34.
76 *Buchberger*, in: Schenke/Graulich, § 5 LuftSiG, Rn. 8.

reichs des Flugplatzes zurück oder übergeben diese Gegenstände nicht dem Luftfahrtunternehmen zur Beförderung.

3.3.2.2.4 Durchsuchung von Fracht, aufgegebenem Gepäck, Postsendungen und sonstigen Gegenständen

Nach § 5 Abs. 3 Satz 1 LuftSiG kann die Luftsicherheitsbehörde Fracht, aufgegebenes Gepäck, Postsendungen und sonstige Gegenstände, die in Sicherheitsbereiche des Flugplatzes verbracht wurden oder verbracht werden sollen, nach den in § 11 Abs. 1 LuftSiG genannten verbotenen Gegenständen durchsuchen, durchleuchten oder in sonstiger geeigneter Weise überprüfen. Bei Postsendungen findet das mit der Maßgabe Anwendung, dass diese nur geöffnet werden dürfen, wenn bestimmte Tatsachen die Annahme begründen, dass sich darin verbotene Gegenstände im Sinne des § 11 Abs. 1 Satz 2 LuftSiG oder Gegenstände, deren Beförderung gegen § 27 des Luftverkehrsgesetzes (LuftVG) verstößt, befinden, § 5 Abs. 3 Satz 2 LuftSiG. Nr. 5 Anhang VO 2015/1998/EU regelt detailliert, wie die Durchsuchung des aufgegebenen Gepäcks zu erfolgen hat.

3.3.2.3 Sicherheitsmaßnahmen der Flugplatzbetreiber, § 8 LuftSiG

3.3.2.3.1 Allgemeines

§ 8 LuftSiG regelt die Sicherungsmaßnahmen der Flugplatzbetreiber. Betreiber eines Flughafens ist der, der den Antrag auf die Genehmigung eines Flughafens nach § 40 Abs. 1 LuftVZO stellt und dem diese auch nach § 42 Abs. 1 LuftVZO erteilt wird.[77] Nach Art. 2 Abs. 1 lit. a) VO 300/2008/EG gilt die Verordnung für alle nicht ausschließlich für militärische Zwecke genutzten Flughäfen oder Teile von Flughäfen im Hoheitsgebiet eines Mitgliedstaats. Grund für dessen Heranziehung ist, dass die Sicherung des Flugplatzes gerade auch in seinem Interesse liegt.[78] Flughäfen bilden neben Luftfahrtunternehmen ein wesentliches Glied im Luftverkehrssystem und müssen zur Beherrschung der dem Luftverkehr immanent gewordenen Gefahrensituation einen Beitrag leisten.[79] Die Norm beruht

---

77 *Buchberger,* in: Schenke/Graulich, § 8 LuftSiG, Rn. 3.
78 *Buchberger,* in: Schenke/Graulich, § 8 LuftSiG, Rn. 2.
79 OVG Lüneburg, Beschluss vom 3. Mai 2005 – 12 MS 132/05 –, Rn. 11, juris.

wesentlich auf europäischen Vorgaben.[80] Diese Eigensicherungspflichten[81] umfassen verschiedene Maßnahmen:

- Die Flughäfen müssen die Flughafenanlagen, Bauwerke, Räume und Einrichtungen so erstellen, gestalten und unterhalten, dass die erforderliche bauliche und technische Sicherung, die Zuführung von Passagieren und Gepäck und die sachgerechte Durchführung der personellen Sicherungs- und Schutzmaßnahmen und die Kontrolle der Bereiche der Luftseite ermöglicht werden sowie die dafür erforderlichen Flächen bereitstellen und unterhalten; ausgenommen von dieser Verpflichtung sind Geräte zur Überprüfung von Fluggästen und deren Handgepäck sowie Einrichtungen und Geräte zur Überprüfung von Post, aufgegebenem Gepäck, Fracht und Bordvorräten auf die in § 11 Abs. 1 LuftSiG genannten verbotenen Gegenstände mittels technischer Verfahren, § 8 Abs. 1 Satz 1 Nr. 1 LuftSiG;
- Die Flughäfen müssen Post, aufgegebenes Gepäck, Fracht, Bordvorräte und Flughafenlieferungen zur Durchführung von Sicherheitsmaßnahmen sicher transportieren und lagern, § 8 Abs. 1 Satz 1 Nr. 2 LuftSiG;
- Die Flughäfen müssen bei Durchsuchungen des aufgegebenen Gepäcks nach § 5 Abs. 3 LuftSiG den Fluggast herbeiholen oder bei Durchsuchungen in Abwesenheit des Fluggastes die Schlösser der Gepäckstücke öffnen, § 8 Abs. 1 Satz 1 Nr. 3 LuftSiG.
- Die Flughäfen müssen die Bereiche der Luftseite gegen unberechtigten Zugang sichern und, soweit es sich um Sicherheitsbereiche oder sensible Teile der Sicherheitsbereiche handelt, dürfen den Zugang nur hierzu besonders berechtigten Personen gestatten, § 8 Abs. 1 Satz 1 Nr. 4 LuftSiG;
- Die Flughäfen müssen eigene Mitarbeiter, Mitarbeiter anderer auf dem Flugplatz tätiger Unternehmen und andere Personen vor dem Zugang zu Sicherheitsbereichen und zu den sensiblen Teilen der Sicherheitsbereiche durchsuchen oder in sonstiger geeigneter Weise kontrollieren sowie von diesen mitgeführte Gegenstände und Fahrzeuge durchsuchen, durchleuchten oder in sonstiger geeigneter Weise überprüfen, § 8 Abs. 1 Satz 1 Nr. 5 LuftSiG;
- Die Flughäfen müssen Personal, das Luftsicherheitsaufgaben wahrnimmt, sowie Personen mit Zugang zu Sicherheitsbereichen oder zu Gegenständen, die zur Luftseite eines Flughafens oder in Luftfahrzeuge verbracht werden, schulen, § 8 Abs. 1 Satz 1 Nr. 6 LuftSiG;

---

80 Vgl. *Giemulla,* in: Giemulla, § 8 LuftSiG, Rn. 1-5.
81 *Giemulla,* in: Giemulla, § 8 LuftSiG, Rn. 6.

- Die Flughäfen müssen Luftfahrzeuge, die Gegenstand von Bedrohungen, sind, auf Sicherheitspositionen verbringen oder bei einer Verbringung durch das Luftfahrtunternehmen mitwirken und die Entladung sowie die Ver- und Entsorgung der Luftfahrzeuge durchführen, § 8 Abs. 1 Satz 1 Nr. 7 LuftSiG und
- Die Flughäfen müssen, soweit erforderlich, an der Überprüfung nach § 7 LuftSiG mitwirken, § 8 Abs. 1 Satz 1 Nr. 8 LuftSiG.

Eigensicherungspflichten nehmen private Unternehmen im öffentlichen Interesse in Dienst.[82] Sie dienen neben der Abwehr innerbetrieblicher Gefahren auch der Abwehr äußerer Gefahren.[83] Sie sollen einen Beitrag zur behördlichen Aufgabenerfüllung leisten.[84] Bisher beziehen sie sich insbesondere darauf, bauliche Veränderungen und Bedingungen zu schaffen, ohne die die eigentliche Aufgabe nicht erfüllt werden kann.[85] Für die Sicherung sind spezifische Kenntnisse über die betrieblichen technischen und organisatorischen Abläufe notwendig, die nur der Flughafenbetreiber hat.[86] Sie stellt keine Beleihung und damit auch keine Übertragung hoheitlicher Gewalt dar.[87] Somit kann gesagt werden, dass der Gesetzgeber dies anders als die Passagier- und Handgepäckskontrolle nicht für eine hoheitliche Aufgabe hält. Die Flugplätze haben einen entscheidenden Anteil an dem Gefährdungspotential.[88] Insoweit liegt auch kein Rückzug des Staates aus seiner Verantwortung für die Abwehr von Angriffen auf die Sicherheit des Luftverkehrs vor.[89] „Da es darum geht, einer Gefahrenlage vorzubeugen, die sich durch mögliche (terroristische) Eingriffe in die Betriebsabläufe oder Vorbereitungshandlungen unter Ausnutzung der betrieblichen Abläufe am Flughafen für den Flughafen und die Allgemeinheit ergibt, handelt es sich ohne Frage um Maßnahmen zum Betriebsschutz einschließlich des Objektschutzes."[90]

---

82 *Giemulla*, in: Giemulla, § 8 LuftSiG, Rn. 7 m. w. N.
83 *Buchberger*, in: Schenke/Graulich, § 8 LuftSiG, Rn. 4.
84 *Giemulla*, in: Giemulla, § 8 LuftSiG, Rn. 7.
85 *Giemulla*, in: Giemulla, § 8 LuftSiG, Rn. 7.
86 *Buchberger*, in: Schenke/Graulich, § 8 LuftSiG, Rn. 2.
87 *Buchberger*, in: Schenke/Graulich, § 8 LuftSiG, Rn. 4; *Giemulla*, in: Giemulla, § 8 LuftSiG, Rn. 7.
88 *Buchberger*, in: Schenke/Graulich, § 8 LuftSiG, Rn. 4.
89 Oberverwaltungsgericht für das Land Nordrhein-Westfalen, Urteil vom 22. November 2007 – 20 D 38/05.AK –, Rn. 24, juris.
90 Oberverwaltungsgericht für das Land Nordrhein-Westfalen, Urteil vom 22. November 2007 – 20 D 38/05.AK –, Rn. 24, juris.

3.3.2.3.2 Nr. 1: Erstellung und Gestaltung von Flughafenanlagen etc.

Nach § 8 Abs. 1 Satz 1 Nr. 1 LuftSiG muss der Flughafen seine Anlagen, Bauwerke, Räume und Einrichtungen so erstellen, gestalten und unterhalten, dass die erforderliche bauliche und technische Sicherung, die Zuführung von Passagieren und Gepäck und die sachgerechte Durchführung der personellen Sicherungs- und Schutzmaßnahmen und die Kontrolle der Bereiche der Luftseite ermöglicht werden sowie die dafür erforderlichen Flächen bereitstellen und unterhalten. Einzelheiten finden sich in Nr. 1.1 Anhang I VO 300/2008/EG und Nr. 1.1 Anhang VO 2015/1998/EU.

Bei § 8 Abs. 1 Satz 1 Nr. 1 LuftSiG handelt es sich um einen klassischen Fall der Eigensicherungspflicht, der der ursprünglichen Konstruktion des Rechtsinstituts entspricht.[91] Es handelt sich um das Ob und das Wie baulicher Maßnahmen.[92] Sie sind entweder selbst eine bauliche/technische Sicherung oder die Voraussetzung für eine solche, weswegen sich die Verpflichtung auf die Überlassung von Flächen und Räumen erstreckt.[93] Die Ausnahme in § 8 Abs. 1 Satz 1 Nr. 1 Hs. 2 LuftSiG wurde aufgrund der Beschlussempfehlung des 14. Ausschusses aufgenommen.[94] Der Ausschuss vertrat die Meinung, die Beschaffung derartiger Einrichtungen sei ausschließlich Aufgabe staatlicher Stellen.[95]

3.3.2.3.3 Nr. 3: Herbeiholen des Fluggastes und Öffnung des Gepäcks

Nach § 8 Abs. 1 Satz 1 Nr. 3 LuftSiG müssen die Flughäfen bei Durchsuchungen des aufgegebenen Gepäcks nach § 5 Abs. 3 LuftSiG den Fluggast herbeiholen oder bei Durchsuchungen in Abwesenheit des Fluggastes die Schlösser der Gepäckstücke öffnen, § 8 Abs. 1 Satz 1 Nr. 3 LuftSiG.

Für durch die gewaltsame Öffnung entstehenden Schaden ist der Flughafenbetreiber schadensersatzpflichtig.[96] Ein Schadensersatz gegen den Hoheitsträger sei demgegenüber nur unter den Voraussetzungen des Art. 34 GG i. V. m. § 839 BGB möglich.[97]

---

91 *Giemulla,* in: Giemulla, § 8 LuftSiG, Rn. 16.
92 *Giemulla,* in: Giemulla, § 8 LuftSiG, Rn. 19.
93 BT-Drs. 8/3431, S. 11 zu § 19b LuftVG a. F.
94 BT-Drs. 8/4039, S. 5.
95 BT-Drs. 8/4039, S. 15.
96 *Buchberger,* in: Schenke/Graulich, § 8 LuftSiG, Rn. 8.
97 *Buchberger,* in: Schenke/Graulich, § 8 LuftSiG, Rn. 8.

3.3.2.3.4 Nr. 5: Durchsuchung eigener und fremder Mitarbeiter

Nach § 8 Abs. 1 Satz 1 Nr. 5 LuftSiG hat der Flughafenbetreiber eigene Mitarbeiterinnen und Mitarbeiter, Mitarbeiterinnen und Mitarbeiter anderer auf dem Flugplatz tätiger Unternehmen und andere Personen vor dem Zugang zu Sicherheitsbereichen und zu sensiblen Teilen der Sicherheitsbereiche zu durchsuchen oder in sonstiger geeigneter Weise zu überprüfen sowie von diesen mitgeführte Gegenstände und Fahrzeuge zu durchsuchen, zu durchleuchten oder in sonstiger geeigneter Weise zu überprüfen; dies gilt auch für auf andere Weise in diese Bereiche eingeführte Waren und Versorgungsgüter, insbesondere für Flughafenlieferungen.

Die Gesetzesbegründung führt dazu aus, dass diese Regelung „keinen durchgreifenden verfassungsrechtlichen Bedenken“[98] begegne. „Die Aufgabe der Durchsuchung des Personals gehört nicht zum Bereich des staatlichen Gewaltmonopols. Die Durchsuchungen dienen dem Schutz der Sicherheit des Luftverkehrs und haben somit die gleiche Zielrichtung wie die dem Flugplatzbetreiber schon jetzt obliegenden Eigensicherungsmaßnahmen nach dem bisherigen § 19b LuftVG.“[99]

Giemulla hat erhebliche Bedenken gegen die Vorschrift.[100] Die Durchsuchung eigener und fremder Mitarbeiter würde das Rechtsinstitut der Eigensicherungspflichten systemfremd überdehnen.[101] Dadurch ziehe sich der Staat auch aus seiner traditionellen Monopolstellung für Eingriffe in die Privatsphäre zurück.[102] Dem könne nicht entgegen gehalten werden, dass die Mehrheit der zu Durchsuchenden die Durchsuchung freiwillig geschehen lasse, da spätestens bei der Weigerung einer zu durchsuchenden Person oder bei einer Person ohne Zugangsberechtigung Staatsgewalt angewendet werden müsse.[103] Eine Trennung zwischen beiden Fällen sei künstlich.[104] Auch habe der Gesetzgeber bei § 5 LuftSiG den identischen Fall der Durchsuchung ausdrücklich als eine Ausübung von Hoheitsgewalt angesehen.[105] Gerade die Beleihungsmöglichkeit hebe die Kontrollmaßnahmen qualitativ auf die Stufe von Eingriffen.[106] Auch bezweifelt *Giemul-*

98 BT-Drs. 15/2361, S. 19.
99 BT-Drs. 15/2361, S. 19.
100 *Giemulla,* in: Giemulla, § 8 LuftSiG, Rn. 33 ff.
101 *Giemulla,* in: Giemulla, § 8 LuftSiG, Rn. 35.
102 *Giemulla,* in: Giemulla, § 8 LuftSiG, Rn. 35.
103 *Giemulla,* in: Giemulla, § 8 LuftSiG, Rn. 36.
104 *Giemulla,* in: Giemulla, § 8 LuftSiG, Rn. 36.
105 *Giemulla,* in: Giemulla, § 8 LuftSiG, Rn. 37.
106 *Giemulla,* in: Giemulla, § 8 LuftSiG, Rn. 37.

la, dass die Einschätzung des Gesetzgebers, die private Ausführung würde weniger Kosten verursachen als eine staatliche Ausführung, für die ggf. eine Gebühr zu schaffen sei, verfängt.[107]

Demgegenüber sieht *Buchberger* keine verfassungsrechtlichen Bedenken im Hinblick auf die Berufsausübungsfreiheit, Art. 12 Abs. 1 GG und das Eigentumsrecht, Art. 14 Abs. 1 GG.[108] „Die generell geltende Überlegung, dass als Kehrseite des Gewaltmonopols dem Staat eine Schutzpflicht obliegt und [...] deshalb die öffentliche Sicherheit primär durch hoheitliche Tätigkeit geschützt werden müsste, zwingt den Gesetzgeber nicht, von Eigensicherungsmaßnahmen der Flugplatzbetreiber abzusehen, wenn der Unternehmer die Sicherungsmaßnahmen mit den Mitteln des Hausrechts und der sonstigen Befugnisse, die Einhaltung der gesetzlichen und der Regeln des Unternehmens sicherzustellen, gewährleisten kann. Nicht jeder erforderliche Schutz der öffentlichen Sicherheit muss auch ausschließlich durch Hoheitspersonen durchgeführt werden [...]. Nur, wenn gegenüber Personen Gewalt ausgeübt werden muss, ist die Luftsicherheitsbehörde einzuschalten.“[109] Die VO 300/2008/EG regele nicht, dass die Kontrollen ausschließlich durch staatliche Organe durchgeführt werden dürften.[110] Die zu überprüfenden Mitarbeiterinnen und Mitarbeiter ständen in einem beruflichen Zusammenhang mit dem Flughafen, was die Passagiere, die Teil der Öffentlichkeit seien, nicht täten.[111] Die von *Giemulla* kritisierte Doppelgleisigkeit könne deshalb hingenommen werden und sei keine unzulässige Überdehnung der Eigensicherungspflicht.[112]

Das *Oberverwaltungsgericht für das Land Nordrhein-Westfalen* sah § 8 Abs. 1 Satz 1 Nr. 5 LuftSiG als verfassungsgemäß an.[113] Der Gesetzgeber habe einen weiten Ermessensspielraum, ob und inwieweit er die Objektsicherung gefährdeter Anlagen zu einer öffentlichen Aufgabe mache.[114] „Es ist nicht einzusehen, warum es einem Flughafenbetreiber nicht möglich

107 *Giemulla*, in: Giemulla, § 8 LuftSiG, Rn. 40.
108 *Buchberger*, in: Schenke/Graulich, § 8 LuftSiG, Rn. 11.
109 *Buchberger*, in: Schenke/Graulich, § 8 LuftSiG, Rn. 11.
110 *Buchberger*, in: Schenke/Graulich, § 8 LuftSiG, Rn. 12.
111 *Buchberger*, in: Schenke/Graulich, § 8 LuftSiG, Rn. 12.
112 *Buchberger*, in: Schenke/Graulich, § 8 LuftSiG, Rn. 12.
113 Oberverwaltungsgericht für das Land Nordrhein-Westfalen, Beschluss vom 14. April 2005 – 20 B 616/05.AK; Oberverwaltungsgericht für das Land Nordrhein-Westfalen, Urteil vom 22. November 2007 – 20 D 38/05.AK.
114 Oberverwaltungsgericht für das Land Nordrhein-Westfalen, Beschluss vom 14. April 2005 – 20 B 616/05.AK –, Rn. 10, juris; Oberverwaltungsgericht für das Land Nordrhein-Westfalen, Urteil vom 22. November 2007 – 20 D 38/05.AK –, Rn. 19, juris.

sein soll, den erforderlichen Sicherheitsstandard zu gewährleisten. Die Luftsicherheitsbehörden bedienen sich ebenfalls für die Kontrollen auf den Flughäfen Fremdpersonals. Diese Personen sind zwar als Beliehene mit hoheitlichen Befugnissen ausgestattet, die erforderlichen Maßnahmen zu treffen (§ 5 Abs. 5 LuftSiG). Worin der durchgreifende Unterschied in sicherheitsrelevanter Hinsicht zwischen der Ausführung der Personal- und Warenkontrollen durch geeignete private Sicherheitsbeauftragte unter Berufung auf das Hausrecht und der Ausführung derselben Kontrollen durch dieselben Personen aufgrund einer Beleihung durch die Luftsicherheitsbehörden liegen soll, erhellt das Vorbringen der Antragstellerin nicht. Den privaten Sicherheitskräften stehen mit dem Hausrecht und den allgemeinen Rechtswahrungsbefugnissen effektive Möglichkeiten zur Verfügung, bei denen erforderlichenfalls die hoheitlichen Sicherheitskräfte zu Hilfe gerufen werden können, deren Befugnisse, wie § 5 Abs. 1 LuftSiG zeigt, sich auch auf den hier angesprochenen Bereich beziehen."[115]

Das *Oberverwaltungsgericht Lüneburg* sah die Vorschrift 2005 nicht als verfassungswidrig an.[116] § 8 Abs. 1 Satz 1 Nr. 5 LuftSiG habe dieselbe Zielrichtung wie die Eigensicherungspflichten in § 19b LuftVG a. F.[117] Deshalb würden die Durchsuchungen nicht zum staatlichen Gewaltmonopol gehören.[118] „Ungeachtet der Verschärfungen, die als Folge der Anpassung an das europäische Recht in § 8 LuftSiG im Vergleich zu § 19b LuftVG a. F. enthalten sind, sieht sich der Senat nicht zu einer anderen Beurteilung veranlasst. Denn das Bundesverwaltungsgericht hat bereits im Hinblick auf die in § 29c Abs. 2 LuftVG a. F. (nunmehr: § 5 Abs. 2 LuftSiG) vorgesehenen körperlichen Durchsuchungen festgestellt, die mit ihnen verbundenen Eingriffe in die Grundrechte des Art. 2 Abs. 2 Satz 1 bzw. 2 Abs. 1 GG überschritten den Bereich der bloßen Lästigkeit nicht; sie seien Ausprägung der mit einer weitgehenden Gestaltungsbefugnis verbundenen grundrechtlichen Schutzpflicht für das Leben der Bürger. Als allenfalls mittelbare Eingriffe in das Grundrecht der Berufsausübung (dort: der Luftfahrtunternehmen) wären sie durch vernünftige Gründe des Gemeinwohls gerechtfertigt (BVerwG, Urt. v. 3.3.1994, a.a.O., 196 f.)."[119]

---

115 Oberverwaltungsgericht für das Land Nordrhein-Westfalen, Beschluss vom 14. April 2005 – 20 B 616/05.AK –, Rn. 10, juris; Oberverwaltungsgericht für das Land Nordrhein-Westfalen, Urteil vom 22. November 2007 – 20 D 38/05.AK –, Rn. 19, juris.

116 OVG Lüneburg, Beschluss vom 3. Mai 2005 – 12 MS 132/05.

117 OVG Lüneburg, Beschluss vom 3. Mai 2005 – 12 MS 132/05 –, Rn. 11, juris.

118 OVG Lüneburg, Beschluss vom 3. Mai 2005 – 12 MS 132/05 –, Rn. 11, juris.

119 OVG Lüneburg, Beschluss vom 3. Mai 2005 – 12 MS 132/05 –, Rn. 12, juris.

Der Gesetzgeber habe ein weites Ermessen, ob er die Objektsicherung durch die Polizei wahrnehmen lasse oder sie unter das Hausrecht des Betreibers fallen lasse.[120] „Schließlich kann darauf verwiesen werden, dass der Flugplatzbetreiber, obgleich er die ihm in § 8 LuftSiG übertragenen Maßnahmen nicht als Beliehener ausübt, der Aufsicht und den Qualitätssicherungsmaßnahmen der Luftsicherheitsbehörde unterliegt (vgl. §§ 2, 8 Abs. 1 Satz 2 bis 5 LuftSiG und aus der Gesetzesbegründung der Bundesregierung: BR-DS 827/03, S. 32) und erforderlichenfalls - wenn seine durch sein Hausrecht und die allgemeinen Notrechte begründeten Befugnisse nicht ausreichen - auch die nach § 5 Abs. 1 LuftSiG zum Einschreiten befugten hoheitlichen Sicherheitskräfte zu Hilfe rufen kann (Beschlüsse des OVG Nordrhein-Westfalen vom 14.4.2005, a.a.O.).“[121]

Auch das Bundesverwaltungsgericht hält § 8 Abs. 1 Satz 1 Nr. 5 LuftSiG nicht für verfassungswidrig.[122] „Insoweit liegt es jedoch auf der Hand und bedarf nicht der Überprüfung in einem Revisionsverfahren, dass der Staat den Unternehmer in der geschehenen Weise in die Pflicht nehmen darf.“[123] Die Kontrollpflichten würden einen engen Personenkreis betreffen.[124] „Mit dieser Inpflichtnahme des Unternehmers verletzt der Staat nicht die ihm als Kehrseite seines Gewaltmonopols obliegende Schutzpflicht; denn diese gebietet auch bei Flughäfen nicht die ausschließliche Wahrnehmung der Objektsicherung durch den Staat. Der Staat muss vielmehr die von ihm selbst und die vom Betreiber des Objekts wahrzunehmenden Sicherungsaufgaben ermessensgerecht voneinander abgrenzen, ohne dabei allerdings die ihm obliegende Verantwortung für die öffentliche Sicherheit zu vernachlässigen. Dass der Gesetzgeber dieses ihm eingeräumte Ermessen verletzt hätte, ist nicht erkennbar; es ist vielmehr eine an der Natur der Sache ausgerichtete und damit ermessensgerechte Erwägung, die Eigenkontrollmaßnahmen auf nicht allgemein zugängliche Bereiche und auf die im Betrieb beruflich tätigen Personen und damit auf solche "innerbetriebliche" Vorgänge zu konzentrieren, bei denen die Eigenverantwortung des Unternehmens als Betreiber der Einrichtung im Vordergrund steht.“[125]

---

120 OVG Lüneburg, Beschluss vom 3. Mai 2005 – 12 MS 132/05 –, Rn. 12, juris.
121 OVG Lüneburg, Beschluss vom 3. Mai 2005 – 12 MS 132/05 –, Rn. 12, juris.
122 BVerwG, Beschluss vom 23. November 2006 – 3 B 26/06.
123 BVerwG, Beschluss vom 23. November 2006 – 3 B 26/06 –, Rn. 3, juris.
124 BVerwG, Beschluss vom 23. November 2006 – 3 B 26/06 –, Rn. 3, juris.
125 BVerwG, Beschluss vom 23. November 2006 – 3 B 26/06 –, Rn. 3, juris.

3.3.2.4 Sicherheitsmaßnahmen der Luftfahrtunternehmen, § 9 LuftSiG

§ 9 LuftSiG regelt die Sicherungsmaßnahmen der Luftfahrtunternehmen. Luftfahrtunternehmen sind Unternehmen, die eine Genehmigung nach § 20 Abs. 1 LuftVG, §§ 61-63 LuftVZO i. V. m. der Verordnung (EG) Nr. 1008/2008 besitzen.[126] Die Eigensicherungspflichten[127] umfassen verschiedene Maßnahmen. Auch insoweit gilt, dass die Luftsicherheit auch im Interesse des Luftfahrtunternehmens liegt.[128]

Aufgrund der Verordnung (EG) Nr. 300/2008 können die Luftfahrtunternehmen ihre Aufgaben nach § 9 Abs. 1 Satz 1 Nr. 1 LuftSiG von anderen Stellen, namentlich reglementierten Beauftragten, bekannten Versendern oder geschäftlichen Versendern, wahrnehmen lassen.[129]

Zu den Sicherungsmaßnahmen zur Abfertigung von Fluggästen gehören Flugschein- oder Bordkartenkontrollen und Maßnahmen zur Gepäckidentifizierung bzw. -zuordnung.[130] Diese Sicherungsmaßnahmen beziehen nicht auf die Sicherungsmaßnahmen nach § 5 Abs. 2 und 3 LuftSiG[131] und die Zuständigkeiten gelten unabhängig voneinander[132]. Durchsuchungen von Fluggästen und Gepäck sind nur ausnahmsweise bei Nichtverfügbarkeit hoheitlicher behördlicher Kontrollen durchzuführen.[133]

Im Einzelnen muss das Luftfahrtunternehmen:

- Sicherheitsmaßnahmen bei der Abfertigung von Fluggästen und der Behandlung von Post, Gepäck, Fracht und Versorgungsgütern durchführen; dies beinhaltet insbesondere auch die Sicherstellung der Durchführung der in den Kapiteln 7 und 8 des Anhangs der Durchführungsverordnung (EU) 2015/1998 genannten Maßnahmen in Bezug auf Post, Material und Bordvorräte von Luftfahrtunternehmen, § 9 Abs. 1 Satz 1 Nr. 1 LuftSiG;

---

126 *Buchberger,* in: Schenke/Graulich, § 9 LuftSiG, Rn. 2; *Giemulla,* in: Giemulla, § 9 LuftSiG, Rn. 15.

127 BT-Drs. 15/2361, S. 19.

128 *Buchberger,* in: Schenke/Graulich, § 9 LuftSiG, Rn. 2; *Schaefer,* NVwZ 2016, 1135, (1138).

129 *Buchberger,* in: Schenke/Graulich, § 9 LuftSiG, Rn. 6; *Giemulla,* in: Giemulla, § 9 LuftSiG, Rn. 5, 17.

130 *Buchberger,* in: Schenke/Graulich, § 9 LuftSiG, Rn. 4; *Giemulla,* in: Giemulla, § 9 LuftSiG, Rn. 21, 25.

131 *Buchberger,* in: Schenke/Graulich, § 9 LuftSiG, Rn. 5; *Giemulla,* in: Giemulla, § 9 LuftSiG, Rn. 21, 25.

132 *Buchberger,* in: Schenke/Graulich, § 9 LuftSiG, Rn. 5.

133 BT-Drs. 15/2361, S. 19.

- die ihm auf einem Flugplatz überlassenen Bereiche der Luftseite gegen unberechtigten Zugang zu sichern und, soweit es sich um Sicherheitsbereiche handelt, den Zugang nur hierzu besonders berechtigten Personen zu gestatten; soweit Betriebsgebäude, Frachtanlagen und sonstige Betriebseinrichtungen von dem Luftfahrtunternehmen selbst oder in seinem Auftrag errichtet oder von ihm selbst betrieben werden, gilt § 8 Abs. 1 Nr. 1 bis 7 entsprechend, § 9 Abs. 1 Satz 1 Nr. 2 LuftSiG;
- Personal, das Luftsicherheitsaufgaben wahrnimmt, sowie Personen mit Zugang zu Sicherheitsbereichen oder zu Gegenständen, die zur Luftseite eines Flughafens oder in Luftfahrzeuge verbracht werden, nach Maßgabe von Abschnitt 11.2. des Anhangs der Durchführungsverordnung (EU) 2015/1998 zu schulen, § 9 Abs. 1 Satz 1 Nr. 3 LuftSiG;
- seine auf einem Flugplatz abgestellten Luftfahrzeuge so zu sichern, dass weder unberechtigte Personen Zutritt haben noch verbotene Gegenstände in das Luftfahrzeug verbracht werden können, § 9 Abs. 1 Satz 1 Nr. 4 LuftSiG;
- Luftfahrzeuge, die Gegenstand von Bedrohungen, insbesondere von Bombendrohungen sind, auf eine Sicherheitsposition zu verbringen oder bei einer Verbringung durch den Flugplatzbetreiber nach § 8 Abs. 1 Satz 1 Nummer 7 mitzuwirken, § 9 Abs. 1 Satz 1 Nr. 5 LuftSiG und
- soweit erforderlich, an der Überprüfung nach § 7 LuftSiG mitzuwirken, § 9 Abs. 1 Satz 1 Nr. 6 LuftSiG.

Diese Sicherheitsmaßnahmen sind in einem Luftsicherheitsprogramm darzustellen, das der Luftsicherheitsbehörde zur Zulassung vorzulegen ist, § 9 Abs. 1 Satz 2 LuftSiG. Die Zulassung ist mindestens alle fünf Jahre zu überprüfen, § 9 Abs. 1 Satz 3 LuftSiG. Die Zulassung kann entzogen und mit Nebenbestimmungen und nachträglichen Auflagen versehen werden, § 9 Abs. 1 Sätze 4 bis 6 LuftSiG.

3.3.2.5 Beleihung, § 16a LuftSiG

3.3.2.5.1 Allgemeines

Beleihung ist die Übertragung staatlicher Aufgaben zur selbständigen Ausübung sowie von hoheitlichen Befugnissen auf Private.[134] Der Staat beauf-

134 *Ibler*, in: Maunz/Dürig, GG Art. 86, Rn. 75 m. w. N.; *Giemulla/van Schyndel*, in: Giemulla, § 16a LuftSiG, Rn. 2; *Schaefer*, NVwZ 2016, 1135, (1136).

tragt und ermächtigt durch Gesetz oder aufgrund gesetzlicher Ermächtigung natürliche oder juristische Personen des Privatrechts selbstständig und im eigenen Namen unter staatlicher Aufsicht bestimmte Verwaltungsaufgaben mit hoheitlichen Befugnissen unter Nutzung von Handlungsformen des öffentlichen Rechts wahrzunehmen.[135] Die Notwendigkeit eines Gesetzes hat ihren Ursprung in Art. 33 Abs. 4 GG und die Beleihung weicht vom Regelbild der Verfassung ab, weswegen sie ebenfalls dem Gesetzesvorbehalt unterliegt.[136] Soweit die Beleihung reicht, sind die Beliehenen Verwaltungsträger, d. h. selbstständiger Hoheitsträger.[137] Sie sind an Recht und Gesetz und die Grundrechte gebunden, was zusammen mit den Bindungen aus dem Beleihungsauftrag durch Rechts- und Fachaufsicht überwacht wird.[138] Zu Weisungen der Aufsichtsbehörden ermächtigt (implizit) das Gesetz, das die Beleihung vorsieht.[139] Der wesentliche Unterschied zu Privatisierungsformen liegt nach *Ibler* darin, dass der Beliehene nicht privatrechtlich, sondern als Hoheitsträger handelt und den Bürgerinnen und Bürger gegenüber als Behörde auftritt.[140] Auch wenn der Bund beleiht, verbleibt bei ihm eine rechtliche Einstandspflicht für die Wahrnehmung der übertragenen Aufgaben.[141] Für eine Beleihung, die von den Ländern ausgesprochen wird, gilt Entsprechendes.

Grenzen gibt Art. 33 Abs. 4 GG vor, der eine grundsätzliche Ausübung hoheitlicher Befugnisse durch den Staat fordert.[142] „Das […] vorgegebene Regel-Ausnahme-Verhältnis hat zunächst eine quantitative Dimension. Von der Ausnahmemöglichkeit darf kein Gebrauch gemacht werden, der dazu führt, dass der vorgesehene Regelfall faktisch zum zahlenmäßigen Ausnahmefall wird. Eine gegenteilige Auslegung ginge am Zweck des Art. 33 Abs. 4 GG […] vorbei, dem Berufsbeamtentum einen Mindesteinsatzbereich institutionell zu sichern. Die Bestimmungskraft der Regelvorgabe in ihrer rein quantitativen Dimension ist allerdings begrenzt, denn

---

135 *Ibler*, in: Maunz/Dürig, GG Art. 86, Rn. 75 m. w. N.; *Ehlers/Schneider*, in: VwGO § 40, Rn. 275 f. m. w. N.

136 BVerwG, Urteil vom 26. August 2010 – 3 C 35/09 –, BVerwGE 137, 377 (Rn. 24).

137 *Ibler*, in: Maunz/Dürig, GG Art. 86, Rn. 75 m. w. N.

138 *Ibler*, in: Maunz/Dürig, GG Art. 86, Rn. 75 m. w. N.; *Ehlers/Schneider*, in: VwGO § 40, Rn. 276 m. w. N.; *Schaefer*, NVwZ 2016, 1135, (1136).

139 *Ibler*, in: Maunz/Dürig, GG Art. 86, Rn. 75 m. w. N.

140 *Ibler*, in: Maunz/Dürig, GG Art. 86, Rn. 76 m. w. N.

141 *Ibler*, in: Maunz/Dürig, GG Art. 86, Rn. 76 m. w. N.

142 BVerfG, Urteil vom 18. Januar 2012 – 2 BvR 133/10 –, BVerfGE 130, 76 (114); *Ehlers/Schneider*, in: VwGO § 40, Rn. 276 m. w. N.; *Giemulla/van Schyndel*, in: Giemulla, § 16a LuftSiG, Rn. 10.

für den erforderlichen zahlenmäßigen Vergleich lässt sich ein Bezugsrahmen unterhalb der Ebene der staatlichen Einheit (Bund oder Land), deren Aufgabenwahrnehmung in den Blick genommen wird, kaum willkürfrei identifizieren […].“[143]

Dazu kommt eine qualitative Anforderung.[144] Im Parlamentarischen Rat wurden dazu Fälle, die maximal als „nicht primär hoheitlich geprägt erachtet wurden“[145] diskutiert.[146] „Die Möglichkeit von Ausnahmen ist demnach nicht zu einem innerhalb gewisser quantitativer Grenzen beliebigen Gebrauch eingeräumt worden, sondern für Fälle, in denen der Sicherungszweck des Funktionsvorbehalts die Wahrnehmung der betreffenden hoheitlichen Aufgaben durch Berufsbeamte ausweislich bewährter Erfahrung nicht erfordert oder im Hinblick auf funktionelle Besonderheiten nicht in gleicher Weise wie im Regelfall angezeigt erscheinen lässt.“[147] „Abweichungen vom Grundsatz des Funktionsvorbehalts bedürfen demgemäß nach herrschender und richtiger Auffassung der Rechtfertigung durch einen besonderen sachlichen Grund […].“[148] „Als rechtfertigender Grund kommt nur ein spezifischer, dem Sinn der Ausnahmemöglichkeit entsprechender – auf Erfahrungen mit gewachsenen Strukturen oder im Hinblick auf den Zweck des Funktionsvorbehalts relevante Besonderheiten der jeweiligen Tätigkeit Bezug nehmender – Ausnahmegrund in Betracht […].“[149] „Gründe, die sich in gleicher Weise wie für die ins Auge gefasste Ausnahme auch für beliebige andere hoheitsrechtliche Tätigkeiten anführen ließen, der Sache nach also nicht nur Ausnahmen betreffen, scheiden damit als mögliche Rechtfertigungsgründe für den Einsatz von Nichtbeamten in grundsätzlich von Art. 33 Abs. 4 GG erfassten Funktionen von vornherein aus.“[150]

Eine rein fiskalische Begründung genügt nicht.[151] „Das bedeutet jedoch nicht, dass Wirtschaftlichkeitsgesichtspunkte ganz außer Betracht zu bleiben hätten […]. Vielmehr kann berücksichtigt werden, ob eine auf ihre Ausnahmefähigkeit hin zu beurteilende Tätigkeit Besonderheiten aufweist, deretwegen Kosten und Sicherungsnutzen des Einsatzes von Berufsbeam-

143 BVerfG, Urteil vom 18. Januar 2012 – 2 BvR 133/10 –, BVerfGE 130, 76 (114).
144 BVerfG, Urteil vom 18. Januar 2012 – 2 BvR 133/10 –, BVerfGE 130, 76 (114).
145 BVerfG, Urteil vom 18. Januar 2012 – 2 BvR 133/10 –, BVerfGE 130, 76 (115).
146 BVerfG, Urteil vom 18. Januar 2012 – 2 BvR 133/10 –, BVerfGE 130, 76 (114 f.).
147 BVerfG, Urteil vom 18. Januar 2012 – 2 BvR 133/10 –, BVerfGE 130, 76 (115).
148 BVerfG, Urteil vom 18. Januar 2012 – 2 BvR 133/10 –, BVerfGE 130, 76 (115).
149 BVerfG, Urteil vom 18. Januar 2012 – 2 BvR 133/10 –, BVerfGE 130, 76 (115 f.).
150 BVerfG, Urteil vom 18. Januar 2012 – 2 BvR 133/10 –, BVerfGE 130, 76 (116).
151 BVerfG, Urteil vom 18. Januar 2012 – 2 BvR 133/10 –, BVerfGE 130, 76 (116).

ten hier in einem anderen – deutlich ungünstigeren – als dem nach Art. 33 Abs. 4 GG im Regelfall vorauszusetzenden Verhältnis stehen“[152]. „In diesem Sinne schließt das Erfordernis eines sachlichen Grundes ein, dass Ausnahmen vom Funktionsvorbehalt durch den Gesichtspunkt der Verhältnismäßigkeit begrenzt sind [...]. Je intensiver eine bestimmte Tätigkeit Grundrechte berührt, desto weniger sind Einbußen an institutioneller Absicherung qualifizierter und gesetzestreuer Aufgabenwahrnehmung hinnehmbar.“[153]

3.3.2.5.2 Beleihung im LuftSiG

§ 16a Abs. 1 Nr. 1 LuftSiG sieht die Möglichkeit der Beleihung natürlicher Personen sowie teilrechtsfähiger Vereinigungen und juristischer Personen des Privatrechts durch die Luftsicherheitsbehörde zur Wahrnehmung bestimmter Aufgaben bei der Durchführung von Sicherheitsmaßnahmen nach § 5 Abs. 1 bis 3 LuftSiG vor. Die LuftAss sind eine spezialgesetzliche Ausformung der Beleihung.[154] Sie erledigen sonderpolizeiliche Aufgaben, die nach § 4 BPolG von der Bundespolizei ausgeübt werden.[155] Sie haben echte Kontrollrechte, wobei die Eingriffsrechte ihre Grundlage in den hoheitlichen Befugnissen des § 5 Abs. 5 LuftSiG haben, die mit der Beleihung übertragen werden.[156]

Materielle Voraussetzung für die Beleihung ist die Eignung nach § 5 Abs. 5 LuftSiG, an die hohe Anforderungen gestellt werden.[157] „Sie setzt unter anderem voraus, dass die mit Luftsicherheitsaufgaben betrauten Personen jederzeit die Gewähr für die Einhaltung der sicherheitsrelevanten Bestimmungen für die Personen- und Gepäckkontrolle bieten.“[158] Die beliehenen LuftAss haben die hoheitlichen Befugnisse aus § 5 LuftSiG und sind Träger öffentlicher Gewalt.[159] Sie stehen zur Luftsicherheitsbe-

---

152 BVerfG, Urteil vom 18. Januar 2012 – 2 BvR 133/10 –, BVerfGE 130, 76 (116 f.) m. w. N.

153 BVerfG, Urteil vom 18. Januar 2012 – 2 BvR 133/10 –, BVerfGE 130, 76 (117).

154 *Stober*, NVwZ 2013, 538, (540).

155 *Stober*, NVwZ 2013, 538, (540).

156 *Stober*, NVwZ 2013, 538, (540) m. w. N.

157 Bayerischer Verwaltungsgerichtshof, Beschluss vom 28. Juli 2010 – 8 ZB 09.1080 –, Rn. 6, juris; *Schaefer*, NVwZ 2016, 1135, (1136).

158 Bayerischer Verwaltungsgerichtshof, Beschluss vom 28. Juli 2010 – 8 ZB 09.1080 –, Rn. 6, juris

159 *Schaefer*, NVwZ 2016, 1135, (1136) m. w. N.

hörde in einem Auftrags- und Treueverhältnis und unterliegen der Rechts- und Fachaufsicht.[160] Daneben sind sie Arbeitnehmerinnen und Arbeitnehmer.[161] „Die Beleihung führt dazu, dass der Assistent in die Sicherheitsverwaltung eingebunden wird und einen Polizeivollzugsbeamten bei der Gefahrenabwehr ersetzt."[162]

Von der Möglichkeit der Beleihung von teilrechtsfähigen Vereinigungen und juristischen Personen des Privatrechts wurde bisher kein Gebrauch gemacht. Auch im Bayerischen Modell (siehe Kapitel 4.1.4) wird nicht die staatliche Sicherheitsgesellschaft, sondern die bzw. der einzelne LuftAss beliehen. Ferner sieht keines der existierenden Reformmodelle eine solche Beleihung vor (siehe Kapitel 7.1). Vor diesem Hintergrund werden von einer vertieften Prüfung der Voraussetzungen sowie der Vor- und Nachteile der Beleihung von juristischen Personen für § 5-Kontrollen abgesehen.

§ 16a Abs. 1 Nr. 2 LuftSiG sieht des Weiteren die Möglichkeit der Beleihung u. a. für die Zertifizierung von Sicherheitsausrüstung vor. Die Sicherheitsausrüstung für § 5-Kontrollen wird derzeit von der BPOL zertifiziert (siehe Kapitel 4.1.2.1.3). Auch insoweit wird in keinem der existierenden Reformmodelle eine Änderung angestrebt (siehe Kapitel 7.1), weshalb auch dieser Aspekt nicht weiter geprüft wird.

3.3.3 Haftungsfragen

Ebenfalls von Interesse sind Haftungsfragen. Im jetzigen Modell der Luftsicherheit sind kontrollspezifische Haftungsfragen im Wesentlichen Fragen des Staatshaftungsrechts. Einige Reformvorschläge (siehe Kapitel 7) zielen auf eine Verlagerung von Aufgaben hin zu Privaten ab. Dabei wird auch zu diskutieren sein, ob und inwieweit die Haftung auf Private übergehen soll (siehe Kapitel 7.4). Dafür soll zunächst das geltende Haftungsregime dargestellt werden.

Es ist zwischen mehreren Konstellationen zu unterscheiden. Einmal kommt eine Haftung in Betracht, wenn aufgrund einer (unzureichenden) Kontrolle ein geplanter Terroranschlag gelingt (3.3.3.1). Ein weiterer Fall ist die Verletzung eines kontrollierten Fluggastes bzw. die Beschädigung von Eigentum von Fluggästen (3.3.3.2). Ein dritter Fall sind Passagiere, die

---

160 *Schaefer*, NVwZ 2016, 1135, (1136) m. w. N.
161 *Schaefer*, NVwZ 2016, 1135, (1136).
162 *Schaefer*, NVwZ 2016, 1135, (1136).

aufgrund zu langer Warteschlangen ihre Flugzeuge verpassen (3.3.3.3).[163]. Zum Schluss soll noch kurz auf den Innenregress eingegangen werden (3.3.3.4).

Ein Beamter im haftungsrechtlichen Sinn kann auch eine Zivilperson sein, da allein entscheidend ist, ob öffentliche Gewalt ausgeübt wird.[164] Genau das ist bei Beliehenen der Fall.[165]

3.3.3.1 Terrorhaftung

Den rechtlich, wenn auch bisher nicht praktisch, wichtigsten Fall bildet die Haftung für gelungene Terroranschläge. Insoweit geht es um Ansprüche der Geschädigten aus § 839 BGB i. V. m. Art. 34 GG, da es sich bei Beliehenen um Beamte im haftungsrechtlichen Sinn handelt.[166] Das gilt unabhängig davon, ob es sich um Flughäfen in Bundes- oder Landeszuständigkeit handelt.[167] Es gilt der objektive Sorgfaltsmaßstab des § 839 BGB, der pflichtgetreue Durchschnittsbeamte.[168] „Jeder staatliche (oder kommunale) Amtsträger muß die zur Führung seines Amtes notwendigen Rechts- und Verwaltungskenntnisse besitzen oder sich verschaffen [...]"[169]. Dies bezeichnet der *BGH* als seine ständige Rechtsprechung.[170] Dies ist keine Erfolgshaftung, sondern bezieht sich auf die Tätigkeit.[171] Für die Luftsicherheitskontrollen bedeutet dieser Maßstab, dass die Kontrollen nach den gesetzlichen Standards und den Standards des BMI und der Bundespolizei erfolgen müssen.[172]

---

163 Dabei sollen insbesondere die Gefährdungshaftung aus dem Montrealer Übereinkommen und die generelle Haftung der Fluggesellschaften außer Betracht bleiben, da sich das Montrealer Übereinkommen mit strafrechtlichen Handlungen an Bord eines fliegenden Flugzeugs befasst und die generelle Haftung der Fluggesellschaften sich außerhalb des Schwerpunktes dieses Gutachtens befindet.

164 *Papier/Shirvani*, in: MüKo-BGB, BGB § 839, Rn. 132.

165 *Papier/Shirvani*, in: MüKo-BGB, BGB § 839, Rn. 133.

166 *Schaefer*, NJW 2019, 3029, (3030).

167 *Schaefer*, NJW 2019, 3029, (3030).

168 BGH, Urteil vom 11. Dezember 1997 – III ZR 52/97 –, Rn. 13, juris; *Schaefer*, NJW 2019, 3029, (3030).

169 BGH, Urteil vom 11. Dezember 1997 – III ZR 52/97 –, Rn. 13, juris.

170 BGH, Urteil vom 11. Dezember 1997 – III ZR 52/97 –, Rn. 13, juris.

171 *Schaefer*, NJW 2019, 3029, (3030).

172 *Schaefer*, NJW 2019, 3029, (3030).

Schwieriger zu beantworten ist die Frage, ob gerade die Fluggäste vor Personen- und Sachschäden durch Terrorangriffe geschützt sind. Nach der ständigen Rechtsprechung[173] des *BGH* muss eine drittschützende Amtspflicht gerade auch die Interessen eines qualifizierten und individualisierbaren Kreises von Dritten schützen *Schaefer* möchte dies bejahen.[174] Die Formulierung von § 1 LuftSiG deute zwar darauf hin, dass die Kontrollen die öffentliche Sicherheit allgemein gewährleisten würden und die Passagiere lediglich faktisch schützen würden.[175] Auch hätten die Passagiere bei Terroranschlägen eine Stellvertreterfunktion für den Staat.[176] Die Passagiere seien aber individualisiert und hätten keine Möglichkeit, eigene Schutzvorkehrungen zu treffen.[177] Er verweist sodann auf die Rechtsprechung des *BVerwG* zur Luftsicherheitsgebühr.[178] Dort hatte das *BVerwG* festgestellt, dass jede staatliche Handlung einen Bezug zum öffentlichen Wohl haben muss, sodass aus der bloßen Tatsache, dass eine gebührenpflichtige Amtshandlung öffentliche Interessen verfolgt, nicht folge, dass es sich nicht um eine Gebühr handele.[179] „Die erbrachte Leistung – die Sicherheitskontrolle – ist individuell zurechenbar, da eine Konnexität zwischen dem Leistungsinhalt und dem individuellen Erfolg besteht. Aufgrund der Sicherheitskontrolle wird für die kontrollierten Fluggäste und das sie befördernde Flugzeug einschließlich des Bordpersonals das Gefährdungsrisiko, wie es § 29c Abs. 1, 2 LuftVG [a. F.] umschreibt, konkret gemindert."[180] *Schaefer* schließt aus der Weiterreichung der Gebühr durch die Fluggesellschaften an die Fluggäste, dass diese Individualisierung erst recht für die Fluggäste gelten müsse.[181]

Der Schutzbereich der Amtspflicht erfasse auch Personen- und Sachschäden, da die Kontrollen Terroranschläge verhindern sollen.[182] Das Dazwischentreten der Terroristinnen und Terroristen unterbricht die Zurechnung an den Bund bzw. das Land nicht.[183] Da die Kontrollen Terroran-

173 BGH, Urteil vom 05. April 2018 – III ZR 211/17 –, Rn. 11, juris.
174 *Schaefer*, NJW 2019, 3029, (3030).
175 *Schaefer*, NJW 2019, 3029, (3030).
176 *Schaefer*, NJW 2019, 3029, (3030).
177 *Schaefer*, NJW 2019, 3029, (3030).
178 *Schaefer*, NJW 2019, 3029, (3030).
179 BVerwG, Urteil vom 3. März 1994 – 4 C 1793 –, BVerwGE 95, 188 (201).
180 BVerwG, Urteil vom 3. März 1994 – 4 C 1793 –, BVerwGE 95, 188 (201).
181 *Schaefer*, NJW 2019, 3029, (3030).
182 *Schaefer*, NJW 2019, 3029, (3030).
183 *Schaefer*, NJW 2019, 3029, (3030).

schläge gerade verhindern sollen, ist ein geschehener Terroranschlag auch adäquat kausal.[184]

3.3.3.2 Schäden an Leben, Leib und Eigentum durch die Kontrolle

Ein anderer Fall sind Schäden an Leben, Leib und Eigentum der Kontrollierten, die durch die Kontrolle entstehen. Zu denken ist an Diebstähle, heruntergefallene Gegenstände und Verletzungen durch die LuftAss oder die eingesetzte Technik.

Zu den Amtspflichten gehört es auch, die Aufgaben in Einklang mit dem geltenden Recht wahrzunehmen.[185] Das erfasst auch das Strafrecht, sodass ein Diebstahl in jedem Fall eine Amtspflichtverletzung darstellt. Dasselbe gilt für die vorsätzliche Beschädigung von Eigentum (Sachbeschädigung, § 303 StGB) und die auch fahrlässige Tötung (§ 222 StGB) oder Körperverletzung (§ 229 StGB).

Weiterhin gehört es zu den Amtspflichten, nach §§ 823 ff. BGB tatbestandliche und rechtwidrige Eingriffe in Rechte, Rechtsgüter oder rechtlich geschützten Interessen des Bürgers zu unterlassen.[186]

Soweit der Amtswalter fahrlässig handelt, ist auf die zivilrechtliche, gegenüber der strafrechtlichen stark objektivierte Fahrlässigkeit abzustellen.[187] Es gilt die im Verkehr erforderliche Sorgfalt.[188] Zur im Verkehr erforderlichen Sorgfalt gehört es, kontrollierte Personen nicht bei der Kontrolle zu verletzen und ihr Eigentum nicht zu beschädigen.

3.3.3.3 Flugzeug verpasst

Einen auch praktisch relevanten Fall bilden Ansprüche wegen eines verpassten Flugzeuges. Dabei ist zunächst zwischen der Luftsicherheitskontrolle und der Zuführung der Fluggäste zur Kontrolle zu unterscheiden.[189] Es gibt eine Reihe von Gründen, aus denen Passagiere ihre Flugzeuge verpassen. Für die vorliegende Betrachtung relevant sind die Zuführung

---

184 *Schaefer*, NJW 2019, 3029, (3030).
185 *Papier/Shirvani*, in: MüKo-BGB, BGB § 839, Rn. 193 m. w. N.
186 *Papier/Shirvani*, in: MüKo-BGB, BGB § 839, Rn. 199 m. w. N.
187 *Papier/Shirvani*, in: MüKo-BGB, BGB § 839, Rn. 288.
188 *Papier/Shirvani*, in: MüKo-BGB, BGB § 839, Rn. 288 m. w. N.
189 Vgl. *Schaefer*, NJW 2019, 3029, (3029).

der Passagiere zur Luftsicherheitskontrolle und zu lange Wartezeiten an der Kontrolle selbst. Zuführung bezieht sich dabei auf den Wortlaut von § 8 Abs. 1 Nr. 1 LuftSiG, der eine bauliche Gestaltung fordert, die die Zuführung von Passagieren und Handgepäck zur Kontrolle ermöglicht.

3.3.3.3.1 Zuführung von Passagieren

Die Zuführung von Passagieren obliegt nicht den Luftsicherheitsbehörden.[190] Aus „§ 8 Abs. 1 Nr. 1 LuftSiG ergibt sich die Verpflichtung des Flughafenbetreibers, die gesamte Flughafenanlage so zu erstellen und zu gestalten, dass die Zuführung von Passagieren und Gepäck und die sachgerechte Durchführung der Sicherheitskontrollen ermöglicht werden"[191]. Es ist Aufgabe des Flughafenbetreibers, die Passagiere vom Check-In Bereich zum jeweiligen Sicherheitsbereich zu leiten und „möglichst früh einen gleichmäßigen Passagierzufluss zu den geöffneten Kontrollstationen herbeizuführen"[192].[193] „Ebenso wäre es Sache des Flughafenbetreibers gewesen, durch entsprechenden Einsatz von Personal oder die Installation eines Personenleitsystems (Absperrungen; Schilder) Warteschlangen zu organisieren, die einen möglichst reibungslosen Ablauf der Kontrollen sicherstellen."[194]

Daneben sieht das *Amtsgericht (AG) Erding* zwischen dem Flughafenbetreiber und dem Luftfahrtunternehmen ein – nicht näher spezifiziertes – Schuldverhältnis gegeben, das gegenüber den Fluggästen als Dritten Schutzwirkung entfaltet.[195] Aufgrund dieses Vertrages nimmt es an, dass der falsche Hinweis eines/einer Flughafenangestellten, eine andere Schlange sei kürzer, eine Pflichtverletzung darstellt.[196] *Schaefer* kritisiert die Annahme eines solchen allumfassenden Vertrages zur Bodenabfertigung.[197]

---

190 LG Düsseldorf, Urteil vom 15. Mai 2018 – 2b O 179/15 –, Rn. 30, juris; LG Bonn, Urteil vom 10. Oktober 2018 – 1 O 155/18 –, Rn. 25, juris.
191 LG Düsseldorf, Urteil vom 15. Mai 2018 – 2b O 179/15 –, Rn. 30, juris; LG Bonn, Urteil vom 10. Oktober 2018 – 1 O 155/18 –, Rn. 25, juris.
192 LG Düsseldorf, Urteil vom 15. Mai 2018 – 2b O 179/15 –, Rn. 30, juris; LG Bonn, Urteil vom 10. Oktober 2018 – 1 O 155/18 –, Rn. 25, juris.
193 LG Düsseldorf, Urteil vom 15. Mai 2018 – 2b O 179/15 –, Rn. 30, juris; LG Bonn, Urteil vom 10. Oktober 2018 – 1 O 155/18 –, Rn. 25, juris.
194 LG Düsseldorf, Urteil vom 15. Mai 2018 – 2b O 179/15 –, Rn. 30, juris; LG Bonn, Urteil vom 10. Oktober 2018 – 1 O 155/18 –, Rn. 25, juris.
195 AG Erding, Urteil vom 23. August 2016 – 8 C 1143/16 –, Rn. 4 f., juris.
196 AG Erding, Urteil vom 23. August 2016 – 8 C 1143/16 –, Rn. 7, juris.
197 *Schaefer*, NJW 2019, 3029, (3029).

Es gäbe einzelne Verträge zwischen den Luftverkehrsunternehmen und den Flughäfen, aber die Organisation der Warteschlangen unterfalle § 8 Abs. 1 Nr. 1 LuftSiG.[198]

3.3.3.3.2 Zu lange Wartezeit an der Kontrolle

Daneben gibt es noch Fälle, in denen die Kontrolle die Ursache für das Verpassen des Flugzeugs ist. Im Verantwortungsbereich der Behörde liegen dabei eine ungenügende Menge an Kontrollstellen und eine schleppende Kontrolle durch den Einsatz einer ungenügenden Zahl von LuftAss.[199]

3.3.3.3.2.1 Ansprüche aus Amtshaftung

Der *BGH* nimmt eine Amtspflichtverletzung aus Organisationsverschulden an, wenn die Fachbehörde nicht ausreichend zur zügigen Aufgabenerledigung ausgestattet ist.[200] Das gilt auch für die Organisation der Kontrollstellen.[201] Die Sicherheitsbehörden haben „die Kontrollen zweckmäßig zu organisieren und Personal in ausreichender Zahl einzusetzen“[202]. Zur Feststellung eines solchen Organisationsmangels kann nicht allein auf die Zeit abgestellt werden, die die Passagiere bis zur eigentlichen Kontrolle warten müssen.[203] Die Dauer der einzelnen Kontrolle ist nicht absehbar[204], da Nr. 4.2.1 Verordnung EU7185/2010 eine Kontrolle bis zu einem zufriedenstellenden Ergebnis fordert[205].

Dem *LG Bonn* genügt es, wenn sich die Organisation an den prognostizierten Fluggastzahlen ausrichtet.[206] „Je nach Andrang, Zahl der Kontroll-

198 *Schaefer*, NJW 2019, 3029, (3029).

199 *Schaefer*, NJW 2019, 3029, (3031).

200 Vgl. BGH, Urteil vom 17. Mai 1990 – III ZR 191/88 –, Rn. 14, juris.

201 Vgl. LG Düsseldorf, Urteil vom 15. Mai 2018 – 2b O 179/15 –, Rn. 24, juris; LG Bonn, Urteil vom 10. Oktober 2018 – 1 O 155/18 –, Rn. 20, juris.

202 LG Düsseldorf, Urteil vom 15. Mai 2018 – 2b O 179/15 –, Rn. 24, juris.

203 LG Düsseldorf, Urteil vom 15. Mai 2018 – 2b O 179/15 –, Rn. 23, juris; LG Bonn, Urteil vom 10. Oktober 2018 – 1 O 155/18 –, Rn. 21, juris.

204 LG Düsseldorf, Urteil vom 15. Mai 2018 – 2b O 179/15 –, Rn. 23, juris; LG Bonn, Urteil vom 10. Oktober 2018 – 1 O 155/18 –, Rn. 21, juris.

205 So auch: OLG Frankfurt, Urteil vom 15. Januar 2017 – 1 U 139/15 –, Rn. 18, juris.

206 LG Bonn, Urteil vom 10. Oktober 2018 – 1 O 155/18 –, Rn. 21, juris.

stellen und Geschwindigkeit der Kontrollen kann es zu erheblichen Verzögerungen kommen. Auf derartige Verzögerungen im Ablauf muss sich jeder Fluggast einstellen und Wartezeiten entsprechend einkalkulieren."[207]

Schaefer sieht eine Amtspflichtverletzung erst in einer strukturellen Unterdeckung mit Personal und Kontrollstellen, die die erwartete Anzahl an Passagieren nicht adäquat bewältigen können.[208]

Zu einer schleppenden Bearbeitung hat der BGH entschieden, dass „im Rechtsstaat jede Behörde die Amtspflicht [hat], Anträge mit der gebotenen Beschleunigung zu bearbeiten und, sobald ihre Prüfung abgeschlossen ist, ungesäumt zu bescheiden"[209]. Das muss auch für die Kontrollen gelten.[210] Dabei ist zu beachten, dass die Kontrolle bis zu einem zufriedenstellenden Ergebnis stattfinden muss.

3.3.3.3.2.2 Ansprüche aus Aufopferung

Ansprüche aus Aufopferung finden hier ihre Grundlage im enteignenden Eingriff.[211] Der Fluggast opfert seinen Beförderungsanspruch, der dem Schutz von Art. 14 Abs. 1 GG unterfällt.[212] Das gilt gerade auch, wenn sich ein Verdacht nicht erhärtet.[213] „Bei der Inanspruchnahme eines Nichtverantwortlichen handelt es sich um einen zielgerichteten hoheitlichen Grundrechtseingriff, der dem Betroffenen, weil er für das Bestehen der Gefahrenlage keine Verantwortung trägt, ein Sonderopfer auferlegt"[214]. „Entsprechendes gilt, wenn der Eigentümer einer Sache rechtmäßig als Störer in Anspruch genommen wird, weil ein durch Tatsachen begründeter Verdacht besteht, dass von der Sache eine Gefahr ausgeht: Auch er kann für die dadurch erlittenen Nachteile wie ein Nichtverantwortlicher (Nichtstörer) Entschädigung verlangen, wenn sich nachträglich herausstellt, dass die Gefahr in Wirklichkeit nicht bestand, soweit er die Verdacht begründen-

---

207 LG Bonn, Urteil vom 10. Oktober 2018 – 1 O 155/18 –, Rn. 21, juris.

208 *Schaefer*, NJW 2019, 3029, (3031).

209 BGH, Urteil vom 11. Januar 2007 – III ZR 302/05 –, BGHZ 170, 260-275, Rn. 17 m. w. N.

210 *Schaefer*, NJW 2019, 3029, (3031).

211 OLG Frankfurt, Urteil vom 12. August 2013 – 1 U 276/12 –, Rn. 4, juris; *Schaefer*, NJW 2019, 3029, (3031).

212 *Schaefer*, NJW 2019, 3029, (3031) Vgl. auch: OLG Frankfurt, Urteil vom 12. August 2013 – 1 U 276/12 –, Rn. 4, juris.

213 OLG Frankfurt, Urteil vom 12. August 2013 – 1 U 276/12 –, Rn. 4, juris.

214 OLG Frankfurt, Urteil vom 12. August 2013 – 1 U 276/12 –, Rn. 4, juris.

den Umstände nicht zu verantworten hat“[215]. Auch hier ist die Kontrollmaßnahme selbst in der Regel nicht rechtswidrig.[216]

Die betroffenen Passagiere müssen ein Sonderopfer erbringen, das nur bei einer unverhältnismäßigen Schwere der Einwirkung oder einem Gleichheitsverstoß gegeben ist.[217] Dieses liegt nicht vor, wenn sich die Betroffenen freiwillig in eine gefährliche Situation begeben, deren Folge sie herbeiführen.[218] „Der Betroffene darf nicht durch eigenes Verhalten, auch wenn dieses rechtlich erlaubt ist, einen vorher noch nicht vorhandenen Interessenkonflikt aktiviert haben; sonst sind die Folgen regelmäßig seiner Sphäre zuzuordnen und stellen kein gleichheitswidriges Sonderopfer dar“[219]. Dies ist der Fall, wenn Passagiere zu spät an der Kontrollstelle erscheinen.[220] Das ist eine Einzelfallentscheidung.[221] Eintreffen weniger als eine Stunde vor dem Abflug und etwa eine halbe Stunde vor dem Boarding ist zu spät.[222] Selbst verspätet eintreffende Passagiere können ein Sonderopfer erbringen, wenn die Sicherheitsbehörde die Kontrolle willkürlich oder beliebig verzögert.[223]

3.3.3.4 Innenregress

Eine andere Frage ist die Möglichkeit des Innenregresses des Staates gegen den Beliehenen und den Sicherheitsdienstleister.

Dabei ist zu beachten, dass bei einer Amtspflichtverletzung durch Beliehene Amtshaftungsansprüche gegen den beleihenden Hoheitsträger entstehen.[224] Ein Innenregress braucht eine gesetzliche Grundlage, „da zu den wesentlichen Modalitäten einer Beleihung, deren Bestimmung dem Gesetzgeber vorbehalten ist, die Zulassung des Haftungsrückgriffs auf den Beliehenen zählt“[225]. Der Gesetzgeber kann dabei abweichend von Art. 34

---

215 OLG Frankfurt, Urteil vom 12. August 2013 – 1 U 276/12 –, Rn. 4, juris.
216 Vgl. *Schaefer*, NJW 2019, 3029, (3031).
217 *Schaefer*, NJW 2019, 3029, (3031) m. w. N.
218 OLG Frankfurt, Urteil vom 12. August 2013 – 1 U 276/12 –, Rn. 4, juris.
219 BGH, Beschluss vom 14. Dezember 2017 – III ZR 48/17 –, Rn. 13, juris.
220 BGH, Beschluss vom 14. Dezember 2017 – III ZR 48/17 –, Rn. 13, juris.
221 BGH, Beschluss vom 14. Dezember 2017 – III ZR 48/17 –, Rn. 13, juris.
222 BGH, Beschluss vom 14. Dezember 2017 – III ZR 48/17 –, Rn. 12, juris.
223 LG Bonn, Urteil vom 10. Oktober 2018 – 1 O 155/18 –, Rn. 28, juris.
224 BGH, Urteil vom 30. November 1967 – VII ZR 34/65 –, BGHZ 49, 108-117, Rn. 18.
225 *Giemulla/van Schyndel*, in: Giemulla, § 16a LuftSiG, Rn. 40.

Satz 2 GG auch vorsehen, dass der Innenregress bereits bei einfacher Fahrlässigkeit stattfindet.[226] Mit § 16a Abs. 6 S. 2 LuftSiG ist dies geschehen, wobei ein etwaiger Innenregress gegenüber dem Sicherheitsdienstleister Vorrang hat. Diese Möglichkeit besteht auf vertraglicher Grundlage.

Die derzeitigen Verträge mit den Sicherheitsdienstleistern sehen auch Haftungsregelungen vor. Danach haftet die Bundesrepublik Deutschland Dritten gegenüber nach den Grundsätzen der Amtshaftung für Schäden, die von den beliehenen Mitarbeiterinnen und Mitarbeitern der Sicherheitsdienstleister bei der Durchführung der Passagier- und Handgepäckskontrollen schuldhaft verursacht werden. Zugleich haben die Sicherheitsdienstleister die Bundesrepublik Deutschland von Schadensersatzansprüchen Dritter bezüglich Schäden, die die Mitarbeiterinnen und Mitarbeiter der Sicherheitsdienstleister in Ausführung der Passagier- und Handgepäckkontrollen vorsätzlich oder grob fahrlässig verursacht haben, freizustellen. Im Innenverhältnis ist die Haftung der Höhe nach begrenzt. Hieran haben auch die im Zuge der Pilotprojekte erprobten neuen Verträge nichts geändert.

226 BVerwG, Urteil vom 26. August 2010 – 3 C 35/09 –, BVerwGE 137, 377 (Rn. 26 ff.).

4 Luftsicherheit in Deutschland

4.1 Überblick

Das System der Luftsicherheit ist durch komplexe Strukturen und eine Vielzahl von Akteuren geprägt. Grundsätzlich werden die Aufgaben im Bereich der Luftsicherheit von den Ländern in Bundesauftragsverwaltung durchgeführt, sofern diese nicht wieder auf den Bund zurückübertragen wurden.[227] Diese vollständige Aufgabenrückübertragung ist für insgesamt 13 Flughäfen (Berlin-Schönefeld, Berlin-Tegel, Bremen, Dresden, Düsseldorf, Erfurt, Frankfurt am Main, Hamburg, Hannover, Köln/Bonn, Leipzig/Halle, Saarbrücken und Stuttgart) erfolgt. Darüber hinaus gibt es am Flughafen München geteilte Zuständigkeiten. Während die Bundespolizei für den Schutz der Kontrollstellen zuständig ist, übernimmt der Freistaat Bayern alle anderen Luftsicherheitsaufgaben (z. B. Passagier- und Gepäckkontrollen).

Auf Bundesebene teilen sich auf Ebene der obersten Behörden das BMI und das BMVI die Zuständigkeiten im Bereich der Luftsicherheit. Das BMI ist für die Passagier- und Gepäckkontrollen (§ 5 LuftSiG) und die Sicherheitsmaßnahmen der Flughafenbetreiber (§ 8 LuftSiG) zuständig. In den Zuständigkeitsbereich des BMVI fallen die Sicherheitsmaßnahmen der Luftfahrtunternehmen (§ 9 LuftSiG). Auf Bundesebene ist die Bundespolizei als Luftsicherheitsbehörde für die Fachaufsicht im Bereich der Passagier- und Gepäckkontrollen und auch für deren Durchführung zuständig. Diese wird in der Praxis auf PSDL übertragen, wobei deren Steuerung in der Regel durch die BPOL erfolgt (siehe Kapitel 4.1.1) Auf Länderebene nehmen die Landesluftsicherheitsbehörden die Aufgaben der Fachaufsicht wahr und sind für die Durchführung der Kontrollen gem. § 5 LuftSiG verantwortlich. Die Bundesaufsicht übernimmt das BMI.

---

227 Dabei ist erstens zu beachten, dass das Grundgesetz zwar von einer bundeseigenen Verwaltung ausgeht, dabei aber eine gesetzliche Übertragung auf die Länder zulässt (Art. 87d Abs. 1 S. 1 bzw. Abs. 2), die mit § 16 Abs. 2 LuftSiG erfolgt ist (vgl. dazu Kapitel 3.3.1). Da zweitens für die 13 in Rede stehenden Flughäfen nach alter Rechtslage eine Übertragung stattgefunden hat, wird der Lesbarkeit halber auf diese Differenzierung im Text verzichtet.

Die Flughafenbetreiber stellen die für die Kontrollstellen benötigten Flächen zu Verfügung. Zudem findet die Kontrolle im Gesamtprozess Passagierabfertigung statt, der maßgeblich durch die Flughafenbetreiber und die Fluggesellschaften beeinflusst wird. Letzteren kommt neben vor- und nachgelagerten Aufgaben insbesondere die Aufgabe der Datenzulieferung für die Berechnung der notwendigen Zahl an Kontrollspuren und LuftAss zu.

Abb. 1: Organisation und Aufgabenwahrnehmung Passagier- und Gepäckkontrollen bei Flughäfen in Bundeszuständigkeit (§ 5 LuftSiG)

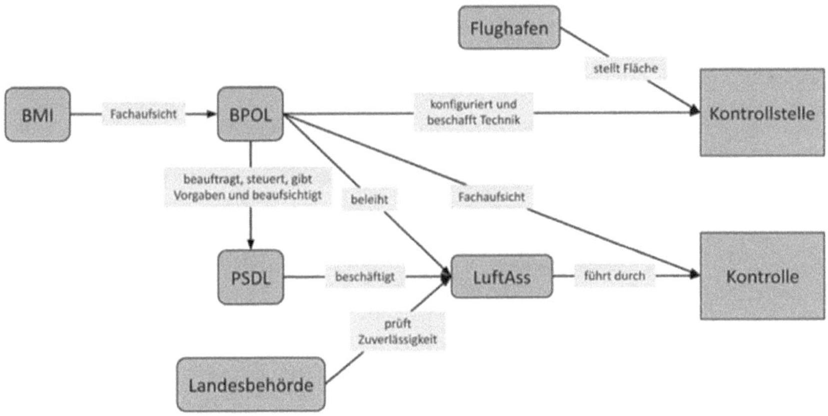

Für die Sicherheitsmaßnahmen der Flughafenbetreiber gem. § 8 LuftSiG übernehmen die Landesluftsicherheitsbehörden die Aufgaben der Fachaufsicht, während die Flughafenbetreiber für die Durchführung der Maßnahmen zuständig sind.

Abb. 2 : Organisation und Aufgabenwahrnehmung Personal- und Warenkontrollen (§ 8 LuftSiG)

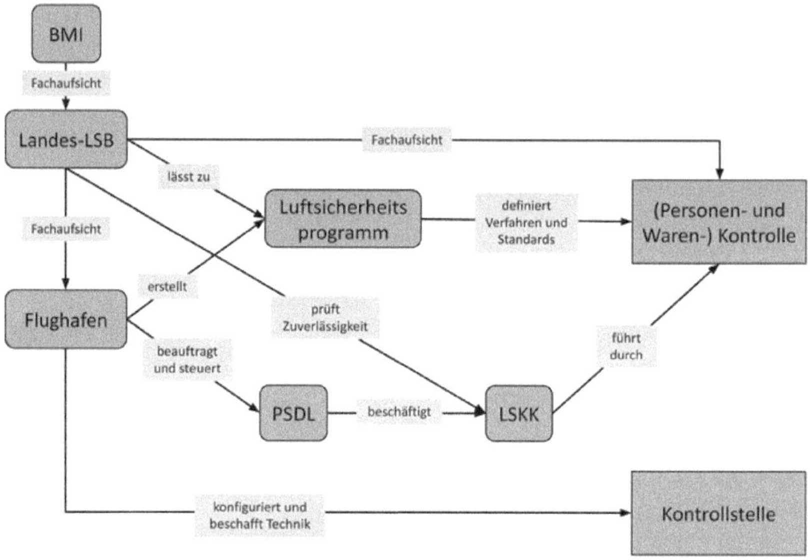

Darüber hinaus übernimmt das Luftfahrtbundesamt bei den Sicherheitsmaßnahmen gem. § 9 LuftSiG die Aufgaben der Fachaufsicht. Für die Durchführung der jeweiligen Maßnahmen sind die Luftfahrtunternehmen selbst zuständig. Die Kosten tragen zunächst die Flughäfen, die sie (im Umfang unterschiedlich) über die Sicherheitsentgelte, die sie bei den Fluggesellschaften erheben, refinanzieren.

Da der Fokus des Gutachtens auf den Passagier- und Gepäckkontrollen liegt, beziehen sich die weiteren Ausführungen in erster Linie auf die Aufgabenwahrnehmung gem. § 5 LuftSiG bzw. auf die Schnittstellen zu den Sicherheitsmaßnahmen gem. § 8 LuftSiG, wenn es um die Frage eines doppelfunktionalen Einsatzes der LuftAss bzw. LSKK geht.

4.1.1 Ausgangslage Passagier- und Gepäckkontrollen

In Deutschland gibt es derzeit 28 Verkehrsflughäfen, für die eine Luftsicherheitsgebühr erhoben wird. Für die 13 Flughäfen, für die eine Rückübertragung der Luftsicherheitsaufgaben auf den Bund erfolgte, ist die

Bundespolizei als Luftsicherheitsbehörde zuständig. An den übrigen 15 Flughäfen übernehmen die Luftsicherheitsbehörden der jeweiligen Bundesländer die Aufgaben im Bereich der Luftsicherheit.

Bezogen auf das Jahr 2020 mussten die Luftfahrtunternehmen durchschnittlich 9,40 Euro pro Passagier für die Luftsicherheitsgebühr entrichten, wobei die Spannbreite zwischen 4,40 Euro und 24,22 Euro beträgt. An Flughäfen in Landeszuständigkeit liegt die Gebührenhöhe im Durchschnitt bei 9,16 Euro, wobei die Gebührenhöhe zwischen 4,40 Euro und 17,40 Euro schwankt. An Flughäfen in Bundeszuständigkeit muss ein Passagier durchschnittlich 9,69 Euro bezahlen, wobei die Spannbreite zwischen 5,78 Euro und 24,22 Euro beträgt. Derzeit liegen insgesamt je drei Flughäfen in Landes- und Bundeszuständigkeit über der Kappungsgrenze von 10 Euro. Hierbei handelt es sich um kleine Flughäfen in sechs unterschiedlichen Bundesländern. Der Flughafen Frankfurt als passagierstärkster Flughafen[228] in Deutschland liegt mit 9,95 Euro bereits sehr nah an der in der LuftSiGebVO festgelegten Gebührenobergrenze, die derzeit 10 Euro beträgt. Sollte diese Grenze an dem Flughafen überschritten werden, fallen die Mehrkosten in den Haushalten von Bund und Ländern an.

Betrachtet man die geografische Verteilung der Flughäfen, ist festzuhalten, dass sich die 13 Flughäfen, für die die Bundespolizei zuständig ist, auf insgesamt 12 Bundesländer verteilen. In acht Bundesländern gibt es nur Flughäfen, für die der Bund zuständig ist, während es in vier weiteren neben den BPOL-Flughäfen auch noch Flughäfen in Landeszuständigkeit gibt. Hingegen verfügen vier Bundesländer ausschließlich über Flughäfen, für die Landessicherheitsbehörden zuständig sind. Die folgende Tabelle zeigt die Flughäfen nach Bundes- und Landeszuständigkeit.

Tab. 1: Flughäfen nach Bundes- und Landeszuständigkeit

Bundesland	**Flughafen**	**Zuständigkeit**
Baden-Württemberg	Friedrichshafen (FDH)	Land
	Karlsruhe/Baden-Baden (FKB)	Land
	Stuttgart (STR)	BPOL
Bayern	München (MUC)	Land
	Nürnberg (NUE)	Land
	Memmingen (FMM)	Land
Berlin	Berlin-Tegel (TXL)	BPOL

228 Legt man die Passagiere an Bord zugrunde, entfallen rund 28 Prozent des gesamten Passagiervolumens auf den Flughafen Frankfurt (ohne Berücksichtigung der Flughäfen Kassel-Calden, Heringsdorf und Westerland/Sylt; Stand: 2018).

Bundesland	Flughafen	Zuständigkeit
Brandenburg	Berlin-Schönefeld (SXF)	BPOL
Bremen	Bremen (BRE)	BPOL
Hamburg	Hamburg (HAM)	BPOL
Hessen	Frankfurt (FRA)	BPOL
	Kassel-Calden (KSF)	Land
Mecklenburg-Vorpommern	Rostock-Laage (RLG)	Land
	Heringsdorf (HDF)	Land
Niedersachsen	Braunschweig (BWE)	Land
	Hannover (HAJ)	BPOL
Nordrhein-Westfalen	Düsseldorf (DUS)	BPOL
	Köln/Bonn (CGN)	BPOL
	Dortmund (DTM)	Land
	Münster/Osnabrück (FMO)	Land
	Niederrhein (NRN)	Land
	Paderborn/Lippstadt (PAD)	Land
Rheinland-Pfalz	Hahn (HHN)	Land
Saarland	Saarbrücken (SCN)	BPOL
Sachsen	Dresden (DRS)	BPOL
	Leipzig/Halle (LEJ)	BPOL
Schleswig-Holstein	Westerland/Sylt (GWT)	Land
Thüringen	Erfurt (ERF)	BPOL

Die oben aufgeführten Flughäfen liegen im Zuständigkeitsbereich von sieben Bundespolizeidirektionen (BPOLD), wobei vier der sieben BPOLD für mehr als einen Flughafen zuständig sind (BPOLD Pirna (3)[229], BPOLD Hannover (3)[230], BPOLD Berlin (2)[231], BPOLD Sankt Augustin (2)[232]). Die drei BPOLD Frankfurt Flughafen[233], Stuttgart[234] und Koblenz[235] sind für jeweils einen Flughafen verantwortlich.

229 Die BPOLD Pirna ist für die Flughäfen Dresden, Erfurt, Leipzig zuständig.

230 Die BOLPD Hannover ist für die Flughäfen Bremen, Hamburg und Hannover zuständig.

231 Die BPOLD Berlin ist für die Flughäfen Berlin-Schönefeld und Berlin-Tegel zuständig.

232 Die BPOLD Sankt Augustin ist für die Flughäfen Düsseldorf und Köln/Bonn zuständig.

233 Die BPOLD Frankfurt Flughafen ist für den Flughafen Frankfurt am Main zuständig.

234 Die BPOLD Stuttgart ist für den Flughafen Stuttgart zuständig.

235 Die BPOLD Koblenz ist für den Flughafen Saarbrücken zuständig.

Bei den Flughäfen in Bundeszuständigkeit stellt sich die Situation hinsichtlich der Passagier- und Gepäckkontrollen gem. § 5 LuftSiG wie folgt dar. An allen 13 Flughäfen führen private Sicherheitsdienstleister die § 5-Kontrollen unter der Fachaufsicht der BPOL durch. Insgesamt sind sieben Sicherheitsdienstleister mit 8.910 LuftAss an den Flughäfen in Bundeszuständigkeit im Einsatz. Bei vier der sieben Sicherheitsdienstleister handelt es sich – bezogen auf die Zahl der eingesetzten LuftAss – um große Unternehmen (I-Sec, Securitas, Frasec und Kötter), die mehr als 90 Prozent des Kontrollpersonals für die Passagier- und Gepäckkontrollen stellen. An einigen Standorten kommen zusätzlich zum Personal der privaten Sicherheitsdienstleister im geringen Umfang[236] eigene LuftAss der Bundespolizei zum Einsatz. Hierbei handelt es sich jedoch um einen versiegelten Personalkörper, d. h. es erfolgen keine Neueinstellungen mehr, sodass die Zahl dieser LuftAss pensionierungsbedingt mit der Zeit immer weiter abnimmt. Aufgrund der Versieglung kommt es zudem zu einer immer stärkeren Überalterung des Personalkörpers. In der Regel werden die LuftAss der Bundespolizei in TVöD 5 eingruppiert.

Insgesamt gibt es noch 467[237] LuftAss der BPOL an elf Flughäfen, die sich wie folgt verteilen, wobei mehr als die Hälfte der BPOL-LuftAss auf die beiden Flughäfen Düsseldorf und Köln/Bonn entfällt.

Somit bildet der Aspekt, welche Luftsicherheitsbehörde am jeweiligen Flughafen zuständig ist, ein Differenzierungsmerkmal für die in Deutschland existieren Modelle im Bereich der Luftsicherheit. Ein weiteres Unterscheidungskriterium für die Organisationsmodelle ist, wer im konkreten Fall die Passagier- und Gepäckkontrollen am jeweiligen Flughafen durchführt.

4.1.2 Wesentliche Aufgaben im Bereich der Passagier- und Gepäckkontrollen

Im Folgenden werden zunächst die wesentlichen Aufgaben im Bereich der § 5-Kontrollen an Flughäfen in Bundeszuständigkeit dargestellt. Hierbei handelt es sich um:

236 Der Anteil der LuftAss der BPOL an der Gesamtzahl aller eingesetzten LuftAss beträgt nur rund fünf Prozent.

237 Stand: August 2019.

1) Ausschreibung § 5-Kontrollen, Kontrahierung und Vertragsmanagement
2) Einrichtung und Betrieb der Kontrollstellen
3) Beschaffung, Betrieb und Wartung der Sicherheitstechnik
4) Organisation und Durchführung der § 5-Kontrollen
5) Qualitätsmanagement/Tätigkeiten zur Überwachung der Einhaltung
6) Organisation und Durchführung der Ausbildung der LuftAss; Beleihung
7) Berechnung und Erhebung der Luftsicherheitsgebühr

Eine vollständige Liste findet sich in der Tabelle in Kapitel 4.1.2.1.9.

4.1.2.1 Situation an den Flughäfen in Bundeszuständigkeit

4.1.2.1.1 Ausschreibung § 5-Kontrollen, Kontrahierung und Vertragsmanagement

An Flughäfen in Bundeszuständigkeit übernimmt die Bundespolizei als zuständige Luftsicherheitsbehörde in Zusammenarbeit mit dem Beschaffungsamt des BMI die Ausschreibung von Aufträgen für die entsprechenden Kontrollaufgaben. Hierzu erstellen die zuständige Bundespolizeidirektion und das Bundespolizeipräsidium einen Leistungskatalog, der Bestandteil der Ausschreibungsunterlagen wird. Die eingereichten Angebote werden vom Bundespolizeipräsidium ausschließlich fachlich bewertet. Bei der Bewertung fließt die Qualität der Angebote mit 60 Prozent und der Preis mit 40 Prozent ein. Ein Angebot wird abgelehnt, wenn die Mindeststandards bzgl. Qualität nicht eingehalten werden. Das Beschaffungsamt führt die fachliche und preisliche Bewertung zusammen und erteilt dem wirtschaftlichsten Angebot den Zuschlag. Das Beschaffungsamt übernimmt die organisatorischen Fragen der Ausschreibung, verhandelt und schließt die Verträge mit den privaten Sicherheitsdienstleistern. In der Regel haben die Verträge mit den privaten Sicherheitsdienstleistern eine Laufzeit von vier Jahren mit einer Verlängerungsoption für ein weiteres Jahr. Kommt es zu einem Wechsel des Dienstleisters werden die LuftAss des zuvor tätigen Sicherheitsdienstleisters nach § 613a BGB (Betriebsübergang) vom neuen Dienstleister übernommen.

Das Vertragsmanagement, also im Wesentlichen die Frage, ob die Verträge eingehalten werden, ob etwaige Boni ausgezahlt oder Sanktionen geprüft werden, obliegt der Bundespolizei.

4.1.2.1.2 Organisation und Durchführung der § 5-Kontrollen

Abgesehen vom versiegelten Personalkörper der LuftAss der BPOL, sind die an den Flughäfen in Bundeszuständigkeit tätigen LuftAss in Deutschland bei privaten Sicherheitsdienstleistern angestellt. Diese regeln die Arbeitsverträge und die Einteilung der Dienstpläne nach den Anforderungen der Bundespolizei.

Nach Erreichen der notwendigen Qualifikation werden die LuftAss für die § 5-Kontrollen bei den privaten Sicherheitsdienstleistern nach Auskunft eines Akteurs der Luftsicherheit üblicherweise festangestellt, wobei Bedingung für die weitere Ausübung der Tätigkeit als LuftAss die Absolvierung der Rezertifizierungsmaßnahmen ist. Der übliche Arbeitsvertrag basiert auf einem „130 Stunden+"-Modell, bei dem die LuftAss mindestens halbtags arbeiten sowie bei Bedarf Überstunden leisten.

Derzeit fordert die BPOL bei den Sicherheitsdienstleistern die zu erbringende Leistung in Form von Kontrollstunden an. Laut eines für diese Untersuchung betrachteten Vertragsentwurfs ist eine Kontrollstunde definiert als ein Pauschalstundenverrechnungssatz pro geleistete Stunde für jeweils eine/einen LuftAss. Das bedeutet, etwaige zu zahlende Sondervergütungen (z. B. für Sonntagsarbeit) sind dabei in den Pauschalsatz eingepreist.

Grundlage für die Anforderung ist eine Prognose zu den Kontrollstunden, die auf dem zu erwartenden Passagieraufkommen basiert. Die erforderlichen Daten werden von den Fluggesellschaften zur Verfügung gestellt. Das Verfahren läuft in drei Stufen ab. Zunächst erfolgt eine Jahresprognose im November für das Folgejahr. Dabei werden u. a. saisonale Schwankungen abgebildet. Ausgangspunkt für die detaillierte Planung der zweiten Stufe sind die Daten, die bis zum 21. des Vormonats gemeldet werden. Auf dieser Grundlage berechnet die BPOL die erforderliche Menge an Kontrollspuren und LuftAss und fordert Kontrollstunden an. Dabei erfolgt die Konkretisierung in Zeitschienen (Frühschicht, Spätschicht etc.). Die dritte Stufe erfolgt in Form einer Nachjustierung um 12:00 Uhr am Vortag, wobei auf größere Änderungen nicht mehr reagiert werden kann, da die PSDL einen gewissen Vorlauf für ihre Personalplanung brauchen. Schließlich prüft und rechnet die BPOL die geleisteten Kontrollstunden ab. Teils wurden bereits neue Verträge – als ein Ergebnis der BMI-/BDL-Pilotprojekte – mit den PSDL geschlossen, wonach diese die operative Steuerung übernehmen (siehe auch Kapitel 5.1.2).

Die eigentliche Kontrolltätigkeit wird von den LuftAss durchgeführt. Diese arbeiten in Teams an den verschiedenen Kontrollspuren. Ihre Tätigkeit ist durch umfangreiche Vorgaben determiniert. Diese speisen sich aus

Gesetzen, untergesetzlichen Vorgaben (v.a. NLSP) und aus Dienstanweisungen der PSDL, die wiederum aus vertraglichen Regelungen zwischen Bund und PSDL resultieren. Namentlich gibt es genaue Vorgaben zu Abläufen, Prozessen und Methodik der Kontrollen. Teilprozesse der Kontrolltätigkeit sind dabei

- Röntgenkontrollen,
- Personenkontrollen,
- Nachkontrollen (Handgepäckstücke werden nachkontrolliert, wenn auffällige, nicht identifizierbare Gegenstände durch die Röntgenbildanalyse gefunden wurden[238]) sowie
- spezielle Sprengstoffkontrollen.

Die Rolle der BPOL vor Ort hängt maßgeblich davon ab, ob die Gefahrenschwelle überschritten ist oder ob aus ihrer Sicht eine sonst mangelhafte Arbeit der LuftAss vorliegt. Im Gefahrenfall kann die Bundespolizei unmittelbar Weisungen an die LuftAss erteilen, wobei in bestimmten Fällen weitere Stellen hinzugezogen werden müssen. So werden etwa im Falle des Verdachts eines Bombenfundes Entschärfer gerufen. Bei Gefahrenlagen kann die Polizei unmittelbar Weisungen an die LuftAss erteilen. In Fällen mangelhafter Arbeit kann die BPOL dies zum Anlass nehmen, den Vorgesetzen entsprechend anzuweisen[239] oder den PSDL darüber in Kenntnis zu setzen und ihn auffordern, den Mangel abzustellen.[240] Dabei kann die BPOL auch die Nachschulung einzelner LuftAss anordnen (zu weiteren Maßnahmen der Qualitätssicherung bzw. Fachaufsicht siehe Kapitel 4.1.2.1.6). Darüber hinaus ist die Bundespolizei für die Bestreifung des Sicherheitsbereichs und für die allgemeine Gefahrenabwehr zuständig.

4.1.2.1.3 Zertifizierung der Sicherheitstechnik

Die Sicherheitstechnik, die an deutschen Flughäfen zum Einsatz kommt, wird in der Erprobungsstelle der Bundespolizei in Lübeck getestet. Die Zertifizierung erfolgt durch das Referat 65 im BPOLP, welches die ECAC-Standards für die Festlegung der nationalen Anforderungen an die Sicherheitstechnik präzisiert. Nur in wenigen Bereichen werden erhöhte Anfor-

---

238 *Krüger*, Kognitive Aspekte in der zivilen Luftsicherheit, S. 8.

239 In der Regel halten die PSDL einen Ansprechpartner mit Leitungsfunktion während der Kontrollzeit vor.

240 Direkte Weisungen an die LuftAss sind in diesen Fällen wegen der Folgen unzulässiger Arbeitnehmerüberlassungen untersagt.

derungen aufgrund der allgemeinen Gefährdungslage an die Sicherheitsausrüstung gestellt. Die EU setzt insoweit nur Mindeststandards und lässt eine Präzisierung nationaler Anforderungen zu. Diese müssen gegenüber der EU begründet werden. Laut Auskunft des Bundespolizeipräsidiums trifft dies auf alle verwendeten Arten der Sicherheitstechnik zu, mit Ausnahme von Torsonden, wobei diese als Auslaufmodell betrachtet werden.

4.1.2.1.4 Beschaffung und Wartung der Sicherheitstechnik

Die konkrete Beschaffung der Sicherheitstechnik erfolgt – wie auch der Vertragsschluss mit den PSDL – durch das Beschaffungsamt, das mit den Anbietern die Verhandlungen führt und für die Durchführung des Vergabeverfahrens und die Vertragsgestaltung zuständig ist. Vor Ausschreibung eines neuen Auftrags zur Anschaffung neuer Sicherheitstechnik wird zuerst durch das Beschaffungsamt eine Vorankündigung veröffentlicht. Der Entwurf der Leistungsbeschreibung wird im Bundespolizeipräsidium erarbeitet und vom Beschaffungsamt in Bezug auf vergaberechtliche Aspekte finalisiert. Anschließend wird die benötigte Sicherheitstechnik öffentlich ausgeschrieben. Es ist durchaus üblich, mit den Bietern Ortsbegehungen durchzuführen.

Grundsätzlich seien die Angebotskriterien aus Sicht des Bundespolizeipräsidiums transparent und verständlich. Die Hersteller würden geheimschutzüberprüft und dürften sich über die deutschen Anforderungen an die Geräte informieren. Es käme jedoch vor, dass Hersteller aus dem nichteuropäischen Ausland keine Geheimschutzüberprüfung durchführen ließen und infolgedessen die deutschen Standards nicht kennen würden und deswegen bei den Ausschreibungen nicht zum Zuge kommen könnten. Der Markt für die Anbieter sei insgesamt für viele Geräte sehr klein, insbesondere wenn standortspezifische Konfigurationen nötig seien. Zudem müssen in Deutschland neben den europäischen Richtlinien weitere nationale Anforderungen an die Sicherheitstechnik erfüllt werden. Dies erkläre die hohen Preise für die entsprechende Sicherheitstechnik.

Ist die Auswahl eines Angebotes erfolgt, schließt das Beschaffungsamt nach Auskunft des Bundespolizeipräsidiums Rahmenverträge, in der Regel über vier Jahre, mit den jeweiligen Herstellern ab. Die Verträge würden dabei pro Gerätetyp abgeschlossen, sodass es an einem Flughafen mehrere Rahmenverträge für unterschiedliche Sicherheitstechnik gibt. Ergänzend zu den Lieferrahmenverträgen werden mit den Herstellern auch Instandhaltungsverträge geschlossen, die Wartungsleistungen und die Lieferung von Ersatzteilen umfassen. Diese Wartung und die regelmäßige Überprüfung der Sicherheitstechnik werden durch die Bundespolizei koordiniert.

4.1.2.1.5 Einrichtung und Betrieb der Kontrollstellen

Über die Anzahl und Standorte der Kontrollstellen entscheidet die BPOL, i.d.R. nach Konsultation des Flughafens, wobei der Flughafen die Flächen – entgeltlich – zur Verfügung stellt. Die Einrichtung der Kontrollstelle (einschließlich unmittelbarer Peripherie wie Wannenrückführung) obliegt der Bundespolizei.

Bevor eine neueingerichtete Kontrollstelle genutzt werden kann, muss sie für die Anforderungen am entsprechenden Standort durch die Bundespolizei zugelassen werden.

4.1.2.1.6 Qualitätsmanagement (einschließlich Fachaufsicht)

Unter Qualitätssicherung werden alle Maßnahmen, die eine rechtskonforme und den hohen Sicherheitsanforderungen gerecht werdende Kontrolltätigkeit zum Ziel haben, verstanden. Die qualitätssichernden Vorgaben – sowohl staatlicherseits als auch durch den PSDL selbst – werden oben bei der Durchführung der Kontrollen dargestellt. Im Folgenden geht es um die eher reaktive Sicherstellung ihrer Einhaltung. Bezogen auf die BPOL ist hier die Fachaufsicht maßgeblicher Handlungsrahmen. Die gesamte Kontrolltätigkeit der PSDL und LuftAss erfolgt unter der Fachaufsicht der BPOL, d. h. die BPOL kann alle aus ihrer Sicht erforderlichen Maßnahmen treffen, um eine rechtskonforme und zweckmäßige Aufgabenerfüllung sicherzustellen. Insbesondere kann sie dazu Weisungen erteilen und Informationen einholen. Weisungen ggü. den LuftAss können dabei nur bei Vorliegen einer Gefahr erfolgen, im Übrigen sind sie an Vorgesetzte bzw. den PSDL zu richten (s.o. bei Durchführung). Zudem erfolgen Maßnahmen nach dem Nationalen Qualitätsprogramm für die Sicherheit in der Zivilluftfahrt (NQP), etwa nationale Sicherheitsaudits, Inspektionen, Sicherheitstests und Erhebungen. Daneben ist der PSDL zu internen Qualitätssicherungsmaßnahmen (z. B. eigene Tests) verpflichtet.

4.1.2.1.7 Aus- und Fortbildung sowie Beleihung der LuftAss

Das BMI erstellt als oberste Luftsicherheitsbehörde einen verbindlichen Rahmenplan, in dem Dauer, Methode und Inhalte der Aus- und Fortbildung der LuftAss festgelegt sind. Für die Ausbildung zum LuftAss sind die privaten Sicherheitsdienstleiter zuständig, wobei von der BPOL zertifizierte Ausbilder die Schulung durchführen. Damit diese ihre Schulungsteilnehmerinnen und -teilnehmer auf veränderte Prüfungsanforderungen vorbereiten können, muss eine enge Abstimmung mit der BPOL erfolgen. Grundsätzlich können Personen, die mindestens 18 Jahre sind und über einen Schulabschluss verfügen, zum LuftAss ausgebildet werden. Nach Auskunft eines Akteurs der Luftverkehrswirtschaft ist eine bereits abgeschlossene Berufsausbildung wünschenswert. In der Praxis verfüge aber ein großer Teil der LuftAss über eine Berufsausbildung. Von einem Akteur der Luftverkehrswirtschaft wurde ebenfalls angemerkt, dass durch die privaten Sicherheitsdienstleister im Rahmen der Bewerbungsverfahren bereits Eignungstests geführt werden (→ siehe auch Beispiel Bayern: Kapitel 4.1.4). Die Ausbildungskosten werden in der Regel durch den zukünftigen Arbeitgeber übernommen. Eine Gewerkschaft und die BPOL merkten an, dass es in der Vergangenheit üblich gewesen sei, die Ausbildung über Bildungsgutscheine der Bundesagentur für Arbeit zu finanzieren, was die Durchfallquote zusätzlich in die Höhe getrieben habe. Dies sei aber inzwischen nicht mehr üblich.

Neben den oben genannten Voraussetzungen ist für die Zulassung zur Ausbildung als LuftAss ist auch eine erfolgreich abgeschlossene Zuverlässigkeitsüberprüfung gem. § 7 LuftSiG erforderlich. Im Rahmen dieser Überprüfung soll festgestellt werden, ob Zweifel an der Zuverlässigkeit der zu beleihenden Person bestehen (z. B. durch bereits begangene Straftaten oder das Verfolgen von verfassungsfeindlichen Zielen).

Laut Auskunft BPOLP sind für die LuftAss, die mit der Durchführung der Passagier- und Handgepäckkontrollen betraut sind, 164 Unterrichtseinheiten (etwa sechs Wochen) vorgesehen, teilweise würden die Schulungen auch 450 Stunden, also etwa 10 Wochen, dauern. Grundlage für die Schulungsinhalte ist das Modulhandbuch für Luftsicherheitsschulungen. Die genauen Schulungsinhalte konnten für die vorliegende Untersuchung nicht ausgewertet werden, da die entsprechenden Informationen unter Verschluss sind. Die VO 2015/1998/EU und die Luftsicherheits-Schulungsverordnung nennen jedoch eine Reihe von mindestens zu vermittelnden Lerninhalten für das entsprechende Kontrollpersonal: In Nr. 12.2 Anhang Verordnung (EG) Nr. 2320/2002 sind unter anderem Kenntnisse über

„Durchleuchtungs- und Kontrollgeräte und -techniken" sowie Kenntnisse über „Waffen und nicht allgemein zugelassene Gegenstände" genannt. Im Anhang des Nationalen Luftsicherheitsprogramms Deutschland wird zusätzlich für die Personen, die Passagier- und Handgepäckkontrollen durchführen, als erforderliche Qualifikation „zwischenmenschliche Kompetenzen, insbesondere bezüglich des Umgangs mit kulturellen Unterschieden und mit potenziell gefährlichen Fluggästen"[241] als erforderliche Qualifikation genannt.

Die Abschlussprüfung für die LuftAss beinhaltet jeweils einen praktischen und einen theoretischen Teil. Zur genauen Durchfallquote bei den entsprechenden Lehrgängen liegen für diese Untersuchung keine genauen Zahlen vor. Mehrere befragte Stakeholder weisen jedoch auf z.T. hohe Durchfallzahlen für die entsprechenden Lehrgänge hin.

Nach der erfolgreich abgelegten Abschlussprüfung werden die LuftAss gem. § 16a LuftSiG beliehen und können dann für Passagier- und Gepäckkontrollen eingesetzt werden. Die Beleihung kann ausgesetzt werden, wenn Zweifel an der Befähigung der Beliehenen bestehen. Derzeit sei aus rechtlichen Gründen nach Aussage des BDLS kein *Training on the job* während der Schulungszeiten möglich. In der Praxis würde jedoch bei der Erstellung der Dienstpläne darauf geachtet werden, dass unerfahrene LuftAss mit erfahrenen Kolleginnen und Kollegen zusammen eine Spur besetzen.

Darüber hinaus sind die LuftAss verpflichtet, regelmäßig an beruflichen Fortbildungsmaßnahmen teilzunehmen. Diese werden von den PSDL organisiert und im jeweiligen Sicherheitsprogramm, das die BPOL abnehmen muss, dargestellt. Diese Weiterbildungsmaßnahmen sind im Hinblick auf die schnell wechselnden Gefahrenlagen ein wichtiges Mittel zur Gewährleistung eines hohen Sicherheitsniveaus. Zur Rezertifizierung der LuftAss müssen über die Weiterbildungsmaßnahmen hinaus auch sogenannte „Realtests" im Echtbetrieb bestanden werden, bei denen Attrappen verbotener Gegenstände erkannt werden müssen. Auch die Zuverlässigkeitsüberprüfung muss alle fünf Jahre erneuert werden.

Derzeit können LuftAss nicht für Kontrollen nach § 8 LuftSiG eingesetzt werden und umgekehrt.[242]

---

241 *Bundesministerium des Innern/Bundesministerium für Verkehr, Bau und Stadtentwicklung*, Anhang zum Nationalen Luftsicherheitsprogramm (NLSP), S. 83.

242 Dieser sog. doppelfunktionale Einsatz wird bei den zu prüfenden Modellen jeweils unter Effizienz thematisiert (vgl. u. a. Kapitel 7.2.2).

4.1.2.1.8 Berechnung und Erhebung der Luftsicherheitsgebühr

Die aktuell bestehende Luftsicherheitsgebühr bezieht sich auf die Personal- und Sachkosten, die für die Kontrolle von Passagieren und deren Gepäck nach § 5 LuftSiG anfallen.

Für die Berechnung der Luftsicherheitsgebühr werden sowohl die Personalkosten der Bundespolizei, die im Zusammenhang mit den Passagier- und Gepäckkontrollen anfallen, als auch die Kosten für die an private Sicherheitsdienstleister vergebenen Aufträge für die Durchführung der § 5-Kontrollen zugrunde gelegt. Keine Berücksichtigung bei der Berechnung der Gebühren finden hingegen die Personalkosten für den bewaffneten Schutz der Kontrollstellen sowie die sogenannten Overhead-Kosten der Bundespolizei im administrativen Bereich. Bei diesen ist aus Sicht der BPOL derzeit eine Erhebung aus rechtlichen und tatsächlichen Gründen schwierig, sodass die Steuerung der PSDL, die Einsatzplanung der LuftAss sowie die Gebührenerhebung nicht abgerechnet werden.

Unter die im Rahmen der Luftsicherheit zu refinanzierenden Sachkosten fallen derzeit die Kosten für die Beschaffung und Wartung der erforderlichen Sicherheitstechnik (z. B. Körperscanner, Torsonden, Handdetektoren, Röntgengeräte). Darüber hinaus werden durch die Luftsicherheitsgebühr auch die Mietkosten für die erforderlichen Flächen für die Kontrollstellen am jeweiligen Flughafen sowie die Videokontrolltechnik refinanziert.

Die Luftsicherheitsgebühren werden vom Bundesministerium des Innern, für Bau und Heimat jährlich festgesetzt und von den Bundespolizeidirektionen erhoben. Die Gebührenschuldner sind die Luftfahrtunternehmen. Bis 2003 wurde neben der Luftsicherheitsgebühr zur Deckung der Kosten für die Passagier- und Gepäckkontrollen noch eine zweite Luftsicherheitsgebühr (Luftsicherheitsgebühr II) für den bewaffneten Schutz der Kontrollstellen und die Bestreifung der Sicherheitsbereiche sowie für bewaffnete Standposten bei gefährdeten Luftfahrzeugen erhoben. Das Bundesverwaltungsgericht entschied am 18. März 2004, dass es sich bei den genannten Maßnahmen nicht um umlagefähige Amtshandlungen handele.[243]

Die Luftsicherheitsgebühr wird pro Passagier erhoben. Die Höhe der Gebühr wird dabei flughafenspezifisch festgelegt.[244] Ausgenommene Pas-

243 BVerwG, Urteil vom 18. März 2004 – 3 C 24/03 –, BVerwGE 120, 227 (235-238); BVerwG, Urteil vom 18. März 2004 – 3 C 23/03 –, Rn. 44-48, juris.

244 *Bundesministerium des Innern, für Bau und Heimat,* Luftsicherheitsgebühr.

sagiere sind dabei lediglich Kleinkinder unter zwei Jahren ohne eigenes Flugticket und „Dead Head" Crewmitglieder. Die LuftSiGebV, anhand derer die Gebühr festgelegt wird, sieht dabei gem. Nr. 2 Gebührenverzeichnis (Anlage zur LuftSiGebV) einen Gebührenrahmen mit einer Untergrenze von 2 € und einer Obergrenze von 10 € vor. Überschreiten die prognostizierten Kosten diese Obergrenze, wird die Luftsicherheitsgebühr am entsprechenden Standort auf 10 € gedeckelt. Zudem sind in der LuftSiGebV auch Gebühren für eine Reihe weiterer staatlicher Leistungen im Bereich der Luftsicherheit vorgesehen, die nicht Bestandteil der Luftsicherheitsgebühr sind, z. B. für die Abnahme von Luftsicherheitsprogrammen und für die Durchführung von Zuverlässigkeitsüberprüfungen.

Der Geltungszeitraum der Luftsicherheitsgebühr reicht an den deutschen Flughäfen vom 01. Januar eines Jahres bis zum 31. Dezember desselben Jahres, wobei die Gebühr im Laufe des jeweiligen Jahres angepasst werden kann, sofern die tatsächlichen von den prognostizierten Kosten abweichen. Eine derartige Anpassung ist dreimal im Jahr möglich Der Ermittlungszeitpunkt der Gebühr liegt im Spätsommer bzw. Herbst des Vorjahres. Die Ermittlung der Gebühren für das Jahr 2019 erfolgte im September und Oktober 2018. Im September werden hierzu die Daten zu den Kosten des abgelaufenen Haushaltsjahres und die Prognosekosten für die zu kalkulierende Gebührenperiode im laufenden Jahr von den lokal zuständigen Bundespolizeidirektionen an die zentral zuständige Stelle im Bundespolizeipräsidium übermittelt. Diese Stelle führt die entsprechenden Angaben zusammen, prüft diese und übersendet anschließend einen Ergebnisbericht zur festgestellten Kostenlage an das BMI.

Anschließend wird die Luftsicherheitsgebühr für das kommende Jahr prognostiziert. Als zentrale Berechnungsgrundlage dienen dabei die tatsächlichen Sach- und Personalkosten an den entsprechenden Flughäfen im letzten abgeschlossenen Haushaltsjahr sowie der sogenannte Verlaufswert für das laufende Haushaltsjahr, also die bis zum Berechnungszeitpunkt aufgetretenen Veränderungen zum Vorjahr sowie die prognostizierten Veränderungen ab dem Berechnungszeitpunkt. Für die Ermittlung der Luftsicherheitsgebühren 2019 wurden somit die Kosten aus den Jahren 2017 und 2018 berücksichtigt. Zu den bei der Prognose für den Verlaufswert berücksichtigten Faktoren zählen unter anderem beschlossene tarifliche Veränderungen für das Kontrollpersonal, die Entwicklung laufender Abschreibungen sowie absehbare erforderliche Neuanschaffungen. Die prognostizierten Kosten für das Folgejahr werden anschließend durch die zu erwartende Anzahl an Passagieren für den entsprechenden Standort geteilt und so die veranschlagte Luftsicherheitsgebühr pro kontrolliertem

Passagier am entsprechenden Flughafen ermittelt. Zur Prognose der Passagierzahl werden unter anderem die prognostizierte Entwicklung der allgemeinen Wirtschaftslage anhand des BIP sowie die beobachten Passagierzahlen im laufenden Jahr herangezogen.

Nach der Kalkulation der Luftsicherheitsgebühren werden die Ergebnisse der Kalkulation mit den Gebührenschuldnern und Vertretern des jeweiligen Flughafens und des zuständigen privaten Sicherheitsdienstleisters besprochen. Vor diesen Gesprächen werden den Stakeholdern der Bericht zu den Kostenveränderungen und die vorläufigen Prognose-Ergebnisse in Form von „Transparenzlisten" übersandt. Die anschließende Besprechung der kalkulierten Luftsicherheitsgebühren erfolgt im Rahmen der „Transparenzgespräche", die vom Bundesministerium des Innern, für Bau und Heimat organisiert werden und üblicherweise im November stattfinden. An diesen Gesprächen nehmen Verbände der Luftverkehrsindustrie – BDF, BARIG, ADV sowie einzelne Luftverkehrsunternehmen in wechselnder Besetzung teil. Weiterhin werden als Sachverständige auch Vertreterinnen und Vertreter des Bundesverbandes der Luftsicherheitsunternehmen (BDLS) gehört. Laut Auskunft eines Akteurs der Luftverkehrswirtschaft sei es den Flughafenbetreibern und den Fluggesellschaften hierbei möglich, für die Kalkulation zu berücksichtigendes „Sonderwissen" einzubringen (z. B. über eine absehbare Zunahme an Passagieren am jeweiligen Standort auf Grund einer Expansionsstrategie). Dieses Sonderwissen kann zu einer Aktualisierung der Luftsicherheitsgebühren im Rahmen der Transparenzgespräche herangezogen werden. Die final festgesetzten Luftsicherheitsgebühren werden in der Regel im Dezember in den Nachrichten für Luftfahrer veröffentlicht.

Die Gebührenbescheide werden monatlich von der BPOL an die Fluggesellschaften, die in Deutschland aktiv sind, versendet. Grundlage für die übermittelte Summe ist dabei die veröffentliche Luftsicherheitsgebühr multipliziert mit der Anzahl an kontrollpflichtigen Passagieren im abgerechneten Monat. Die Datengrundlage für diese Ermittlung sind die von den Fluggesellschaften gemeldete Anzahl kontrollierter Passagiere abzgl. Kleinkinder und Dead-Head Crewmitglieder[245]. Werden diese Passagierzahlen von den Fluggesellschaften nicht fristgerecht geliefert, so kommt es zur Festsetzung von Zwangsgeldern durch die Bundespolizei. Trotzdem sei der Datenfluss bei einigen Fluggesellschaften immer wieder lücken-

245 Dabei handelt es sich um Crewmitglieder, die beruflich bedingt fliegen, aber nicht im aktiven Dienst sind (z. B. beim Rückflug von einer angeflogenen Destination).

haft, auch weil die Durchsetzungsmechanismen wenig wirkungsvoll seien. Nach Angabe des BPOLP ist eine Plausibilisierung der durch die Fluggesellschaften übermittelten Passagierzahlen nur möglich, wenn der BPOL durch die Flughafenbetreiber Daten zur Verfügung gestellt werden. Allerdings sind nach § 2 Satz 1 LuftSiGebV die Daten der Fluggesellschaften als Grundlage zur Ermittlung der Gebührenschuld heranzuziehen.

Die Einführung von Musterbescheiden und die jährlich stattfindenden Transparenzgespräche sorgen für eine hohe Akzeptanz auf Seiten der Luftverkehrswirtschaft.

4.1.2.1.9 Übersicht über die wesentlichen Aufgaben im Bereich der Passagier- und Gepäckkontrollen

Folgende Tabelle stellt noch einmal alle wesentlichen Aufgaben sowie ihnen zugeordnete Teilaufgaben im Zusammenhang mit den Passagier- und Gepäckkontrollen dar:

Tab. 2: Aufgaben im Zusammenhang mit den Passagier- und Gepäckkontrollen

Wesentliche Aufgaben und ihnen zugordnete Teilaufgaben	Status quo Bund
Ausschreibung § 5-Kontrollen, Kontrahierung und Vertragsmanagement	
Inhaltliche Vorbereitung der Ausschreibung für die LuftAss	BPOL
Durchführung des Ausschreibungsverfahrens	BeschA
Fachliche Bewertung der Angebote	BPOL
Auswahl der privaten Sicherheitsdienstleister	BeschA
Kontrahierung	BeschA
Vertragsmanagement (Boni, Mali etc.)	BeschA/BPOL
Organisation und Durchführung der § 5-Kontrollen	
Übermittlung der Passagierzahlen	Fluggesellschaften
Festlegung der Zahl und Anforderung der LuftAss für die jeweiligen Kontrollstellen	BPOL
Festlegung der Öffnung und Besetzung von Kontrollstellen	BPOL
Festlegung der Methodik der Durchführung der Passagier- und Gepäckkontrollen	BMI
Prüfung und Abrechnung der geleisteten Kontrollstunden	BPOL
Durchführung der Röntgen-, Personen- und Nachkontrolle	PSDL
Durchführung spezieller Sprengstoffkontrollen (ETD)	PDSL
Öffnung und Durchsuchung des Handgepäcks	PDSL
Schutz der Kontrollstellen	BPOL
Einrichtung und Betrieb der Kontrollstellen	
Festlegung der Anzahl und Standorte der Kontrollstellen	BPOL

Wesentliche Aufgaben und ihnen zugordnete Teilaufgaben	Status quo Bund
Bereitstellung von Flächen für die Kontrollstellen	Flughäfen
Tatsächliche Einrichtung der Kontrollstellen (einschließlich Peripherie)	BPOL
Zivilrechtliche Abnahme der eingerichteten Kontrollstelle	BPOL
Beschaffung, Betrieb und Wartung der Sicherheitstechnik	
Beschaffung der Ausbildungs- und Kontrolltechnik	BPOL/BeschA
Betrieb der Ausbildungs- und Kontrolltechnik	BPOL
Wartung der Ausbildungs- und Kontrolltechnik, Qualitätssicherung	BPOL
Zertifizierung der Sicherheitstechnik	BPOL
Organisation und Durchführung der Ausbildung der LuftAss; Beleihung	
Festlegung der Vorgaben zur Dauer, Inhalte und Methoden der Aus- und Fortbildung	BMI, BPOL (EU)
Durchführung von Ausbildungslehrgängen für LuftAss	Private
Durchführung regelmäßiger Schulungslehrgänge für LuftAss	Private
Abnahme der Abschlussprüfung	BPOL
Zertifizierung Ausbilder LuftAss	BPOL
Beleihung der LuftAss	BPOL
Qualitätsmanagement/Tätigkeiten zur Überwachung der Einhaltung	
Internes Qualitätsmanagement (z. B. durch PSDL)	PSDL
Behördliche Qualitätssicherungsmaßnahmen (nationale Sicherheitsaudits, Inspektionen, Sicherheitstests, Erhebungen)	NQS, BPOL
Aufsicht der Arbeit der LuftAss (Intervention bei Gefahrenlage und mittelbare Kontrolle durch Weisung an Vorgesetzte)	BPOL
Anordnung von Nachschulungen der LuftAss	BPOL
Vorfinanzierung, Berechnung & Durchsetzung der Kosten für die § 5-Kontrollen	
Kosten für die bereitgestellten Flächen für Kontrollstellen	BPOL
Kosten für LuftAss (einschließlich Auswahl, Ausbildung und Steuerung der LuftAss)	BPOL
Kosten für die Anschaffung und Wartung der Sicherheitstechnik	BPOL
Kosten für die Aufsicht und behördliche Qualitätssicherung	BPOL

4.1.3 Situation an den Flughäfen in Landeszuständigkeit

Im Rahmen des Gutachtens war es nicht möglich, mit sämtlichen Landesluftsicherheitsbehörden leitfadengestützte Interviews zu führen, um Daten zu den oben genannten Aufgaben zu erheben. Aus diesem Grund können an dieser Stelle keine detaillierte Darstellung der Organisation und Aufgabenwahrnehmung in den einzelnen Bundesländern vorgenommen werden. Erste Hinweise zu einzelnen Aspekten lassen sich jedoch aus der Befragung der Flughafenbetreiber und der Landesluftsicherheitsbehörden (siehe Kapitel 4.1.5 und 4.3) gewinnen. Die Aussagen der Stakeholder zur Landesebene – soweit sie auf diese zu sprechen kamen – und auch die Auswertung der Befragung der Landesluftsicherheitsbehörden deuten darauf hin, dass die Struktur dem soeben dargestellten System gleicht. So führen auch an den Flughäfen in Landeszuständigkeit private Sicherheitsdienstleister bzw. flughafeneigene Unternehmen die Passagier- und Gepäckkontrollen unter Fachaufsicht der jeweils zuständigen Landesluftsicherheitsbehörde durch. Die Bundesländer legen dabei selbständig fest, welche Behörde(n) die Aufgaben im Bereich der Luftsicherheit wahrnehmen.

Einen anderen Weg bei der Organisation und Aufgabenwahrnehmung im Bereich der Luftsicherheit als die übrigen Länder hat der Freistaat Bayern gewählt. Aus diesem Grund wird dieses Modell im Folgenden ausführlicher dargestellt.

4.1.4 Das bayerische Organisationsmodell der Luftsicherheit

Im Freistaat Bayern existieren mit dem Flughafen München (MUC), dem Flughafen Nürnberg (NUE) und dem Flughafen Memmingen Allgäu Airport (FMM) drei Verkehrsflughäfen, an denen Personen- und (Hand-)Gepäckkontrollen nach § 5 LuftSiG durchgeführt werden, die für alle Flugreisenden verpflichtend sind.[246]

Im Folgenden werden die wesentlichen Aufgaben im bayerischen Modell im Bereich der Passagier- und Gepäckkontrollen am Beispiel des Flughafens München dargestellt, da die Situation im Bereich der Passagier- und Gepäckkontrollen an den Flughäfen Nürnberg und Memmingen mit der am Flughafen München weitgehend vergleichbar ist. Aus diesem Grund wird nur insoweit auf die beiden anderen Flughäfen eingegangen, wie es Unterschiede zum Flughafen München gibt.

In Bayern sind die Regierung von Oberbayern in Gestalt des Luftamtes Südbayern (Flughafen MUC und Flughafen FMM) sowie die Regierung von Mittelfranken, ausgeübt durch das Luftamt Nordbayern (Flughafen NUE)[247] als Luftsicherheitsbehörden für die Passagier- und Gepäckkontrol-

246 http://www.freistaat.bayern/dokumente/leistung/188768173207?plz=87480&behoerde=38885350763&gemeinde=644301873678 (zuletzt abgerufen am 16. August 2019).

247 http://www.freistaat.bayern/dokumente/leistung/188768173207?plz=87480&behoerde=38885350763&gemeinde=644301873678 (zuletzt abgerufen am 16. August 2019).

len zuständig. Insgesamt nehmen die beiden Luftsicherheitsbehörden folgende Aufgaben wahr:
- Fachaufsicht über die Sicherheitsgesellschaften,
- Festlegung der Methodik der Durchführung der Passagier- und Handgepäckkontrollen,
- Kontrolle der Arbeit der LuftAss,
- Prüfung und Beleihung des Personals,
- Beschaffung von Ausrüstung und Technik,
- Erarbeitung von Dienstanweisungen sowie
- Festsetzung und Abrechnung der Luftsicherheitsgebühren für die Flughäfen München und Nürnberg[248].

Die Fachaufsicht übt das zuständige Fachreferat für Sicherheit im Luftverkehr im Bayerischen Staatsministerium für Wohnen, Bau und Verkehr aus.

Der Sicherheitsgesellschaft obliegen danach folgende Aufgaben:
- Durchführung der Kontrollen,
- Festlegung der Zahl und Anforderung der LuftAss für die jeweiligen Kontrollstellen,
- Rekrutierung, Anstellung und Ausbildung der LuftAss.

Organisation und Durchführung der Passagier- und Gepäckkontrollen

Am Flughafen München führt die *Sicherheitsgesellschaft am Flughafen München mbH* (SGM) im Auftrag und unter fachlicher Aufsicht des Luftamtes Südbayern die Passagier- und Gepäckkontrollen mit mehr als 1.500 Luftsicherheitsbeauftragten[249] durch.[250] Bei der SGM handelt es sich um eine 1986 gegründet non-profit-Gesellschaft, die zu 100 Prozent dem Freistaat Bayern gehört. Die Anzahl der bereitgestellten LuftAss entspricht einer fortwährenden Bedarfsplanung, in welche die Höhe des Fluggast- und Gepäckaufkommens einfließt.[251] Ein Teil der LuftAss ist nur in Teilzeit angestellt, um so die Reaktion auf Peaks und wenig frequentierte Zeiten zu erleichtern. Dabei nehmen sie die gleichen Aufgaben wahr wie die LuftAss an den Flughäfen in Bundeszuständigkeit (siehe Kapitel 4.1.2). Das Personal im operativen Bereich ist unterteilt in Modulmanagerinnen und -manager, Schichtverantwortliche und LuftAss sowie LSKK. Modulmanager behalten ihre Position dauerhaft und schreiben die jeweiligen

---

248 Für den Flughafen Memmingen kalkuliert die SGMM die Luftsicherheitsgebühr eigenständig.

249 Stand 15. Juli 2018; Interview München.

250 https://www.sgm-muc.de/das-unternehmen/aufgaben/ (zuletzt abgerufen am 16. August 2019).

251 BayLT Drs. 19/23697, S. 3.

Dienstpläne für ihre zugeteilte Beschäftigtengruppe. Dadurch sind die jeweiligen Arbeitszeiten der LuftAss transparent. Grundlage hierfür ist u. a. das Monitoring der Passagierzahlen (örtlich betrachtet vor und nach dem Sicherheitsbereich). Diese Zahlen werden durch den Flughafenbetreiber, teilweise durch die Fluggesellschaften sowie durch das Bayerische Staatsministerium für Wohnen, Bau und Verkehr zur Verfügung gestellt. Darüber hinaus sind die Modulmanager ebenso für Schlichtungen von Streitigkeiten zwischen den LuftAss und den Passagieren zuständig.

Die bei der SGM angestellten LuftAss sind in der Entgeltgruppe 6 gemäß dem Tarifvertrag für den öffentlichen Dienst (TVöD), Bereich der Vereinigung der kommunalen Arbeitgeberverbände (VKA), eingruppiert.[252] Darüber hinaus erhalten sie spezifische Zulagen und Prämien (z. B. Kleider- und Schuhgeld, Prämienzahlungen für eine niedrige krankheitsbedingte Abwesenheit). In der Regel werden Belohnungsprämien als Gruppenprämien ausgeschüttet. Dies trägt nach Ansicht des Bayerischen Staatsministeriums für Wohnen, Bau und Verkehr dazu bei, dass die zu beurteilende Gruppe an Mitarbeiterinnen und Mitarbeitern insgesamt einen niedrigen Krankenstand aufweist. Hierdurch sollen die Beschäftigten motiviert werden, gemeinsam das Ziel und somit die Gruppenprämie zu erreichen. Der Personalstamm der SGM weist keine hohe Fluktuation auf. Im Durchschnitt werden ein bis zwei Arbeitsverhältnisse im Jahr auf Grund von Dienstunfähigkeit gekündigt. Grundsätzlich findet keine Versetzung in andere Arbeitsbereiche statt. Es besteht jedoch die Möglichkeit für die LuftAss, innerhalb der SGM aufzusteigen (z. B. zum Modulmanager, Schichtverantwortliche). Ein Sozialplan im Falle notwendiger Kündigungen des Arbeitsverhältnisses existiert nicht. Darüber hinaus sind etwa 100 Mitarbeiterinnen und Mitarbeiter ohne Beleihung im Verwaltungsbereich beschäftigt.

Am Flughafen Memmingen führt seit 2006 die *Sicherheitsgesellschaft am Flughafen Memmingen mbH* (SGMM), eine Tochtergesellschaft der SGM, im Auftrag und unter fachlicher Aufsicht des Luftamtes Südbayern die Passagier- und Gepäckkontrollen durch. Aktuell beschäftigt sie 60 Mitarbeiterinnen und Mitarbeiter im operativen Betrieb.

Der Flughafen Nürnberg liegt im Zuständigkeitsbereich des Luftamtes Nordbayern. Die Passagier- und Gepäckkontrollen gemäß § 5 LuftSiG, werden dort seit dem Jahr 1985 von der *Sicherheitsgesellschaft am Flughafen Nürnberg mbH* (SGN) durchgeführt. Sie beschäftigt ca. 200 Mitarbeiterin-

252 BayLT Drs. 19/23697, S. 4.

nen und Mitarbeiter im operativen Bereich.[253] Anders als bei den anderen beiden Sicherheitsgesellschaften ist an der SGN mit der Wach- und Schließgesellschaft mit 49 % zudem ein privater Gesellschafter beteiligt.[254]

Da sich die drei Sicherheitsgesellschaften im (Mehrheits-)Eigentum des Freistaats Bayern befinden, entfällt die Verpflichtung, die Passagier- und Gepäckkontrollen, wie es an den übrigen Flughäfen in Landes- und Bundeszuständigkeit erforderlich ist, regelmäßig auszuschreiben (sog. Inhouse-Vergabe, § 108 Abs. 1 GWB). Zur SGN ist noch anzumerken, dass nach Aussage des Bayerischen Staatsministeriums für Wohnen, Bau und Verkehr eine solche Konstellation unter den heute geltenden vergaberechtlichen Rahmenbedingungen nicht mehr möglich sei.[255]

Beschaffung, Betrieb und Wartung der Kontrolltechnik

Die SGM meldet beim Luftamt Südbayern den Bedarf an Kontrolltechnik an, die dann von der Luftsicherheitsbehörde – teilweise über Rahmenverträge des Bundes und teilweise im Rahmen von Vergabeverfahren – beschafft wird. Bei Gerätemängeln unterliegen die Hersteller der Kontrolltechnik keinen Vertragsstrafen. Stattdessen gewährleisten sie die Funktionsfähigkeit der Geräte für vier Jahre und sind in dieser Zeit zur Behebung des Mangels verpflichtet. Zudem werden durch das Luftamt Südbayern Kontrollgeräte testweise vom Hersteller gemietet und in Zusammenarbeit mit dem Hersteller und der SGM unter realen Einsatzbedingungen weiterentwickelt. Die Wartung der Kontrolltechnik erfolgt durch die SGM selbst im Rahmen eines First Level Supports und durch die Hersteller.

Aus- und Fortbildung sowie Beleihung des LuftAss

Um möglichst die besten Bewerberinnen und Bewerber auszuwählen, führt die SGM dreidimensionale Erkennungstrainings von auffälligen, sicherheitsrelevanten Gegenständen als Einstellungstests durch.[256] Gemäß den Vorgaben der „Richtlinien über die Anforderungen an LuftAss zum Vollzug des § 5 LuftSiG auf deutschen Flughäfen“ des Bundesministeriums des Innern vom 10.07.2006 sowie den für die Aus- und Fortbildung von Sicherheitskontrollkräften einschlägigen Bestimmungen der Verordnung (EU) 2015/1998 vom 5.11.2015 werden die LuftAss von der SGM eingestellt, aus- und fortgebildet sowie zertifiziert. Die SGM beschäftigt zur Aus-

253 Interview München.
254 Interview München.
255 Interview München.
256 Interview München.

und Fortbildung hauptamtliche Ausbilderinnen und Ausbilder, die durch das Luftamt Südbayern zugelassen werden. Diese müssen einmal im Jahr für einen begrenzten Zeitraum als Modulmanager eingesetzt zu werden, um ihre Praxiskenntnisse aufzufrischen.

Vor Aufnahme ihrer Tätigkeit müssen die LuftAss der SGM eine Prüfung beim Luftamt Südbayern ablegen. Nach erfolgreicher Prüfung werden die LuftAss durch die Luftsicherheitsbehörde beliehen. Alle drei Jahre ist eine Rezertifizierung erforderlich. Nach EU-rechtlichen Vorgaben werden zusätzlich drei Module mit insgesamt 40 Std./Jahr verpflichtender Fortbildungen für die LuftAss durchgeführt. Die Fortbildungsstunden teilen sich wie folgt auf:

- 20 Std. Training am Röntgengerät,
- 10 Std. Training der sozialen Kompetenzen (z. B. Kundenfreundlichkeit) sowie
- 10 Std. Training fachliche Themenbereiche.

Dabei ist eine Stunde pro Monat, mindestens sind jedoch 20 Minuten pro Woche verpflichtend. Die Trainings erfolgen nach dem Prinzip der „Gamification", d. h. mit einer Übertragung von spieltypischen Elementen und Vorgängen in spielfremde, hier arbeitsrelevante, Zusammenhänge mit dem Ziel der Verhaltensänderung und Motivationssteigerung[257] und werden dazu u. a. halbjährlich am sog. „X Ray Tutor" durchgeführt.[258] Über sämtliche durchgeführte Trainings müssen halbjährlich Berichte in Form einer Lernzielkontrolle geschrieben und dem Luftamt zur Rezertifizierung des Personals vorgelegt werden.

Qualitätsmanagement

Die Kontrollqualität wird regelmäßig im Rahmen der Fachaufsicht und der innerbetrieblichen sowie behördlichen Qualitätskontrollen durch das Luftamt Südbayern überprüft.[259] Mittels standardisierter Prüfsets der BPOL werden Testdurchläufe im Livebetrieb zur Überprüfung der Qualität der Sicherheitskontrollen durchgeführt.[260] Hinzu kommt ein jährlicher, verpflichtender Test für die LuftAss der SGM, der durch das Luftamt Südbayern durchgeführt wird. Dieser Test erfolgt in Form eines Realtests am Flughafen selbst durch Beschäftigte oder Referendarinnen und Referendare des Bayerischen Staatsministeriums für Wohnen, Bau und Ver-

---

257 *Bendel*, Gabler Wirtschaftslexikon, (Stichwort Gamifikation).
258 Interview München.
259 BayLT Drs. 19/23697, S. 4.
260 Interview München.

kehr. Die Folge von nicht bestandenen Tests sind Nachschulungen/-prüfungen oder Entlassungen.[261]

Berechnung und Erhebung der Luftsicherheitsgebühr

Die Kosten für die Durchführung der Sicherheitskontrollen nach § 5 LuftSiG werden durch eine Luftsicherheitsgebühr finanziert, die pro Passagier berechnet und durch das jeweils zuständige Luftamt erhoben wird. Die Luftsicherheitsgebühr wird als kostendeckende Gebühr jährlich zu Beginn eines Jahres kalkuliert und festgesetzt.[262] Sie setzt sich an den Flughäfen München, Memmingen und Nürnberg aus folgenden Kostenpositionen zusammen:

- Kosten der SGM (Personalkosten plus Sachkosten abzüglich Erträge),
- Kosten der Luftsicherheitsstelle (inkl. Personalkosten der zuständigen Mitarbeiter des Luftamtes)
- Miet- und Nebenkosten der Kontrollflächen/Infrastruktur,
- Kosten für die Kontrolltechnik (Abschreibung),
- Kosten für die Wartung und Instandhaltung der Kontrolltechnik
- Kalkulatorische Zinsen sowie
- Forderungsausfälle (Abschreibungen auf voraussichtlichen Gebührenausfall).

Anschließend werden die Kostenpositionen addiert und durch die Zahl der kontrollpflichtigen Fluggäste (Prognose des Flughafens) geteilt. Die Gebührenbescheide werden monatlich vom Luftamt Südbayern erstellt und eingezogen.

Schutz der Kontrollstellen

Die Besonderheit am Flughafen München ist, dass die Passagier- und Gepäckkontrollen im Zuständigkeitsbereich des Freistaates Bayern liegen, während der Schutz der Kontrollstellen der Bundespolizei obliegt. Damit hat der Freistaat Bayern von der vormals im Luftverkehrsgesetz a. F. eröffneten Möglichkeit einer einvernehmlichen Rückdelegation der Luftsicherheitsaufgaben auf die BPOL zum Teil Gebrauch gemacht. Gemäß Verwaltungsabkommen zwischen dem Bundesministerium des Innern und der Bayerischen Staatsregierung vom 22.07.1992 sind die Zuständigkeiten für den bewaffneten Schutz der Kontrollstellen und die Abwehr konkreter

---

261 Interview München.

262 http://www.freistaat.bayern/dokumente/leistung/188768173207?plz=87480&behoerde=38885350763&gemeinde=644301873678 (zuletzt abgerufen am 16. August 2019).

Gefahren, wozu auch Einsätze bei sog. Vermischungslagen von bereits überprüften und nicht-überprüften Passagieren im Sicherheitsbereich zählen, an die BPOL übergegangen.

Die BPOL ist zur Ausübung dieser Rechte mit Einsatzkräften unmittelbar an den Kontrollstellen präsent.[263] Bei einer Vermischung von bereits sicherheitsüberprüften und noch nicht überprüften Passagieren – einem sog. Durchbruch – sieht das genannte Verwaltungsabkommen eine unmittelbare Übernahme der Eingriffsautonomie durch die BPOL vor.[264] In diesem Fall wird ein Durchbruchsalarm in der Kontrollstelle ausgelöst. Hierdurch werden die BPOL vor Ort und das Luftamt Südbayern in seiner Dienststelle umgehend alarmiert und die entsprechenden Kameraaufzeichnungen direkt an die Einsatzzentralen übermittelt.[265]

Am Flughafen Nürnberg gibt es beim Schutz der Kontrollstellen eine Besonderheit. Dieser wird nicht von der Landespolizei, sondern von bewaffnetem Personal der SGN übernommen. Hierzu bekommen die jeweiligen Mitarbeiterinnen und Mitarbeiter eine Zusatzausbildung, die u. a. Schussübungen beinhaltet, deren Anzahl über die der Landespolizei hinausgeht.

Der bewaffnete Schutz des Flughafens Memmingen wird derzeit von der Bayerischen Landespolizei in Amtshilfe erbracht.[266] Ein Übergang auf die Sicherheitsgesellschaft SGMM, vergleichbar der Handhabung am Flughafen Nürnberg mit der dortigen SGN, wird derzeit geprüft, ist jedoch gegenwärtig noch nicht entschieden.

4.1.5 Kostenentwicklung im Bereich der Passagier- und Gepäckkontrollen

Im Folgenden soll die Entwicklung der Luftsicherheitsgebühren in Deutschland in den letzten Jahren skizziert werden. Die Luftsicherheitsgebührenverordnung (LuftSiGebV) sieht derzeit einen Gebührenrahmen von 2 bis 10 Euro pro Passagier vor. An einigen der Flughäfen, an denen eine Luftsicherheitsgebühr erhoben wird, liegen die prognostizierten Kosten für die Durchführung der entsprechenden Kontrollen jedoch über der Obergrenze von 10 Euro. Die darüber hinausgehenden prognostizierten Kosten werden derzeit aus dem öffentlichen Haushalt finanziert. Die

263 BayLT Drs. 19/23697, S. 3.
264 BayLT Drs. 19/23697, S. 3.
265 BayLT Drs. 19/23697, S. 2.
266 Interview München.

Luftsicherheitsgebühren pro Passagier sind von 2018 bis 2020 an allen deutschen Flughäfen gestiegen, mit Ausnahme der Flughäfen Westerland Sylt und Braunschweig, an denen die Gebühr in beiden Jahren 10 Euro pro Passagier betrug.

Abb. 3: Darstellung der Luftsicherheitsgebühren pro Passagier in den Jahren 2018 und 2020[267]

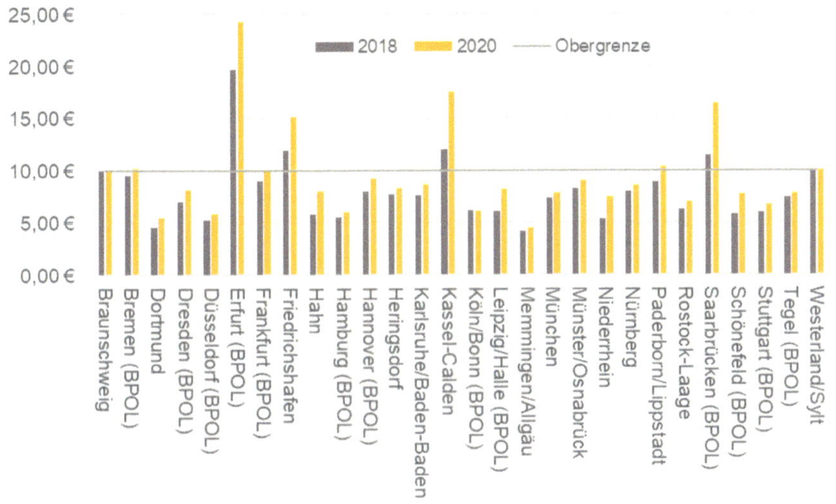

Die Anzahl der Flughäfen, die die Obergrenze von 10 Euro überschreiten, hat dabei ebenfalls zugenommen. Waren es 2018 noch vier Flughäfen, an denen die tatsächlichen Kosten den Gebührenrahmen überschritten (Friedrichshafen, Kassel-Calden, Saarbrücken und Erfurt) so sind in der Zwischenzeit noch die Flughäfen Paderborn-Lippstadt und Bremen hinzugekommen. In Erfurt, dem Flughafen mit der derzeit höchsten Luftsicherheitsgebühr, sind die tatsächlichen Kosten mit 24,22 Euro mehr als doppelt so hoch wie die vorgesehene Kostenobergrenze. Zudem liegen die

267 Die Daten zu 2020 sind vorbehaltlich möglicher Änderungen im Jahresverlauf. Quelle: Veröffentlichung der Luftsicherheitsgebühr durch das Bundesministerium des Inneren: https://www.bmi.bund.de/SharedDocs/downloads/DE/veroeffentlichungen/themen/sicherheit/luftsicherheitsgebuehr.html.

Luftsicherheitsgebühren an drei weiteren Flughäfen bei über 9,50 Euro. Wenn sich die Preissteigerung wie in den vergangenen Jahren fortsetzt, ist auch an diesen Flughäfen mit einer Überschreitung der 10 Euro-Grenze zu rechnen, was einen zusätzlichen Finanzierungsbedarf durch den öffentlichen Haushalt versuchen würde.

Während derzeit ausschließlich kleinere Flughäfen durch die Deckelung der Gebühr entlastet werden, würde die Überschreitung der Gebührenobergrenze am Flughafen Frankfurt am Main wegen des hohen Passagieraufkommens u.U. deutlich höhere Belastungen für den Bundeshaushalt bedeuten.

Aufgrund der begrenzten Datenverfügbarkeit wird sich die folgende Analyse der Kostenzusammensetzung auf die Flughäfen in Zuständigkeit der Bundespolizei und die Zeitperiode zwischen 2014 und 2018 konzentrieren.

Auf die Gesamtkosten aller Flughäfen in Bundeszuständigkeit bezogen setzen sich die über die Luftsicherheitsgebühr abgerechneten Kosten im beispielhaft herausgegriffenen Jahr 2018 anteilig wie folgt zusammen.

Abb. 4: Darstellung der Zusammensetzung der über die Luftsicherheitsgebühr abgerechneten Kosten an allen Flughäfen in Bundeszuständigkeit im Jahr 2018[268]

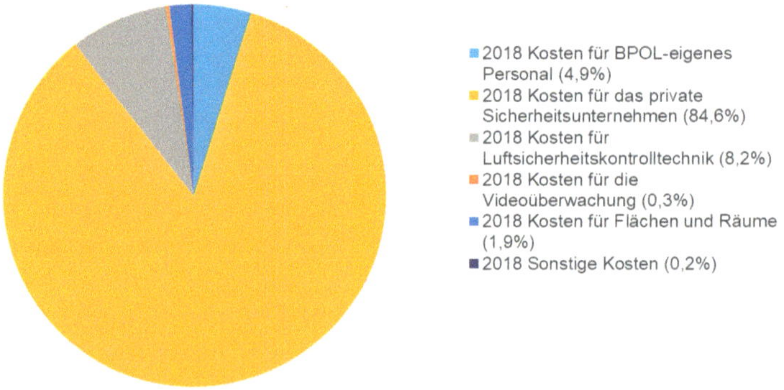

Fasst man die Kosten für die Mieten der Flächen an den Flughäfen, für das Sicherheitsequipment (Torsonden, Röntgengeräte etc.) und Videoüberwachung als Sachkosten und die Kosten für das eigene Personal der Bundes-

---

268 Quelle: Statistik des Bundesministeriums des Inneren, nicht veröffentlicht.

polizei und die Kosten für die privaten Dienstleister als Personalkosten zusammen, so wird deutlich, dass mit Abstand der größte Anteil der Luftsicherheitskosten (91 Prozent) auf die Personalkosten und ein deutlicher geringerer Anteil auf die Kosten für die Sicherheitstechnik (knapp 9 Prozent) entfällt. Die übrigen Kosten sind mit 0,2 Prozent (sonstige Kosten) hingegen zu vernachlässigen.

Bezogen auf den Zeitraum 2014-2018 stieg die Zahl der Passagiere, die von den betrachteten Flughäfen in Zuständigkeit der Bundespolizei abgeflogen sind und somit eine Kontrolle durchliefen, kontinuierlich an. Dies erklärt zum Teil die im gleichen Zeitraum gestiegenen Gesamtkosten.

Insgesamt lagen die jährlichen betrachteten Gesamtkosten 2018 um insgesamt 184.120.143 Euro höher als 2014. Das entspricht einer Steigerung um 45% bezogen auf den Basiswert aus dem Jahr 2014. Gleichzeitig lag die Anzahl der jährlich abfliegenden Passagiere 2018 im Vergleich zu 2014 um etwa 14.130.000 Passagiere höher, das entspricht einer Steigerung von 18%. Abbildung 5 zeigt, wie sich die Gesamtkosten im Verhältnis zu den abfliegenden Passagieren entwickelt haben. Die graue Linie repräsentiert eine fiktive Entwicklung der Gesamtkosten bei konstanten Kosten von 5,27€ (Stand 2014) pro abfliegendem Passagier.

Abb. 5: Darstellung der über die Luftsicherheitsgebühren abgerechneten Kosten im Verhältnis zu den abfliegenden Passagieren an allen Flughäfen in Bundespolizeizuständigkeit im Zeitraum 2014-2018[269][270]

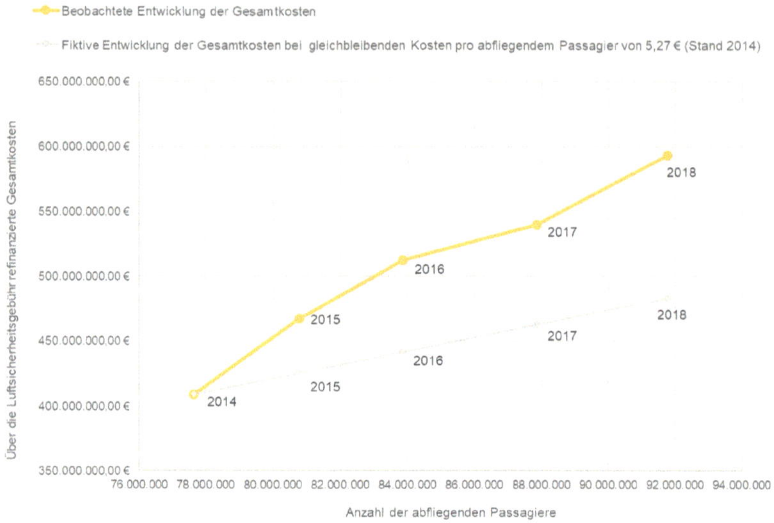

269 Quelle: Statistik des Bundesministeriums des Inneren, nicht veröffentlicht und Fachserie / 8 / 6 / 1 des statistischen Bundesamtes https://www.destatis.de/GPStatistik/receive/DESerie_serie_00000094

270 In der Darstellung wurden ausschließlich die abfliegenden Passagiere berücksichtigt. Nicht berücksichtigt wurden die umsteigenden Passagiere, die in einigen Fällen ebenfalls am Transitflughafen eine Kontrolle durchlaufen müssen. Die angegebenen Kosten sind nicht inflationsbereinigt.

Abb. 6: Darstellung der über die Luftsicherheitsgebühren abgerechneten Sachkosten an allen Flughäfen in Bundespolizeizuständigkeit im Zeitraum 2014-2018[271]

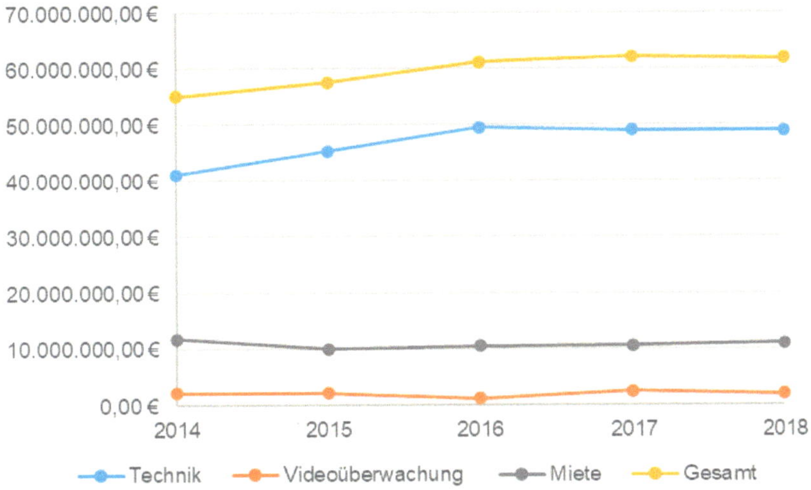

Bei einer Betrachtung der Kostenentwicklung – differenziert nach den einzelnen Kostenfaktoren – fällt auf, dass zwischen 2014 und 2016 die Kosten für die Sicherheitstechnik gestiegen sind, seitdem aber keine weitere Kostensteigerung im Bereich der Sicherheitstechnik zu beobachten ist. Die Kosten für die Videoüberwachung und die Mieten stagnierten im betrachteten Zeitraum.

271 Quelle: Statistik des Bundesministeriums des Inneren, nicht veröffentlicht.

Abb. 7: Darstellung der über die Luftsicherheitsgebühren abgerechneten Personalkosten an allen Flughäfen in Bundespolizeizuständigkeit im Zeitraum 2014-2018[272]

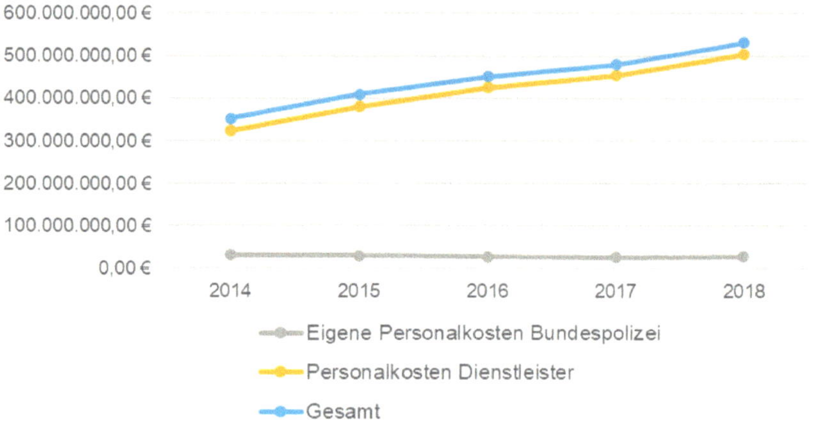

Eine deutliche Kostensteigerung findet sich hingegen bei den Personalkosten für die privaten Sicherheitsdienstleister. Mögliche Gründe für diese Kostensteigerung sind die gestiegenen tariflichen Löhne der LuftAss, die gestiegene Anzahl an Kontrollstunden, die aus einer gesteigerten Passagierzahl resultiert und gesteigerte Anforderungen an den Kontrollvorgang. Die Steigerung der Kosten erklärt sich, wie in der folgenden Abbildung dargestellt, hauptsächlich aus der Steigerung der Personalkosten im beobachteten Zeitraum.

272 Quelle: Statistik des Bundesministeriums des Inneren, nicht veröffentlicht.

Abb. 8: Darstellung der über die Luftsicherheitsgebühren abgerechneten Kosten an allen Flughäfen in Bundespolizeizuständigkeit im Zeitraum 2014-2018, getrennt nach Personal- und Sachkosten[273]

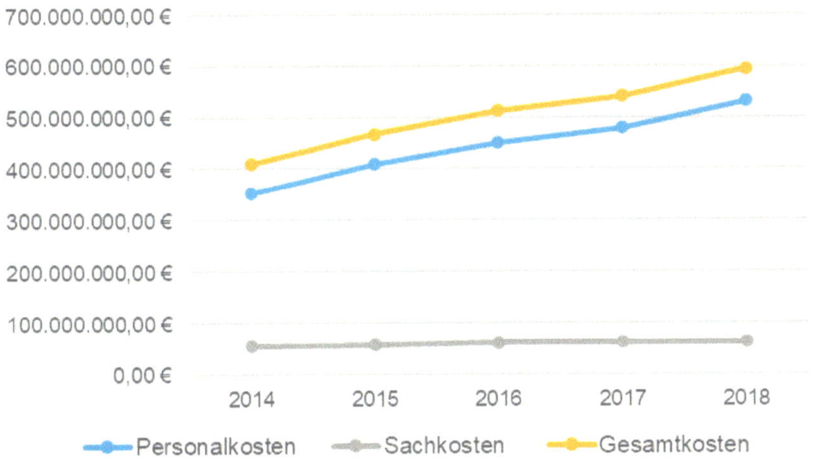

Die Zunahme der Personalkosten ist zum Teil auf die gestiegenen Tariflöhne der LuftAss zurückzuführen. Im Rahmen der Betrachtung der zum damaligen Zeitpunkt geltenden Arbeitsbedingungen, wurden innerhalb der Studie „Arbeitsbedingungen in der Fluggastkontrolle“ auch die Tarifverhandlungen zu den Tarifverträgen der LuftAss untersucht. Dabei wurden die Jahre 2012-2013 als ein Wendepunkt in der Verhandlungsstrategie der Gewerkschaften identifiziert, der zu einem deutlichen Anstieg des Lohnniveaus bei den LuftAss geführt hat.[274] Waren die Löhne in den Jahren zuvor kaum merklich gestiegen, gelang es den Gewerkschaften durch eine deutlich offensivere Strategie im Zeitraum 2012-2013, ausgehend von der Luftsicherheitsbranche, das Lohnniveau in der gesamten Sicherheitsbranche zu erhöhen. Allerdings blieb das Lohnniveau der LuftAss im Bundesländervergleich sehr unterschiedlich. So bewegte sich die Tarifspanne 2017 zwischen 13,85 € in den ostdeutschen Bundesländern (außer Brandenburg) und 16,73 € in Baden-Württemberg.[275] 2018 kam es

273 Quelle: Statistik des Bundesministeriums des Inneren, nicht veröffentlicht.
274 *Schröder/Weinkopf*, IAQ-Forschung Juli 2017, (S. 49).
275 *Schröder/Weinkopf*, IAQ-Forschung Juli 2017, (S. 49).

zu einer erneuten Lohnsteigerung, wodurch die Tarifspanne auf 14,70 € bis 17,16 € angehoben wurde (siehe Darstellung).

Anfang 2019 gelang es den Gewerkschaften Komba und Ver.di einen gemeinsamen Entgelttarifvertrag mit dem Arbeitgeberverband BDLS auszuhandeln, dieser sieht für die LuftAss im Bereich der Passagier- und Gepäckkontrollen die Umsetzung deutschlandweit (mit Ausnahme Bayerns) einheitlicher Stundenlöhne vor. Die Tarifsteigerung soll dabei in drei Etappen bis einschließlich 2021 erfolgen und schlussendlich zu einem einheitlichen Stundenlohn nach der Probezeit von 19,01 € pro Stunde plus Zulagen für Wochenendarbeit etc. führen.

Abb. 9: Darstellung der Stundenlohnentwicklung für die tariflich beschäftigten LuftAss im Bereich der § 5-Kontrollen zwischen 2018 und 2021[276]

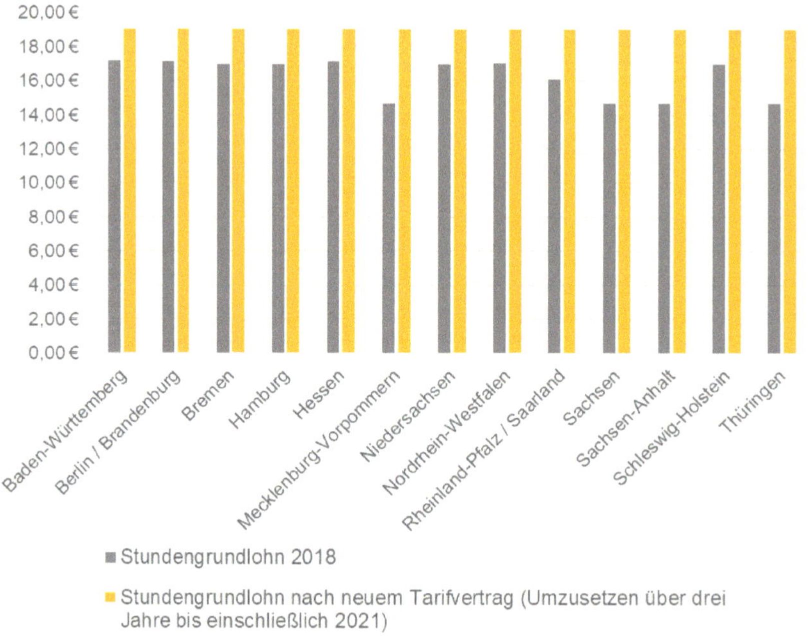

276 Quellen: https://www.bdls.aero/luftsicherheitsassistent-gehalt (für 2018) und für 2019-2021 der Entgelttarifvertrag für Sicherheitskräfte an Verkehrsflughäfen vom 24. Januar 2019 (gültig bis zum 31. Dezember 2021).

Angesichts dessen ist also auch im nächsten Jahr noch mit einer weiteren Steigerung der Personalkosten im Bereich der Luftsicherheit zu rechnen. Der genaue Umfang der Auswirkungen der Lohnsteigerungen auf die Gesamtpersonalkosten kann vom Gutachter weder für die Vergangenheit berechnet noch für die kommenden Jahre prognostiziert werden.

Weitere Ursache könnte ein steigender Bedarf an Kontrollstunden wegen längerdauernder Kontrollen sein, etwa wegen gestiegener Sicherheitsanforderungen (und damit Verfahrensanforderungen)[277] und/oder wegen der Zunahme der Handgepäckmengen.

4.2 Luftsicherheit aus Sicht der Flughafenbetreiber

Um die Situation der Luftsicherheit an deutschen Flughäfen zu erfassen, wurden alle 28 Flughäfen angeschrieben und um die Teilnahme an einer standardisierten onlinegestützten Befragung gebeten. Insgesamt beantworteten 18 Flughäfen den Fragebogen vollständig. Somit betrug die Rücklaufquote 64,3 Prozent. Die Flughäfen, die an der Befragung teilgenommen haben, verteilen sich auf 12 Bundesländer. Lediglich drei Bundesländer sind mit keinem Flughafen vertreten. Hierbei handelt es sich um zwei Bundesländer, die jeweils über einen kleineren Flughafen verfügen, sowie um ein Bundesland mit einem größeren Flughafen. Differenziert nach Bundes- und Landeszuständigkeit ergibt sich folgendes Bild: Während zehn von 13 Flughäfen, für die die Bundespolizei zuständig ist, den Fragebogen vollständig beantwortet haben (Rücklaufquote 76,9 Prozent), haben sich acht von 15 Flughäfen in Landeszuständigkeit an der Umfrage beteiligt (Rücklaufquote 53,3 Prozent).

Im Rahmen der Befragung wurden die Flughäfen zu verschiedenen Aspekten der Luftsicherheit befragt. Hierzu zählten:

- *Allgemeine Informationen zu den Rahmenbedingungen an den jeweiligen Flughäfen* (z. B. Anzahl der Terminals, Kontrollstellenkonfiguration § 5-/§ 8-Kontrollen, Anzahl der Kontrollstellen/-spuren)
- *Einschätzungen zu den Passagier- und Gepäckkontrollen* (z. B. zur Zusammenarbeit mit den Luftsicherheitsbehörden, zum Sicherheitsniveau, zur Kundenfreundlichkeit, zu Wartezeiten, zur Zufriedenheit mit der Passagier- und Gepäckkontrolle am jeweiligen Flughafen sowie mit der

277 Vgl. exemplarisch den Überblick von relevanten Ereignissen und Regulierung für den Zeitraum zwischen 1974 und 2015 in *Flughafenverband ADV*, Luftsicherheit im Blick, S. 12.

grundsätzlichen Organisation und Zuständigkeitsverteilung im Bereich der Passagier- und Gepäckkontrollen)

- *Einschätzungen der Flughäfen zu den Personal- und Warenkontrollen* (z. B. Bewertung der Qualität der Arbeit im Bereich Personal- und Warenkontrollen, zu Ausschreibungsmodalitäten, zum doppelfunktionalen Einsatz von Luftsicherheitskontrollkräften)
- *Optimierungsaktivitäten im bestehenden System* (z. B. zur Umsetzung der Ergebnisse der BDL/BMI-Pilotprojekte)

Einschätzungen zur Übernahme von Zuständigkeiten im Bereich der Passagier- und Gepäckkontrollen durch die Flughäfen (z. B. zur grundsätzlichen Bereitschaft der Übernahme von Zuständigkeiten, zur Übernahme einzelner Zuständigkeiten, zur möglichen gemeinsamen Ausschreibung von § 5- und § 8-Kontrollen).

4.2.1 Rahmenbedingungen §§ 5 und 8 LuftSiG

Um einen Eindruck zu gewinnen, welche Bedingungen an den jeweiligen Flughäfen vorzufinden sind, wurden im Rahmen der Befragung Fragen zur Anzahl der Ankunfts- und Abflugterminals, zur Konfiguration der Kontrollstellen im Bereich der Passagier- und Gepäck- sowie im Bereich der Personal- und Warenkontrollen und zur Anzahl der Kontrollspuren gestellt.

Vorhandene Terminals

An den 18 deutschen Flughäfen, die an der Befragung teilgenommen haben, beträgt die Spannbreite von zwei bis zehn Terminals (Abflug- und Ankunftsterminals zusammen). Im Durchschnitt verfügen die Flughäfen in Landeszuständigkeit über 2,9 Terminals, während es an Flughäfen in Bundeszuständigkeit durchschnittlich 4,7 Terminals gibt.

Kontrollstellen und -spuren für Passagier- und Gepäckkontrollen (§ 5 LuftSiG)

Die Kontrollstellenkonfiguration stellt sich an den Flughäfen, die an der Befragung teilgenommen haben, wie folgt dar: An 13 der 18 Flughäfen gibt es ausschließlich zentrale Kontrollstellen, während lediglich zwei Flughäfen ausschließlich über dezentrale Kontrollstellen verfügen. An zwei weiteren Flughäfen werden sowohl zentrale als auch dezentrale Kontrollstellen genutzt. Ein Flughafen gab an, dass bei ihm eine Mischkontrollstelle zum Einsatz käme. Betrachtet man an die Situation differenzierter, fällt auf, dass kein Flughafen in Landeszuständigkeit ausschließlich mit zentralen Kontrollstellen bestückt ist, sondern lediglich an einem Flughafen eine Kombination aus zentralen und dezentralen Kontrollstellen vorzufinden ist. Darüber hinaus ist an einem Landesflughafen das Modell einer Mischkontrollstelle umgesetzt worden.

Tab. 3: Konfiguration der Passagier- und Gepäckkontrollen an deutschen Verkehrsflughäfen

Art der Kontrollstellen	Gesamt	Bund	Land
Dezentrale Kontrollstellen	2	2	0
Zentrale Kontrollstellen	13	7	6
Sonstiges	3	1	2
Zentrale und dezentrale Kontrollstellen	2	1	1
Mischkontrollstelle	1	0	1
Gesamt	**18**	**10**	**8**

Die beiden Flughäfen in Bundeszuständigkeit mit dezentralen Kontrollstellen verfügen über sieben terminalbezogene Kontrollstellen (3 und 4).

Darüber hinaus verfügen acht der 18 Flughäfen (fünf in Bundes- und drei Landeszuständigkeit) über insgesamt 13 Kontrollstellen für Sonderverkehre mit 34 Kontrollspuren.

Insgesamt gibt es an den 18 Flughäfen 394 Kontrollspuren für die Passagier- und Handgepäckkontrollen. Die Spannbreite beträgt zwischen 0[278] und 183 Kontrollstellen. An den Flughäfen in Bundeszuständigkeit (363 Kontrollspuren) gibt es deutlich mehr Kontrollspuren als an den Flughäfen in Landeszuständigkeit (31 Kontrollspuren).

Sog. fast lanes finden sich an zehn der 18 Flughäfen, die an der Befragung teilgenommen haben, wobei diese Kontrollspuren an Flughäfen in Bundeszuständigkeit (8) verbreiteter als an Flughäfen in Landeszuständigkeit (3) sind. Des Weiteren bieten fünf Flughäfen (drei in Bundes- und zwei Landeszuständigkeit) an fünf Kontrollstellen[279] die Möglichkeit, dass Passagiere andere Passagiere überholen.

Kontrollstellen und -spuren für Personal- und Warenkontrollen (§ 8 LuftSiG)

Anders als bei den Passagier- und Gepäckkontrollen zeichnet sich die Kontrollstellenkonfiguration bei den Personal- und Warenkontrollen dadurch aus, dass diese eher dezentral organisiert sind. An elf der 18 Flughäfen

278 Der Flughafen, der über eine Mischkontrollstelle verfügt, hatte bei der Anzahl der Kontrollspuren „0“ angegeben.

279 Ein Flughafen gab an, dass an den vorhandenen Kontrollstellen die Möglichkeit besteht, dass Passagiere andere Passagiere überholen. Allerdings nannte dieser Flughafen keine konkrete Zahl, an wie vielen Kontrollstellen dies möglich ist.

sind ausschließlich dezentrale Kontrollstellen zu finden, während fünf Flughäfen über zentrale Kontrollstellen verfügen. Darüber hinaus gibt es an zwei Flughäfen eine andere Kontrollstellenkonfiguration. An dem einen Flughafen kommt eine Mischkontrolle zum Einsatz, der andere Flughafen verfügt sowohl über zentrale als auch dezentrale Kontrollstellen. Betrachtet man an die Situation differenzierter, fällt auf, dass der Großteil der Flughäfen in Bundeszuständigkeit (7) ausschließlich mit dezentralen Kontrollstellen arbeitet, während zentrale Kontrollstellen nur an zwei Flughäfen zu finden sind. An einem weiteren Flughafen in Bundeszuständigkeit wird auf eine Kombination aus zentralen und dezentralen Kontrollstellen zurückgegriffen. An den Flughäfen in Landeszuständigkeit sind zentrale Kontrollstellen (4) und dezentrale Kontrollstellen (3) sowie eine Mischkontrollstelle zu finden.

Tab. 4: Konfiguration der Personal- und Warenkontrollen an deutschen Verkehrsflughäfen

Art der Kontrollstellen	Gesamt	Bund	Land
Dezentrale Kontrollstellen	11	7	4
Zentrale Kontrollstellen	5	2	3
Sonstiges	2	1	1
Zentral und dezentral	1	1	0
Mischkontrollstelle	1	0	1
Gesamt	**18**	**10**	**8**

Insgesamt gibt es an den an den 18 Flughäfen, die an der Befragung teilgenommen haben, 86 dezentrale und 14 zentrale Kontrollstellen[280]. Die 86 dezentralen Kontrollstellen verfügten über insgesamt 126 Kontrollspuren. An den elf Flughäfen mit dezentralen Kontrollen handelt es sich in erster Linie um terminalbezogene Kontrollstellen. Ein Flughafen verfügte zusätzlich noch über Kontrollstellen im Gate-Bereich. Fünf Flughäfen nannten darüber hinaus noch andere Kontrollstellentypen (z. B. GAT, Fracht, Zufahrt/Zugang Vorfeld, Tor 1/Tor 3, da wo viele Mitarbeiter in den Sicherheitsbereich müssen, über den Flughafen verteilt, eine Kontrollstelle in Terminal 1 und eine Kontrollstelle an der Hauptvorfeldzufahrt Tor 1), die für die Personal- und Warenkontrollen genutzt wurden.

An den fünf Flughäfen mit einer zentralen Kontrollstellenkonfiguration für die Personal- und Warenkontrollen gab es insgesamt 16 Kontrollspuren.

280 Ein Flughafen mit zwei zentralen Kontrollstellen gab an, dass sich eine Kontrollstelle im General Aviation Terminal befände. Ein weiterer Flughafen gab an, über zwei zentrale Kontrollstellen und eine Mischkontrollstelle zu verfügen.

Zwei Flughäfen nannten darüber hinaus sonstige Kontrollstellentypen, die genutzt werden. In einem Fall handelte es sich dabei um eine Mischkontrollstelle (ohne weitere Angaben zu Kontrollspuren). In dem anderen Fall gab es sowohl zentrale als auch dezentrale Kontrollstellen mit 33 Kontrollspuren.

14 der 18 Flughäfen gaben an, über 29 Mischkontrollstellen für den Personal- und Warenverkehr mit insgesamt 30 Kontrollspuren zu verfügen.

4.2.2 Einschätzung der Flughafenbetreiber zu den § 5-Kontrollen

Zusammenarbeit mit der zuständigen Luftsicherheitsbehörde

Die Flughäfen wurden danach gefragt, wie aus ihrer Sicht die Zusammenarbeit mit der zuständigen Luftsicherheitsbehörde funktioniert. Alle Flughäfen, die an der Befragung teilgenommen haben, gaben an, dass die Zusammenarbeit mit der zuständigen Luftsicherheitsbehörde sehr gut (8) bzw. gut (10) funktioniere, wobei Unterschiede zwischen den beiden Flughafengruppen erkennbar sind. So fällt die Bewertung der Landesflughäfen (sehr gut: 7 und gut: 1) positiver als die der Flughäfen in Bundeszuständigkeit (sehr gut: 1 und gut: 9) aus. Die Flughäfen begründeten ihre Bewertung der Zusammenarbeit wie folgt:

Tab. 5: Bewertung und Begründung der Zusammenarbeit mit den Landesbehörden aus Sicht der Flughäfen in Bundeszuständigkeit

Bewertung und Begründung	*Anzahl*
Sehr gut	***1***
Seit 2015 gibt es eine deutlich verbesserte Kommunikation untereinander. So wurden ein Standortdialog, eine gemeinsame operative Leitstelle für den Terminalbetrieb eingeführt sowie die Personalplanung (§ 5-Kontrolle) mit Unterstützung des Flughafens durchgeführt.	1
Gut[281]	***9***
Im Rahmen des Standortdialoges hat sich seit Anfang 2018 eine enge und verständnisvolle Zusammenarbeit entwickelt. Die L.-Behörde nimmt viele Anregungen des Flughafenbetreibers auf und bringt diese auch zur Umsetzung. Nur gelegentlich ergeben sich Meinungsverschiedenheiten, dann bezüglich Wartezeiten (konsequente Beachtung der Absprachen) und Auftreten, Kundenfreundlichkeit der MA des Sicherheitsdienstleisters.	1
Guter regelmäßiger Standortdialog zwischen Bundespolizei, Flughafenbetreiber und Sicherheitsdienstleister. Der Kontakt zwischen Fluggesellschaften und Bundespolizei erfolgt über den Flughafenbetreiber und nicht im Direktkontakt. Das hat sich bewährt.	1

281 Zwei Flughäfen, die die Zusammenarbeit gut bewertet haben, haben dies nicht näher begründet.

Bewertung und Begründung	*Anzahl*
Gut	
Wird gewährleistet durch regelmäßige Meetings und turnusmäßigem Austausch von flugplanbezogenen Daten; Enge Abstimmung bei Neu- oder Umgestaltung von Kontrollstellen	1
Funktionierender Standortdialog auf allen Managementebenen	1
Es besteht ein gutes Verhältnis mit der BPOL und ein regelmäßiger Austausch zu den relevanten Themen. Gegenseitige Unterstützung findet statt.	1
Regelmäßige Besprechungen zur Verbesserung der Aufgabenbewältigung auch kurzfristige Absprachen sofort möglich	1
Wir stehen in regelmäßigem Kontakt mit der BPOL und die Besprechungen verlaufen zumeist einvernehmlich und konstruktiv.	1
Keine Angabe	2
Gesamt	**10**

Tab. 6: Bewertung der Zusammenarbeit und Begründung der Zusammenarbeit mit den Landesbehörden aus Sicht der Flughäfen in Landeszuständigkeit

Bewertung und Begründung	**Anzahl**
Sehr gut	7
Sondersituation Bayern: Die Kontrollen werden von einer Staatsgesellschaft durchgeführt, die nicht gewinn- sondern ergebnisorientiert ist. Ausschreibungen erfolgen nicht - daher kann langfristig gearbeitet werden, es besteht eine hohe Personalbindung und damit Erfahrung. Flexibilität ist durch den Einsatz von ANÜ-Personal gegeben. Die Personalanforderung basiert auf einer Flugplanauswertung auf Grundlage des Eintreffverhaltens der Passagiere. Die Qualität ist sehr hoch (kaum Delays und sehr gutes Feedback in regelmäßig durch den Flughafen durchgeführten Passagierbefragungen). Die örtliche Fachaufsicht hat das Luftamt Nordbayern. Die Zusammenarbeit ist eng und lösungsorientiert."	1
Unkomplizierte Zusammenarbeit, sehr konstruktiv, keine negativen Erfahrungen	1
Kurze Entscheidungswege. Schnelle Entscheidungen. Wenige Schnittstellen. Gemeinsames Verständnis für die operativen Anforderungen, da alle Stakeholder vor Ort sind. Flexibilität bei operativen Änderungen im Betriebsauslauf. Feste Ansprechpartner.	1
Eine Zuständigkeit §§ 5,8 LuftSiG vor Ort.	1
Die Behörde steht jederzeit bei Fragen und Problemen zur Verfügung und wirkt mit uns gemeinschaftlich an Verbesserungsprozessen hinsichtlich § 5 und § 8 mit.	1
Schnelle und praxisorientierte Kooperation	1
Keine Angabe	1
Gut	***1***
Regelmäßiger Austausch zwischen Behörde, ausgewähltem Sicherheitsdienstleiter der Behörde und Flughafenbetreiber findet statt	1
Gesamt	**8**

Die Flughäfen wurden auch danach gefragt, wer hauptsächlich die Passagier- und Gepäckkontrollen operativ durchführt. Während an den Flughäfen in Bundeszuständigkeit ausschließlich private Sicherheitsdienstleister

(10) zum Einsatz kommen, werden die § 5-Kontrollen an den Flughäfen in Landeszuständigkeit von privaten Sicherheitsdienstleistern (4), landeseigenen Sicherheitsgesellschaften (3) und einem flughafeneigenen Unternehmen durchgeführt.

An drei Flughäfen in Landeszuständigkeit führt der private Sicherheitsdienstleister auch die Kontrollen gem. § 8 LuftSiG durch. An vier Flughäfen in Bundeszuständigkeit ist der private Sicherheitsdienstleister sowohl für die § 5-Kontrollen als auch für die § 8-Kontrollen bzw. für die Mischkontrollen zuständig.

Aufgaben der Flughäfen im Zusammenhang mit den Passagier- und Gepäckkontrollen

Die Flughäfen wurden auch danach gefragt, welche Aufgaben sie im Zusammenhang mit der Planung und Durchführung der Passagier- und Gepäckkontrollen wahrnehmen. Die 18 Flughäfen, die an der Umfrage teilgenommen haben, nannten folgende Aufgaben:

<u>Flughäfen in Bundeszuständigkeit (9)</u>[282]

- Beauftragung Fachdienstleister zur Berechnung des Kontrollspurenbedarfes anhand der Flugplandaten; Organisation des strukturierten Standortdialoges, Leitung der regelmäßigen Feedback- und Planungsgespräche; Monitoring der Abläufe vor Ort; Veranlassung von Steuerungsmaßnahmen bei erkennbaren Defiziten
- Flugplandatenlieferung zur Ermöglichung der Planung der Kontrollstunden durch die Bundespolizei. Gemeinsames Kennzahlenmonitoring bzgl. Wartezeiten und Delays. Bindeglied zwischen Bundespolizei und AOC.
- Abstimmung der erwarteten Einlastung lang-, mittel- und kurzfristig; Bereitstellen von Passagierprognosen (langfristig und jeweils Tagesverlaufsprognosen pro Viertelstunde mit 2-wöchigem Vorlauf); Abstimmung der Öffnungsreihenfolge von Kontrollspuren und Sonderthemen, z. B. besondere Ereignisse und frühere Öffnung der Spuren in Ferienzeiten
- Flächen bereitstellen inkl. Anschlüsse etc.; Passagierführung zu und von den Sicherheitskontrollstellen; Bordkartenkontrollen (z. T.); Passagierprognosen, Passagierflussanalysen, Passagierzählungen; Wartezeitmonitoring

282 Ein Flughafen machte keine Angaben zu den Aufgaben, die er im Zusammenhang mit den Passagier- und Gepäckkontrollen wahrnimmt.

- Unterstützung bei der Ressourcenplanung und Empfehlung der täglichen Spurenöffnung
- Wir liefern Eingangsdaten für die Bundespolizei bis hin zu einer Empfehlung der Kontrollspurenbesetzung.
- Die Zentrale Sicherheitskontrolle wurde im Jahr 2016 komplett erneuert im Zusammenspiel Flughafen und BPOL. Bei der Durchführung der Kontrollen bestehen Schnittstellen hinsichtlich der Gepäckförderanlage.
- Bereitstellung von Passagierzahlen
- Wir versuchen den Prozess vor und nach der SiKo zu verbessern, beispielsweise durch das Aufstellen von Vor- bzw. Nachbereitungstischen. Ebenso versuchen wir durch entsprechende Beschilderungen und mediale Information der Passagiere über die Sicherheitskontrolle Durchsatzsteigerungen zu erreichen. Schließlich geben wir an BPOL und Dienstleister Prognosen über die zu erwartende Passagierzahl an den SiKos heraus.

<u>Flughäfen in Landeszuständigkeit (8)</u>

- Bereitstellung der Flugpläne, Monitoring der geplanten Kontrollstellenöffnungszeiten
- Aktivierung CP
- Bedarfsanalyse auf Grundlage Flugplan und Eintreffverhalten Passagiere; Enge Abstimmung in Bezug auf bauliche Einrichtung, Planung und Betrieb; Bordkartenkontrolle"
- Keine. Teilnahme in regelmäßigen Jour fixe Besprechungen mit privatem Dienstleister und der Luftsicherheitsbehörde.
- Abstimmung von Flächenbedarf für Sicherheitskontrollen. Technische Anforderungen (IT, Strom, Klima, Licht etc.). Lining der Passagiere und Bordkartenkontrolle. Fachlicher Austausch über neue Kontrolltechnik und Kontrollprozesse bzw. Auswirkungen durch Änderungen der Anordnungslage. Internationaler Austausch mit anderen Flughafenbetreibern und Behörden. Bereitstellung von Planungsdaten (Passagieraufkommen an den Kontrollstellen).
- Gemeinsames Qualitätsmanagement § 8 LuftSiG; Abgestimmte Projektsteuerung"

- Wir, als Flughafenbetreiber sind für die Planung und Durchführung der Passagier- und Gepäckkontrollen verantwortlich.
- Jährliche Kommissionen in Hinblick einer kontinuierlichen Verbesserung

Sicherheitsniveau an deutschen Flughäfen

Die 18 befragten Flughäfen gaben fast ausnahmslos an, dass sie das Sicherheitsniveau an ihrem Flughafen als sehr hoch (11) bzw. hoch (5) einschätzen. Lediglich zwei Flughäfen konnten hierzu keine Angaben machen. Betrachtet man die Antworten differenziert nach Flughäfen in Bundes- und Landeszuständigkeit ergibt sich folgendes Bild: Die Flughäfen in Bundeszuständigkeit schätzten (sehr hoch: 7, hoch: 1 und keine Angabe: 2) das Sicherheitsniveau etwas höher als die Flughäfen in Landeszuständigkeit ein (sehr hoch: 4 und hoch: 4).

Tab. 7: Bewertung des Sicherheitsniveaus an den jeweiligen Flughafen aus Sicht der Flughafenbetreiber

Bewertung des Sicherheitsniveaus	Gesamt	Bund	Land
Sehr hoch	11	7	4
Hoch	5	1	4
Keine Angabe	2	2	0
Gesamt	**18**	**10**	**8**

Begründet wurden die Bewertungen des Sicherheitsniveaus wie folgt:

Tab. 8: Bewertung und Begründung des Sicherheitsniveaus an den jeweiligen Flughäfen aus Sicht der Flughäfen in Bundeszuständigkeit

Bewertung und Begründung	Anzahl
Sehr hoch	**7**
Auch in Peakzeiten mit sehr hohem Passagieraufkommen werden die Sicherheitskontrollen konzentriert und ohne äußere Beeinflussung durchgeführt. Bei allen Anfragen und Entscheidungen zur Anpassung, Optimierung von Prozessen prüft die Behörde zunächst vorrangig die Einhaltung der Vorgaben des nationalen Luftsicherheitsprogramms sowie ergänzender Vorschriften.	1
Kennzahlenmonitoring erfasst auch Anzahl von Nachkontrollpflichtigem Gepäck. Geringes Beschwerdeaufkommen. Auditergebnisse (national/international) im guten Bereich.	1
Intensive Kontrollen.	1
Die Sicherheit genießt bei uns einen hohen Stellenwert. Bei allen Gesprächen, Projekten, Umbauten ist das Sicherheitsniveau Bestandteil.	1
Durch die neue zentrale Sicherheitskontrolle und durch die aktuelle MRKA haben wir ein sehr hohes Sicherheitsniveau.	1
Bei internen und externen Audits sehr gut bestanden	1
Keine Angabe	1

Bewertung und Begründung	Anzahl
Hoch	*1*
Keine Angabe	1
Keine Angabe	**2**
Dem Flughafenbetreiber liegen keine Erkenntnisse zum Qualitätsniveau des Sicherheitsdienstleisters der Bundespolizei vor.	1
Keine Angabe	1
Gesamt	**10**

Tab. 9: Bewertung und Begründung des Sicherheitsniveaus an den Flughäfen aus Sicht der Flughäfen in Landeszuständigkeit

Bewertung und Begründung	Anzahl
Sehr hoch	*4*
Hohe gemessene Qualität: kaum Delays, sehr positives Feedback in regelmäßigen Befragungen; regelmäßige behördliche Audits; Hoher Durchsatz; schnelle Reaktion in Sonderfällen	1
Durchführung der Kontrollen durch staatliches Sicherheitspersonal, wenig Fluktuation; direkte behördliche Überwachung; unmittelbare Umsetzung der gesetzlichen Vorgaben über Aus- und Fortbildung.	1
Durch die landeseigene Sicherheitsgesellschaft sind die Luftsicherheitsassistenten sehr eng mit ihrer Tätigkeit verwurzelt. Es können Verbesserungen für das Sicherheitspersonal langfristig immer weiter verbessert werden. Die Betriebsabläufe sind durch die langfristige Zusammenarbeit kontinuierlich optimiert worden. Dadurch konnte die Motivation der Sicherheitsmitarbeiter erhalten bzw. gesteigert werden.	1
Keine Angabe	1
Hoch	*4*
Bezirksregierung Münster ist in der Aufsichtsfunktion für den von ihr gewählten Dienstleister, daher hier nur unser subjektiver Eindruck	1
Im Ergebnis der eigenverantwortlich durchgeführten Qualitätskontrollmaßnahmen kann für 2019 bewertet werden. CAT 2: Vorschriften eingehalten, jedoch verbesserungswürdig	1
Die Sicherheit wird aufgrund von moderner Sicherheitstechnik, wie z. B. der QPS 200 Sicherheitsscanner sowie qualifizierten Luftsicherheitspersonal, ausgebildet nach §§ 5,8 LuftSiG auf einem stets hohen Niveau gehalten. Regelmäßige Trainings und Prozessveränderungen können auf kürzestem Wege erreicht werden.	1
Keine Angabe	1
Gesamt	**8**

Kundenfreundlichkeit der Passagier- und Gepäckkontrollen aus Sicht der Flughäfen

Die 18 befragten Flughäfen bewerteten die Kundenfreundlichkeit der Passagier- und Gepäckkontrollen recht unterschiedlich. Während elf Flughäfen zu der Einschätzung kamen, dass diese bei den § 5- Kontrollen sehr gut (3) bzw. gut (8) sei, bewerteten sechs Flughäfen die Kundenfreundlichkeit mit teils/teils. Ein Flughafen beurteilte diese sogar als schlecht. Betrachtet man die Verteilung der Antworten nach der behördlichen Zuständigkeit: Die Flughäfen in Landeszuständigkeit beurteilen die Kundenfreundlichkeit tendenziell etwas besser (sehr gut: 3, gut: 3 und teils/teils: 2) als die Flughäfen in Bundeszuständigkeit (sehr gut: 0, gut: 5, teils/teils: 4 und schlecht: 1).

Tab. 10: Bewertung der Kundenfreundlichkeit der Passagier- und Gepäckkontrollen am jeweiligen Flughafen aus Sicht der Flughafenbetreiber

Bewertung der Kundenfreundlichkeit	Gesamt	Bund	Land
Sehr gut	3	0	3
Gut	8	5	3
Teils/teils	6	4	2
Schlecht	1	1	0
Gesamt	**18**	**10**	**8**

Die Flughäfen begründeten ihre Einschätzungen zur Kundenfreundlichkeit der Passagier- und Gepäckkontrollen wie folgt:

Tab. 11: Bewertung und Begründung der Kundenfreundlichkeit der Passagier- und Gepäckkontrollen aus Sicht der Flughäfen in Bundeszuständigkeit

Bewertung und Begründung	Anzahl
Gut	***5***
Regelmäßig durchgeführte Kundenbefragungen im Auftrag des Flughafenbetreibers bzgl. Qualität, Freundlichkeit und Wartezeiten befinden sich stets im guten Bereich.	1
Quelle: Passagierbefragungen	1
Wenige Beschwerden	1
Sehr wenige Beschwerden durch Passagiere, welche bei der Auswertung auch unbegründet waren	1
Keine Angabe	1
Teils/teils	***4***
Die Bewertung resultiert aus den uns bekannten Passagierbeschwerden sowie eigenen Beobachtungen.	1
Ergebnisse aus Passagierbefragung	1
Nach Recherchen über die Zufriedenheit der Passagiere an den Kontrollstellen konnten wir einen direkten Zusammenhang zw. Zufriedenheit und Wartezeit feststellen. Die Kundenfreundlichkeit war kaum ein Bewertungsgrund. Beschwerden zur Kundenfreundlichkeit gibt es, jedoch im geringen Maße.	1
Es gibt immer wieder mal Passagierbeschwerden, schwer objektiv zu sagen, ob wir hier gut oder schlecht liegen. Die ASQ Werte sind meistens recht ordentlich.	1
Schlecht	***1***
Passagierumfrage des Flughafenbetreibers: 60% bemängeln die Kundenfreundlichkeit	1
Gesamt	**10**

Tab. 12: Bewertung und Begründung der Kundenfreundlichkeit der Passagier- und Gepäckkontrollen aus Sicht der Flughäfen in Landeszuständigkeit

Bewertung und Begründung	Anzahl
Sehr gut	***3***
Hohe gemessene Qualität: kaum Delays, sehr positives Feedback in regelmäßigen Befragungen	1
Gut geschultes und motiviertes Personal. Aktuell positive Statistik des Beschwerdemanagements.	1
Keine Angabe	1
Gut	***3***
Abhängig von den jeweils eingesetzten Mitarbeitern können sich Unterschiede ergeben. Beim überwiegenden Teil der Mitarbeiterinnen und Mitarbeitern besteht eine hohe Kundenorientierung.	1
Verhältnis der Beschwerden zu der Anzahl der Passagiere. Eigene Qualitätskontrollen der Sicherheitsgesellschaft. Eigene Schulungsabteilung, welche praktische Erfahrungen in die Aus,- und Fortbildung mit einfließen lässt.	1
Schnelle und professionelle Abfertigung	1
Teils/teils	***2***
Keine Angabe	2
Gesamt	**8**

Wartezeit vor den Kontrollstellen der Passagier- und Gepäckkontrollen

Bei der Auswertung der Antworten auf die Frage, wie die Flughäfen die Wartezeit vor den Kontrollstellen der Passagier- und Gepäckkontrollen bewerten, zeigt sich insgesamt ein einheitliches Bild, ohne dass es nennenswerte Unterschiede zwischen den beiden Flughafengruppen gibt. Zwölf Flughäfen gaben an, dass sie die Wartezeit vor den Kontrollstellen für sehr kurz (2) bzw. kurz (10) halten. Sechs Flughäfen konnten keine eindeutige Einschätzung vornehmen und bewerteten die Wartezeit mit teils/teils. Keiner der 18 Flughäfen war der Meinung, dass die Wartezeit vor den Kontrollen an den jeweiligen Flughäfen lang oder sehr lang sei.

Tab. 13: Bewertung der Wartezeit vor den Kontrollstellen der Passagier- und Gepäckkontrollen am jeweiligen Flughafen

Bewertung der Wartezeit	Gesamt	Bund	Land
Sehr kurz	2	1	1
Kurz	10	5	5
Teils/teils	6	4	2
Gesamt	**18**	**10**	**8**

Die Flughäfen begründeten ihre Einschätzungen zur Wartezeit wie folgt:

Tab. 14: Bewertung und Begründung der Wartezeit vor den Kontrollstellen aus Sicht der Flughäfen in Bundeszuständigkeit

Bewertung und Begründung	**Anzahl**
Sehr kurz	***1***
Systemische Wartezeiten ergeben einen Durchschnittswert von unter 10 Minuten pro Pax.	1
Kurz	***5***
Die im Rahmen des Standortdialoges besprochenen Ziel-Wartezeiten an den Kontrollspuren wurden in der Sommersaison (Ferienbeginn, andere Hauptreisetage) weitestgehend eingehalten, lediglich in den Tagespeaks kam es kurzzeitig zu unvermeidlich längeren Wartezeiten. An einzelnen Tagen ergaben sich aufgrund personeller Engpässe des Sicherheitsdienstleisters ungewollt längere Wartezeiten.	1
Durchschnittliche Wartezeiten kleiner als 10 Minuten	1
In den Sommerferien waren keine Wartezeiten über 15 Min. Grundsätzlich ist der Zielwert max. 10 Min. Wartezeit; Erfüllungsquote: 98,8% unter 10 Min. im Nov. 2018.	1
Die durchschnittliche Wartezeit liegt bei uns unter 5 Minuten. In Peaksituationen kommen erhöhte Wartezeiten vor, sind jedoch die Ausnahme. Lediglich 1,2% der Passagiere warteten im Jahr 2018 länger als 15 Minuten.	1
Keine Angabe	1
Teils/teils	***4***
In Abhängigkeit ausgeprägten Tagesspitzen	1
Wartezeiten sind abhängig von Peaks und Personalverfügbarkeit beim Sicherheitsdienstleister	1
Bei den Durchsatzzahlen pro Stunde besteht noch Verbesserungspotential im Vergleich zu anderen Flughäfen.	1
Peaks können nicht immer vollständig aufgefangen werden (Besetzung teilweise nicht proaktiv, teilweise jedoch auch zu wenig Kontrollkapazität).	1
Gesamt	**10**

Tab. 15: Bewertung und Begründung der Wartezeit vor den Kontrollstellen aus Sicht der Flughäfen in Landeszuständigkeit

Bewertung und Begründung	**Anzahl**
Sehr kurz	***1***
Tägliche Personaleinsatzplanung, abgestimmt auf den Flugplan.	1
Kurz	***5***
In der Regel wird das Personal flugplanbasiert geplant, Wartezeiten überschreiten selten 10 Minuten; Hohe gemessene Qualität: kaum Delays, sehr positives Feedback in regelmäßigen Befragungen.	1
Stark abhängig von Spitzenlasten aufgrund der abfliegenden Verkehre/Flugzeiten.	1
Wenn es zu vermehrten Wartezeiten kommt, werden die Daten zwischen allen Stakeholdern ausgewertet und Lösungen zur Reduzierung vereinbart.	1

Bewertung und Begründung	**Anzahl**
Kurz	
Verkehrsbedingt, aber hauptsächlich schnell. Aufgrund von mehreren zeitgleichen Abfertigungen kann es zu längeren Wartezeiten (max. 20 Minuten) kommen.	1
Keine Angabe	1
Teils/teils	**2**
Im Peak kann es durchaus zu Wartezeiten kommen, Kontrollkapazitäten sind dann am Limit insbes. bei spätem Eintreffen der Passagiere.	1
Keine Angabe	1
Gesamt	**8**

Zufriedenheit mit den Passagier- und Gepäckkontrollen

An 14 der 18 Flughäfen, die an der Befragung teilgenommen haben, kommen private Sicherheitsdienstleister zum Einsatz, welche die Passagier- und Gepäckkontrollen durchführen. Insgesamt ist festzuhalten, dass die Zufriedenheit seitens der Flughäfen mit der Arbeit der privaten Sicherheitsdienstleister hoch ist. Neun Flughäfen gaben an, dass sie sehr zufrieden (2) bzw. zufrieden (7) seien. Drei Flughäfen waren teilweise mit der Arbeit der privaten Sicherheitsdienstleister zufrieden, während zwei Flughäfen hierzu keine Angaben machten. Die Zufriedenheit an den Flughäfen, an denen staatliche Sicherheitsgesellschaften (sehr zufrieden: 2 und zufrieden: 1) bzw. ein flughafeneigenes Unternehmen (zufrieden) die Passagier- und Gepäckkontrollen durchführen, ist ebenfalls hoch.

Insgesamt zeigt sich, dass die Zufriedenheit mit den Durchführenden der Passagier- und Gepäckkontrollen an den Flughäfen in Landeszuständigkeit etwas größer (sehr zufrieden: 3, zufrieden: 5) ist als an den Flughäfen in Bundeszuständigkeit (sehr zufrieden: 1, zufrieden: 4; teils/teils: 3, keine Angabe: 2).

Tab. 16: Einschätzung der Zufriedenheit mit den Passagier- und Gepäckkontrollen am jeweiligen Flughafen aus Sicht der Flughafenbetreiber

Einschätzung zur Zufriedenheit	**Gesamt**	**Bund**	**Land**
Sehr zufrieden	2	1	1
Zufrieden	7	4	3
Teils/teils	3	3	0
Keine Angabe	2	2	0
Gesamt	**14**	**10**	**4**

Die Flughäfen begründeten ihre Bewertung der Zufriedenheit mit der Arbeit der privaten Sicherheitsdienstleister wie folgt:

Tab. 17: Bewertung und Begründung der Zufriedenheit mit der Arbeit der privaten Sicherheitsdienstleister aus Sicht der Flughäfen in Bundeszuständigkeit

Bewertung und Begründung	Anzahl
Sehr zufrieden	***1***
Guter Standortdialog. Stationsleitungen verfügen über die richtigen Qualifikationen und Skills. Engmaschiges Qualitätskontrollprogramm des Flughafenbetreibers in den Aufgaben nach § 8 LuftSiG und bei der BPOL in den Aufgaben nach § 5 LuftSiG. Ausreichende Personalverfügbarkeit bei den Sicherheitsdienstleistern. Gute Zusammenarbeit in außergewöhnlichen Lagen (z. B. Notbesetzungen bei Streikmaßnahmen).	1
Zufrieden	***4***
Funktionierender Standortdialog auf allen Managementebenen; In den Sommerferien waren keine Wartezeiten über 15 Min.; Grundsätzlich ist der Zielwert max. 10 Min. Wartezeit; Erfüllungsquote: 98,8% unter 10 Min. im Nov. 2018	1
Wenige Beschwerden	1
Kurze Wartezeiten, kaum Beschwerde, kurzfristige Reaktion auf Anzahl des Personals gegeben	1
Keine Angabe	1
Teils/teils	***3***
Der Sicherheitsdienstleister (SDL) nimmt im Auftrag der Behörde am Standortdialog teil. Beteiligt sich aktiv an Optimierungen der Prozesse. Die Zusammenarbeit ist konstruktiv. Leider ergeben sich unregelmäßig plötzliche Defizite in der Kontrollspurbesetzung, die sich negativ auf den Gesamtsachverhalt auswirken.	1
Hauptkritikpunkte sind die häufigen Nicht-Erfüllungen der geplanten Mitarbeiter-Stärke und die oftmals ungünstigen Pausenregelungen, was wiederum zu verspäteten Besetzungen an den Kontrollstellen führt. Positiv zu erwähnen ist die Bereitschaft des Dienstleisters, Veränderungen mitzutragen.	1
Mitarbeit und Transparenz könnte besser sein	
Keine Angabe	***2***
Vertragspartner ist Bundespolizei, keine Kenntnis über Servicelevels	1
Die Frage ist zu allgemein gestellt und kann daher nicht eindeutig beantwortet werden.	1
Gesamt	**10**

Tab. 18: Bewertung und Begründung der Zufriedenheit mit der Arbeit der privaten Sicherheitsdienstleister aus Sicht der Flughäfen in Landeszuständigkeit

Bewertung und Begründung	Anzahl
Sehr zufrieden	***1***
Keine Angabe	1
Zufrieden	***3***
Durch die Fachaufsicht der Landesbehörde und den direkten Austausch in operativen Gesprächsrunden werden Probleme kurzfristig gelöst.	1
Schnelle und unkomplizierte Zusammenarbeit	1
Keine Angabe	1
Gesamt	**4**

Schutz der Kontrollstellen

An allen zehn Flughäfen in Bundeszuständigkeit ist die Bundespolizei auch für den Schutz der Kontrollstellen für die Passagier- und Gepäckkontrollen zuständig. An fünf der acht Flughäfen in Landeszuständigkeit übernimmt die Landepolizei diese Aufgabe. In weiteren zwei Fällen sind eine staatliche Sicherheitsgesellschaft bzw. ein privates Sicherheitsunternehmen für den Schutz der Kontrollstellen verantwortlich. Am Flughafen München übernimmt die Bundespolizei weiterhin den Schutz der Kontrollstellen.

Zufriedenheit mit der grundsätzlichen Organisation und Zuständigkeitsverteilung im Bereich der Passagier- und Gepäckkontrollen

Bei der Beantwortung der Frage, wie zufrieden die Flughäfen mit der grundsätzlichen Organisation und Zuständigkeitsverteilung im Bereich der Passagier- und Gepäckkontrollen sind, zeigt sich ein uneinheitliches Bild. Während ein großer Teil der Flughäfen angibt, dass sie sehr zufrieden (4) bzw. zufrieden (4) sind, waren vier Flughäfen nur teilweise zufrieden (teils/teils). Unzufrieden (2) bzw. sehr unzufrieden (1) waren hingegen drei Flughäfen. Zudem konnten drei weitere Flughäfen hierzu keine Angaben machen. Des Weiteren ergeben sich deutliche Unterschiede zwischen den beiden Flughafengruppen. So gaben sechs Flughäfen in Landeszuständigkeit an, dass sie mit der grundsätzlichen Organisation und Zuständigkeitsverteilung im Bereich der Passagier- und Gepäckkontrollen sehr zufrieden (4) bzw. zufrieden (2) waren. Weitere zwei Flughäfen waren immerhin noch teilweise zufrieden.

In der Gruppe der Flughäfen in Bundeszuständigkeit waren lediglich zwei Flughäfen mit der Organisation und Aufgabenverteilung zufrieden, während zwei weitere Flughäfen noch teilweise zufrieden waren. Hingegen waren drei Flughäfen unzufrieden (2) bzw. sehr unzufrieden (1). Drei weitere Flughäfen konnten hierzu keine Angaben machen.

Tab. 19: Einschätzung der Zufriedenheit der Flughafenbetreiber mit der grundsätzlichen Organisation und Zuständigkeitsverteilung im Bereich der Passagier- und Gepäckkontrollen

Einschätzung zur Zufriedenheit	Gesamt	Bund	Land
Sehr zufrieden	4	0	4
Zufrieden	4	2	2
Teils/teils	4	2	2
Unzufrieden	2	2	0
Sehr unzufrieden	1	1	0
Keine Angabe	3	3	0
Gesamt	**18**	**10**	**8**

Die Flughäfen begründeten ihre Bewertung der Zufriedenheit mit der grundsätzlichen Organisation und Zuständigkeitsverteilung im Bereich der Passagier- und Gepäckkontrollen wie folgt:

Tab. 20: Bewertung und Begründung der Zufriedenheit mit der grundsätzlichen Organisation und Zuständigkeitsverteilung im Bereich der Passagier- und Gepäckkontrollen aus Sicht der Flughäfen in Bundeszuständigkeit

Bewertung und Begründung	Anzahl
Zufrieden	**2**
Keine Angabe	1
Teils/teils	**2**
Grundsätzlich gute Zusammenarbeit. Faktisch keinen Einfluss auf die Öffnung der Kontrollspuren und keinen direkten Zugang zum Dienstleister. Keine Synergien aus § 5 und § 8 Kontrollen.	1
Durch die bestehende Organisation besteht weniger Handlungsspielraum für den Flughafen hinsichtlich der verbesserungswürdigen Durchsatzzahlen pro Stunde.	1
Unzufrieden	**2**
Trotz der positiven Erfahrungen aus dem Standortdialog: Der Einfluss des Flughafenbetreibers auf den SDL ist zu gering. Die Qualitätskriterien „Wartezeit“ und „Kundenzufriedenheit“ werden seitens der Behörde nur nachgeordnet berücksichtigt. Es fehlen konkrete Steuerungselemente und die nachhaltige Behandlung. Die Erfahrungen des Flughafenbetreibers im Umgang mit Dienstleistern bleiben derzeit weitestgehend unberücksichtigt.	1
Keine Möglichkeit der Einflussnahme auf Ausschreibungen, Auswahl sowie direkte Steuerung von Sicherheitsdienstleistern in den Aufgaben nach § 5 LuftSiG. Unterschiedliche Qualifikationsanforderungen bzgl. Schulungen und Beleihungen/ Befähigungen (§§ 5 und 8 LuftSiG) machen gemeinsame Kontrollstellen kaum möglich. Hierdurch Verlust an Planungskomfort, Verhinderung eines einheitlichen Sicherheitsentgeltes. Hohe LuSi- Gebühren bremsen Wachstum am Standort.	1

Bewertung und Begründung	**Anzahl**
Sehr unzufrieden	***1***
Die Sicherheitskontrolle bildet nur ein Rädchen des gesamten Passagierprozesses. Als Flughafenbetreiber würden wir es begrüßen, auch auf den Prozess Sicherheitskontrolle Einfluss zu haben. Die Situation, dass in unseren Terminals Prozesse eines Dritten sehr großen Impact auf die Passagierzufriedenheit haben, wird als unbefriedigend wahrgenommen. Des Weiteren hat der Prozess auch großen Einfluss auf die weiteren Abfertigungsprozesse und ist damit auch wichtig für die on-time Performance des Flughafens. Für den Passagier ist der Flughafen bereits jetzt der Verantwortliche, dass wird sich auch niemals ändern - allerdings möchten wir dann auch direkten Einfluss auf die Kontrollen bzw. es gleich selbst machen.	1
Keine Angabe	***3***
Keine Angabe	3
Gesamt	**10**

Tab. 21: Bewertung und Begründung der Zufriedenheit mit der grundsätzlichen Organisation und Zuständigkeitsverteilung im Bereich der Passagier- und Gepäckkontrollen aus Sicht der Flughäfen in Landeszuständigkeit

Bewertung und Begründung	**Anzahl**
Sehr zufrieden	***4***
Hoher Zufriedenheitsgrad mit der bestehenden Lösung, die Sicherheitsgesellschaft kann sich auf ihren Hauptzweck konzentrieren. Die Aufsichtsbehörde ist mit in der operativen Verantwortung, die Zusammenarbeit ist lösungsorientiert mit dem Ziel Security und Flughafenbetrieb zu gewährleisten.	1
Eine behördliche Zuständigkeit	1
Keine Angabe	2
Zufrieden	***2***
Alle beteiligten Stakeholder sind sich der Priorität einer zuverlässigen Sicherheitskontrolle in der Reisekette bewusst und dennoch ist ein konstruktiver Austausch auch in Spannungsfeldern möglich. Mit der derzeitigen Organisation und Zuständigkeitsverteilung sehen wir uns für zukünftige Entwicklungen gut aufgestellt.	1
Keine Angabe	1
Teils/teils	***2***
Für unseren Standort können wir von einer guten Zusammenarbeit berichten; eine größere Einigkeit in der Handhabung und Interpretation der jeweiligen Gesetzestexte durch Bund und Land ist jedoch erstrebenswert	1
Behördliche Unterschiede in der Organisation und Zuständigkeitsverteilung (BP, LBA. Länderbehörden) macht es bei übergreifenden Verantwortlichkeiten dieser Behörden für den Nutzer nicht immer einfach.	1
Gesamt	**10**

4.2.3 Einschätzung der Flughafenbetreiber zu den § 8-Kontrollen

Anders als bei den Passagier- und Gepäckkontrollen sind für die Personal- und Warenkontrollen die Flughäfen zuständig. Für die tatsächliche Durchführung greifen die Flughäfen dabei in der Regel auf private Dienstleister zurück. An zehn der 18 Flughäfen, die an der Befragung teilgenommen haben, wird diese Aufgabe von privaten Sicherheitsdienstleistern übernommen. Darüber hinaus werden die Kontrollen auch von flughafeneigenen Unternehmen (5), staatlichen Sicherheitsgesellschaften (2) und den Flughäfen selbst (2) durchgeführt. Bei einem der Flughäfen, die an der Befragung teilgenommen haben, werden die Personal- und Warenkontrollen sowohl von einem privaten Sicherheitsdienstleister als auch von einem flughafeneigenen Unternehmen durchgeführt.

Betrachtet man die Situation etwas differenzierter, fällt auf, dass die Kontrollen an den Flughäfen in Bundeszuständigkeit hauptsächlich von privaten Sicherheitsdienstleistern (8) und deutlich weniger von flughafeneigenen Unternehmen (2) durchgeführt werden. An den Flughäfen in Landeszuständigkeit ist das Bild heterogener. Hier nehmen flughafeneigene Unternehmen (3), private Sicherheitsdienstleister (2), Sicherheitsgesellschaften (2) sowie die Flughäfen selbst (2) diese Aufgabe wahr.[283]

Bewertung der Qualität der Arbeit im Bereich Personal- und Warenkontrollen

Zunächst ist festzuhalten, dass – bezogen auf die 18 Flughäfen, die den Fragebogen vollständig ausgefüllt haben – die Qualität der Arbeit derjenigen, welche die Personal- und Warenkontrollen durchführen, insgesamt gut bewertet wird. So beurteilten 13 Flughäfen die Qualität mit sehr gut (6) bzw. gut (7). Zudem gaben drei Flughäfen an, dass sie die Qualität der Arbeit teils gut, teils schlecht bewerteten, während drei weitere Flughäfen hierzu keine Angaben machten, da sie diese Aufgabe selbst wahrnehmen. Hingegen schlecht oder sehr schlecht wurde die Qualität der Arbeit derjenigen, welche die Personal- und Warenkontrollen durchführen, von keinem Flughafen bewertet.

Betrachtet man die Ergebnisse differenzierter, zeigt sich, dass die Bewertung der Qualität der Arbeit im Bereich der Personal- und Warenkontrol-

283 Da an einem Flughafen in Landeszuständigkeit sowohl ein privater Sicherheitsdienstleister als auch ein flughafeneigenes Unternehmen für die Durchführung der Personal- und Warenkontrollen zuständig ist, übersteigt die Anzahl der Antworten die Zahl der Flughäfen, welche den Fragebogen vollständig ausgefüllt haben.

len an den Flughäfen in Landeszuständigkeit (sehr gut: 3, gut: 4, keine Angabe: 2) besser als an den Flughäfen in Bundeszuständigkeit (sehr gut: 3, gut: 3, teils/teils: 3, keine Angabe: 1) bewertet wird.

Tab. 22: Bewertung der Qualität der Arbeit im Bereich Personal- und Warenkontrollen aus Sicht der Flughäfen

Bewertung der Qualität	Gesamt	Bund	Land
Sehr gut	6	3	3
Gut	7	3	4
Teils/teils	3	3	0
Keine Angabe	3	1	2
Gesamt	**19**	**10**	**9**[284]

Die Flughäfen begründeten ihre Bewertung der Qualität der Arbeit im Bereich der Personal- und Warenkontrollen wie folgt:

Tab. 23: Bewertung und Begründung der Qualität der Arbeit im Bereich der Personal- und Warenkontrollen aus Sicht der Flughäfen in Bundeszuständigkeit

Bewertung und Begründung	Anzahl
Sehr gut	***3***
Selbst verantwortlich, direkte und sofortige Einflussnahme möglich	1
Keine Angabe	2
Gut	***3***
Die fachlichen Vorgaben zur Ausübung der Personal- und Warenkontrollen werden sensibel beachtet. Es sind keine Auffälligkeiten bekannt, Beschwerden der Aufsichtsbehörde (VM) liegen nicht vor (private Sicherheitsdienstleister).	1
Zielvorgaben werden erreicht (private Sicherheitsdienstleister).	1
Wenig Beschwerden der kontrollierten Personen und zuständigen Behörden (flughafeneigenes Unternehmen).	1
Teils/teils	***3***
Ergebnisse von Tests (private Sicherheitsdienstleister)	1
Auf Grund mangelnder Personalverfügbarkeit teilweise Engpässe in der Besetzung	1
Wir haben zwei Dienstleister für die § 8-Kontrollen. Einer arbeitet sehr gut, der andere ganz ok (private Sicherheitsdienstleister).	1
Keine Angabe	***1***
Keine Angabe	1
Gesamt	**10**

284 Da an einem Flughafen in Landeszuständigkeit sowohl ein privater Sicherheitsdienstleister als auch ein flughafeneigenes Unternehmen für die Durchführung der Personal- und Warenkontrollen zuständig ist, übersteigt die Anzahl der Antworten die Zahl der Flughäfen, welche den Fragebogen vollständig ausgefüllt haben.

Tab. 24: Bewertung und Begründung der Qualität der Arbeit im Bereich der Personal- und Warenkontrollen aus Sicht der Flughäfen in Landeszuständigkeit

Bewertung und Begründung	**Anzahl**
Sehr gut	***3***
Hohes Ausbildungsniveau und professionelle Durchführung (Sicherheitsgesellschaft)	1
Sehr gut geschultes und motiviertes Personal; Geringe Fluktuation; Übergreifendes Fachwissen §§ 5,8 LuftSiG (Sicherheitsgesellschaft)	1
Keine Angabe	1
Gut	***4***
Hohe Flexibilität. Langfristige Mitarbeiterbindung. (flughafeneigenes Unternehmen)	1
Keine Angabe	3
Keine Angabe	**2**
Keine Angabe	2
Gesamt	**9**

Zusammenarbeit zwischen den Flughäfen und den die Kontrollen Durchführenden

Wie bei der Qualität der Arbeit im Bereich der Personal- und Warenkontrollen fällt auch – bezogen auf die 18 Flughäfen – die Beurteilung der Zusammenarbeit zwischen Flughafen und Durchführenden insgesamt gut aus. 14 Flughäfen gaben an, dass die Zusammenarbeit sehr gut (7) bzw. gut (7) funktioniere. Lediglich zwei Flughäfen waren der Meinung, dass die Zusammenarbeit teils gut, teils schlecht funktioniere, während drei Flughäfen keine Angaben dazu machen konnten. Hingegen sehr schlecht oder schlecht wurde die Zusammenarbeit von keinem Flughafen bewertet.

Tab. 25: Zusammenarbeit zwischen den Flughäfen und den die Kontrollen Durchführenden aus Sicht der Flughafenbetreiber

Bewertung der Zusammenarbeit	**Gesamt**	**Bund**	**Land**
Sehr gut	7	4	3
Gut	7	3	4
Teils/teils	2	2	0
Keine Angabe	3	1	2
Gesamt	**19**	**10**	**9**[285]

285 Da an einem Flughafen in Landeszuständigkeit sowohl ein privater Sicherheitsdienstleister als auch ein flughafeneigenes Unternehmen für die Durchführung der Personal- und Warenkontrollen zuständig ist, übersteigt die Anzahl der Antworten die Zahl der Flughäfen, welche den Fragebogen vollständig ausgefüllt haben.

Die Flughäfen begründeten ihre Bewertung der Zusammenarbeit mit den die Personal- und Warenkontrollen Durchführenden wie folgt:

Tab. 26: Bewertung und Begründung Zusammenarbeit mit den die Personal- und Warenkontrollen Durchführenden aus Sicht der Flughäfen in Bundeszuständigkeit

Bewertung und Begründung	Anzahl
Sehr gut	***4***
Der private SDL arbeitet im Auftrag des Flughafenbetreibers. Die Aufgaben u Tätigkeiten sind direkt vertraglich geregelt, bei erkennbaren Defiziten kann direkt nachgesteuert werden. In regelmäßigen Qualitätsgesprächen werden dahingehend Abstimmungen und Festlegungen getroffen (privater Sicherheitsdienstleister).	1
Flughafenbetreiber ist Vertragshalter und hat damit sämtliche Steuerungsinstrumente inne (privater Sicherheitsdienstleister).	1
Selbes Personal (flughafeneigenes Unternehmen).	
Keine Angabe	1
Gut	***3***
Wir haben feste Ansprechpartner, die die Verfahren zeitnah und gut in den Kontrollstellen umsetzen (flughafeneigenes Unternehmen).	1
Keine Angabe	2
Teils/teils	***2***
Grundsätzlich ist die Zusammenarbeit o.k.; Teilweise Personalmangel. Schlechte Durchführung und Nachweis von erforderlichen Schulungen (private Sicherheitsdienstleister).	1
Je nach Dienstleister - mit einem klappt es gut, mit dem anderen ist nur ok (private Sicherheitsdienstleister).	1
Keine Angabe	**1**
Keine Angabe	1
Gesamt	**10**

Tab. 27: Bewertung und Begründung der Zusammenarbeit mit den die Personal- und Warenkontrollen Durchführenden aus Sicht der Flughäfen in Landeszuständigkeit

Bewertung und Begründung	Anzahl
Sehr gut	***3***
Gemeinsames Qualitätsmanagement, (Inspektionen) (Sicherheitsgesellschaft).	1
Hohes Ausbildungsniveau und professionelle Durchführung (Sicherheitsgesellschaft).	1
Keine Angabe	1
Gut	***4***
Hohe Eigenständigkeit in den operativen Prozessen. Verantwortungsbewusstsein für den Gesamtprozess am Flughafen. Sehr guter Austausch und viele Nachweisführungen mittels IT - Systeme (flughafeneigenes Unternehmen).	1

Gut	
Wir, als Flughafenbetreiber führen die PWK § 8 Kontrollen in Eigenverantwortung durch (flughafeneigenes Unternehmen).	1
Keine Angabe	2
Keine Angabe	**2**
Keine Angabe	2
Gesamt	**10**

Ausschreibung § 8-Kontrollen

An sieben der 18 Flughäfen werden Personal- und Warenkontrollen vom Flughafen ausgeschrieben. Dagegen gaben sechs Flughäfen an, dass eine solche Ausschreibung nicht erfolge, während fünf hierzu keine Angaben machten. Bei einer differenzierteren Betrachtung der Ergebnisse zeigen sich allerdings Unterschiede bei Ausschreibungspraxis zwischen den beiden Flughafengruppen. Während eine Ausschreibung der Personal- und Warenkontrollen an sechs Flughäfen in Bundeszuständigkeit erfolgte, geschah dies an nur einem Flughafen in Landeszuständigkeit[286]. Je drei Flughäfen in Landes- und Bundeszuständigkeit gaben dagegen an, dass sie die § 8-Kontrollen nicht ausschreiben würden. Die Landesflughäfen begründeten dies damit, dass die Kontrollen mit eigenem Personal durchgeführt würden bzw. der Flughafenbetreiber die Personal- und Warenkontrollen in Eigenverantwortung durchführe sowie dass man mit dem eigenen Unternehmen zufrieden sei und die Kompetenz für Sicherheitsaufgaben beim Flughafenbetreiber verbleiben solle. Die drei Flughäfen in Bundeszuständigkeit verwiesen darauf, dass eine Ausschreibung der Kontrollen nicht erfolge, da es sich um ein Konzernprivileg handele, eine vertragliche Regelung mit dem Tochterunternehmen bestünde sowie eigenes Personal diese Aufgabe übernehme.

Tab. 28: Ausschreibung der § 8-Kontrollen am jeweiligen Flughafen

	Gesamt	**Bund**	**Land**
Ja	7	6	1
Nein	6	3	3
Keine Angabe	5	1	4
Gesamt	**18**	**10**	**8**

286 Der Flughafen in Landeszuständigkeit wies darauf hin, dass die Ausschreibung der Personal- und Warenkontrollen durch die zuständige Landesbehörde erfolge.

Bei den Flughäfen, die die Personal- und Warenkontrollen öffentlich ausschreiben, wurden immer die Qualität und der Preis als Bewertungskriterien für die Angebote zugrunde gelegt. In zwei Fällen wurde jeweils noch ein weiteres Kriterium herangezogen: zum einen „Mitarbeiterführung“ und zum anderen „Flexibilität“. Zwei Flughäfen in Bundeszuständigkeit gaben an, die Personal- und Warenkontrollen auszuschreiben, machte jedoch keine weiteren Angaben zu den Bewertungskriterien.

Bei der Gewichtung der Kriterien, die zur Bewertung der Angebote herangezogen werden, lassen sich durchaus Unterschiede erkennen. Während zwei Flughäfen die Qualität und den Preis gleich gewichten (jeweils 50 Prozent), fließt die Qualität bei zwei Flughäfen mit nur 30 Prozent in die Bewertung ein, während der Preis einmal mit 50 und einmal mit 70 Prozent zugrunde gelegt wird. Bei einem der beiden Flughäfen ergänzt die „Mitarbeiterführung“ als zusätzliches Kriterium mit 20 Prozent die beiden Kriterien „Qualität“ und „Preis“. Ein weiterer Flughafen legt neben der Qualität (70 Prozent) und dem Preis (20 Prozent) „Flexibilität“ (10 Prozent) als zusätzliches Kriterium zugrunde.

Die Flughäfen, welche die Personal- und Warenkontrollen ausschreiben, gaben zudem an, dass die Vertragsdauer mit den privaten Dienstleistern drei bis sieben Jahre beträgt.

Darüber hinaus wies ein Flughafen in Landeszuständigkeit, der die Personal- und Warenkontrollen nicht ausschreibt, darauf hin, dass bei der Auswahl des Sicherheitsdienstleisters „Qualität“ (70 Prozent), „Preis“ (20 Prozent) und „Flexibilität“ (10 Prozent) als Kriterien herangezogen werden. Ein Flughafen in Bundeszuständigkeit wählt die Sicherheitsdienstleister für die Personal- und Warenkontrollen auf Grundlage von „Qualität“ (60 Prozent) und „Preis“ (40 Prozent) aus. In vier weiteren Fällen wurden keine weiteren Angaben zu den Auswahlkriterien gemacht.

Doppelfunktionaler Einsatz

Die Flughäfen wurden auch danach gefragt, ob sie es grundsätzlich für sinnvoll halten, dass die Luftsicherheitskontrollkräfte auch als LuftAss an ihrem Flughafen eingesetzt werden. Bezogen auf die 18 Flughäfen, die an der Befragung teilgenommen haben, fällt das Ergebnis eindeutig aus. 14 Flughäfen hielten diese Möglichkeit für sinnvoll, während lediglich zwei Flughäfen dies verneinten. Weitere zwei Flughäfen machten hierzu keine Angaben. Gründe dafür, dass die Flughäfen den Einsatz von Luftsicherheitskontrollkräften für die Passagier- und Gepäckkontrollen für nicht sinnvoll halten, waren:

- Aufgrund der Einsatzplanung der Mitarbeiter im § 8-Bereich wäre der Personalaufwand höher. Ebenso ist der Schulungsaufwand höher.
- Das Qualifikations-Profil eines LuftAss beansprucht mehrere Schulungstage und kürzere Intervalle von Fortbildungen. Der LSKK kann auch ohne Sicherheitstechnik seine Tätigkeit aufnehmen und sich darauf begrenzen.

Die Flughäfen, die den doppelfunktionalen Einsatz für sinnvoll hielten, begründeten dies wie folgt:

- Mischkontrollstellen im GAT Bereich § 5 und § 8 erhöhen die Effizienz und steigern die Kundenzufriedenheit
- grundsätzlich ist die Qualifikation vorhanden
- Die VO EU 2015/1998 macht hierzu keinen Unterschied. Die Unterscheidung in Luftsicherheitsassistent (LuftAss) und Luftsicherheitskontrollkraft (LSKK) ist eine nationale Unterscheidung und führt zu vielen operativen Problemen, die andere Flughafenbetreiber nicht haben. Die zu erlangenden Kompetenzen sind bei beiden Personengruppen identisch. Weiterhin können gerade kleinere Flughäfen das Kontrollpersonal nicht auslasten. Durch die operativen Leerlaufzeiten ist ein „wirtschaftlicher" Betrieb nicht möglich. Die Deckelung der Luftsicherheitsgebühr von 10 €, wird von 6 Flughäfen bereits heute schon erheblich überschritten.
- Synergieeffekte (Personaleinsatz, Administration, Qualitätsmanagement, Kosten Sicherheitstechnik, Fortbildung, etc.)
- Synergien hinsichtlich der Personalplanung, Einsatzzeiten als auch wirtschaftliche Aspekte bei Doppelfunktion ergeben sich gerade auf kleineren Airports.
- Ein doppelfunktionaler Einsatz wäre sinnvoll, um bei Engpässen jeweils in der anderen Kontrolle auszuhelfen (heutiges System § 5 / § 8 vorausgesetzt).
- siehe oben.
- Nutzung von Synergien. Flexible Einsatzmöglichkeiten.
- bessere Kapazitätsauslastung, und Vermeidung von doppeltem Personaleinsatz bei geringer Auslastung (z. B. GAT)
- Flexibilität, Produktivität erhöhen
- Synergieeffekt in der Mischkontrolle
- Es gibt flexiblere Einsatzmöglichkeiten des Personals.
- effiziente Personalplanung
- Man könnte die vorhandene Infrastruktur effizienter nutzen - auch wenn der Effekt nicht überbewertet werden sollte, da eine grundsätz-

liche Vermischung von Personalen und Passagieren eigentlich nicht sinnvoll erscheint.

Darüber hinaus wurden die Flughäfen danach gefragt, welche Bedingungen aus ihrer Sicht für den doppelfunktionalen Einsatz erfüllt sein müssten. Folgende Bedingungen wurden in diesem Zusammenhang genannt[287]:

Flughäfen in Bundeszuständigkeit (10)[288]

- Der Einsatz müsste mit dem Flughafenbetreiber abgestimmt werden, um keine Probleme in der operativen Abwicklung zu erhalten. Es müsste für den Dienstleister sichergestellt sein, dass der Einsatz im anderen Bereich wirtschaftlich ist (heutiges System § 5/§ 8 vorausgesetzt).
- Einheitliche Schulung. Schaffung eines einheitlichen Berufsbildes (z. B. Luftsicherheitskontrollfachkraft), Einheitliches Lohnniveau. Einheitliches Zertifikat. Ausschreibung und Auswahl des Dienstleisters aus einer (!) Hand durch Flughafenbetreiber. Direkte Steuerung des Dienstleisters durch Auftraggeber (Flughafenbetreiber). Bereitstellung der Gerätetechnik durch Luftsicherheitsbehörde auf Mietbasis durch Flughafenbetreiber. Einheitliches Sicherheitsentgelt (durch Flughafenbetreiber). Einheitliche SLA zwischen Dienstleister und Flughafenbetreiber (hier auch im Benehmen mit Luftsicherheitsbehörde und Fluggesellschaften).
- Gleiche Ausbildung, Qualifikation, Vergütung und vermutlich Aufsichtsbehörde
- Harmonisierung der Schulungs-, Prüfungs- und Zertifizierungsverfahren sowie Abstimmung fachaufsichtlicher Maßnahmen
- Umsetzung DVO EU 2015/1998 auch in Deutschland, d. h. Aufhebung 11.2.3.1 a) und b)
- Doppelfunktionale Qualifikation nur dann sinnvoll, wenn es zulässig wäre, zukünftig als Standard Mischkontrollen betreiben zu dürfen.
- Die Übertragung der Organisation der § 5 Kontrollen an den Flughafen.
- gleiche Bezahlung, gleiche Ausbildung
- Gleiche Bezahlung, Schulung derselben Inhalte (Ausnahme Fahrzeugkontrolle, das wird wohl immer eine Zusatzquali bleiben)

287 Zwei Flughäfen machten keine Angaben zu den Bedingungen für den doppelfunktionalen Einsatz.

288 Ein Flughafen machte keine Angaben zu den erforderlichen Bedingungen.

Flughäfen in Landeszuständigkeit (8)[289]

- sind erfüllt
- Wenn im Bereich § 5 keine Fremdfirma eingesetzt würde, wäre der doppelfunktionale Einsatz in einem Personalkörper sinnvoll und würde die Flexibilität erhöhen.
- Nationale Regelungen zur Aus- und Fortbildung von 11.2.3.1 Kontrollkräften vereinheitlichen. Die Zuständigkeiten an einem Flughafen auf eine Aufsichtsbehörde zusammenfassen. Aktuell können an einem Flughafen bis zu 3 Aufsichtsbehörden für die 11.2.3.1 Kontrollkräfte zuständig sein.
- Siehe aktueller Stand FMM
- Qualifikation als LSKK gem. 11.2.3.1 der VO(EU) 2015/1998

Bereitschaft zur Übernahme von Aufgaben bzw. Zuständigkeiten im Bereich der Passagier- und Gepäckkontrollen durch die Flughäfen

Die Flughäfen wurden im Rahmen der Befragung gebeten, anzugeben, ob sie sich vorstellen können, zukünftig Aufgaben bzw. Zuständigkeiten im Bereich der Passagier- und Gepäckkontrollen zu übernehmen. Zehn der 18 Flughäfen, die an der Befragung teilgenommen haben, konnten sich eine solche Übernahme von Zuständigkeiten überhaupt vorstellen, während sechs Flughäfen dies verneinten. Zwei weitere Flughäfen konnten hierzu keine Angaben machen.

Betrachtet man die die Ergebnisse nach Flughäfen in Bundes- bzw. Landeszuständigkeit, werden Unterschiede deutlich. So können sich acht von zehn Flughäfen in Bundeszuständigkeit eine Übernahme von Zuständigkeiten im Bereich der Passagier- und Gepäckkontrollen vorstellen, während je ein Flughafen dies verneinte bzw. hierzu keine Angaben machte. Bei den Flughäfen in Landeszuständigkeit stellt sich die Situation hingegen anders dar. Hier können sich lediglich zwei Flughäfen eine solche Übernahme vorstellen, für fünf Flughäfen ist dies nicht vorstellbar. Ein Flughafen in Landeszuständigkeit konnte keine Angaben hierzu machen.

Legt man bei der Analyse auch noch die Größe der Flughäfen zugrunde, fällt auf, dass sich vier kleinere (zwei in Bundes- und zwei in Landeszuständigkeit), fünf mittlere (alle in Bundeszuständigkeit) und ein großer Flughafen vorstellen können, zünftig Aufgaben bzw. Zuständigkeiten im Bereich der Passagier- und Gepäckkontrollen zu übernehmen.[290]

---

289 Drei Flughäfen machten keine Angaben zu den erforderlichen Bedingungen.

290 Statistisches Bundesamt: Passagiere an Bord (Stand 2018) (ohne Berücksichtigung der Flughäfen Kassel-Calden, Heringsdorf und Westerland/Sylt).

Tab. 29: Bereitschaft zur Übernahme von Aufgaben bzw. Zuständigkeiten im Bereich der Passagier- und Gepäckkontrollen durch die Flughäfen

Übernahmebereitschaft	Gesamt	Bund	Land
Ja	10	8	2
Nein	6	1	5
Keine Angabe	2	1	1
Gesamt	**18**	**10**	**8**

Die zehn Flughäfen, für die eine Übernahme von Zuständigkeiten grundsätzlich vorstellbar wäre, wurden zudem gefragt, bei welchen Zuständigkeiten sie sich dies vorstellen könnten.

Acht der zehn Flughäfen wären grundsätzlich dazu bereit, zukünftig die *Zuständigkeit für die Ausschreibung der Passagier- und Gepäckkontrollen* zu übernehmen. Hierbei handelt es sich um sieben Flughäfen in Bundeszuständigkeit und einen in Landeszuständigkeit. Je ein Flughafen in Bundes- und Landeszuständigkeit lehnte dies ab.

Tab. 30: Zuständigkeit für die Ausschreibung der Passagier- und Gepäckkontrollen

Übernahmebereitschaft	Gesamt	Bund	Land
Ja	8	7	1
Nein	2	1	1
Gesamt	10	8	2

Alle zehn Flughäfen wären grundsätzlich bereit, zukünftig die *Zuständigkeit für die Einsatzplanung und -steuerung der LuftAss* an Ihrem Flughafen zu übernehmen (mit der Möglichkeit, die konkrete Planung an (private) Sicherheitsdienstleister zu delegieren).

Eine deutliche Zurückhaltung der Flughäfen war allerdings bei der Frage feststellbar, ob sie grundsätzlich bereit wären, die Vorfinanzierung der Kosten für die LuftAss zu übernehmen. Hier signalisierten lediglich zwei Flughäfen (in Bundeszuständigkeit) ihre Bereitschaft, während zwei Flughäfen in Bundeszuständigkeit und einer in Landeszuständigkeit eine Vorfinanzierung der Kosten ablehnten. Fünf Flughäfen (vier in Bundes- und einer in Landeszuständigkeit) konnten hierzu keine Angaben machen.

Tab. 31: Grundsätzliche Bereitschaft zur Übernahme der Zuständigkeit für die Einsatzplanung und -steuerung der LuftAss durch die Flughäfen

Übernahmebereitschaft	Gesamt	Bund	Land
Ja	2	2	-
Nein	3	2	1
Keine Angabe	5	4	1
Gesamt	**10**	**8**	**2**

Einer der beiden Flughäfen, der bereit wäre, die Vorfinanzierung der Kosten für die LuftAss zu übernehmen, gab an, dass er diese Kosten vollständig über Entgelte refinanzieren würde. Der zweite Flughafen wies darauf hin, dass die Kosten in das zu zahlende Entgelt der Fluggesellschaften mit aufgenommen werden müssten, betonte aber gleichzeitig, dass dies eine 1 zu 1 Weitergabe an die Fluggesellschaften vor dem Hintergrund des Kampfes um die besten Strecken schwierig mache. Ein Flughafen, der nicht bereit war, die Vorfinanzierung der Kosten für die LuftAss zu übernehmen, gab an, dass grundsätzlich die vollständige Umlage der Kosten auf die Fluggesellschaften mittels Entgelt in Betracht käme, jedoch etwaige Alternativen (z. B. Kostenübernahme durch den Bund) geprüft werden müssten. Aus diesem Grund sei diese Frage nicht mit einem eindeutigen „Ja“ zu beantworten.

Neun der zehn Flughäfen wären grundsätzlich bereit, zukünftig die Zuständigkeit für die Einrichtung der Kontrollstellen an Ihrem Flughafen zu übernehmen. Hierbei handelte es sich um sieben Flughäfen in Bundes- und zwei in Landeszuständigkeit. Lediglich ein Flughafen in Bundeszuständigkeit lehnte dies ab.

Tab. 32: Grundsätzliche Bereitschaft zur Übernahme der Zuständigkeit für die Einrichtung der Kontrollstellen durch die Flughäfen

Übernahmebereitschaft	Gesamt	Bund	Land
Ja	9	7	2
Nein	1	1	-
Gesamt	**10**	**8**	**2**

Ein indifferentes Bild ergibt sich bei der Frage nach der Bereitschaft der Flughäfen, zukünftig die Zuständigkeit für die Beschaffung, den Betrieb und die Wartung der Sicherheitstechnik an dem jeweiligen Flughafen zu übernehmen. Vier Flughäfen in Bundes- und einer in Landeszuständigkeit[291] wären hierzu grundsätzlich bereit, während drei Flughäfen in Bundeszuständigkeit dies ablehnten. Je ein Flughafen in Bundes- und Landeszuständigkeit konnte hierzu keine Angaben machen. Zwei Flughäfen in Bundeszuständigkeit, die grundsätzlich nicht bereit wären, die Zuständigkeit für die Beschaffung, den Betrieb und die Wartung der Sicherheitstechnik zu übernehmen, nannten jedoch Voraussetzungen für eine mögliche Übernahme. Ein Flughafen forderte, dass die Kosten durch den Bund

291 Diese fünf Flughäfen wären auch bereit, die Einrichtung der Kontrollstellen zu übernehmen.

getragen werden müssten. Der zweite Flughafen verwies darauf, dass die gesetzlichen Rahmenbedingungen geändert werden müssten.

Tab. 33: Grundsätzliche Bereitschaft zur Übernahme der Zuständigkeit für Beschaffung, Betrieb und Wartung Sicherheitstechnik durch die Flughäfen

Übernahmebereitschaft	Gesamt	Bund	Land
Ja	5	4	1
Nein	3	3	-
Keine Angabe	2	1	1
Gesamt	**10**	**8**	**2**

Von den fünf Flughäfen, die grundsätzlich bereit wären, die Zuständigkeit für die Beschaffung, den Betrieb und die Wartung der Sicherheitstechnik zu übernehmen, wollte jedoch nur ein Flughafen in Bundeszuständigkeit auch die Vorfinanzierung der Kosten übernehmen. Die Refinanzierung sollte in diesem Fall vollständig über Entgelte erfolgen. Hingegen lehnte ein Flughafen in Landeszuständigkeit die Vorfinanzierung der Kosten für die Sicherheitstechnik ab. Drei Flughäfen in Bundeszuständigkeit konnten hierzu keine Angaben machen.

Tab. 34: Grundsätzliche Bereitschaft zur Übernahme der Vorfinanzierung der Sicherheitstechnik durch die Flughäfen

Übernahmebereitschaft	Gesamt	Bund	Land
Ja	1	1	-
Nein	1	-	1
Keine Angabe	3	3	-
Gesamt	**5**	**4**	**1**

Die nachfolgende Tabelle gibt noch einmal einen Überblick, wie die grundsätzliche Bereitschaft der Flughäfen ausgeprägt ist, allgemein bzw. einzelne Zuständigkeiten im Bereich der § 5-Kontrollen zu übernehmen.

Tab. 35: Übersicht Bereitschaft zur Übernahme von Zuständigkeiten bzw. konkreten Aufgaben im Bereich der Passagier- und Gepäckkontrollen durch die Flughäfen

Zuständigkeiten/konkrete Aufgaben	Ja	Nein	Keine Angabe	Gesamt
Bereitschaft zur Übernahme von Zuständigkeiten im Bereich § 5-Kontrollen	10	6	2	18
Übernahme Zuständigkeit Ausschreibung § 5-Kontrollen	8	2	-	10
Einsatzplanung und -steuerung der LuftAss	2	3	5	10
Übernahme der Vorfinanzierung der Kosten für die LuftAss	2	3	5	10
Übernahme der Einrichtung der Kontrollstellen	9	1	-	10
Übernahme Beschaffung, Betrieb und Wartung Sicherheitstechnik	5	3	2	10
Übernahme Vorfinanzierung Sicherheitstechnik	1	1	3	5

Insgesamt ist festzuhalten, dass von den zehn Flughäfen, die eine Bereitschaft signalisiert haben, Zuständigkeiten im Bereich der Passagier- und Gepäckkontrollen zu übernehmen, lediglich ein Flughafen in Bundeszuständigkeit bereit wäre, sämtliche abgefragte Zuständigkeiten zu übernehmen. Dabei handelt es sich um folgende Zuständigkeiten:

- Ausschreibung der Passagier- und Gepäckkontrollen
- Einsatzplanung und -steuerung der LuftAss
- Vorfinanzierung der Kosten für die LuftAss
- Einrichtung der Kontrollstellen
- Beschaffung, den Betrieb und die Wartung der Sicherheitstechnik
- Vorfinanzierung der Kosten für die Sicherheitstechnik.

Ein weiterer Flughafen in Bundeszuständigkeit würde bis auf die Vorfinanzierung der Kosten für die Sicherheitstechnik alle sonstigen Zuständigkeiten übernehmen. Zwei weitere Flughäfen in Bundeszuständigkeit würden vier Zuständigkeiten übernehmen. Fünf Flughäfen (drei in Bundes- und zwei in Landeszuständigkeit) sind grundsätzlich bereit, drei Zuständigkeiten zu übernehmen. Ein Flughafen in Bundeszuständigkeit ist lediglich bereit, die Einsatzsteuerung und -planung der LuftAss zu übernehmen.

Abb. 10: Anzahl der § 5-Zuständigkeiten, die übernommen werden

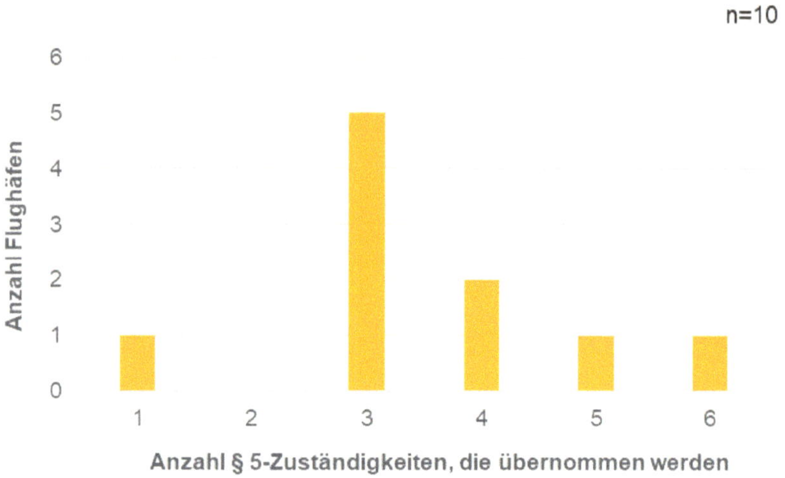

Die sechs Flughäfen, für die es nicht vorstellbar wäre, zukünftig Zuständigkeiten im Bereich der Passagier- und Gepäckkontrolle an ihrem Flughafen zu übernehmen, wurden danach gefragt, welche Voraussetzungen vorliegen müssten, damit sie diese zukünftig übernehmen würden. Drei Flughäfen (zwei in Landes- und einer Bundeszuständigkeit) beschrieben aus ihrer Sicht notwendige Voraussetzungen für die Übernahme. Ein Flughafen gab an, dass nur, wenn das heute bewährte bayerische Modell mit dem Einsatz einer Staatsgesellschaft nicht mehr möglich wäre, geprüft würde, ob ein Eigenbetrieb sinnvoll wäre. Der zweite Flughafen verwies darauf, dass zunächst verschiedene finanzielle Fragen (Kostenübernahme durch den Staat, Versicherung, Haftungsrisiko etc.) geklärt werden müssten. Der dritte Flughafen nannte den bundesweit gültigen Tarifvertrag im Sicherheitsgewerbe als ein Hindernis. Es müsste hohe Synergieeffekte geben, um für den Flughafen wirtschaftliche Vorteile zu bieten. Die Prozessqualität könne momentan auch gut mit dem privaten Sicherheitsdienstleister und der Luftsicherheitsbehörde sichergestellt werden.

Gemeinsame Ausschreibung § 5- und § 8-Kontrollen

Alle 18 Flughäfen, die an der Befragung teilgenommen haben, wurden danach gefragt, ob sie – falls sie zukünftig auch für die Passagier- und Gepäckkontrollen zuständig sein sollten - die Passagier- und Gepäckkontrollen und die Personal- und Warenkontrollen zusammen ausschreiben/beauftragen würden. Je drei Flughäfen in Bundes- und Landeszuständigkeit gaben an, dass sie dies tun würden. Als Gründe[292] hierfür wurden genannt:

- Effizienzsteigerung
- Minimierung der Schnittstellen zu nur einem PSDL; Bedienung der Arbeitsplätze aus nur einem Mitarbeiterpool; Flexibilität bei der Qualifizierung § 5 / § 8-Anforderungen
- Eine Trennung würde kaum Sinn machen.
- Wir würden zur Risikostreuung aber mehrere Dienstleister beauftragen. Die Aufteilung in Pakete wäre aber aus Risikominimierung nicht streng nach § 5 und § 8.

Zwei Flughäfen in Bundeszuständigkeit gaben an, dass sie die Passagier- und Gepäckkontrollen und die Personal- und Warenkontrollen nicht zusammen ausschreiben/beauftragen würden. Ein Flughafen begründete dies damit, dass es sich bei den Kontrollkräften für die § 8-Kontrollen um eigenes Personal handele. Der andere Flughafen verwies darauf, dass – solange die Gehälter der beiden Tätigkeiten unterschiedlich seien – eine Trennung der Dienstleistungen noch für sinnvoll gehalten werde. Anderenfalls könne es zu ständigen Fluktuationen innerhalb des Dienstleisters kommen, was der Qualität im Bereich der Personal- und Warenkontrollen nicht zuträglich wäre.

Je fünf Flughäfen in Bundes- und Landeszuständigkeit konnten keine Angaben dazu machen, ob sie die Passagier- und Gepäckkontrollen und die Personal- und Warenkontrollen zusammen ausschreiben/beauftragen würden, und nannten hierfür folgende Gründe[293]:

- Dazu haben wir uns noch keine Gedanken gemacht.
- Denkbar ja, pauschale Antwort schwierig.
- Eine gemeinsame Ausschreibung wäre sicherlich sinnvoll, allerdings wäre wahrscheinlich gemäß Vergaberecht eine Aufteilung in mehrere Lose erforderlich.
- Zu den v. g. Themen gibt es noch keine abschließende Haltung.

Bewertung des Vorschlags zur zukünftigen Übernahme der § 5-Kontrollen

Schließlich wurden die 18 Flughäfen danach gefragt, wie sie den Vorschlag, dass sie als Flughafenbetreiber zukünftig für die Planung und Durchführung der Passagier- und Gepäckkontrolle zuständig sind, grundsätzlich bewerten. Acht Flughäfen gaben an, dass sie den Vorschlag sehr gut (4) bzw. gut (4) bewerten. Vier weitere Flughäfen konnten keine

---

292 Zwei Flughäfen begründeten ihre Entscheidung nicht.

293 Ein Flughafen begründete seine Entscheidung nicht.

eindeutige Bewertung abgeben und beurteilten den Vorschlag mit teils/teils. Drei Flughäfen hielten den Vorschlag, dass sie als Flughafenbetreiber zukünftig für die Planung und Durchführung der Passagier- und Gepäckkontrolle zuständig sind, für schlecht (2) bzw. sehr schlecht (1). Zwei Flughäfen machten hierzu keine Angaben.

Betrachtet man die Ergebnisse differenzierter, zeigen sich Unterschiede zwischen den Flughäfen in Bundes- und den in Landeszuständigkeit. Während sechs der zehn Flughäfen in Bundeszuständigkeit den Vorschlag für sehr gut (3) bzw. gut (3) hielten, bewerteten nur zwei Flughäfen in Landeszuständigkeit diesen mit sehr gut (1) bzw. gut (1). Keine eindeutige Festlegung konnten je zwei Flughäfen in Bundes- und Landeszuständigkeit treffen, die diesen Vorschlag mit teils/teils bewerteten. Während nur ein Flughafen in Bundeszuständigkeit den Vorschlag, dass die Flughafenbetreiber zukünftig für die Planung und Durchführung der Passagier- und Gepäckkontrolle zuständig sind, als schlecht bewertete, war je ein Flughafen in Landeszuständigkeit der Auffassung, dass dies schlecht (1) bzw. sehr schlecht (1) sei. Ein Flughafen in Bundes- und zwei in Landeszuständigkeit gaben keine Bewertung ab.

Begründet wurden die Bewertungen von den Flughäfen wie folgt:

Tab. 36: Bewertung des Vorschlags zur zukünftigen Übernahme der § 5-Kontrollen durch die Flughäfen

Bewertung und Begründung	**Anzahl**
Sehr gut	***4***
Einbringung der umfangreichen Erfahrungen zur Passagiersteuerung vollständige Nutzung aller flughafeneigenen Daten; direkte Beeinflussung des Dienstleisters; Festlegung Qualitätskriterien; Einführung Malus Bonus.	1
Wir möchten über die Ausgestaltung der Prozesse im Flughafengebäude selbst bestimmen können.	1
Keine Angabe	2
Gut	***4***
Bessere Steuerbarkeit, Nutzung von Synergien, geringere Wartezeiten.	1
Flughafenbetreiber bekommt mehr Einflussmöglichkeiten auf die Prozesse.	1
Nur unter der Annahme, dass die Aufgaben nach §§ 5 und 8 LuftSiG zusammengelegt und dem Flughafenbetreiber zur Ausschreibung, Dienstleisterauswahl, Planung und Steuerung unter Berücksichtigung einer angemessenen Kostenverteilung neu geregelt werden.	1
Keine Angabe	1
Teils/teils	***4***
Für einen kleineren Regionalflughafen stehen der zusätzliche Steuerungs-/Planungsaufwand in einem Missverhältnis zu den möglichen Verbesserungen.	1
Man hat einerseits die Möglichkeit, für eigene Optimierungen der Prozesse, jedoch steht man dann auch im Fokus der Medien und muss sich gegen mögliche Kritik wehren.	1
Wenn man die Zuständigkeiten in den Nachbarländern betrachtet, ist eine Übernahme der Passagierkontrollen möglich. Aktuell stellt sich diese Frage aber für unseren Flughafen nicht. Daher können wir den Vorschlag grundsätzlich unterstützen, wenn weitere Bestandsmodelle nicht ausgeschlossen werden.	1
Keine Angabe	1

Schlecht	**2**
Passagierkontrolle ist eine hoheitliche Aufgabe; Kostenübernahme nicht geklärt; Wettbewerbsfähigkeit kleinerer Flughäfen gefährdet.	1
Finanzieller Aspekt ist mir unbekannt.	1
Sehr schlecht	***1***
Keine Angabe	1
Keine Angabe	**3**
Für größere Flughäfen wäre das möglicherweise sinnvoll. Für mittlere und kleinere Flughäfen eher nicht, weil die Kostenbasis möglicherweise zu klein ist und somit die Kosten/Pax steigen würden. Zudem besteht hier das Risiko, dass die Entgelte direkt dem Marktdruck ausgesetzt werden könnten. Das bayerische Modell funktioniert sowohl auf einem großen Hub wie MUC wie auch auf einem mittleren Airport wie NUE und wäre m.E. beste Lösung, weil hier viele Vorteile gebündelt werden könnten.	1
Zu den v. g. Themen gibt es noch keine abschließende Haltung.	1
keine Angabe	1
Gesamt	**18**

4.3 Luftsicherheit aus Sicht der Landesluftsicherheitsbehörden

Um die Situation im Bereich der Luftsicherheit auf Länderebene besser zu erfassen, wurden neben den Flughafenbetreibern auch die Bundesländer, die Aufgaben gem. § 5 LuftSiG in Bundesauftragsverwaltung übernehmen, angeschrieben und um die Beantwortung eines onlinegestützten Fragebogens zu verschiedenen Aspekten gebeten. Hierzu zählen

- Organisation und Aufgabenverteilung im Bereich der Passagier- und Gepäckkontrollen im jeweiligen Bundesland
- Einschätzungen zu verschiedenen Aspekten (z. B. zur Zusammenarbeit mit den Flughafenbetreibern, Fluggesellschaften)
- Optimierungsaktivitäten und Reformen im Zuständigkeitsbereich der jeweiligen Landesluftsicherheitsbehörde (z. B. Umsetzungsstand BMI-/BDL-Pilotprojekte)
- Einschätzungsfragen zur zukünftigen Gestaltung der Aufgabenverteilung und Organisation der Passagier- und Gepäckkontrollen

Wie bereits oben dargestellt, gibt es acht Bundesländer, die entweder auch oder ausschließlich über Flughäfen in Landeszuständigkeit verfügen. Diese wurden vom BMI kontaktiert und um Teilnahme an der Befragung gebeten. Das ursprüngliche Ziel war es, die zuständigen Landesluftsicherheitsbehörden einzubeziehen und sie zu ihren Erfahrungen mit der Luftsicherheit an den jeweiligen Flughäfen in Landeszuständigkeit zu befragen. Bei vier der sechs Behörden, die an der Umfrage teilgenommen haben, handelte es sich allerdings um die oberste Luftsicherheitsbehörde des jeweiligen Bundeslandes, die wiederum Aufsicht über regional zuständige Luftsicherheitsbehörden führte. Folglich konnten diese Behörden zu einzelnen Themenbereichen, bei denen es um Fragen zur konkreten Aufgabenwahrnehmung ging, keine Angaben machen. Dies konnten lediglich eine oberste Landesbehörde, die allein für die Passagier- und Gepäckkontrollen in einem Bundesland zuständig ist, und eine obere Landesbehörde. Aus diesem Grund werden im Folgenden nur Auswertungsergebnisse zu Fragen dargestellt, die auch von allen Landesbehörden hätten beantwortet werden können.

Den Fragebogen ausgefüllt haben Bayern, Hessen, Mecklenburg-Vorpommern, Niedersachsen, Nordrhein-Westfalen und Rheinland-Pfalz. Nicht an Umfrage teilgenommen haben Baden-Württemberg und Schleswig-Holstein. Im Zuständigkeitsbereich dieser sechs Landesluftsicherheitsbehörden liegen insgesamt 12 der 15 Flughäfen in Landeszuständigkeit, für die eine Luftsicherheitsgebühr erhoben wird.

Aufgaben- und Zuständigkeitsverteilung auf Ebene der Bundesländer

In den sechs Bundesländern, die an der Befragung teilgenommen haben, gab es in zwei Bundesländern jeweils nur eine Behörde, die für die Luftsicherheit zuständig war. In Mecklenburg-Vorpommern werden die Aufgaben der Luftsicherheitsbehörde vom Ministerium für Energie, Infrastruktur und Digitalisierung[294] und in Rheinland-Pfalz vom Landesbetrieb Mobilität Rheinland-Pfalz (Fachgruppe Luftsicherheit)[295] wahrgenommen.

In den übrigen vier Bundesländern arbeitet die oberste Landesbehörde mit weiteren mittleren Landesbehörden zusammen. Bis auf Niedersachsen werden die Aufgaben im Bereich der Luftsicherheit auf zwei weitere mittlere Landesbehörden mit örtlichen Zuständigkeiten verteilt. Hierbei handelt es sich um die Luftämter Nord- und Südbayern (Bayern), die Bezirksregierungen Düsseldorf und Münster (Nordrhein-Westfalen) sowie das Regierungspräsidium Kassel und das Polizeipräsidium Frankfurt (Hessen).

In Niedersachen ist neben dem Niedersächsischen Ministerium für Wirtschaft, Arbeit, Verkehr und Digitalisierung, das allerdings nur für die Fachaufsicht für die Sicherheitsmaßnahmen gem. § 8 LuftSiG zuständig ist, nur die Niedersächsische Landesbehörde für Straßenbau und Verkehr für die Luftsicherheit zuständig. Sie nimmt die folgenden Aufgaben wahr:

294 Keine Zuständigkeit besteht nach Angaben des Ministeriums für Energie, Infrastruktur und Digitalisierung des Landes Mecklenburg-Vorpommern für die Einsatzsteuerung und -planung der LuftAss.

295 Keine Zuständigkeit besteht nach Angaben des Landesbetriebs Mobilität Rheinland-Pfalz für die Einsatzsteuerung und -planung sowie die Aus- und Fortbildung der LuftAss.

die Durchführung des Vergabeverfahrens, die Einsatzsteuerung- und Planung der LuftAss, die Aus- und Fortbildung der LuftAss, die Beschaffung und den Betrieb der Sicherheitstechnik, die Berechnung und Erhebung der Luftsicherheitsgebühr sowie die Fachaufsicht im Bereich der Sicherheitsmaßnahmen gem. § 8 LuftSiG. Nicht zuständig ist die Landesbehörde für die Beleihung und die Wartung der Sicherheitstechnik.

In Hessen übernimmt das Regierungspräsidium Kassel die Durchführung des Vergabeverfahrens, die Einsatzsteuerung- und Planung der LuftAss, die Beleihung, die Beschaffung, den Betrieb und die Wartung der Sicherheitstechnik, die Berechnung und Erhebung der Luftsicherheitsgebühr sowie die Fachaufsicht im Bereich der Sicherheitsmaßnahmen gem. § 8 LuftSiG.[296] Keine Zuständigkeit hat die mittlere Landesbehörde für die Aus- und Fortbildung der LuftAss. Das Polizeipräsidium Frankfurt ist für den Flughafen Kassel-Calden (§ 5- und § 8-Kontrollen), für den Flughafen Frankfurt am Main (§ 8-Kontrollen) sowie für die Stellen der sicheren Lieferketten zuständig. Darüber hinaus obliegt ihr die Zuständigkeit für die Zuverlässigkeitsprüfung gem. § 7 LuftSiG.

In Nordrhein-Westfalen sind die Bezirksregierungen Düsseldorf und Münster für die Durchführung des Vergabeverfahrens, die Beleihung, die Beschaffung der Sicherheitstechnik, die Berechnung und Erhebung der Luftsicherheitsgebühr sowie für die Fachaufsicht für die Sicherheitsmaßnahmen gem. § 8 LuftSiG zuständig. Hingegen fallen die Einsatzplanung und -steuerung der Passagier- und Gepäckkontrollen, die Aus- und Fortbildung der LuftAss sowie der Betrieb und die Wartung der Sicherheitstechnik nicht in ihren Zuständigkeitsbereich. Sie sind an den Flughäfen Dortmund, Münster/Osnabrück, Paderborn (Bezirksregierung Münster) sowie Niederrhein (Bezirksregierung Düsseldorf) für die Maßnahmen gem. § 5 und § 8 LuftSiG zuständig.

In Bayern übernehmen die beiden Luftämter Nord- und Südbayern die Durchführung des Vergabeverfahrens, die Einsatzsteuerung- und Planung der LuftAss, die Aus- und Fortbildung der LuftAss, die Beleihung, die Beschaffung, den Betrieb und die Wartung der Sicherheitstechnik sowie die Erhebung der Luftsicherheitsgebühr. Darüber hinaus obliegt den beiden Luftämtern die Zuständigkeit für die Zuverlässigkeitsprüfung gem. § 7 LuftSiG. Nicht zuständig sind sie für die Berechnung der Luftsicherheitsgebühr und die Fachaufsicht im Bereich der Sicherheitsmaßnahmen

---

296 Weiter Aufgaben im Zuständigkeitsbereich des Regierungspräsidiums Kassel sind: (Re-)Zertifizierung der LuftAss/LSKK, Bestreifung gem. § 5 LuftSiG, bewaffneter Schutz der Kontrollstellen gem. § 5 LuftSiG.

gem. § 8 LuftSiG. Die Flughäfen Memmingen und München fallen in den Zuständigkeitsbereich des Luftamtes Südbayern, während diese Aufgaben für den Flughafen Nürnberg vom Luftamt Nordbayern wahrgenommen werden.

Zusammenarbeit mit den Flughäfen

Die Landesluftsicherheitsbehörden wurden danach gefragt, wie aus ihrer Sicht die Zusammenarbeit mit den Flughäfen in ihrem Bundesland funktioniere. Hier zeigt sich ein eindeutiges Bild: Fünf der sechs Landesbehörden gaben an, dass die Zusammenarbeit sehr gut (1) bzw. gut (4) funktioniere. Lediglich eine Landesbehörde bewertet diese mit teils gut, teils schlecht. Die guten und sehr guten Bewertungen wurden wie folgt begründet:

- Flughäfen sind in jeder Hinsicht mit Landesbehörde in Verbindung (Planfeststellung, Genehmigung, Zertifizierung, Entgeltgenehmigung, Beteiligungsverwaltung, Nachtflugausnahmegewährung, Luftsicherheitsprogrammgenehmigung)
- Probleme werden bilateral diskutiert; Sicherheitsmaßnahmen werden von der Behörde genehmigt oder im Einzelfall nachträglich angeordnet. Diese werden dann von den Betreibern regelmäßig umgesetzt.
- Die Zusammenarbeit mit den Flughafenbetreibern ist transparent, vertrauensvoll und kooperativ. In der Regel erfolgt ein offener Austausch über operative Probleme im Prozess.
- Die bestehenden Vorschriften für Flughafenbetreiber werden in Zusammenarbeit mit unserer Behörde stets umgesetzt und Lösungen für auftretende Probleme/Sachverhalte in der Regel zusammen erörtert und anschließend abgestellt; darüber hinaus ist der Flughafenbetreiber grundsätzlich auch dankbar für Hinweise zur Umsetzung vor Ort, um die laufenden Prozesse nicht allzu stark zu verändern.
- Die Zusammenarbeit verläuft weitgehend konstruktiv und reibungslos.

Die Landesbehörde, aus deren Sicht die Zusammenarbeit mit den Flughäfen teils gut, teils schlecht funktioniert, begründete dies damit, dass der hohe Kostendruck die Betreiber zu Einsparungen bei Personal, Qualität und Investitionen zwingt.

Auf die Frage, ob es Unterschiede bei der Zusammenarbeit mit den Flughäfen gebe, verwies lediglich eine Landesbehörde darauf, dass Unterschiede in der Ausstattung mit qualifiziertem Personal festzustellen seien.

Zusammenarbeit mit den Fluggesellschaften

Die Zusammenarbeit mit Fluggesellschaften wurde von den sechs Landesbehörden sehr unterschiedlich bewertet. Je einmal wurde diese mit sehr gut, gut und teils/teils bewertet. Drei weitere Landesbehörden konnten hierzu keine Angaben machen, da dies nicht beurteilt werden konnte bzw. im Bereich der Luftsicherheit keine Berührungspunkte mit den ansässigen Luftfahrtunternehmen bestehen würden und die Transparenzgespräche bzgl. der Luftsicherheitsgebühr an dem betreffenden Flughafen mit dem Flughafenbetreiber geführt würden.[297] Als Gründe für die Bewertungen der Zusammenarbeit mit den Fluggesellschaften nannten die die drei Landesluftsicherheitsbehörden:

- Durch Kooperation auf örtlicher Ebene entstehen Systempartnerschaften mit gegenseitigem Verständnis, aber auch Respekt. Andernorts bestehen oft Frontstellungen (sehr gut).
- Wir als Behördenmitarbeiter erhalten immer eine Antwort auf bestehende Fragen und die Luftfahrtunternehmen sind stets daran interessiert auftretende Probleme zu lösen (gut).
- Probleme ergeben sich bei Schnittstellen (Aufsichtsbehörde Luftfahrtbundesamt) sowie bei den großen Fluggesellschaften, die in NRW auch sogen. Antragserfassungsstellen für Zuverlässigkeitsüberprüfungen sind (teils/teils).

Auf die Frage, ob es Unterschiede bei der Zusammenarbeit mit den Fluggesellschaften gebe, bejahten dies zwei Landesbehörden und begründeten dies damit, dass die kleineren Gesellschaften besser zu „händeln“ seien sowie dass ohne örtliche Station kaum Kontakte und daher ein reduzierter Informationsaustausch stattfinden würde. Eine Landesluftsicherheitsbehörde gab an, keine Unterschiede zwischen den Fluggesellschaften feststellen zu können.

Bewertung des Systems der Passagier- und Gepäckkontrollen

Die Landesluftsicherheitsbehörden wurden auch danach gefragt, wie sie insgesamt das System der Passagier- und Gepäckkontrollen an den Flughäfen, für die sie jeweils zuständig sind, bewerten. Drei Landesbehörden bewerteten das System mit sehr gut (1) bzw. gut (2), während drei weitere Behörden dieses teils gut, teils schlecht beurteilten. Begründete wurden die sehr guten und guten Bewertungen[298] wie folgt:

- Keine Ausschreibung erforderlich, Non Profit Organisationen, sorgfältige Personalauswahl, gute Aus- und Fortbildung, Tarifliche Eingruppierung, Geringe Fluktuation, gute Arbeitsbedingungen und sta-

297 Eine Landesluftsicherheitsbehörde begründete ihre Antwort „keine Angabe“ nicht weiter.

298 Eine Landesluftsicherheitsbehörde begründete ihre Bewertung nicht.

bil planbare Arbeitszeiten, beste Kontrolltechnik, sorgfältige Überwachung (Bayern).
- Am Flughafen Kassel-Calden wird kein privates Sicherheitsunternehmen im Vertragsverhältnis zur Luftsicherheitsbehörde eingesetzt. Die Luftsicherheitsassistenten (LuftAss) sind beim Flughafenbetreiber angestellt und durch die Luftsicherheitsbehörde beliehen. Dadurch besteht eine niedrige Personalfluktuation, weil die LuftAss in flugschwachen Zeiten mit anderen Aufgaben weiterbeschäftigt werden können. Beschwerden des Flughafenbetreibers oder der Luftfahrtunternehmen über lange Wartezeiten für Fluggäste oder Flugverspätungen (Security-Delay) bestehen nicht (Hessen).

Die Landesluftsicherheitsbehörden, die das System der Passagier- und Gepäckkontrollen teils gut, teils schlecht bewertet haben, gaben folgende Gründe dafür an:
- Es fehlt an verbindlichen, gesetzlichen Vorgaben durch die Oberste Luftsicherheitsbehörde des Bundes. Viele Bereiche laufen bei den jeweils zuständigen Luftsicherheitsbehörden sehr unterschiedlich, insbesondere im Bereich der Fortbildung von Luftsicherheitskräften, der Zulassung und Fortbildung von Ausbildern (NRW).
- Die Tatsache, dass die Aufgabe nach § 5 LuftSiG durch unsere Behörde wahrgenommen wird, hat den Vorteil, dass wir in alle Bereiche integriert sind, die Übersicht/ Kontrolle darüber haben und eng mit den Flughafenbetreibern in dieser Thematik zusammenarbeiten können. Allerdings verteilt sich die komplette und komplexe Arbeit auf nur zwei Mitarbeiter. In der Regel sind diese Mitarbeiter Verwaltungsbeamte, die sich erst in die umfangreiche Aufgabenfülle einarbeiten müssen und sich ihr Wissen im Laufe der Tätigkeit und mit der Arbeit aneignen müssen. Die Verteilung auf mehrere Behörden würde auch die Fachaufsicht im Bereich § 5 LuftSiG „leichter" machen, da durch unsere Tätigkeiten vor Ort der direkte und unmittelbare Kontakt zu den Kontrollkräften besteht. Eine gewisse Distanz würde diesen Bereich (also die Qualitätskontrolle) sehr erleichtern. (Mecklenburg-Vorpommern)
- Fehlende Flexibilität; es ist schwierig auf neue Herausforderung z. B. mit mehr Personal zu reagieren.

Die Landesluftsicherheitsbehörden wurden zudem danach gefragt, in welchen Bereichen es Probleme im Bereich der Passagier- und Gepäckkontrollen gibt. Zwei Landesbehörden sahen keine Probleme, während vier Behörden auf Probleme hinwiesen:

- Es fehlt an verbindlichen, gesetzlichen Vorgaben durch die Oberste Luftsicherheitsbehörde des Bundes. Viele Bereiche laufen bei den jeweils zuständigen Luftsicherheitsbehörden sehr unterschiedlich, insbesondere im Bereich der Fortbildung von Luftsicherheitskräften, der Zulassung und Fortbildung von Ausbildern.
- In verkehrsstarken Zeiten können die Kontrollstellen oft nicht im geforderten Maße besetzt werden oder die LuftAss sind überlastet, so dass individuelle Arbeitsfehler begünstigt werden. Die Anordnung von Sanktionen (zusätzliche Fortbildungen oder Abzüge von der Rechnungssumme bei Unterbesetzung) gegenüber den LuftAss oder deren Arbeitgeber gestaltet sich bei Schlechtleistung schwierig, weil der Vertrag zwischen Flughafenbetreiber und Luftsicherheitsbehörde kein Bonus-/Malus-System oder vergleichbares vorsieht.
- Ein konkreter Bereich kann nicht genannt werden, da durch die umfassende Aufgabe und die Verteilung auf nur zwei Mitarbeiter immer wieder und in regelmäßigen Abständen kleine oder größere Probleme gelöst werden müssen.
- Fehlende Flexibilität; es ist schwierig auf neue Herausforderung z. B. mit mehr Personal zu reagieren.

Dringlichster Verbesserungsbedarf

Die Landesluftsicherheitsbehörden wurden darüber hinaus gebeten, den dringlichsten Verbesserungsbedarf im Bereich der Luftsicherheit zu benennen. Alle sechs Landesbehörden machten von dieser Möglichkeit Gebrauch und nannten folgende Verbesserungsbedarfe:
- Verbesserung der Aus- und Fortbildung nach einheitlichen gesetzlichen Vorgaben. Auswahlkriterien verbessern
- Schaffung von Sanktionsmöglichkeiten gegenüber dem LuftAss oder seinem Arbeitgeber bei Schlechtleistung, die milder sind als die Prüfung eines Verfahrens zum Entzug der Beleihung. Einsatzmöglichkeit von neueren Luftsicherheitstechnologien, die den LuftAss in der Erkennung von Bedrohungen verbessert unterstützt und niedrige Fehlalarmraten verursacht.
- Gerade an kleineren Flughäfen mit stark schwankenden Passagierzahlen besteht die Schwierigkeit einen kostengünstigen Dienstleister zu finden. Durch große Schwankungen des Personalbedarfs über den Tagesverlauf ist ein kostengünstiges Arbeiten für die Dienstleister sehr schwierig.
- In einer besseren Strukturierung von oben nach unten. Die Aufteilung der Zuständigkeiten auf zwei Bundesministerien führt mehr zu Verzö-

gerungen bei der Umsetzung der EU-Vorschriften, da stets im Einvernehmen agiert werden muss.
- Neue Luftsicherheitsgeräte zeitgerecht zum Einsatz bringen.
- Mehr Koordinierung BPOL/Dienstleister mit dem Flughafen; mehr Flexibilität hinsichtlich der Personaleinsätze.

Gründung eines staatlichen Sicherheitsdienstleisters

Die Landesluftsicherheitsbehörden wurden auch danach gefragt, ob es in ihrem Bundesland in den letzten Jahren Überlegungen gegeben hat, einen eigenen staatlichen Sicherheitsdienstleister zu gründen. Vier der sechs Behörden, die an der Befragung teilgenommen haben, gaben an, dass es solche Überlegungen nicht gegeben habe, wobei in einem Fall aber darauf hingewiesen wurde, dass dieses Bundesland derzeit über eine Gründung nachdenke bzw. eine solche plane. Eine weitere Landesbehörde teilte mit, dass es diese Überlegungen gegeben habe, jedoch davon abgesehen wurde, da die Überlegungen sich als zu kostenintensiv dargestellt hätten. Somit ist aktuell Bayern das einzige Bundesland, das über drei staatliche Sicherheitsgesellschaften (privatrechtlich organisiert) an den Flughäfen Memmingen, München und Nürnberg verfügt.

Zukünftige Aufgaben- bzw. Zuständigkeitsverteilung im Bereich der Passagier- und Gepäckkontrollen

Die Landesluftsicherheitsbehörden wurden im Rahmen der Befragung darum gebeten, eine Einschätzung dazu abzugeben, wie die zukünftige Aufgaben- bzw. Zuständigkeitsverteilung in einem weiterentwickelten Modell für die § 5-Kontrollen aussehen sollte. Zwei Behörden gaben an, dass es keine Änderung geben sollte bzw. keine Änderung der Aufgabenverteilung angestrebt würde. Die übrigen vier Landesbehörden nannten folgende Wünsche mit Blick auf die zukünftige Aufgaben-/Zuständigkeitsverteilung:
- Keine unterschiedliche Behandlung von Landes- und Bundesflughäfen.
- Die Übertragung der Verantwortung für die Durchführung der Fluggastkontrollen inklusive der Beschaffung und Einsatzplanung des notwendigen Personals sowie der Beschaffung und Betrieb der Luftsicherheitstechnik auf den Flughafenbetreiber sollte auf seinen Antrag ermöglicht werden. Sofern die Übertragung der Durchführungsverantwortung auf den Flughafenbetreiber erfolgt, sollte es den Landesluftsicherheitsbehörden ermöglicht werden, die Zuständigkeit für die Überwachung der Fluggastkontrollen (Fachaufsicht) zu erhalten. Ähnlich dem bereits bestehenden § 18 Abs. 4 i. V. m. § 8 LuftSiG sollten Sanktionsmöglichkeiten gegen den Flughafenbetreiber aufgenommen

werden, sofern dieser seinen Pflichten bei der Durchführung der Fluggastkontrollen nicht oder nicht richtig nachkommt. Die Polizeien der Länder und/oder des Bundes sollten weiter die Aufgaben des Objektschutzes in Form von Bestreifung und Standposten gemäß § 5 Abs. 1 Satz 3 LuftSiG übernehmen. Durch dieses Aufgabenmodell wird es möglich, flexible, standortbezogene Lösungen zu finden, um die Kontrollen der Fluggäste bei gleichbleibend hohem Sicherheitsniveau zu gewährleisten und zu verbessern.
- Wir haben keine konkreten Vorstellungen oder Vorschläge. Auf jeden Fall sollte das künftige Modell einfacher und übersichtlicher strukturiert werden. In den ganzen Zuständigkeiten zwischen Bundesministerien, Landesministerien, Bundespolizei, Luftfahrt-Bundesamt und allen anderen Stellen geht die Übersicht sehr schnell verloren.
- Sicherheit in einer Hand; Flughäfen sollten auch die Kontrollen nach § 5 übernehmen

Weitere Anmerkungen zur jetzigen Organisation und Aufgabenverteilung im Bereich der Luftsicherheit

Darüber hinaus hatten die Landesluftsicherheitsbehörden am Ende des Fragebogens noch die Möglichkeit, weitere Anmerkungen zur jetzigen Organisation und Aufgabenverteilung im Bereich der Luftsicherheit zu machen. Diese Möglichkeit wurde von zwei Landesbehörden genutzt. Die eine Landesbehörde stellte fest, dass zu viele Akteure beteiligt seien. Zudem forderte sie, dass die obersten Bundesbehörden verbindliche Regelungen für alle in der Luftsicherheit zuständigen Behörden schaffen müssten. Zurzeit handele man in vielen Fällen nach „Programmen", die im Verhältnis zu den Ländern keine Rechtsbindung hätten. Die Länder würden Luftsicherheitsaufgaben im Wege der sogen. Bundesauftragsverwaltung wahrnehmen. Hierzu sei vorgesehen, dass generelle Regelungen im Wege von Verwaltungsvorschriften erlassen werden müssten (mit Zustimmung des Bundesrates), die jedoch nicht existieren würden.

Die andere Landesluftsicherheitsbehörde vertrat die Auffassung, dass die Steuerung von privaten Dienstleistern an außerbayerischen Flughäfen (kosten- und lusi-abrechnungspflichtig) durch die Flughäfen erfolgen sollte.

4.4 Kritik am bestehenden System der Luftsicherheit aus Sicht der relevanten Stakeholder

Ein zentrales Ziel der durchgeführten Stakeholder-Interviews war es, das bestehende System im Bereich der Luftsicherheit unter Einbeziehung aller relevanten Akteure zu beleuchten, um so Schwachstellen des bestehenden Systems der Organisation und Aufgabenwahrnehmung im Bereich der Luftsicherheit zu identifizieren. Die folgende Darstellung basiert auf den in den Interviews genannten Kritikpunkten.

4.4.1 Grundbedingungen im Bereich der Luftsicherheit

Von den befragten Stakeholdern wurde auch eine Reihe von Aspekten genannt, die die Wahrnehmung von verschiedenen Aufgaben im Bereich der Luftsicherheit erschweren, aber nicht explizit auf die Organisation der Aufgaben selbst, sondern entweder auf branchentypische Besonderheiten oder auf die allgemeine wirtschaftliche Lage zurückzuführen sind. Diese Aspekte sollen im Folgenden schlaglichtartig dargestellt werden.

Zwei Akteure der Luftverkehrswirtschaft betonten, dass der Wettbewerb in der Luftverkehrsbranche derzeit stark am Ticketpreis orientiert sei. Demnach würden die in die Ticketpreise einzupreisenden Kosten, auf die die Fluggesellschaften selbst keinen Einfluss haben, wie beispielsweise die Luftsicherheitsgebühr, eine Herausforderung für die entsprechenden Fluggesellschaften darstellen. Insbesondere im internationalen Wettbewerb sei dies relevant.

Ein erschwerender Faktor bei der Organisation der Luftsicherheitskontrollen sei die hohe zeitliche Flexibilität bei der Ticketbuchung. Derzeit würde es keine einheitlichen Vorgaben geben, bis zu welchem Zeitpunkt ein Flugticket spätestens gekauft werden müsse. Somit könnten Passagiere bei freien Kapazitäten bis kurz vor Abflug des Flugzeuges noch Tickets erwerben. Dies erschwere die Einteilung der LuftAss und könne zu unerwarteten Überlastungen der Kontrollstellen führen (sog. Peaks), wenn beispielsweise ein externes Ereignis, wie eine Störung im Bahnverkehr, zu einem sprunghaften Anstieg der Ticketbuchungen führe. Auch würde es keine konkreten Vorgaben geben, wann genau vor Abflug die Sicherheitskontrollen durchlaufen werden müssen, wodurch einige Passagiere bereits mehrere Stunden vor Abflug die Kontrollen passieren, während andere erst kurz vor Beginn des Boarding einträfen, was wiederum zu unerwarteten Überlastungen von Kontrollstellen führen könne.

Ein weiteres von vielen Stakeholdern beschriebenes Grundproblem ist die Personalgewinnung im Bereich der Luftsicherheit, wobei dies standortbezogen stark variiere und vor allem für Flughäfen in der Nähe von urbanen Zentren wie Frankfurt am Main oder München gelte. Dies könne unter anderem auf den angespannten Wohnungsmarkt in diesen Bereichen sowie ein größeres Stellenangebot in vergleichbaren Tätigkeitsbereichen zurückgeführt werden. Auch wenn die LuftAss im Vergleich zu anderen Angestellten mit vergleichbaren Ausbildungsniveau überdurchschnittlich gut verdienen, würden sie dennoch insbesondere in den Großstädten mit Besserverdienenden um den knappen Wohnraum konkurrieren. Zudem könnten an den Flughäfen hohe Gebühren z. B. für einen Parkplatz oder Verpflegung anfallen, die sich ebenfalls negativ auf die Attraktivität der Tätigkeit auswirken könnten. Weiterhin werde die Personalsuche dadurch erschwert, dass die Tätigkeit eine sehr spezielle Kombination an Fähigkeiten z. B. Langzeitkonzentration, sehr gute visuelle Wahrnehmung, optische Rotationsfähigkeit etc., erfordere, die nicht ohne weiteres vermittelt werden könne, sondern bei den Bewerberinnen und Bewerbern in gewissem Maße bereits vorhanden sein müssten.

Eine weitere Herausforderung, die sich aus der Natur der Aufgaben im Bereich der Luftsicherheitskontrollen ergebe, sei die ständig wechselnde Bedrohungslage. Es könnten jederzeit neue Gefahrenszenarien auftreten, auf die dann alle beteiligten Stellen schnellstmöglich reagieren müssten. Wenn beispielsweise eine neue Form von Waffe aufgefunden würde, so müssten alle Kontrollkräfte möglichst schnell über diese neue Bedrohung unterrichtet werden. Unter Umständen müsste auch kurzfristig zusätzliches Equipment beschafft oder der Kontrollprozess angepasst werden, wenn die bestehenden Kontrollabläufe nicht ausreichen, um die neuaufgetretene Bedrohung aufzufinden.

4.4.2 Anwendungspraxis

Das grundlegende Sicherheitsniveau im bestehenden System wurde von allen befragten Stakeholdern mindestens als zufriedenstellend, von den meisten sogar als gut bis sehr gut eingeschätzt (siehe zur Perspektive der Flughäfen auch Kapitel 4.2). Die Ergebnisse der EU-Audits zur Qualität der Luftsicherheitskontrollen konnten im Rahmen der vorliegenden Untersuchung nicht eingesehen werden, aber nach Auskunft der BPOL würden diese das von den verschiedenen Stakeholdern wahrgenommene hohe

Sicherheitsniveau in Deutschland bestätigen. Nur wenige Kritikpunkte bezogen sich auf mögliche Sicherheitsrisiken.

Die derzeitige Zuverlässigkeitsüberprüfung im Zusammenhang mit der Schulung der LuftAss wurde als Problem mit möglichen sicherheitsrelevanten Folgen genannt. So seien die Zuverlässigkeitsüberprüfungen in diesem Bereich noch nicht weitreichend genug.[299] Weiterhin sei die Durchfallquote bei den Abschlussprüfungen problematisch im Hinblick auf das Sicherheitsniveau. Eine hohe Durchfallquote bei den Beleihungsprüfungen führe zudem nach Ansicht einer Gewerkschaft dazu, dass sicherheitsrelevantes Wissen einer größeren Anzahl an Personen vermittelt werde als unbedingt erforderlich wäre, was potenziell die Gefahr erhöhe, dass dieses Wissen missbraucht werde.

Die befragten Gewerkschaften plädierten auch im Hinblick auf die enorme Verantwortung für die Sicherheit im Luftverkehr für eine Aufwertung der Tätigkeit der LuftAss und sprachen sich für die Einführung eines vollwertigen mehrjährigen Ausbildungsberufs, vergleichbar mit der bereits bestehenden Ausbildung zur Sicherheitsfachkraft, aus. Im Rahmen einer solchen Ausbildung könnten die LuftAss nach Einschätzung der Gewerkschaften weitreichender auf ihre Tätigkeit vorbereitet werden, was sich positiv auf das Sicherheitsniveau auswirken würde. Im Interview mit einer Gewerkschaft wurde hierzu angemerkt, entsprechende Abstimmungen mit der Industrie- und Handelskammer seien bereits in die Wege geleitet.

Ein sowohl von den Vertretern der Luftverkehrswirtschaft als auch der BPOL vorgebrachter Kritikpunkt war, dass die BPOL im Rahmen der § 5-Kontrollen zu sehr mit polizeifremden Aufgaben belastet sei, die unnötig viele Ressourcen bei den entsprechenden Polizeidirektionen verbrauchen würden, ohne dass ersichtlich sei, welcher Vorteil darin liege, dass diese Aufgaben ausschließlich von Polizeivollzugsbeamtinnen und -beamten der BPOL wahrgenommen würden. Dies betrifft insbesondere die administrativen Aufgaben im Bereich der Koordination der privaten Sicherheitsdienstleister (z. B. Anforderung der Kontrollstunden, die Aufga-

---

299 Zwischen den Interviewterminen und der Fertigstellung des Gutachtens wurde das Gesetz zur Verbesserung der Rahmenbedingungen luftsicherheitsrechtlicher Zuverlässigkeitsüberprüfungen verabschiedet. Es sieht in Artikel 1 eine Verschärfung der Zuverlässigkeitsprüfungen vor. Zudem wird ein gemeinsames Luftsicherheitsregister für die Landesluftsicherheitsbehörden der Länder eingeführt, in das diese die zuverlässigkeitsüberprüften Personen eintragen können. Das Gesetz zur Verbesserung der Rahmenbedingungen luftsicherheitsrechtlicher Zuverlässigkeitsüberprüfungen wird voraussichtlich Ende April in Kraft treten und wurde in diesem Gutachten nicht weiter berücksichtigt.

ben im Zusammenhang mit der Angebotserstellung und Vergabe für die entsprechenden Aufträge). Ein Akteur der Luftverkehrswirtschaft signalisierte die Bereitschaft vieler Flughäfen, diese Aufgaben zukünftig zu übernehmen. Gleichzeitig gab auch die BPOL an, dass sie sich grundsätzlich vorstellen könne, die Verantwortung für diese Aufgaben abzutreten.

Besonders problematisch sei bei der Anforderung der Kontrollstunden das notwendige Informationsmanagement. Derzeit verfüge die BPOL nicht über die benötigten Informationen, um die Passagierzahlen bestmöglich zu prognostizieren und die Kontrollstunden entsprechend anzufordern. Als Ursache hierfür wurden verschiedene Aspekte genannt. Die BPOL betonte, es fehle bei vielen Fluggesellschaften an der Bereitschaft, die erwarteten Passagierzahlen fristgerecht zu übermitteln.

Zudem bemängelten einige der befragten Stakeholder die mangelnde Qualität der übermittelten Daten. Das BPOLP wies darauf hin, dass es Indizien für unplausible Datenangaben gebe. Zudem werden die genauen Passagierzahlen von den Fluggesellschaften als sensible Geschäftsdaten behandelt und daher nur ungerne weitergegeben. Nach Angaben des BPOLP sei insbesondere in Verhandlungen mit internationalen Fluggesellschaften oft nur schwer die zentrale Wichtigkeit der Weitergabe dieser Daten im deutschen Luftsicherheitssystem zu vermitteln. Dies sei nicht nur für die Anforderung der Kontrollstunden problematisch, sondern auch für die spätere Abrechnung der Gebühr.

Ein Akteur der Luftverkehrswirtschaft sah hingegen ein wesentliches Problem in den als veraltet und uneinheitlich wahrgenommenen Prognosetools bei der BPOL. Teilweise würden die Kontrollstunden in uneinheitlichen Excellisten oder über andere ungeeignete Verfahren prognostiziert, die den komplexen Zusammenhängen, die bei der Anforderung der Kontrollstunden zu berücksichtigen seien, nicht gerecht würden.

Die befragten Stakeholder beurteilten auch einige Aspekte der Aufsicht der LSB gegenüber den PSDL als problematisch. Zum einen merkte die BPOL an, die Sanktionsmittel, die derzeitig der BPOL bei unzureichender Aufgabenerfüllung durch die Dienstleister zur Verfügung stehen würden, seien nicht effektiv genug. Ein Akteur der Luftverkehrswirtschaft meinte dagegen, die in den Ausschreibungen prognostizierten Kontrollstunden lägen häufig deutlich unter den tatsächlich angeforderten Kontrollstunden, was den PSDL die Umsetzung der angeforderten Kontrollstunden deutlich erschwere. Von beiden Seiten wurde jedoch die nach dem Pilotprojekt in Berlin-Schönefeld angepassten neuen Verträge zwischen LSB und PSDL diesbezüglich als Schritt in die richtige Richtung angesehen. Auch die großflächige Einführung von Standortdialogen habe dieses Problem bereits etwas entzerrt.

Ein weiteres durch die BPOL und eine Gewerkschaft beschriebenes Problem bei der effektiven Fachaufsicht sei die eingeschränkte direkte Anweisungsbefugnis der BPOL gegenüber den LuftAss. In der Vergangenheit haben bei PSDL angestellte LuftAss erfolgreich auf die Übernahme in den öffentlichen Dienst geklagt, da sie ihre Weisungen direkt durch Polizeibeamtinnen und -beamte erhalten hatten, was als Form der illegalen Arbeitnehmerüberlassung gedeutet wurde. Seitdem ist es der BPOL nur in kritischen Ausnahmesituationen gestattet, direkt in den Kontrollprozess einzugreifen. In allen anderen Fällen muss die Kommunikation zwischen BPOL und LuftAss über die jeweiligen Vorgesetzten der LuftAss laufen. Dies wurde sowohl im Hinblick auf die kollegiale Zusammenarbeit zwischen BPOL und LuftAss als auch bezogen auf eine effektive Qualitätskontrolle als problematisch bewertet.

Bezüglich der Qualität der Aufgabenwahrnehmung, jenseits des primären Fokus auf die Aufrechterhaltung des Sicherheitsniveaus, merkten drei Akteure der Luftverkehrswirtschaft an, im bestehenden System der Luftsicherheit würde zu wenig auf Aspekte eingegangen, die für den wirtschaftlichen Erfolg der Flughäfen und Fluggesellschaften entscheidend seien. Derzeit würden die LSB nicht ausreichend den Aspekt der Kundenzufriedenheit bei der Durchführung der Passagier- und Gepäckkontrollen berücksichtigen. Wenn bei einem PSDL Mängel im Umgang mit den Passagieren auftreten würden, so werde, nach Einschätzung der entsprechenden Verbände, nicht ausreichend auf diese reagiert. Es sei zwar nachvollziehbar, dass die BPOL/LSB vor allem Aspekte der Sicherheit berücksichtigten, aber Mängel in den Bereichen Kundenfreundlichkeit und Wartezeit würden Fluggesellschaften und Flughäfen in unzumutbarer Weise belasten, zumal die Sicherheitskontrollen häufig einer der wenigen Interaktionspunkte mit den Passagieren an den Flughäfen seien. Nach Erfahrungen eines Akteurs der Luftverkehrswirtschaft sei den Passagieren die Zuständigkeitsverteilung im Bereich der Luftsicherheitskontrollen nicht zu vermitteln, wodurch negative Erfahrungen im Bereich der Luftsicherheitskontrollen negative Auswirkungen auf die Wahrnehmung der Flughäfen habe, obwohl die Flughafenbetreiber derzeitig wenig bis keinen Einfluss auf die Gestaltung dieser Kontrollen hätten. Auch würden derzeit verlässliche Erhebungen zur generellen Zufriedenheit der Passagiere mit den entsprechenden Kontrollen fehlen.

Allgemein beklagte insbesondere ein Akteur der Luftverkehrswirtschaft eine zunehmende Belastung der Fluggesellschaften durch die in den letzten Jahren gestiegene Luftsicherheitsgebühr. Vor allem die deutschen Fluggesellschaften seien hiervon betroffen, da diese an den Standort Deutschland gebunden seien, während in anderen Staaten derartige Gebühren teilweise über Steuermittel finanziert werden würden.

Auch für einige Flughäfen würden die steigenden Gebühren eine zunehmende Belastung bedeuten, insbesondere dort, wo Flughäfen räumlich eng beieinander liegen und somit ein Wettbewerb um die Belegungen durch die Fluggesellschaften bestehe. Daher sprachen sich zwei Akteure der Luftverkehrswirtschaft für eine zumindest anteilige Übernahme der Kosten im Bereich der Luftsicherheit durch den Staat aus. Ihrer Einschätzung nach sei die Herstellung von Sicherheit im Bereich des Flugbetriebes eine hoheitliche Aufgabe und solle daher aus staatlichen Mitteln finanziert werden. Verwiesen wurde dabei mehrfach auf die Übernahme von Kosten im Bereich der Aufrechterhaltung von Sicherheit in anderen Bereichen des öffentlichen Lebens durch den Staat, wie beispielsweise bei Großveranstaltungen oder im Bahnverkehr.

Ein Problem aus Effizienzgesichtspunkten für die betreuenden LSB seien Kosten, die im Rahmen der administrativen Aufgaben anfallen. Ein Teil dieser Kosten könnte derzeit nicht „gerichtsfest" auf die Flughäfen umgelegt werden. Somit verblieben diese Kosten bei den LSB.

Seitens eines Akteurs der Luftverkehrswirtschaft wurde als derzeit bestehendes Effizienzproblem die hohen Durchfallquoten bei den Prüfungen für die LuftAss beschrieben. Dies sei für die PSDL vor allem dann ein erhebliches wirtschaftliches Risiko, wenn die Schulungen bereits durch den PSDL als zukünftigen Arbeitgeber bezahlt werden und den Anwärterinnen und Anwärtern auch bereits ein entsprechendes Gehalt für die Dauer der Schulung ausgezahlt wurde.

Des Weiteren beklagten mehrere Stakeholder Effizienzverluste, die aus der derzeitigen Arbeitsteilung resultieren würden und auf die von den Flughafenvertretern und Fluggesellschaften als mangelhaft empfundene Einbindung in die organisatorischen Prozesse im Bereich der Luftsicherheit zurückzuführen seien. Durch die Einführung der Standortdialoge habe sich dieses Problem jedoch bereits etwas gebessert.

Insbesondere bezogen auf die Beschaffung der notwendigen Sicherheitstechnik wurden von drei Akteuren der Luftverkehrswirtschaft Mängel unter Effizienz-, aber auch Effektivitätsgesichtspunkten beschrieben. Zwei Akteure der Luftverkehrswirtschaft argumentierten, die Erweiterung der ECAC-Kriterien in Deutschland bezogen auf die zulässige Sicherheitstechnik führe zu einer zusätzlichen Verkleinerung des Marktes und somit zu höheren Preisen für das entsprechende Equipment.

Weiterhin wurde von mehreren Stakeholdern die bestehende Ausgestaltung der Technikbeschaffung kritisiert. Zwei Akteure der Luftverkehrswirtschaft bemängelten die mehrjährige Bindung an einzelne Hersteller durch die Rahmenverträge. Diese würden die Einführung neuer, innovativer Technik erschweren, da nur Sicherheitstechnik aus dem Rahmenvertrag angeschafft werden könne. Bei der beschafften Technik für das Pilotprojekt in Köln-Bonn sei dies beispielsweise ein Problem gewesen. Die dort erprobte Kontrolltechnik konnte bisher nicht in den Regelbetrieb übernommen werden, da sie nicht vom dort geltenden Rahmenvertrag umfasst gewesen wäre.

Das BPOLP wies im Zusammenhang mit den Rahmenverträgen darauf hin, dass bei der bestehenden Verantwortungsverteilung im Bereich der Luftsicherheit nur durch die Rahmenverträge eine verhältnismäßig schnelle Beschaffung der erforderlichen Technik möglich sei. Da im derzeitigen System die erforderliche Technik durch eine staatliche Stelle beschafft werde, gelten die Regelungen des öffentlichen Vergaberechts. Nach Auskunft des BPOLP müsste daher in vielen Fällen ohne Rahmenvertrag für jede Neuanschaffung europaweit ausgeschrieben werden. Bei einem Rahmenvertrag würde eine einmalige Ausschreibung für den festgelegten Zeitraum ausreichen, was den Beschaffungsvorgang deutlich verkürzen würde. Allerdings kritisierte das BPOLP, dass es trotz Rahmenverträgen je nach Hersteller und anzuschaffender Technik bis zu sechs Monate dauern würde, bis diese beschafft sei.

Als weiterer Kritikpunkt wurden von Seiten des BPOLP genannt, dass der Bund als Vertragspartner gegenüber den Herstellern innerhalb der Rahmenverträge eine Abnahmeverpflichtung habe. Wenn die Abnahme von bestimmter Sicherheitstechnik vertraglich vereinbart sei, welche aber schlussendlich doch nicht benötigt werde, so müsse die entsprechende Technik dennoch abgenommen werden, da ansonsten Vertragsstrafen drohen würden. Eine Gewerkschaft bemerkte darüber hinaus zu den Rahmenverträgen, dass die Abschreibungszeiten ein Problem seien. Sicherheitstechnik würde über 10 Jahre abgeschrieben, aber die entsprechende Technik sei dann nicht mehr zeitgemäß.

Die Vielzahl an beteiligten Akteuren im Bereich der Luftsicherheit wurde von nahezu allen befragten Stakeholdern als problematisch beschrieben. Eine Gewerkschaft betonte, das derzeitig bestehende System der geteilten Zuständigkeit zwischen Bund und Ländern bei den LSB sei historisch gewachsen und habe keinen ersichtlichen Mehrwert gegenüber einer einheitlichen Zuständigkeit in Bundes- oder Länderhand. Auch sei kein Mehrwert der Aufgabenteilung zwischen BMI und BMVI im Bereich der Luftsicherheit, gegenüber einer einheitlichen Zuständigkeit bei einem Bundeministerium, ersichtlich.

Seitens eines Akteurs der Luftverkehrswirtschaft wurde hierzu bemängelt, die unterschiedlichen Zuständigkeiten würden zu sehr unterschiedlichen Ausgangsbedingungen an den verschiedenen Flughäfen führen, auf die sich die jeweiligen PSDL einstellen müssten. Das beträfe sowohl die Kriterien bei den Ausschreibungen entsprechender Aufträge an die PSDL als auch das Engagement am Standort, beispielsweise im Rahmen der Standortdialoge.

Zudem würden die Luftsicherheitsbehörden der Länder, ebenfalls nach Auskunft eines Akteurs der Luftverkehrswirtschaft, teilweise nicht die Beleihungsprüfungen akzeptieren, die in anderen Bundesländern absolviert wurden. Diese Abweichungen schränken die Optionen der PSDL und ihrer Angestellten bei der Wahrnehmung von entsprechenden Kontrollaufgaben an verschiedenen Standorten ein.

Auf Flughafenebene wurde bezüglich der Einheitlichkeit der Aufgabenwahrnehmung insbesondere bemängelt, dass die Kontrollaufgaben nach § 5 und § 8 LuftSiG in den Verantwortungsbereichen unterschiedlicher Stellen liegen und somit selten vom gleichen Personal wahrgenommen werden könnten. Ebenfalls werden derzeit auch die Schulungen zu diesen beiden Aufgabenbereichen von unterschiedlichen Stellen betreut, was es den LuftAss/LSKK nach Auskunft eines Akteurs der Luftsicherheit derzeit unnötig erschweren würde, beide Qualifikationen im gleichen Zeitraum zu erwerben, obwohl sich die Inhalte stark ähneln würden. Die Effizienz und Effektivität der möglichen Zusammenlegung dieser beiden Aufgabenbereiche an Flughäfen wurde von den befragten Stakeholdern unterschiedlich eingeschätzt. Drei Akteure der Luftverkehrswirtschaft sahen mögliche Synergieeffekte durch das Zusammenlegen dieser Aufgaben. Diese kämen insbesondere dadurch zu Stande, dass die § 8-Kontrollen nicht dem gleichen zeitlichen Rhythmus wie die § 5-Kontrollen folgten. Die für die § 5-Kontrollen bestehende Peak-Problematik finde sich bei den § 8-Kontrollen in dieser Form nicht, wodurch unter den richtigen Rahmenbedingungen Synergieeffekte geschaffen werden könnten, indem Leerläufe in den § 5-Kontrollen für § 8-Kontrollen genutzt werden.

Allgemein befürworteten alle befragten Akteure die Standortdialoge als richtigen Schritt in Richtung eines einheitlichen Vorgehens im Bereich der Luftsicherheit an einem Standort. Hierdurch habe sich die vormalige „Insel“ der Luftsicherheitskontrollen besser in das größere Gefüge der Abläufe am Flughafen eingefügt. Allerdings sei der Umsetzungsstand dieser Standortdialoge noch recht uneinheitlich und käme an einigen Standorten nur schleppend in Gang. Ein Akteur der Luftverkehrswirtschaft plädierte zudem für eine nationale Strategie im Bereich der Luftsicherheit, um ein einheitlicheres Vorgehen standortübergreifend zu ermöglichen. Auch sei eine weitergehende Transparenzmachung aller vorhandenen Daten im Bereich der Luftsicherheit wünschenswert, um eine einheitliche Wissensbasis für alle beteiligten Akteure zu generieren.

Seitens der interviewten Gewerkschaften wurden die Arbeitsbedingungen im Bereich der Luftsicherheit, jenseits des Gehaltes, als eher schlecht eingeschätzt. Dies sei sowohl auf die als hoch eingeschätzten psychischen und physischen Belastungen, die eine Tätigkeit als LuftAss mit sich bringen würde, als auch auf ungünstige Rahmenbedingungen der Tätigkeit (z. B. häufiger Wechsel der Dienstleister) im bestehenden System der Luftsicherheit in Deutschland zurückzuführen.

Die psychische Belastung wurde dabei als ein kritischer Faktor benannt. Besonders hervorgehoben wurde das teilweise herablassende Verhalten der Passagiere und die mangelnde Anerkennung der Tätigkeit durch die Arbeitgeber. Sowohl eine Gewerkschaft als auch ein Vertreter der Luftverkehrswirtschaft berichteten von verbalen und physischen Attacken auf die LuftAss durch Passagiere.

Ein zusätzlicher Stressfaktor seien die notwendigen Rezertifizierungen. Auch wenn die Rezertifizierungen von allen zu diesem Thema befragten Stakeholder als notwendig zur Aufrechterhaltung des hohen Sicherheitsniveaus angesehen wurden, erläuterten die befragten Gewerkschaften, die Aussicht möglicherweise durch Nichtbestehen der Realtests die notwendige Qualifizierung zu verlieren, würde viele LuftAss unter enormen Druck setzen.

Ein weiterer in mehreren Interviews geäußerter Belastungsgrund sei die Dienstplanung. Während die LSKK nach Auskunft eines Akteurs der Luftverkehrswirtschaft im Regelfall in Vollzeit angestellt würden, sei der Regelfall für die LuftAss ein Halbtagsvertrag. Nach Auskunft einer Gewerkschaft käme es dabei häufig vor, dass die LuftAss de facto in Vollzeit arbeiten würden und sich infolgedessen die geleisteten Überstunden auszahlen lassen würden. Dabei ergebe sich aber das Problem, dass der Arbeitgeber nicht verpflichtet sei, die Wünsche der LuftAss auf Mehrarbeit zu berücksichtigen. Bei weniger Bedarf könnten so die Arbeitsstunden auch kurzfristig auf ein Halbtagsniveau zurückgeschraubt werden. Dies erschwere den LuftAss die langfristige finanzielle Planung.

Hinzu würden die kurzfristigen und teilweise ungünstigen Diensteinteilungen kommen. Durch die relativ kurzfristige Kontrollstundenanforderung würde sich auch die Dienstplanung dementsprechend kurzfristig gestalten. Dies könne sich negativ auf Aspekte der Vereinbarkeit von Familie bzw. Sozialleben und Beruf auswirken, insbesondere da die LuftAss auch jenseits regulärer Geschäftszeiten arbeiten, also an Feiertagen, Wochenenden und von den frühen Morgenstunden bis in den späten Abend. Ein Akteur der Luftverkehrswirtschaft nannte diese schwierige Dienstplanung als einen der Hauptgründe für die angespannte Personalsituation an verschiedenen Flughäfen. Dabei handele es sich um ein sich selbst verstärkendes Problem. Wenn an einem Standort in dieser Hinsicht Personalmangel herrschen würde, so würde das vorhandene Personal mehr belastet, was zu hohen Krankenständen oder Kündigungen als Folge von Überlastung führen könne, was wiederum den Personalkörper weiter ausdünnen würde.

In einigen Fällen hätten nach Auskunft der Gewerkschaften und der BPOL vereinzelt PSDL bei Personalmangel versucht, die vorgeschriebenen Pausenzeiten und Maximalarbeitszeiten zu umgehen und vorgeschriebene Schulungszeiten nicht eingehalten.

Die genannte psychische Belastung verursache nach Auskunft einer Gewerkschaft in vielen Fällen dauerhafte psychische Erkrankungen, die teilweise zu einem Ausscheiden aus dem Beruf oder sogar zu generellen Berufsunfähigkeit führen können. Weitere branchentypische Berufserkrankungen seien Rücken- und Haltungsprobleme. Auch hier seien Fälle bekannt, in denen diese zu einem frühzeitigen Ausscheiden aus dem Berufsleben geführt haben. Generell wurde der Beruf der LuftAss von mehreren befragten Stakeholdern als „altersfeindlich“ eingeschätzt, da die entsprechende Tätigkeit häufig im zunehmenden Alter nicht mehr ausgeübt werden könne, da beispielsweise die geforderte Dauerkonzentration nicht mehr zu gewährleisten sei.

Ein weiteres, von beiden befragten Gewerkschaften genanntes Problem seien fehlende Aufstiegsmöglichkeiten für die LuftAss. Im jetzigen System würde so gut wie keine Möglichkeit für das Erreichen einer höheren leitenden Position mit der Qualifikation als LuftAss bestehen. Diese fehlende Perspektive auf einen fehlenden beruflichen Aufstieg wirke sich ebenfalls negativ auf die Attraktivität des Berufsbildes aus.

Zudem sei der häufige Wechsel der Sicherheitsdienstleister an einigen Flughäfen aus Sicht der befragten Gewerkschaften als problematisch zu bewerten. Dieser häufige Wechsel der Arbeitgeber der LuftAss durch die vierjährigen Vertragslaufzeiten habe nach Auskunft der befragten Gewerkschaftsvertreter negative Konsequenzen für die Bindung der LuftAss an die entsprechenden Dienstleister. Durch den ständigen Wechsel der Arbeitgeber sei es für die LuftAss nur schwer möglich, sich mit ihrem jeweiligen Arbeitgeber zu identifizieren und ein unternehmensweites „Wir-Gefühl" aufzubauen. Auch langfristige Arbeitszeitmodelle, bei denen eine Ansammlung von Überstunden über mehrere Jahre möglich ist, seien im derzeitigen System nicht zu realisieren.

Die genannten Arbeitsbedingungen seien nicht nur unter sozialen Aspekten problematisch, sondern die daraus resultierende hohe Fluktuation bei den Mitarbeiterinnen und Mitarbeitern würden auch Mehrkosten und Probleme bei der Dienstplanung verursachen, die zu einer verzögerten Abfertigung von Passagieren führen könnten. Bezogen auf die Aufrechterhaltung des Sicherheitsniveaus sei dies problematisch, da Erfahrungswissen verloren ginge oder die noch vorhandenen Mitarbeiterinnen und Mitarbeiter überlastet seien.

4.5 Zusammenfassung

Das deutsche System der Luftsicherheit ist durch eine Fragmentierung von Zuständigkeiten und eine Vielzahl von Akteuren gekennzeichnet. So sind auf Ebene der obersten Bundesbehörden sowohl das BMI als auch das BMVI für diesen Bereich zuständig. Im nach-geordneten Bereich setzt sich diese Aufgabenteilung mit der BPOL und dem LBA fort. Hinzu kommt noch die Länderebene, die ebenfalls durch eine differenzierte Organisation und Aufgabenwahrnehmung im Bereich der Luftsicherheit gekennzeichnet ist. Dies wird besonders anhand der Vielzahl an Behörden deutlich, die Aufgaben im Bereich der Luftsicherheit auf Länderebene übernehmen.

Deutschland verfügt über ein flächendeckendes Netz an Verkehrsflughäfen unterschiedlicher Größe, an denen derzeit eine Luftsicherheitsgebühr erhoben wird. Insgesamt verteilen sich 28 Verkehrsflughäfen auf 15 Bundesländer.

Wie bereits dargelegt, ist die Luftsicherheitsgebühr an vielen dieser Flughäfen in den letzten Jahren gestiegen. Dies bedeutet, dass die Zahl derjenigen Verkehrsflughäfen steigt, welche die vom BMI festgesetzte Gebührenobergrenze von 10 Euro z.T. deutlich übersteigen bzw. sich ihr immer weiter annähern. Im Jahr 2020 war es schon an sechs Flughäfen erforderlich, den Gebührensatz auf 10 Euro zu begrenzen. Zudem sind mit Blick auf die Gebührenhöhe deutliche Unterschiede zwischen Flughäfen feststellbar.

Die im Rahmen der empirischen Erhebungen gewonnenen Ergebnisse zeigen zum einen, dass es durchaus Kritik an der derzeitigen Organisation und Aufgabenwahrnehmung im Bereich der Luftsicherheit gibt, aus der sich ein gewisser Reform- bzw. Optimierungsbedarf ableiten lässt. Zum anderen gibt es aber auch Hinweise auf positive Aspekte im Bereich der Luftsicherheit.

Insgesamt wird das Sicherheitsniveau an den deutschen Verkehrsflughäfen von allen Stakeholdern als hoch eingeschätzt. Dies zeigen sowohl die Ergebnisse der Stakeholder-Interviews als auch die der Flughafenbetreiberbefragung. So schätzen 16 der 18 befragten Flughafenbetreiber das Sicherheitsniveau an ihrem Flughafen als hoch bzw. sehr hoch ein. Darüber hinaus funktioniere die Zusammenarbeit zwischen den Flughafenbetreibern und der zuständigen LSB nach Einschätzung der Flughafenbetreiber gut bzw. sehr gut. Ähnlich gut fiel die Bewertung der Landesluftsicherheitsbehörden aus. Fünf der sechs Landesluftsicherheitsbehörden gaben an, dass die Zusammenarbeit mit den Flughäfen gut bzw. sehr gut funktioniere. Ebenfalls gut bewertet wurden von den Flughafenbetreibern die Kundenfreundlichkeit der Passagier- und Gepäckkontrollen, die Wartezeit vor den Kontrollstellen sowie die Arbeit der privaten Sicherheitsdienstleister. So bewerteten elf der 18 Flughafen-betreiber die Kundenfreundlichkeit mit sehr gut bzw. gut, während nur einer diese als schlecht einschätzte. Die Wartezeit vor den Kontrollstellen wurde von zwölf der 18 Flughafenbetreiber als sehr kurz bzw. kurz beurteilt. Kein Flughafenbetreiber war der Auffassung, dass diese lang oder sehr lang seien. Zudem waren neun der 14 Flughäfen, an denen private Sicherheitsdienstleister die § 5-Kontrollen durchführen, mit deren Arbeit sehr zufrieden bzw. zufrieden. Mit der Leistung der privaten Sicherheitsdienstleister unzufrieden war hingegen kein Flughafenbetreiber.

Ebenfalls als positiv hervorzuheben ist, dass es an 16 der 18 Flughäfen einen regelmäßigen und strukturierten Austausch von Informationen und Daten zwischen Flughafen, Sicherheitsdienstleister, Luftsicherheitsbehörde und Fluggesellschaften gibt, der insgesamt auch gut funktioniert. 13 Flughafenbetreiber gaben an, dass dieser sehr gut bzw. gut funktioniere. Ähnlich gut fiel die Bewertung durch die Landesluftsicherheitsbehörden aus. Vier der fünf Behörden, in deren Zuständigkeitsbereich es ebenfalls einen regelmäßigen und strukturierten Austausch gibt, waren der Auffassung, dass dieser gut bzw. sehr gut funktioniere.

Bei den Stakeholder-Interviews wurde deutlich, dass sich nur wenige Kritikpunkte auf die Sicherheit des Kontrollprozesses beziehen. Die überwiegende Kritik am Status quo lässt sich neben Prozessschritten, bei denen insbesondere Kritik an der Effizienz angebracht wurde, den Rahmenbedingungen des Systems der Luftsicherheit zuordnen.

Seitens der befragten Gewerkschaften wurden vor allem Kritikpunkte hinsichtlich der Personalbedingungen der PSDL genannt. Hierbei kristallisierten sich die Gestaltung der Arbeitsverträge als Halbtagsverträge ohne die vertraglich festgeschriebene Möglichkeit der Mehrarbeit, die daraus folgende finanzielle Planungsunsicherheit und die fehlenden Aufstiegsmöglichkeiten heraus. Auch die psychische Belastung durch eskalierende Konfrontationen mit Passagieren verstärke die hohe Fluktuation in diesem Berufsumfeld und trage zu einem ungünstigen Betriebsklima bei. Deswegen und aufgrund des Betriebsübergangs beim Wechsel des PSDL fehle es auch an einer Identifikation mit dem Arbeitgeber. Dies erkläre die Probleme bei der Gewinnung von LuftAss. Das wenige Personal, das rekrutiert werde, scheitere häufig an den Abschlussprüfungen, sodass sich die schwierigen Personalbedingungen weiter verschärfen würden.

Die Akteure der Luftverkehrswirtschaft kritisierten ferner die zunehmenden Auswirkungen des starken Wettbewerbs der Luftverkehrsbranche und den sehr flexiblen Erwerb von Flugtickets auf die Preisgestaltung. Des Weiteren bemängelten sie die Datenerhebung zur Berechnung der Luftsicherheitsgebühr. Die Folgen würden sich bei der nicht bedarfsgerechten Erstellung der Dienstpläne der LuftAss zeigen. Dadurch steige die Unzufriedenheit auf privatwirtschaftlicher wie behördlicher Seite.

Die derzeit unterschiedlichen Zuständigkeiten an Bundes- und Landesflughäfen werden auch als ein Problem für die Organisation und Aufgabenwahrnehmung im Bereich der Luft-sicherheit gesehen. Beschwerden der Passagiere werden nicht den richtigen Akteuren, sondern überwiegend den Flughäfen zugeordnet, die hierdurch einen Wettbewerbsnachteil erleiden würden. Insbesondere bei steigenden Gebühren werde dies als zunehmende Belastung gesehen, da vor allem bei räumlich eng beieinander liegenden Flughäfen der Wettbewerb um die Belegungen durch die Fluggesellschaften verschärft sei.

Dabei spielt auch die bedarfsgerechte Einrichtung der Kontrollstellen eine wesentliche Rolle. Insbesondere die Akteure Luftverkehrswirtschaft kritisieren die mehrjährige Bindung an einzelne Hersteller durch die Rahmenverträge auf behördlicher Seite, durch die eine An-schaffung aktueller Kontrolltechnik über die LSB erschwert werde.

Bei der Zusammenarbeit zwischen behördlichen und privatwirtschaftlichen Stakeholdern wird die Datenübermittlung der Passagierzahlen als Problembereich dargestellt. Die wahrgenommene fehlende Bereitschaft der Fluggesellschaften, die erwarteten Passagierzahlen fristgerecht zu übermitteln sowie die mangelnde Qualität der übermittelten Daten würden die valide Datenauswertung ebenso erschweren wie ein als uneinheitlich und veraltetes wahrgenommenes Prognosetool.

Hervorzuheben ist, dass eine Vielzahl der befragten Akteure die durchgeführten Pilotprojekte positiv bewertet und die Umfrage unter den Flughafenbetreibern ergeben hat, dass insbesondere die Standortdialoge bereits an vielen Flughäfen umgesetzt werden und allgemein als Verbesserung zur vorherigen Situation eingeschätzt werden. Der in den Pilotprojekten erprobten Vertragsumstellung der Verträge der PSDL standen alle Stakeholder neutral bis positiv gegenüber.

Im Rahmen der durchgeführten empirischen Erhebung zeigt sich, dass eine Vielzahl an Aspekten des bestehenden Systems der Passagier- und Gepäckkontrollen und dessen Rahmenbedingungen von verschieden Akteuren als problematisch bewertet wurden. Dazu passt, dass – trotz der durchaus positiven Bewertung einzelner Aspekte im Zusammenhang mit den Passagier- und Gepäckkontrollen – die Flughafenbetreiber die Frage nach der Zufriedenheit mit der grundsätzlichen Organisation und Zuständigkeitsverteilung im Bereich der Passagier- und Gepäckkontrollen sehr unterschiedlich beantworten. Während acht Flughäfen sehr zufrieden bzw. zufrieden sind, konnten vier Flughäfen dies nicht eindeutig beantworten. Drei Flughafenbetreiber waren mit der grundsätzlichen Organisation unzufrieden bzw. sehr unzufrieden. Weitere drei Flughäfen konnten hierzu keine Angaben machen. Positiver fiel hingegen die Einschätzung der Landesluftsicherheitsbehörden aus, die das System der Passagier- und Gepäckkontrollen an den für sie zuständigen Flughäfen als sehr gut bzw. gut oder als teils/teils bewerteten.

Eine wichtige Erkenntnis liefert die Befragung der Flughafenbetreiber zudem mit Blick auf die bereits von einigen Akteuren vorgeschlagene Verlagerung der Passagier- und Gepäck-kontrollen auf die Flughäfen. Lediglich zehn der 18 befragten Flughafenbetreiber konnten sich vorstellen, zukünftig überhaupt Aufgaben bzw. Zuständigkeiten im Bereich der Passagier- und Gepäckkontrollen zu übernehmen, wobei nur ein großer Flughafen bereit war, alle der sechs abgefragten Aufgaben zu übernehmen. Deutlich zurückhaltend zeigten sich alle Flughafenbetreiber, wenn es um die Übernahme der Vorfinanzierung von bestimmten Kosten im Bereich der Luftsicherheit geht.

5 Bisherige Optimierungsansätze und -vorschläge

Im folgenden Kapitel werden bisherige Optimierungsansätze und -vorschläge innerhalb des bestehenden Systems der Luftsicherheit vorgestellt. Dabei liegt ein besonderes Augenmerk auf den im Rahmen der BMI/BDL-Pilotprojekte gewonnenen Erkenntnissen. Darüber hinaus werden aber auch die Überlegungen des Neue Welt-Vertrags zwischen BMI und Fraport sowie Optimierungsmöglichkeiten, die sich im bestehenden System umsetzen lassen, dargestellt.

5.1 *Zentrale Ergebnisse der BDL/-BMI-Pilotprojekte*

In den Jahren 2014 bis 2017 führte das BMI gemeinsam mit dem BDL ein Pilotprojekt an deutschen Verkehrsflughäfen durch. Im Rahmen des Projektes sollte eine Referenzlösung im Sinne eines „best practice" für das Passagiersteuerungs- und Luftsicherheitskontrollverfahren an deutschen Verkehrsflughäfen mit Fachexpertise der Verwaltung sowie der Luftverkehrswirtschaft erarbeitet werden.[300]

Behördenseitig waren das BMI sowie das Bundespolizeipräsidium beteiligt. Seitens der Flugverkehrswirtschaft haben für den BDL die Verkehrsflughäfen Hamburg (HAM), Berlin-Schönefeld (SXF) und Köln-Bonn (CGN) als Pilotflughäfen teilgenommen. Darüber hinaus nahmen die Deutsche Lufthansa AG sowie der Bundesverband der Deutschen Fluggesellschaften (BDF) und die Arbeitsgemeinschaft Deutscher Verkehrsflughäfen (ADV) teil. Die Projektarbeit erfolgte überwiegend in gemeinsamen Arbeitsgruppen der Projektbeteiligten und wurde durch einen Steuerkreis mit Teilnehmerinnen und Teilnehmern beider Projektseiten koordiniert und gelenkt. Dabei gliederte sich das Gesamtprojekt in drei Teilpilotprojekte, verteilt auf die drei beteiligten Verkehrsflughäfen.

Ziel des Gesamtprojektes war einerseits ein bestmögliches Sicherheitsniveau in der Luftsicherheitskontrolle zu erzielen, andererseits die durch

300 *Bundesministerium des Innern/Bundesverband der Deutschen Luftverkehrswirtschaft e.V.*, Vereinbarung zwischen dem BMI und dem BDL über das gemeinsame Projekt „Prozessoptimierung der Passagiersteuerungs- und Sicherheitskontrollverfahren", S. 1.

die Sicherheitskontrollen entstehende Belastung für die Passagiere und die Luftverkehrswirtschaft zu verringern.[301] Zur Erreichung des Projektziels erfolgte eine Betrachtung des Gesamtprozesses der Passagiersteuerungs- und Sicherheitskontrollverfahren sowie seiner Rahmenbedingungen.[302] Hierzu wurden Bestandsaufnahmen und Schwachstellenanalysen herangezogen, um Optimierungsmöglichkeiten zu ermitteln (Projektphase 1), ein Musterprozess erarbeitet und in der realen Praxis an den projektbeteiligten Flughäfen erprobt (Projektphase 2).[303] Angestrebtes Ergebnis des Gesamtprojektes war somit die Erarbeitung von Referenzlösungen für die Fluggaststeuerungs- und Sicherheitskontrollverfahren („best practice") und damit die Schaffung einer Toolbox, um individuelle Lösungsmöglichkeiten für einzelne Bedürfnisse an den jeweiligen Flughäfen einsetzen zu können.

5.1.1 Pilotprojekt am Flughafen Hamburg (HAM)

Das erste durchgeführte Pilotprojekt erfolgte am Flughafen Hamburg. Hierbei lag der Fokus der Projektbeteiligten insbesondere „auf der Kapazitätsplanung der Luftsicherheitskontrollstelle, der Optimierung der Standortdialoge und der Steigerung der Effizienz der Luftsicherheitskontrollstelle"[304]. Während einer vorgelagerten Vorlaufphase erarbeiteten die Projektbeteiligten verschiedene Maßnahmen, die zur Zielerreichung der jeweiligen Pilotprojekte dienen sollten. In dieser Vorlaufphase wurde vor allem das „Wie" des Gesamtprojektes und seiner Umsetzung bearbeitet sowie Ideen und Fragstellungen entwickelt.

---

301 *Bundespolizeiinspektion Flughafen Hamburg*, Standort-Ergebnisbericht HAM – Projekt „Prozessoptimierung der Passagiersteuerungs- und Sicherheitskontrollverfahren", S. 5.

302 *Bundesministerium des Innern/Bundesverband der Deutschen Luftverkehrswirtschaft e.V.*, Vereinbarung zwischen dem BMI und dem BDL über das gemeinsame Projekt „Prozessoptimierung der Passagiersteuerungs- und Sicherheitskontrollverfahren", S. 1.

303 *Bundesministerium des Innern/Bundesverband der Deutschen Luftverkehrswirtschaft e.V.*, Vereinbarung zwischen dem BMI und dem BDL über das gemeinsame Projekt „Prozessoptimierung der Passagiersteuerungs- und Sicherheitskontrollverfahren", S. 1.

304 *Bundespolizeiinspektion Flughafen Hamburg*, Standort-Ergebnisbericht HAM – Projekt „Prozessoptimierung der Passagiersteuerungs- und Sicherheitskontrollverfahren", S. 5.

Das Pilotprojekt am Flughafen HAM untergliederte sich in drei Maßnahmenpakete, welche nachfolgende, ausgewählte Einzelmaßnahmen beinhalteten:[305]

Optimierte Bereitstellung von Input-Daten für die Last- und Kapazitätsplanung
Hierbei wurde das bestehende System der Passagierprognose evaluiert und weiterentwickelt. Das System verwendet historisch erhobene Werte und ermöglicht hierauf aufbauend eine Prognose. Dadurch ist es möglich, die Auslastung der einzelnen Flüge zu prognostizieren und dabei das erwartete Eintreffverhalten der Passagiere in einem 15min-Takt abzuschätzen. Besonderheiten (bspw. Messen, Ferien, Events) und vergangene Fehlplanungen werden im System explizit vermerkt und in der aktuellen Planung beachtet. Die Systemweiterentwicklung wurde unter Einbindung der Luftverkehrsgesellschaften vorgenommen. Im Zuge dessen wurden die Fluggesellschaften aufgefordert, eigene Prognosen an das Projektteam bzw. an den Flughafen als verarbeitende Stelle zu übermitteln, um die Daten in die Planung einfließen zu lassen. Es konnten hierzu neun Fluggesellschaften am Flughafen Hamburg gewonnen werden, sodass ca. 70 % aller am Standort abfliegenden Passagiere abgebildet werden konnten. Hier bedarf es weiterer Vereinbarungen und Anreize, um von möglichst allen Flugverkehrsgesellschaften Passagierzahlen zu erhalten, damit eine verlässliche Prognose des Passagieraufkommens vorgenommen werden kann. Die Datenübermittlung der neun Fluggesellschaften an das Projektteam erfolgte in Form einer einheitlichen Formatvorlage.

Während des Pilotprojektes hat auch die BPOL einen Zugang zum Prognosetool des Flughafens erhalten, um aktiv an der Weiterentwicklung des Tools mitzuarbeiten und die Daten für ihre Einsatzplanung zu nutzen. Insgesamt entstand durch die Verknüpfung der Akteure eine partnerschaftliche Zusammenarbeit und beiderseitiges Verständnis für die Interessenlagen.

Um allen Beteiligten des Maßnahmenpakets zur Steigerung der Kapazität gleiche Kenntnisse und Fähigkeiten über das Planungstool und die Datenerhebung zu vermitteln, wurde eine zusätzliche Qualifizierung in Form einer Schulungsmaßnahme der Projektbeteiligten vorgenommen.

305 Alle dargelegten Maßnahmen sind auf folgender Grundlage ausgearbeitet: *Bundespolizei/Securitas/Flughafen Berlin Brandenburg*, BMI-BDL-Projekt: Prozessoptimierung der Passagiersteuerungs- und Sicherheitskontrollverfahren, S. 5-8.

Strukturierter Standortdialog zwischen Flughäfen, Bundespolizei und Luftverkehrsgesellschaften

Um den bereits vorhandenen Informationsaustausch am Flughafen zu optimieren, wurde ein sog. „Fact Sheet" zur Visualisierung von Prozessdaten mittels Kennziffern aufgebaut. Diese Daten werden bestimmten Gesprächspartnerinnen und -partnern zur Verfügung gestellt und dienen der Analyse und Lösungsentwicklung für bestimmte Problemfelder. Ergänzt werden die Kommunikationsstrukturen durch standardisierte Agenden, einer Protokollpflicht der Sitzungen und einer festen Terminvergabe der Standortdialoge. Der bereits vorhandene „Round Table" auf Managementebene wurde um weitere Besprechungsteilnehmerinnen und -teilnehmer, wie die Stationsleitungen der Fluggesellschaften, ergänzt. Beide Maßnahmen sind als Einheit zu sehen.

Diese neue Gesprächskultur erwirkte eine verbesserte Vernetzung der Interessenlagen zwischen den Projekt- und damit auch Prozessbeteiligten, erhöhtes gegenseitiges Verständnis und schnelleren Informationsaustausch zu problemträchtigen Prozessschritten der Luftsicherheitskontrollen.

Ergänzt wurde das Maßnahmenpaket um ein kontinuierliches Monitoring von Sicherheit, Servicequalität und Wirtschaftlichkeit. Dazu wurden Kennziffern erhoben, die in einem automatisierten Verfahren zu Berichten zusammengefasst und den Teilnehmerinnen und Teilnehmern der Standortdialoge zur Verfügung gestellt wurden. Die Kennziffern gaben Informationen über Ursachen, Folgen sowie mögliche Einflussaufnahmen und dienten in den Standortdialogen zur Problemlösung.

Steigerung der Effizienz

Die Effizienz der Luftsicherheitskontrollstelle wurde durch den Einsatz eines zusätzlichen Mitarbeiters im Einweisungsbereich (sog. „Libero") der Passagier- und Handgepäckkontrollspuren gesteigert. Der Einsatzort des Liberos befand sich zwischen Ablageflächen einer Doppelkontrollspur. Die Durchsatzrate wurde um 13,67 % gesteigert; dem gegenüber stand eine Steigerung von 8 % der Personalkosten. Vor diesem Hintergrund empfiehlt sich ein Einsatz des Liberos in Peakzeiten, um Kapazitätsengpässe auszugleichen. Die LuftAss standen dem Libero während der Projektphase allerdings skeptisch gegenüber und nahmen diesen eher als störend wahr. Gleichwohl räumten sie das Bedürfnis einer Eingewöhnungszeit ein, um den Libero als akzeptiertes Teammitglied in Peakzeiten wahrzunehmen.

Steigerung der Motivation des Kontrollpersonals und proaktive Steuerung der Fluggastströme

Mit besonderem Blick auf die LuftAss wurden schriftliche Umfragen zur Motivation am Arbeitsplatz gestartet. Dadurch sollten ein Stimmungsbild und weiterführende Maßnahmen zur Steigerung des Zugehörigkeitsgefühls zur „Flughafenfamilie“ entwickelt werden. Der Erfolg dieser Maßnahme sollte anhand der Beschwerdezahlen (Kundenzufriedenheit) und Durchsatzzahlen gemessen werden. Die Einzelmaßnahme war jedoch nicht erfolgreich, da nur wenige Rückläufe des Fragebogens eintrafen und die Befragung insgesamt keinen Anklang bei den Beschäftigten fand.

Das Maßnahmenpaket umfasste zudem weitere praktische Umsetzungslösungen. Es wurden größere Gepäckwannen zur Effizienzsteigerung während der Sicherheitskontrollen verwendet. Die Gepäckwannen hatten eine Größe von 60x80 cm und waren für aTiX Röntgenanlagen geeignet. Durch diesen Einsatz wurde das Passagier-/Gebindeverhältnis um 44,35 % gesenkt und der Durchsatz um 14,96 % gesteigert werden. Gleichzeitig wurden die Gepäckwannen mit hellen und dunklen Piktogrammen beklebt, um eine Verdeutlichung der Trennung zwischen Bekleidung, Gepäck, elektrischen Geräten und Flüssigkeiten zu bewirken. Die verbesserte Einsortierung durch die Passagiere wurde jedoch nicht statistisch erhoben. Das Projektteam HAM geht bei einer Realisierung der modifizierten Wannen von einer Effizienzsteigerung in Höhe von 15 % aus.

Des Weiteren wurden standort- bzw. situationsspezifische Informationskampagnen für die Zielgruppe der Kreuzfahrer entwickelt. Hierdurch wurden verstärkt Informationen zu den Örtlichkeiten und den Prozessen verbreitet, die ein reibungsloseres und schnelleres Zurechtfinden der Passagiere ermöglichen sollte. Aufgrund der noch nicht begonnenen Kreuzfahrtsaison während der Projektlaufzeit konnte die Informationskampagne jedoch noch nicht praktisch getestet werden.

Zudem entwickelte das Projektteam HAM eine optimierte Ansprache und Einweisung der Fluggäste. Das Rollenverständnis im Kontrollprozess der LuftAss wurde durch Schulungsmaßnahmen gestärkt. Dadurch wurden insbesondere Prozessabläufe und der Umgang mit konfliktträchtigen Situationen gestärkt. Die Erfolge dieser Schulungsmaßnahmen konnten jedoch nicht in Zahlen gemessen werden, da nicht alle Luftsicherheitsassistenten geschult wurden.

Als weitere Einzelmaßnahme zur Stärkung der Effizienz wurde der Einsatz einer Ampelanlage an den Sicherheitsscannern getestet. Die Fluggäste sollten sich durch die getaktete Ampel selbstständig in den Sicherheitsscanner begeben. Dadurch sollten zwei Prozessschritte gleichzeitig durchgeführt werden können, indem Fluggast 1 kontrolliert wird und Fluggast 2 sich in diesem Moment auf die Kontrolle vorbereitet. Demzufolge sollten auch konfliktträchtige Kommunikationen zwischen den LuftAss und Passagieren minimiert werden. Die Umsetzung zeigte jedoch, dass Fluggäste die Signale der Ampeln nicht eindeutig zuordnen können und falsche Reaktionen zeigen. Infolgedessen wurde von einer weiteren Umsetzung abgesehen.

Darüber hinaus wurde ebenso mit Blick auf die Fluggäste versucht, Anreize zur Mitnahme von wenig Handgepäck zu schaffen, um so eine gesonderte, schnellere Kontrollspur einzurichten. Je weniger Handgepäck, desto weniger Wartezeit sollte die Maßnahme bewirken und damit positive Erfahrungen bei den Fluggästen schaffen. Allerdings scheiterte die Selektion der Fluggäste, da dies überwiegend zu Unverständnis führte und sich damit sehr konfliktträchtig darstellte.

5.1.2 Pilotprojekt am Flughafen Berlin-Schönefeld (SXF)

Schwerpunkt des Pilotprojektes am Flughafen Berlin-Schönefeld war ein neues Vertragsmodell zwischen der BPOL und dem Sicherheitsdienstleister Securitas des Flughafens SXF. Dabei sollte eine größere Planungs- und Steuerungsverantwortung auf den Dienstleister übergehen und Service-Level-Agreements mit zugehörigem Bonus-Malus-System vereinbart werden. Kernziele waren insbesondere die bedarfsgerechte Personalplanung und Disposition durch den Sicherheitsdienstleister und mithin eine Entlastung der BPOL von polizeifremden Aufgaben. Die Maßnahmen umfassten im Einzelnen:[306]

Optimierte Bereitstellung von Input-Daten für die Last- bzw. Kapazitätsplanung

Zur Vorgehensweise wird auf Kapitel 5.1.1 (Pilotprojekt Flughafen HAM) verwiesen. Die Maßnahme hing insbesondere von der regelmäßigen Datenbereitstellung der Fluggesellschaften und der BPOL ab und wurde auch hier eng mit neu eingeführten Standortdialogen (Kapitel 5.1.2) verknüpft.

Im Laufe des Projektes hat sich gezeigt, dass eine maximale Validität der Daten nur durch eine tägliche Datenbereitstellung erfolgen kann. Aller-

306 Alle dargelegten Maßnahmen sind auf folgender Grundlage ausgearbeitet: *Bundespolizei/Securitas/Flughafen Berlin Brandenburg*, BMI-BDL-Projekt: Prozessoptimierung der Passagiersteuerungs- und Sicherheitskontrollverfahren, S. 8 ff.

dings bestanden hierfür während des Projektes und auch darüber hinaus keine technischen Schnittstellen zwischen den einzelnen Projektpartnern.

Echtzeit-Messung und -Steuerung der Passagierströme an Kontrollspuren in Abstimmung mit allen Prozessbeteiligten

Durch technische Sensoren in Gestalt einer Decken- und Gurtabsperrpfostensensorik und anschließender Auswertung sollte eine Ausbalancierung des Passagieraufkommens erfolgen. Die Maßnahme konnte jedoch erst nach Abschluss des Pilotprojektes umgesetzt werden, sodass keine Erprobung stattfand. Auf Grundlage der Erprobung sollte aus unserer Sicht ein Bericht verfasst und dieser allen Verkehrsflughäfen zur Verfügung gestellt werden.

Modifizierte Vertragsmaßnahmen: Übertragung des wirtschaftlichen Risikos auf Dienstleister und Abrechnung nach Fluggästen sowie Bonus-Malus-Regelungen

Die weitreichendste organisatorische Maßnahme im Pilotprojekt Flughafen SXF war die Modifizierung des Vertragskonstruktes. Durch diese wurde eine Abrechnung je Kontrollvorgang in Verbindung mit Service-Level-Agreements zwischen Dienstleister und BMI sowie BPOL für die Dauer des Projektes vereinbart. Die Firma Securitas entwickelte sich damit zu einem spezialisierten Dienstleistungserbringer mit weitreichender Verantwortung.

Die Vertragsbedingungen beinhalteten zum einen virtuelle Abrechnungen je Passagier sowie virtuelle Bonus-Malus-Zahlungen bezogen auf den errechneten Umsatz, welche auf einem monatlichen Meeting den beteiligten Prozesspartnern vorgestellt wurden. Zum anderen übertrug der modifizierte Vertrag die Planungsverantwortung in Bezug auf die Ermittlung des erforderlichen Gesamtstundenvolumens für den Folgemonat durch Auswertung des Flugplans, der Paxzahlen, der Check-in Zeiten und den Besetzungsvorgaben der BPOL dem Dienstleister. Auf dieser Grundlage stellte Securitas das ermittelte Volumen für die BPOL bereit und war für eine fortlaufende Evaluierung und Aktualisierung der Planung verantwortlich. Die dazu vereinbarten Service-Level-Agreements bezogen sich auf die Bereiche Sicherheit und Verfahrenskontrollen (analog einer Luftsicherheitsinspektion) sowie Erfolgskontrollen (Sicherheitstests durch BPOL), Passagierzufriedenheit (Befragung mittels ASQ-Befragung) und eine Messung der Wartezeit ab.

Dieses Maßnahmenpaket zielt auf eine organisatorische Veränderung ab, die insgesamt eine größere Aufgabenwahrnehmung inklusive größerer Verantwortungsübernahme durch den Sicherheitsdienstleister und dabei gleichzeitig eine Aufgabenentlastung der BPOL bedeuten würde. Nach

Auswertung der Projektbeteiligten habe sich diese Aufgaben- und Verantwortungsverschiebung sukzessive verbessert, sodass im Ergebnis die Kontrollstundenplanung auf einem vergleichbaren Niveau der Kontrollstundenplanung durch die BPOL gewesen sei.

Flexibilisierung der Einsatzmöglichkeiten des Kontrollpersonals

Mithilfe einer Doppelqualifikation wurden Beschäftigte des Sicherheitsdienstleisters entsprechend der Aufgaben des § 5 und § 8 LuftSiG flexibel in den jeweiligen Bereichen eingesetzt. Problematisch wurde jedoch durch die Projektbeteiligten gesehen, dass die Doppelausbildung von neuem Personal eine große Belastung während der Grundausbildung darstellt. Deshalb wurde die Schlussfolgerung gezogen, auf bereits vorhandenes Personal zurückzugreifen und dieses fortzubilden. Eine solche organisatorische Veränderung müsste zudem unter Beachtung der gesetzlichen Regelungen zur Aus- und Fortbildung betrachtet und bewertet werden.

Kontinuierliches Monitoring

Zu den Vorteilen eines kontinuierlichen Monitorings von Sicherheit, Servicequalität und Wirtschaftlichkeit hinsichtlich Planung und Steuerung in den Bereichen Sicherheit, Service- und Prozessqualität wie Wirtschaftlichkeit und Zusammenfassung in Security Reports wird auf die Ausführungen zum kontinuierlichen Monitoring des Flughafens Hamburg verwiesen.

Informationskampagnen für Fluggäste

Auch am Flughafen SXF wurden gezielte Informationskampagnen für Fluggäste durchgeführt und modifizierte Handgepäckswannen eingesetzt. Die Ergebnisse unterschieden sich nicht zu denen des Pilotprojektes am Flughafen Hamburg.

5.1.3 Pilotprojekt am Flughafen Köln-Bonn (CGN)

Drittes Pilotprojekt war das Teilprojekt am Flughafen Köln-Bonn. Der Fokus dieses Pilotprojektes lag auf folgenden drei Maßnahmenpaketen: Planung und Steuerung der Fluggastströme und Kapazitäten, Information und Führung des Fluggastes und Gesamtprozess der Kontrollfläche „Easy

Security".[307] Auf dieser Grundlage entwickelte das Projektteam nachfolgende, ausgewählte Einzelmaßnahmen:[308]

Planung und Steuerung der Fluggastströme und Kapazitäten

Hierbei lag der Schwerpunkt auf der Optimierung der Fluggastprognosen, die insbesondere durch die sensorbasierte Erfassung des Eintreffverhaltens der Fluggäste am Flughafen sowie der Verweildauer im Terminal und den verschiedenen Bereichen des Flughafens verbessert werden sollten. Mit diesen Daten wurden Bewegungsprofile gebildet, aus denen Prozesszeiten erhoben wurden. Ein regelmäßiger Kennzahlenbericht informierte alle Projektbeteiligten und war darüber hinaus eine Grundlage für den Standortdialog.

Die Fluggesellschaften waren bereit, in einem standardisierten Verfahren in einem vorgegebenen Zeitrahmen Fluggast- und Prognosedaten zu übermitteln. Das Zusammenspiel dieser Maßnahmen konnte den Kontrollstundenverbrauch senken. Nach Abschluss des Projektes wurde ein Leitstand eingerichtet, der durch die Prozessbeteiligten betrieben wird, um die Fluggastströme proaktiv durch Steuerung und Lenkung der Fluggäste zu steuern.

Information und Führung des Fluggastes

Es wurden standort- und situationsbedingte Informationskampagnen durchgeführt, die Einfluss auf das Passagierverhalten zeigten. Dabei wurde mit Plakaten, Aufstellern und Informationskampagnen, Bodenmarkierungen und Informationsfilmen in deutscher und englischer Sprache gearbeitet. Die Idee von Push-Nachrichten in Echtzeit kurz vor dem Abfliegen an die Fluggäste konnte während des Pilotprojektes nicht verwirklicht werden und wurde anschließend auch nicht weiterverfolgt.

Gesamtprozess der Kontrollfläche „Easy Security"

Die Kontrollfläche der Passagier- und Handgepäckkontrollen wurde als sog. „Easy Security"-Kontrollfläche anhand von operativen Wirkprinzipien umgewandelt. Diese Wirkprinzipien sollten möglichst viele Prozessschritte

---

307 *Bundespolizeipräsidium Potsdam/Bundesverband der Deutschen Luftverkehrswirtschaft e.V.*, Standort-Ergebnisbericht CGN – Projekt „Prozessoptimierung der Passagiersteuerungs- und Sicherheitskontrollverfahren", S. 7.

308 Alle dargelegten Maßnahmen sind auf folgender Grundlage ausgearbeitet: *Bundespolizeipräsidium Potsdam/Bundesverband der Deutschen Luftverkehrswirtschaft e.V.*, Standort-Ergebnisbericht CGN – Projekt „Prozessoptimierung der Passagiersteuerungs- und Sicherheitskontrollverfahren", S. 7 ff.

parallelisieren und den Kontrollprozess insgesamt unterbrechungsärmer gestalten:

- Optimale Vorbereitung des Fluggastes für die Kontrolle
- Einführung paralleler sowie Reduzierung gegenläufiger Prozesse
- Flussprinzip
- Überblick über die Kontrollstelle, Möglichkeit der schnellen Räumung
- Ausgewogene Personalauslastung und klar strukturierte Aufgabenverteilung
- Parallele Bildbewertung

Die „Easy Security"-Kontrollfläche ermöglichte zudem, dass die LuftAss eine uneingeschränkte Sicht zueinander hatten, um eine nonverbale Kommunikation zu ermöglichen. Wesentlicher Akteur war hier der Flughafenbetreiber, der durch bauliche Maßnahmen unterstützte und zudem eine blendfreie Beleuchtung, eine angepasste Klimatisierung, eine teilweise Erneuerung des Bodenbelags und eine Geräuschminimierung durch Akustikmaßnahmen schuf. Der Pilotbetrieb der „Easy Security"-Kontrollfläche wurde nach der einjährigen Testphase im Oktober 2017 beendet und ist aktuell nicht mehr in Betrieb.[309]

5.1.4 Umsetzungstand und Bewertung der Maßnahmen der Pilotprojekte

Übergreifend haben alle wesentlichen Prozessbeteiligten der Sicherheitskontrollen den Standortdialog als die erfolgreichste Einzelmaßnahme des Pilotprojektes angesehen und ihn auch nach Abschluss der Pilotprojekte beibehalten.[310] Darüber hinaus sind auch an nichtbeteiligten deutschen Verkehrsflughäfen gleichartige Standortdialoge eingeführt worden, bspw. am Flughafen Frankfurt am Main (FRA).[311]

Auf Grundlage der gewonnenen Erkenntnisse im Pilotprojekt Berlin-Schönefeld werden derzeit die Verträge mit den Sicherheitsdienstleistern bundesweit an Verkehrsflughäfen, an denen die BPOL zuständig ist, angepasst. Damit ergeben sich im Wesentlichen zwei Änderungen gegenüber der vorherigen Vertragslage und mithin der bisherigen Organisation der Luftsicherheitskontrollen:

---

309 Airliners.de Portal, Nachricht vom 19.12.2017, https://www.airliners.de/geteiltes-echo-easy-security-test/43188 (zuletzt abgerufen am 3. April 2020).

310 Interview BPOL.

311 Laut BMI ist die Einführung an allen Flughäfen geplant.

- Die privaten Sicherheitsdienstleister erhalten im Bereich der Einsatzplanung und
-steuerung mehr Verantwortung.
- Es wird ein Bonussystem mit Vertragsstrafen eingeführt.[312] Hierbei handelt sich um eine zusätzliche vertragliche Eskalationsstufe, die noch vor der Abmahnung genutzt und bei Fehlverhalten der Sicherheitsdienstleister eine unmittelbare Wirkung entfalten kann. Unter anderem muss die Vertragsstrafe so lange gezahlt werden, bis der Missstand seitens des Dienstleisters behoben wurde. Damit ist der Sicherheitsdienstleister aus wirtschaftlichen Gründen sehr daran interessiert, die Passagier- und Gepäckkontrollen in einer hohen Qualität zu erbringen. Die letzte Eskalationsstufe der neuen Vertragsausgestaltung stellt nach wie vor die Vertragskündigung dar.

Insgesamt kritisch zu betrachten sind jedoch die Einzelmaßnahmen zur Prozessoptimierung, die detailliert ausgearbeitet, aber im Projektzeitraum nicht umgesetzt und damit nicht erprobt wurden. Eine abschließende Bewertung dieser kann deshalb nicht erfolgen. Es ist jedoch zu überlegen, diese Optimierungsideen erneut aufzugreifen und im laufenden Betrieb zu testen. Anschließend sollten die Maßnahmen auf ihre Übertragbarkeit auf andere deutsche Verkehrsflughäfen hin überprüft werden, um einen übergreifenden Optimierungserfolg der Prozesse zu erzielen.

Im Ergebnis zeigen die durchgeführten Pilotprojekte, dass bereits durch verschiedene Einzelmaßnahmen eine Optimierung einzelner Prozessschritte der Sicherheitskontrollen erfolgen kann. Daher ist es notwendig, diese weiter in der Praxis zu erproben, um ihre langfristige Wirksamkeit zu erforschen und darauf aufbauend eine Reformierung der derzeitigen Organisation der Luftsicherheitskontrollen zu realisieren.

Angeknüpft werden sollte an die gelungene Erprobung des Maßnahmenpakets zur optimierten Bereitstellung von Input-Daten sowie für die Last- und Kapazitätsplanung zum jetzigen Status quo. Dabei sollte Folgendes geprüft werden:

- *Erhöhung der Zahl der teilnehmenden Fluggesellschaften bei der Datenbereitstellung*
  Die Datengrundlage und damit die Prognosegenauigkeit könnte dadurch wahrscheinlich signifikant gesteigert werden. Einerseits können den Fluggesellschaften Anreize geboten werden, etwa in Absprache mit dem Flughafen Vergünstigungen oder prioritäre Behandlungen.

312 Interview BPOL.

Andererseits wären Absprachen mit den Fluggesellschaften oder die Einführung einer – sanktionsbewährten – Rechtspflicht denkbar.

- *Datenübermittlung: Gemeinsame Plattform und zeitliche Vorgabe der Datenübermittlung*
  Um die Wirksamkeit dieser gelungenen Maßnahme zu erhöhen, ist die Einführung einer gemeinsam genutzten digitalen Plattform oder eines Workflows empfehlenswert, in denen zeitaktuell von allen Beteiligten Daten eingepflegt und von den weiterverarbeitenden Prozessbeteiligten abgerufen werden können. Dadurch würden Schnittstellen reduziert und potenzielle Fehlerquellen in der Übertragung oder Zusammenführung der Daten vermieden.
  So könnten die Fluggesellschaften ihre Daten direkt einpflegen, die dadurch unmittelbar zusammengeführt werden. Damit läge dem Flughafenbetreiber und den staatlichen Akteuren eine fortwährend aktuelle Datengrundlage vor. Da die Datenform (Fluggastzahlen) keine besondere Komplexität oder Form aufweist, dürfte die Umsetzung, ggf. zunächst mittels eines Testtools, mit überschaubarem Aufwand möglich sein. Bei der Entwicklung wäre die Ausweitung auf weitere Flughäfen zu berücksichtigen. Je nach Bereitschaft v.a. der Fluggesellschaften, rechtzeitig und vollständig die Daten einzupflegen, ist ggf. eine verbindliche Übermittlungspflicht (inkl. Sanktionsmöglichkeiten) zu prüfen.
  Solange eine solche umfassende gemeinsame Lösung nicht realisierbar sein sollte, wäre eine entsprechende Datenzulieferungspflicht der Fluggesellschaften unmittelbar an die LSB zunächst auf Basis einer Absprache, hilfsweise auf gesetzlicher Grundlage
  zu prüfen. Eine Zulieferungspflicht erscheint in beiden Varianten in Anbetracht der Bedeutung der Daten für eine effiziente Steuerung der Kontrollen vergleichsweise leicht umsetzbar.
- *Kontinuierliches Monitoring*
  Weitergeführt werden sollte das kontinuierliche Monitoring. Die dadurch anfallenden Kosten halten sich im Verhältnis zum Nutzen, der insbesondere dem Standortdialog dienen und den Informationsaustausch dadurch weiter optimieren würde, in Grenzen. Zudem verbessert das Monitoring die Kommunikation und mithin die Zusammenarbeit der Stakeholder.
- *Steigerung der Effizienz*
  Empfehlenswert sind eine klare Aufgabenzuteilung des Liberos während der Peakzeiten sowie eine offene Kommunikation zwischen den

LuftAss und dem Libero, um die Zusammenarbeit als auch den Integrationsprozess ins Team zu verbessern.

- *Steigerung der Motivation des Kontrollpersonals*
  Grundsätzlich sind Mitarbeiterbefragungen und die dadurch aktive Einbeziehung der Beschäftigtenmeinung ein sinnvolles Instrument. Ob hier ein erneuter Versuch mit anderen Abfragemodalitäten oder anderer Institution sinnvoll wäre, kann im Rahmen dieser Untersuchung jedoch nicht beurteilt werden.
- *Größere Gepäckwannen zur Effizienzsteigerung während der Sicherheitskontrollen*
  Diese Maßnahme sollte an allen Verkehrsflughäfen geprüft werden, wobei dies allgemein zum Anlass genommen werden sollte, die Kontrollen als Teil des Gesamtprozesses zu verstehen, d. h. unter Einschluss der vor- und nachgelagerten Prozessschritte.
- *Absprachen mit Fluggesellschaften: Handgepäckmenge begrenzen und schubweise Abfertigung vermeiden*
  Die Menge des Handgepäcks stellt in der Praxis eine durchaus erhebliche Herausforderung und Verlangsamung für die Kontrollen dar. Es sollten alternative Anreize geprüft werden, ggf. sollten Absprachen mit den Fluggesellschaften oder Anreize für eine Kontrolle durch die Fluggesellschaften selbst geschaffen werden.
  Soweit das Ausmaß der Handgepäckmengen, die Zuordnung zu den einzelnen Fluggesellschaften und/oder der Mehraufwand, der durch umfangreiches Handgepäck entsteht, unbekannt sind, sollte die exemplarische Erhebung geprüft werden, um eine informierte Gesprächsgrundlage zu schaffen. Dies könnte Ausgangspunkt für ein gemeinsames Verständnis aller Stakeholder für den Gesamtprozess Luftsicherheitskontrolle sein.
  In Zeiten hoher Auslastung der Kontrollstellen sollte eine schubweise Abfertigung unbedingt vermieden werden. Insoweit sollte eine Vereinbarung mit den Fluggesellschaften gefunden werden.
- *Standort- bzw. situationsspezifische Informationskampagnen für die Zielgruppe der Kreuzfahrer*
  Nach Auswertung der Ergebnisse sowie gegebenenfalls zuzüglich einer Kosten-Nutzen-Bewertung sollte ein Ausrollen an weiteren Verkehrsflughäfen geprüft werden.
- *Optimierte Ansprache und Einweisung der Fluggäste*
  Diese Maßnahme sollte als mögliche Verbesserung für Verkehrsflughäfen zur Verfügung stehen.
- *Einsatz einer Ampelanlage an den Sicherheitsscannern*

Vor dem Hintergrund, dass die Fluggäste die Signale der Ampeln während der Testphase nicht zuordnen konnten, erscheint dies derzeit nicht empfehlenswert.

- *Leitstand zur Planung und Steuerung der Fluggastströme und Kapazitäten*
  Hierbei ist kritisch zu bewerten, dass im Vergleich zur sensorbasierten Fluggasterfassung und der dadurch ermöglichten digitalen Lenkung (zeitaktuelle Anzeigetafeln u. ä.) ein Leitstand mehr Personalkapazitäten erfordert und bindet. Eine Beurteilung der Kosten und im Verhältnis zum Nutzen hierdurch geht jedoch über die vorliegende Untersuchung hinaus.
- *Information und Führung des Fluggastes*
  Empfehlenswert ist es, die Idee der Push-Nachrichten in Echtzeit kurz vor dem Abflug erneut aufzugreifen und an einem Verkehrsflughafen zu testen. Nach Auswertung der Testphase könnten weitere Formen, wie beispielsweise die Entwicklung einer zentralen App für alle Verkehrsflughäfen, geprüft werden.
- *Nichtbenutzung der Kontrollfläche „Easy Security"*
  Kritisch zu bewerten ist hierbei, dass die Kontrollfläche bei Nichtbenutzung zum einen nicht weiterentwickelt werden kann und zum anderen im Laufe der Zeit durch die sich verändernden Fluggastströme überholt sein wird. Eine Wiederinbetriebnahme ist empfehlenswert, soweit die existierenden Rahmenverträge und das Vergaberecht dabei beachtet werden. Dabei sind die jeweiligen baulichen Voraussetzungen und Umbaukosten im Einzelfall zu prüfen.

5.2 Perspektive der Verkehrsflughäfen zu Optimierungsmaßnahmen

Neben den dargestellten Pilotprojekten zur Prozessoptimierung der Passagier- und Gepäckkontrollen wurde im Rahmen der Untersuchung auch die Perspektive der anderen deutschen Verkehrsflughäfen einbezogen. Hierzu wurden mittels einer standardisierten Online-Umfrage alle 28 Verkehrsflughäfen, an denen eine Luftsicherheitsgebühr erhoben wird, befragt. An der Online-Umfrage haben insgesamt 18 Flughäfen (zehn in Bundes- sowie acht in Landeszuständigkeit) teilgenommen (siehe Kapitel 4.1.5).

Unter diesen befinden sich auch die drei Verkehrsflughäfen, die als Pilotflughäfen in den unter Kapitel 5.1 dargelegten Teilprojekten mitgewirkt haben. Es sollte untersucht werden, ob und inwieweit die übrigen Flughäfen von den Pilotprojekten Kenntnis hatten und dort entwickelte Optimierungsmaßnahmen (teilweise) umgesetzt haben. Dabei wurde auch der Status quo der umgesetzten Maßnahmen der drei Pilotflughäfen abgefragt.

Die Antworten der insgesamt 18 Flughafenbetreiber (inklusive der drei Pilotflughäfen), die teilgenommen haben, werden nachfolgend hinsichtlich der Optimierungsschwerpunkte, differenziert nach Bundes- und Landeszuständigkeit, ausgewertet.

5.2.1 Optimierung des Informationsflusses und -austauschs

Die erfolgreichste Einzelmaßnahme der dargestellten Teilprojekte war der neu eingeführte regelmäßige Standortdialog zwischen dem Flughafenbetreiber, dem Sicherheitsdienstleister, der Luftsicherheitsbehörde und den Fluggesellschaften (vgl. Kapitel 5.1.1). Der Standortdialog wurde positiv angenommen und hat sich mittlerweile etabliert. So gaben mit Ausnahme eines Flughafens alle Flughäfen in Bundeszuständigkeit an, einen strukturierten Standortdialog dauerhaft eingeführt zu haben. Nach eigenen Angaben funktioniere der Standortdialog gut (6) bzw. sehr gut (1). Nur von zwei Flughäfen wurde der Austausch mit teils/teils bewertet.

Die von den Flughäfen angeführten positiven sowie die indifferenten Bewertungen wurden wie folgt begründet:

Tab. 37: Optimierung des Informationsflusses und -austauschs der Flughäfen in Bundeszuständigkeit

Bewertung und Begründung	Anzahl
Sehr gut	***1***
Offener Dialog auf beiden Seiten	1
Gut[313]	***6***
Der seit 2018 geführte Standortdialog beinhaltet einen transparenten und kontinuierlichen Informationsaustausch zwischen den Parteien mit dem Ziel der Prozessoptimierung. Nur in Einzelfällen gibt es unterschiedliche Auffassungen, in denen die Behörde Entscheidungen, Festlegungen eigenmächtig trifft	1
Es findet ein regelmäßiger Austausch relevanter Daten statt	1
Gegenseitiges Vertrauen und gleiche Zielsetzung	1
Keine Angabe	3
Teils/teils	***2***
Grundsätzlich ist der Austausch gut und offen. Gleichwohl fehlen die direkten Einflussmöglichkeiten des Flughafenbetreibers und können allenfalls reaktiv und rückbetrachtend vorgenommen werden.	1
Der Flughafen liefert sehr viele Daten und tauscht diese mit der BPOL und dem Sicherheitsdienstleister. Seitens der BPOL erhalten wir auch einige Daten zurück, seitens des Sicherheitsdienstleisters ist der Austausch von Informationen noch verbesserungswürdig.	1
Gesamt	**9**

313 Drei der Flughäfen erläuterten ihre gute Bewertung nicht.

Hinsichtlich der Flughäfen in Landeszuständigkeit bewertete die überwiegende Anzahl der Verkehrsflughäfen den Standortdialog gut (5), ein Flughafen sehr gut sowie einer teils/teils. Nur ein Flughafen in Landeszuständigkeit führt keine Standortdialoge durch.

Dabei ähneln sich die positiven Aspekte des Standortdialogs denen der Flughäfen in Bundeszuständigkeit wie folgt:

Tab. 38: Optimierung des Informationsflusses und -austauschs der Flughäfen in Länderzuständigkeit

Bewertung und Begründung	Anzahl
Sehr gut	***1***
Gutes Projektmanagement, abgestimmtes Qualitätsmanagement, permanenter Austausch über Arbeitsgruppen	1
Gut[314]	***5***
Regelmäßige offene Meetings mit dem Ziel der gemeinsamen Prozessoptimierung werden abgehalten; enge Zusammenarbeit - insbesondere zwischen allen Behörden und Dienstleistern mit Securityaufgaben und dem Flughafen.	1
Es gibt unterschiedliche Gremien, in denen der Austausch stattfindet. Die meisten Treffen finden auf der operativen Ebene statt.	1
Kurze Wege für einen schnellen Informationsaustausch sind gegeben.	1
Keine Angabe	2
Teils/teils	***1***
Relativ häufige Absagen (aufgrund weniger Themen), Teilnehmer nicht immer wie notwendig anwesend	1
Gesamt	7

Anhand dieser Ergebnisse lässt sich konstatieren, dass der regelmäßige und strukturierte Austausch aller Prozessbeteiligten nicht nur bei den damaligen Teilpilotprojekten ein weitreichend etablierter Bestandteil der dauerhaften Prozessoptimierung der Flughäfen in Bundes- wie Landeszuständigkeit geworden ist. Dabei zeigt diese Optimierungsmaßnahme auch, dass im Verhältnis zu einem eher geringen Umsetzungsaufwand eine relativ hohe Wirkung auf den Prozess erreicht werden kann.

5.2.2 Modifizierung der Vertragsbedingungen der Sicherheitskontrollen

Eine weitere, aus dem Pilotprojekt Berlin-Schönefeld (vgl. Kapitel 5.1.2) entwickelte, Optimierungsmaßnahme ist die Modifizierung der Vertragsbedingungen mit den PSDL. Folglich wurden die Verkehrsflughäfen nach Änderungen an den Verträgen zwischen der Luftsicherheitsbehörde und dem an ihrem Flughafen tätigen PSDL befragt. Hierbei wurde explizit

---

314 Zwei der Flughäfen erläuterten ihre gute Bewertung nicht.

erfragt, ob diese Modifizierungen mehr Verantwortung für den PSDL im Bereich der Einsatzplanung und -steuerung der LuftAss vorsehen.

Insgesamt haben sieben Flughäfen in Bundeszuständigkeit geantwortet, wobei einer keine Angabe machte. Fünf Flughäfen verneinten Vertragsänderungen. Lediglich ein Flughafen, der keiner der ehemaligen Pilotprojektflughäfen war, bejahte eine Vertragsmodifizierung. Bewertet wurde diese Änderung jedoch mit teils/teils. Grund hierfür sei insbesondere das Inkrafttreten der Änderungen erst im Jahr 2020. Dennoch sei der Flughafen in die Vorbereitung der Vertragsumsetzung aktiv eingebunden. Positiv sei ferner, dass durch die Vertragsänderungen der Flughafen mehr Einfluss auf die Ausschreibungen nehmen könne. Negativ gesehen wurde allerdings das potenzielle Risiko einer Verteuerung durch die Modifizierung.

Tab. 39: Vertragsmodifizierungen hinsichtlich mehr Verantwortung für den PSDL im Bereich der Einsatzplanung und -steuerung der LuftAss an Flughäfen in Bundeszuständigkeit

Vertragsmodifizierungen hinsichtlich mehr Verantwortung für den PSDL	Anzahl
Nein	6
Ja	1
Gesamt	**7**

Noch deutlicher sind die Antworten der Flughäfen in Landeszuständigkeit. Insgesamt beantworteten sechs Flughäfen diese Frage, wovon fünf Vertragsänderungen verneinten und ein Flughafen keine Angabe machte.

Tab. 40: Vertragsmodifizierungen hinsichtlich mehr Verantwortung für den PSDL im Bereich der Einsatzplanung und -steuerung der LuftAss an Flughäfen in Länderzuständigkeit

Vertragsmodifizierungen hinsichtlich mehr Verantwortung für den PSDL	Anzahl
Nein	5
Keine Angabe	1
Gesamt	**6**

Im Ergebnis lässt sich damit festhalten, dass bei den Flughäfen sowohl in Bundes- als auch in Landeszuständigkeit bis Ende 2019 kaum neue Verträge eingeführt waren. Allerdings ist zu bedenken, dass die alten Verträge mit den Sicherheitsdienstleistern jedenfalls auf Bundesebene in der

Regel auf vier Jahre angelegt sind und erst in nächsten Jahren auslaufen werden.[315]

5.2.3 Weitere Optimierungsmaßnahmen der Passagier- und Gepäckkontrollen

Ferner wurden die Verkehrsflughäfen nach weiteren Maßnahmen zur Verbesserung/Optimierung der Passagier- und Gepäckkontrollen (z. B. Konfiguration der Kontrollstellen), die in jüngster Zeit durchgeführt wurden, gefragt. Insgesamt antworteten zehn Flughäfen in Bundeszuständigkeit, wobei sich folgendes Bild zeigte: Sechs Flughäfen gaben an, dass solche Maßnahmen durchgeführt worden seien, während drei dies verneinten. Ein Flughafen machte keine Angabe dazu. Die sechs Flughäfen wiesen dabei auf folgende durchgeführte Maßnahmen hin:

Tab. 41: Durchgeführte Optimierungsmaßnahmen in jüngster Vergangenheit an Flughäfen in Bundeszuständigkeit

Erläuterungen	**Anzahl**
Umbau von zwei Kontrollspuren zwecks Erhöhung der Durchflussrate (derzeit noch in einer Testphase)	1
Optimierung des Kontrollspurenlayouts zur Ermöglichung von Überholungen innerhalb der Spur zur Beschleunigung des Durchsatzes	1
Bauliche Maßnahmen im Jahr 2019 abgeschlossen (Vergrößerung der Kontrollstelle, Anpassung der Kontrolltechnik wie Security Scanner)	1
Neue Sicherheitskontrollspuren mit Überholmöglichkeiten etc.	1
Eine komplette Erneuerung der Zentralen Sicherheitskontrolle in 2016	1
Grob gesagt Maßnahmen zur Verbesserung der Passagiervorbereitung auf die Kontrolle. Daneben geben wir Besetzungsempfehlungen für die SiKos heraus, die aus unserer Sicht bei Umsetzung zu einem flüssigen Passagierprozess führen würden.	1
Gesamt	**6**

Ein ähnliches Bild ergab sich bei der Beantwortung der Frage nach Maßnahmen zur Optimierung in jüngster Vergangenheit bei den Flughäfen in Landeszuständigkeit. Während fünf Flughäfen angaben, dass solche Maßnahmen durchgeführt worden seien, verneinten dies drei Flughäfen. Als durchgeführte Maßnahmen wurden benannt:

315 Der Großteil der Verträge läuft erst in den Jahren 2020, 2021 und 2022 aus.

Tab. 42: Durchgeführte Optimierungsmaßnahmen in jüngster Vergangenheit an Flughäfen in Länderzuständigkeit

Erläuterungen	Anzahl
Kontrollstellenlayout wurde für einen entsprechenden Durchfluss angepasst	1
2016 Eröffnung der neuen der zentralen Kontrollstelle	1
Im Bereich der Passagier und Gepäckkontrollen wird neue Kontrolltechnik eingesetzt, die einen höheren Sicherheitsstandard hat. Das Gesamtsystem hat sich bewährt. Durch den höheren Standard ergeben sich auch für die Passagiere viele Vorteile. Passagiere mit wenig Handgepäck können andere Passagiere überholen. Es müssen keine Sachen separiert werden. Die Kontrollen sind für den Passagier viel angenehmer. Auch das Sicherheitspersonal ist mit den neuen Arbeitsplätzen sehr zufrieden. Die neuen Konfigurationen sollen zügig am Flughafen eingesetzt werden.	1
Kontrollstellenoptimierung; Einsatz neuer Sicherheitstechnik, z. B. Sicherheitsscanner (beides umgesetzt)	1
Zusätzliche Schulungen der LuftAss/LSKK hinsichtlich Kommunikation und serviceorientiertes Auftreten gegenüber Kunden (Fluggästen); Konfiguration der Kontrollstelle: Wannenrückführung, Bordkartenkontrollsystem/-technik	1
Gesamt	**5**

Darüber hinaus wurden die Flughäfen danach gefragt, ob sie in nächster Zeit weitere Maßnahmen zur Verbesserung/Optimierung der Passagier- und Gepäckkontrollen planen. Sieben Flughäfen in Bundeszuständigkeit gaben an, dass solche Maßnahmen in nächster Zeit geplant seien. Drei Flughäfen verneinten dies. Auf folgende Optimierungsmaßnahmen wurden dabei von den Flughäfen in Bundeszuständigkeit verwiesen:

Tab. 43: Planung weiterer Maßnahmen zur Verbesserung/Optimierung der Passagier- und Gepäckkontrollen der Flughäfen in Bundeszuständigkeit

Erläuterungen	Anzahl
Optimierung des Kontrollspurenlayouts zur Ermöglichung von Überholungen innerhalb der Spur zur Beschleunigung des Durchsatzes.	1
Bessere Dienstleistersteuerung und -kontrolle; ggf. Reduzierung der PWK Öffnungszeiten und Kontrollstellen	1
Weitere Rollout der Spuren	1
Implementierung und Erprobung neuer Technologien und Kontrollprozesse	1
Einbau neuer Kontrolltechnik. Erweiterung der Technik zur Datenerfassung von Wartezeiten	1
Einbau neuer Kontrolltechnik	1
Einbau längerer und effizienterer Kontrollspuren in einem Terminal	1
Gesamt	**7**

Sechs Flughäfen in Landeszuständigkeit gaben an, dass sie in nächster Zeit Optimierungsmaßnahmen planen würden, während dies ein Flughafen verneinte. Ein Flughafen machte dazu keine Angaben. Folgende Maßnahmen wurden von den sechs Flughäfen benannt:

Tab. 44: Planung weiterer Maßnahmen zur Verbesserung/Optimierung der Passagier- und Gepäckkontrollen der Flughäfen in Länderzuständigkeit

Erläuterungen	Anzahl
Zuführung zur Kontrollstelle	1
Einbau von neuer Gepäckkontrolltechnik	1
Bei den Prozessen ist eine ständige Anpassung/Optimierung notwendig. Es gibt weitere Fortschritte bei der Sicherheitstechnik. Die Kontrollmethoden können sich ändern. Es können neue Gefahren hinzukommen, die eine Anpassung der Detektionsleistung erforderlich machen.	1
Weitere Optimierung der Kontrollstellen; Austausch der Reisegepäckanlage (CT- Gerät)	1
Umrüstung der mehrstufigen Reisegepäckkontrollanlage (MRKA) in 2020	1
Gepäckförderbänder zur Erleichterung der Kontrolle des aufgegebenen Gepäcks im Gepäcksortierbereich	1
Gesamt	**6**

Gesamtbetrachtend lässt sich damit feststellen, dass sich der Prozess der Sicherheitskontrollen sowohl bei Verkehrsflughäfen in Bundes- als auch in Landeszuständigkeit im Wandel befindet. Die Ergebnisse zeigen deutlich, dass Optimierungspotential besteht und von den Flughäfen erkannt worden ist.

5.3 Perspektive der Landesluftsicherheitsbehörden zu Optimierungsmaßnahmen

Neben den Verkehrsflughäfen wurde auch die Perspektive der Landesluftsicherheitsbehörden in die Untersuchung einbezogen. Mittels einer standardisierten Online-Umfrage wurden u. a. bei ihnen Informationen zu Optimierungspotentialen im Bereich der Luftsicherheitskontrollen gewonnen (siehe Kapitel 4.3). Teilgenommen haben insgesamt sechs von acht angeschriebenen Luftsicherheitsbehörden aus jeweils unterschiedlichen Bundesländern, bei denen es sich um eine obere und fünf oberste Landesbehörden handelt, die insgesamt für 12 verschiedene Landesflughäfen zuständig sind.

Von besonderem Interesse für die Untersuchung der Luftsicherheitskontrollen waren auch hier die Sichtweisen der Landesbehörden als Akteure im Kontrollprozess und die aus ihrer Perspektive gesehenen Optimierungspotentiale vor dem Hintergrund der vergangenen Teilpilotprojekte.

5.3.1 Optimierung des Informationsflusses und -austauschs

Die Landesluftsicherheitsbehörden wurden hinsichtlich der in ihrer Zuständigkeit befindlichen Verkehrsflughäfen befragt, ob ein regelmäßiger und strukturierter Informationsaustausch in Form eines Dialoges stattfindet. Die Antworten spiegeln die Ergebnisse der Befragung der Verkehrsflughäfen wider: Von den sechs Behörden bejahten fünf die Frage für ihre Flughäfen, wohingegen nur eine Behörde dies verneinte. Dies bedeutet, dass insgesamt bei sieben der im Zuständigkeitsbereich liegenden Flughäfen ein Standortdialog durchgeführt wird.

In einem nächsten Schritt bewerteten die Landesluftsicherheitsbehörden, in deren Zuständigkeitsbereich Standortdialoge stattfinden, den strukturierten Austausch zwischen den Stakeholdern. Die Angaben zeigen eine deutlich positive Einstellung gegenüber diesem strukturierten Informationsaustausch. Die Luftsicherheitsbehörden bewerteten die Dialoge an einem Flughafen als sehr gut, an fünf Flughäfen als gut und nur an einem mit teils/teils. Die Behörden begründeten ihre Angaben wie folgt:

Tab. 45: Bewertung und Begründung der Optimierung des Informationsflusses und -austauschs

Bewertung und Begründung	**Anzahl**
Sehr gut	***1***
Jeder kennt jeden.	1
Gut[316]	***5***
Es erfolgt ein strukturierter monatlicher Austausch zwischen dem Sicherheitsdienstleister und dem Flughafenbetreiber in Bezug auf die Durchführung der Eigensicherungsmaßnahmen gemäß § 8 LuftSiG und der entsprechenden Überwachung/Aufsicht durch die Landesluftsicherheitsbehörde.	1
Gegenseitiger Informationsaustausch funktioniert, man hilft sich auch einmal und trifft sich gelegentlich sogar für außerdienstliche Aktivitäten (Flughafenlauf)	1
Überschaubare Flughafengröße, familiärer Umgang	1
Keine Angabe	2
Teils/teils	***1***
Der Austausch zwischen Luftsicherheitsbehörde und Sicherheitsdienstleister funktioniert gut, der Austausch mit dem Flughafen ist teils schwierig.	1
Gesamt	***7***

316 Zwei Flughäfen begründeten ihre gute Bewertung nicht.

In einer anschließenden Frage gab die Luftsicherheitsbehörde, die keinen regelmäßigen Austausch zwischen den Prozessbeteiligten durchführt, an, dass solche auch zukünftig nicht geplant seien.

Somit lässt sich konstatieren, dass auch die Landesluftsicherheitsbehörden dem strukturierten Austausch an den jeweiligen Flughäfen gegenüber weitgehend positiv eingestellt sind und diesen auch fast flächendeckend als Instrument zur stetigen Verbesserung des Prozesses nutzen.

5.3.2 Reformmaßnahmen der Sicherheitskontrollen

Ferner wurden die Landesluftsicherheitsbehörden nach bereits durchgeführten Reformmaßnahmen im Bereich der Passagier- und Gepäckkontrollen an den Verkehrsflughäfen in ihrer Zuständigkeit befragt. Im Ergebnis führte nur eine Behörde Reformmaßnahmen durch, wohingegen vier diese verneinten und eine Landesluftsicherheitsbehörde keine Angabe hierzu machte.

Diese Antworten zeigen, dass über die Maßnahme des Standortdialogs hinaus bisher keine bekannten weiteren wesentlichen Einzelmaßnahmen oder Reformmaßnahmen zur Verbesserung des Prozesses vorgenommen wurden.

5.3.3 Kenntnisse und Umsetzungsgrad der BMI/-BDL-Pilotprojekte

Schließlich wurden die sechs Landesluftsicherheitsbehörden einerseits nach ihrer Kenntnis über die BMI/-BDL-Pilotprojekte (vgl. Kapitel 5.1) und andererseits zum Umsetzungsgrad der Projektmaßnahmen befragt. Zwei Drittel der Behörden (4) gaben an, Kenntnis zu haben, zwei kannten die Pilotprojekte nicht.

Allerdings erfolgte bei nur bei einer Behörde eine Umsetzung der Pilotprojektergebnisse. In diesem Fall wurden CT-Geräte und automatisierte Kontrollspuren nach dem Vorbild des Teilprojektes Köln/Bonn angeschafft. Darüber hinaus ist laut Angaben der befragten Luftsicherheitsbehörden keine anderweitige Umsetzung geplant.

5.4 Neue Welt

Von 2016 bis 2018 haben das BMI und die Fraport AG Frankfurt Airport Services Worldwide (Fraport) einen Vertrag zur Neuorganisation der Luftsicherheitskontrolle am Flughafen Frankfurt Main (Neue-Welt-Vertrag) verhandelt. Zurzeit sind die Verhandlungen ausgesetzt. Ziel des Vertrages war es, die Luftsicherheitskontrollen im Rahmen des geltenden Rechts an Fraport zu übergeben. Der Neue-Welt-Vertrag wurde zwar paraphiert, aber nie ausverhandelt und unterschrieben. Über einige Punkte, insbesondere finanzielle Fragen wie die Kostentragung bei Mängelbeseitigung, das Verfahren bei der Uneinbringlichkeit von Entgelten und die Kosten bei Übernahme der Sicherheitsausrüstung konnte keine Einigung erzielt werden.[317]

Im Wesentlichen sollte der Vertrag die Aufgaben der Luftsicherheitskontrolle vom Bund auf Fraport übertragen, wobei der Vertrag zwischen verschiedenen Aufgabenbereichen differenziert. Insbesondere sollte der Bund auch weiterhin Vorgaben festlegen und die Fach- und Rechtsaufsicht haben. Ebenso sollte nicht davon abgewichen werden, dass es sich bei den Luftsicherheitskontrollmaßnahmen nach § 5 LuftSiG um eine hoheitliche und grundrechtsrelevante Tätigkeit bleiben, die den beliehenen LuftAss und der Luftsicherheitsbehörde vorbehalten bleiben sollte.

Im Konkreten sollte Fraport Leistungen zur Organisation der Luftsicherheitskontrolle, insbesondere die Steuerung der Durchführung, erbringen. Der Vertrag definiert die Steuerung genauer und fasst darunter insbesondere die Gestaltung der Abläufe der Kontrollen inklusive der Qualitätssicherung, die Ressourcen- und Personalbedarfsplanung, die Beschaffung und der Betrieb der Sicherheitsausrüstung, die operative Steuerung der von Fraport beauftragten Luftsicherheitsdienstleister. Die tatsächliche Durchführung der Kontrollen sollte dabei durch dritte Dienstleister erfol-

317 Am 7. Mai 2021 hat das BMI bekannt gegeben, dass eine Einigung mit Fraport erzielt wurde (https://www.bmi.bund.de/SharedDocs/pressemitteilungen/DE/2021/05/fraport-luftsicherheitskontrolle-frankfurt.html). Ab dem 1. Januar 2023 wird die Verantwortung für die Organisation, Finanzierung, Steuerung und Durchführung der Luftsicherheitskontrollen, die Beschaffung der Sicherheitsausrüstung sowie die Kalkulation und Erhebung von Luftsicherheitsgebühren von Fluggesellschaften am Flughafen Frankfurt auf Fraport übertragen. Die Bundespolizei wird weiterhin die Aufsicht über das qualifizierte Fachpersonal haben, das die Kontrollen durchführen wird. Die Entlohnung wird nach Tarif erfolgen, was durch eine Tarifbindungsvereinbarung sichergestellt werden wird. Das BMI wird auch weiterhin die Aufgaben der obersten Luftsicherheitsbehörde wahrnehmen. Weitere Details zu dem Vertrag lagen zum Zeitpunkt der Manuskripterstellung nicht vor.

gen, deren Personalbedarf und Personaleinsatz Fraport durch eigene Mitarbeiter steuern sollte. Es sollte Fraport freistellen, die LuftAss auch andere Tätigkeiten als die Luftsicherheitskontrolle durchführen zu lassen, soweit die ordnungsgemäße Erbringung von Luftsicherheitskontrollmaßnahem dadurch nicht beeinflusst würde. Fraport sollte auch die Ausschreibung und Vergabe zur Gewinnung der dritten Dienstleister übernehmen. Ebenso sollte Fraport die Sicherheitstechnik planen, beschaffen, betreiben und verwalten, d. h. insbesondere auch die Planung der Kontrollstellen.

Der Bund sollte alle Aufgaben nach § 5 LuftSiG i. V. m. § 4 BPolG wahrnehmen, soweit sie nicht auf Fraport übertragen werden sollten. Das sollte insbesondere die Festlegung von Vorgaben für die Durchführung der Luftsicherheitskontrollen einschließlich den Erlass einer Dienstanweisung, die Prüfung und Genehmigung von Betriebs- und Verfahrensanweisungen, des Konzepts der Qualitätssicherungsmaßnahmen, der Durchführung von Testläufen sowie der Unterlagen für die Ausschreibung hinsichtlich der Einhaltung der rechtlichen Vorgaben, die Beleihung, Prüfung und Rezertifizierung der LuftAss und die Zertifizierung, Zulassung und Abnahme der Sicherheitsausrüstung umfassen. Die Luftsicherheitsbehörde sollte im Rahmen der Fachaufsicht berechtigt sein, den Luftsicherheitsdienstleistern, den LuftAss und Fraport zur Aufgabendurchführung jederzeit fachliche Anordnungen und Weisungen zu erteilen.

Fraport sollte die Aufgaben der Luftsicherheitskontrolle für den Bund unentgeltlich übernehmen und eine Entgeltordnung nach § 19b LuftVG erlassen. Der Bund sollte aus Gründen der Billigkeit im Einzelfall Kosten erstatten können.

Der achte Abschnitt des Vertrages befasst sich mit der Haftung. Der Bund sollte Dritten gegenüber für Schäden, die von den LuftAss bei Durchführung der Luftsicherheitskontrollmaßnahmen verursacht werden, nach den Grundsätzen der Amtshaftung haften. Im Innenverhältnis sollte Fraport für Schäden, die von den LuftAss bei Durchführung der Luftsicherheitskontrollen vorsätzlich oder grob fahrlässig verursacht wurden, haften, soweit Fraport seine vertragliche Auswahl- oder Überwachungspflicht verletzt hat. Daneben sollte Fraport für die vorsätzliche und grob fahrlässige Verletzung seiner Pflichten aus dem Neue-Welt-Vertrag haften.

5.5 Weitere Optimierungsansätze im bestehenden System

Neben den in den Interviews genannten Präferenzen für eine mögliche Neuorganisation des Systems der Luftsicherheit in Deutschland wurde auch eine Reihe von Optimierungsansätzen von verschiedenen Akteuren vorgeschlagen, die keine grundlegende Neuverteilung der Zuständigkeiten erfordern würden. Diese sollen im Folgenden kritisch betrachtet werden.

5.5.1 Luftverkehrswirtschaft beteiligen: Beschaffung Sicherheitstechnik und Einrichtung Kontrollstellen

Die derzeit von der BPOL bzw. dem Beschaffungsamt ausgehandelten Rahmenverträge werden von einigen Stakeholdern als zu unflexibel und innovationshemmend wahrgenommen.[318] Dabei wird vorgetragen, dass mit den Rahmenverträgen einhergehende etwaige niedrige Lieferpreise durch durchsatzstärkere Technik und damit einhergehenden Personalkosteneinsparungen überkompensiert würden. Auch wenn dies als Argument für die Beschaffung durch die Flughäfen selbst vorgetragen wird, erscheint der Gedanke der Beteiligung der Flughäfen als Akteur, auf dessen Flächen die gesamten Prozesse verortet sind, auch bei einem Verbleiben der Beschaffung bei einer staatlichen Stelle bedenkenswert.

Insoweit könnte, z. B. im Rahmen eines Pilotprojektes an Beispielflughäfen (z. B. klein, mittel, groß bezüglich Passagierzahlen oder verschiedene Typen von Kontrollstellen) getestet werden, inwiefern beim Abschluss von Rahmenverträgen der Flughafen beteiligt werden kann. Auf Grundlage hinreichender Evidenz könnte auch das Absehen von Rahmenverträgen (ggf. auch nur für bestimmte Gerätetypen) *wirtschaftlich* i. S. d. Haushaltsrechts sein. Inwiefern dabei eine hinreichend zügige Lieferung und die Einhaltung des Vergaberechts sichergestellt werden kann, muss ebenfalls geprüft werden.

Ferner sollte, soweit dies nicht bereits geschieht[319], der Flughafen bei der Konfiguration der Kontrollstelle durch die LSB dergestalt beteiligt werden, dass die Expertise des Flughafens für die vor- und nachgelagerten Prozesse eingebracht werden kann. Dabei ist an jedem Standort zu entscheiden, welcher Standardisierungsgrad, welches Ausmaß und welcher Zeitpunkt optimal sind. Dabei kann und sollte an bestehende Kommunikationsstrukturen, insbesondere den Standortdialog, angeknüpft werden.

---

318 So haben z. B. Fraport, aber auch Verbände haben hierauf verwiesen.

319 An Flughäfen in Bundeszuständigkeit werden die Flughafenbetreiber laut Auskunft der BPOL bereits beteiligt.

5.5.2 Peaks vorbeugen: Flugplan entzerren

Schließlich wurden volle Flugpläne als Ursache für Peaks genannt. Hier könnten die Flughäfen prüfen, ob sie durch eine Entgeltstaffelung Randzeiten attraktiver machen können. Ggf. könnte ein Dialog mit den Fluggesellschaften über ihre dahingehende Flexibilität geführt werden.

5.5.3 Überprüfung und Anpassung des derzeitigen Schulungssystems der LuftAss

Das Qualifikationsniveau der LuftAss wurde von nahezu allen befragten Stakeholdern (Gewerkschaften, Verbände der Luftverkehrswirtschaft und der BPOL) als gut bis sehr gut eingeschätzt – ein deutliches Zeichen dafür, dass die derzeitigen Schulungen zur Erlangung der erforderlichen Qualifikation des entsprechenden Personals geeignet sind. Die mehrfach von verschiedenen Stakeholdern beschriebenen hohen Durchfallquoten der Schulungsteilnehmer sind jedoch bedenklich und sollten daher einer genauen Evaluation unterzogen werden.

Eine hohe Zahl an durchgefallenen Anwärterinnen und Anwärtern ist nicht nur unter wirtschaftlichen Aspekten negativ zu bewerten, es ist auch nicht wünschenswert, dass einer größeren Personenzahl sicherheitsrelevantes Wissen im Zusammenhang mit der Durchführung der entsprechenden Kontrollen vermittelt wird, die dann nicht diese Tätigkeit ausübt. Eine hohe Durchfallquote kann jedoch auch als Ausdruck des hohen Anforderungsniveaus gewertet werden, was bei einer sicherheitsrelevanten Tätigkeit wie der Durchführung von Passagier- und Gepäckkontrollen möglicherweise unumgänglich ist.

Ist die hohe Durchfallquote jedoch bedingt durch Diskrepanzen zwischen Schulungs- und Prüfungsinhalten oder auf eine mangelhafte Vermittlung entscheidender Inhalte zurückzuführen, erscheint es geboten, das derzeitig bestehende System der entsprechenden Schulungen anzupassen. Eine Evaluation des entsprechenden Systems sollte dabei organisatorische, fachliche und didaktische Aspekte des bestehenden Systems umfassen. Eine derartige Evaluation kann auch Hinweise auf die Notwendigkeit einer Ausweitung der derzeit bestehenden vorgegebenen Mindestschulungsdauer geben. Gleiches gilt auch für die mögliche Einführung von verpflichtenden Eignungstests vor Beginn der Schulungen.

Im Rahmen der Interviews wurde von Gewerkschaftsseite die Einführung eines Ausbildungsberufs Luftsicherheit befürwortet. Ihrer Ansicht nach wäre eine mehrjährige Ausbildung im Hinblick auf die als anspruchsvoll bewerteten Anforderungen an die LuftAss angemessen. Darüber hinaus sei es so möglich, die finale Durchfallquote über Zwischenprüfungen zu minimieren. Auch sieht eine Gewerkschaft hier Potenziale für einen möglichen doppelfunktionalen Einsatz der LuftAss bei den § 5- und den § 8-Kontrollen. Der Forderung nach einem qualifizierten Ausbildungsberuf schloss sich auch die andere Gewerkschaft an. Die Vertreter beider befragten Gewerkschaften merkten zusätzlich an, dass Pläne in diese Richtung bereits in Arbeit seien. Eine Gewerkschaft erwähnte bereits laufende Verhandlungen mit der IHK über einen möglichen anerkannten Ausbildungsberuf zur „Luftsicherheitsfachkraft".

In diesem Zusammenhang bleiben jedoch folgende Fragen offen:

(1) *Inwieweit sollte zukünftig der Abschluss einer derartigen Ausbildung für die Beleihung und somit die Ausführung der Tätigkeit als LuftAss verpflichtend vorausgesetzt werden?*

Hierzu müsste dann die Leistungsbeschreibungen für die Passagier- und Gepäckkontrollen dahingehend geändert werden, dass für diese Tätigkeit nur noch Personal eingesetzt werden kann, das diesen Ausbildungsabschluss nachweisen kann. Allerdings müsste es für bereits qualifizierte Kräfte und für solche in Ausbildung eine Bestandsschutzregelung geben.

(2) *Ob und wie würde sich die Ausbildung auf das Lohnniveau der LuftAss auswirken?*

Eine höhere Bezahlung als heute wäre jedenfalls im öffentlichen Dienst nicht zu erwarten. Die Attraktivität der Ausbildung müsste demnach v.a. durch eine breitere Verwendungsmöglichkeit und Aufstiegschancen sichergestellt werden. Ob und inwieweit dies möglich ist, wäre eine weitere Frage.

Um diesen Vorschlag angemessen bewerten zu können, bedarf es der bereits genannten fachlichen Bewertung der Prüfungs- und Schulungsinhalte, die im Rahmen dieses Gutachtens nicht geleistet werden kann. Insbesondere eine mögliche gesetzliche Verpflichtung eines fachlichen Ausbildungsabschlusses zur Ausübung von Kontrolltätigkeiten im Bereich der Luftsicherheit würde das Berufsbild der LuftAss nachhaltig verändern. Es ist dabei nur schwer abschätzbar, ob dies die Attraktivität einer Tätigkeit im Bereich der Luftsicherheit steigern oder vermindern würde und welche Folgen dies für die Qualität der durchgeführten Kontrollen hätte.

Durch die derzeit relativ kurze Schulungsdauer können Personen relativ leicht aus einem anderen Tätigkeitsfeld in den Bereich der Luftsicherheit wechseln. Dies kann beispielsweise Personen betreffen, die ihren bisherigen Beruf aufgeben mussten oder auf der Suche nach einem Zweitjob etc.

sind. Dieser Aspekt der Tätigkeit würde bei einer zwangsläufig erforderlichen mehrjährigen Ausbildung entfallen.

Hierbei ist auch der Zusammenhang mit den Arbeitsbedingungen zu beachten. Eine DGB-Umfrage zur Arbeitszufriedenheit in der Sicherheitsbranche legt nahe, dass sich derzeitig viele Arbeitnehmerinnen und Arbeitnehmer im Bereich der Luftsicherheit nicht in der Lage sehen, ihre Tätigkeit bis zur Rente weiter auszuüben.[320] Dem kommt nochmal ein anderes Gewicht zu, wenn zur Ausübung einer Tätigkeit erst eine mehrjährige Ausbildung erforderlich ist. Wird beispielsweise eine Rezertifizierung verfehlt, so würde die erlangte Ausbildungsqualifikation bei der jetzigen Tätigkeitsaufteilung wertlos werden.

Daher sollte bei Einführung eines entsprechenden Ausbildungsberufs auf eine Ausweitung des Tätigkeitsfeldes der entsprechenden Arbeitskräfte geachtet werden, sodass der Beruf der Luftsicherheitsfachkraft auch noch ausgeübt werden kann, wenn die Tätigkeit als LuftAss aufgrund verfehlter Rezertifizierung oder aus gesundheitlichen Gründen nicht mehr ausgeführt werden kann. Ansonsten erscheint der Aufwand ggü. den derzeitigen, wenige Monate dauernden Schulungen, aus Sicht der Arbeitnehmer kaum vermittelbar. Dass dies nicht ohne Weiteres möglich sein dürfte, wurde bereits oben angedeutet.

---

320 *Ver.di*, Arbeitsbedingungen im Sicherheitsgewerbe, S. 20 zur Einschätzung der Arbeit bis ins Rentenalter.

6 Erfahrungen ausländischer Luftsicherheitsbehörden

6.1 Einleitung

Neben der Untersuchung der Aufgaben- und Zuständigkeitsverteilung im Bereich der Luftsicherheit in Deutschland wurde auch eine Analyse von europäischen und außereuropäischen Organisationsmodellen durchgeführt. Ziel dieser Betrachtungen ist es zu untersuchen, welche alternativen Organisationsmodelle in anderen Staaten mit vergleichbarem Sicherheitsniveau praktiziert werden. Der Schwerpunkt bei diesen Betrachtungen liegt dabei auf der Organisation und Aufgabenwahrnehmung, insbesondere bezogen auf die Passagier- und Handgepäckkontrollen.

Hierzu wurde ein teilstandardisierter Fragebogen in Abstimmung mit dem BMI erarbeitet und an die für den Bereich Luftsicherheit zuständigen Behörden folgender Staaten verschickt: Australien, Dänemark, Frankreich, Großbritannien, Kanada, Niederlande, Polen, Schweden, Spanien und die USA. Für alle diese Staaten kann ein zur Bundesrepublik Deutschland vergleichbares Sicherheitsniveau im Bereich der Luftsicherheit angenommen werden.

Der verwendete Fragebogen beinhaltet hauptsächlich standardisierte Fragen mit ergänzenden Freitextfeldern und einigen wenigen offen gestellten Fragen. Alle befragten Behörden erhielten den gleichen Fragebogen. Die Standardisierung diente bei dieser Erhebung vor allem dazu, den Bearbeitungsaufwand bei den befragten Behörden zu minimieren, eine quantitative Auswertung wurde hingegen aufgrund der geringen Fallzahl nicht angestrebt. Abgefragt wurden vor allem die jeweiligen Zuständigkeiten bei der Wahrnehmung einer Vielzahl von Aufgaben im Bereich der Luftsicherheit, insbesondere bezogen auf die Passagier- und Handgepäckkontrollen. Die insgesamt 41 Fragen wurden in die folgenden Kategorien aufgeteilt:

1) Planung und Durchführung der Passagier- und Handgepäckkontrollen
2) Ausbildung des Personals, das die Passagier- und Handgepäckkontrollen durchführt
3) Zertifizierung, Anschaffung und Betrieb der Sicherheitstechnik
4) Finanzierung der Kosten für die Passagier- und Handgepäckkontrollen
5) Weitere Fragen

Wie an den aufgeführten Kategorien bereits ersichtlich, konzentrierte sich die Befragung auf einige wenige Schlüsselaspekte der Organisation der Luftsicherheitsaufgaben im jeweiligen Staat. Fragen zu allgemeinen Aspekten im Bereich der Luftfahrt (z. B. Passagieraufkommen, Verwaltungsaufbau, Kommunikationsstrukturen) wurden hingegen nicht abgefragt, um den Arbeitsaufwand für die ausländischen Behörden zu minimieren. Da diese Aspekte aber dennoch einen entscheidenden Einfluss auf die Organisation der Luftsicherheitskontrollen haben können, ist von einer direkten Übertragung eines dieser Systeme der Luftsicherheit auf das deutsche System, allein auf Basis der vorliegenden Betrachtungen, generell abzuraten. Dennoch kann die Betrachtung internationaler Varianten der Luftsicherheitsorganisation Anhaltspunkte für mögliche Reformvorhaben in Deutschland liefern.

6.2 *Zentrale Ergebnisse der Befragung der ausländischen Luftsicherheitsbehörden*

6.2.1 Planung und Durchführung der Passagier- und Handgepäckkontrollen

Der erste und größte inhaltliche Block des Fragebogens bezog sich auf die Verantwortlichkeiten und Zuständigkeiten für die Passagier- und Handgepäckkontrollen in den jeweiligen Staaten. Das Zusammenwirken zwischen staatlichen und privaten Akteuren war dabei von besonderem Interesse.

In allen befragten Staaten außer den USA tragen die Flughafenbetreiber die rechtliche Verantwortung für die Durchführung der Passagier- und Handgepäckkontrollen. In den USA unterliegen die Verantwortlichkeiten im Bereich der Luftsicherheit seit den Terroranschlägen am 11. September 2001 weitgehend der Bundesregierung. Am 19 November 2001 unterzeichnete der damalige Präsident Georg W. Bush den *Aviation and Transportation Security Act*[321]. Dieser regelt die Einführung der *Transportation Security Administration* (TSA), die dem US-amerikanischen *Department of Transportation* nachgeordnet ist. Seit Inkrafttreten dieses Gesetzes ist die TSA unter anderem mit der Durchführung der Passagier- und Gepäckkontrollen an den amerikanischen Flughäfen betraut. Vor dieser gesetzlichen Regelung wurden die Passagier- und Gepäckkontrollen in den USA von privaten Si-

321 https://www.congress.gov/bill/107th-congress/senate-bill/1447/text (zuletzt abgerufen am 4. November 2019).

cherheitsdienstleistern im Auftrag der Fluggesellschaften durchgeführt.[322] Somit liegt – bezogen auf die befragten Staaten – ausschließlich in den USA die alleinige Verantwortung für die Passagier- und Handgepäckkontrollen derzeit bei einer staatlichen Behörde, wobei es auch dort Ausnahmeregelungen bei der Durchführung der Kontrollen gibt.

In Großbritannien, Schweden, den Niederlanden, Polen und Dänemark sind hingegen die Flughafenbetreiber nach Angaben der befragten Behörden allein für die Durchführung der Passagier- und Handgepäckkontrollen verantwortlich. In Australien sind neben den Flughafenbetreibern zusätzlich noch die Fluggesellschaften für die Durchführung zuständig. In Spanien und Frankreich teilen sich die Flughafenbetreiber die Zuständigkeit für die Durchführung der Kontrollen mit der staatlichen Polizei. In Kanada sind neben den Flughafenbetreibern zusätzlich noch die Fluggesellschaften und die *Canadian Air Transport Security Authority* (CATSA) verantwortlich. CATSA wurde 2002 gegründet und untersteht dem kanadischen *Minister of Transport*[323]. Die Behörde befasst sich ausschließlich mit Aufgaben im Bereich der Luftsicherheit.

Nach Angaben der befragten Behörde ist in Kanada jedoch in naher Zukunft ein Systemwechsel im Bereich der Luftsicherheit angedacht. Zukünftig sollen private Dienstleister vermehrt in diesem Aufgabenfeld tätig werden. Wie diese neue Verantwortungsverteilung genau aussehen soll, ist derzeit noch offen. Nach Einschätzung des befragten Behördenmitarbeiters wird es eine ähnliche Lösung wie im Bereich Flugüberwachung geben. In Kanada werden die Flugbewegungen seit 1996 von *NAV Canada* überwacht. *NAV Canada* ist eine *non-share capital corporation* nach kanadischem Recht. Dabei handelt es sich um ein Non-Profit-Unternehmen, das keine Eigentümer, sondern „Partner" hat. *NAV Canada* hat nach dem *Civil Air Navigation Services Commercialization Act*[324] als einzige Organisation in Kanada das Recht, Dienstleistungen im Bereich der Luftraumüberwachung anzubieten, wird jedoch nach eigenen Angaben nicht durch staatliche Mittel refinanziert, sondern finanziert sich über Gebühren für die entsprechenden Dienstleistungen.[325]

---

322 https://www.gao.gov/new.items/d08456t.pdf, S. 5 (zuletzt abgerufen am 4. November 2019).

323 https://www.catsa-acsta.gc.ca/en/about-us (zuletzt abgerufen am 9. September 2019).

324 https://laws-lois.justice.gc.ca/eng/acts/c-29.7/index.html (zuletzt abgerufen am 25. Oktober 2019).

325 https://www.navcanada.ca/en/about-us/pages/who-we-are.aspx (zuletzt abgerufen am 4. November 2019).

Tab. 46: Verantwortlichkeiten für die Durchführung des Passagier- und Handgepäckkontrollen in den jeweiligen Ländern

	Zentrale Polizeibehörde	Sonstige Behörde	Flughafen	Fluggesellschaften	Sonstige
Australien	-	-	x	X	-
Dänemark	-	-	x	-	-
Frankreich	-	-	x	-	x
Kanada	-	x	x	X	-
Niederlande	-	-	x	-	-
Polen	-	-	x	-	-
Schweden	-	-	x	-	-
Spanien	x	-	x	-	-
UK	-	-	x	-	-
USA	-	x	-	-	-

Darüber hinaus wurden die Behörden danach gefragt, welche Organisation mit der tatsächlichen Durchführung der Passagier- und Handgepäckkontrollen betraut sei. Dabei ergab sich, dass in keinem Staat eine regionale Polizeieinheit in die operative Durchführung der Passagier- und Handgepäckkontrollen an den Flughäfen involviert ist. Eine zentrale Polizeibehörde ist nur in Spanien an der Ausführung der Kontrollen vor Ort beteiligt, wo sie sich die Aufgabe mit privaten Sicherheitsdienstleistern teilt. In den USA sind im Regelfall die (Bundes-)TSA-Mitarbeiterinnen und Mitarbeiter für die Durchführung der Passagier- und Handgepäckkontrollen zuständig. Das sogenannte *Screening Partnership Program* erlaubt jedoch in den USA die Durchführung der Sicherheitskontrollen durch private Dienstleister, sofern diese den gleichen oder einen höheren Standard an Sicherheit als die TSA nachweisen können. Auch diese privaten Dienstleister agieren jedoch unter staatlicher Aufsicht. Derzeit wird diese Möglichkeit an mehreren nationalen und internationalen Flughäfen in den USA genutzt, unter anderem in Atlantic City und San Francisco.[326] Private Sicherheitsdienstleister können ebenfalls in Großbritannien, den Niederlanden, Australien, und Polen an der Durchführung der Passagier- und Handgepäckkontrollen beteiligt werden, wobei in diesen Staaten die Aufgabe auch direkt von den Flughafenbetreibern übernommen werden kann, die wiederum die privaten Dienstleister beauftragen. In Australien können zusätzlich noch die Fluggesellschaften an den Sicherheitskontrol-

326 https://www.tsa.gov/for-industry/screening-partnerships (zuletzt abgerufen am 4. November 2019).

len beteiligt werden. Dazu wurde von der australischen Behörde angemerkt, dass es sich um einen Einzelfall handele, da derzeit nur eine einzige Fluggesellschaft Passagier- und Handgepäckkontrollen an einem Flughafen durchführe. Im Regelfall sei es hingegen in Australien üblich, dass an den kleineren Flughäfen die Flughafenbetreiber mit eigenem Personal die Sicherheitskontrollen durchführen, während an den größeren regionalen und internationalen Flughäfen die Beauftragung privater Sicherheitsfirmen zur Durchführung der Kontrollen die Regel sei.

Nach Angaben der niederländischen Luftsicherheitsbehörde sind dort ausschließlich private Dienstleister mit der Durchführung der entsprechenden Kontrollen betraut. In Kanada werden „private“ Dienstleister“ von CATSA mit der Durchführung der Passagier- und Handgepäck-kontrolle beauftragt. CATSA regelt sowohl die Ausbildung der Mitarbeiterinnen und Mitarbeiter als auch die fachliche Beaufsichtigung, weshalb es sich nach dem Verständnis der Luftsicherheitsbehörde bei den Dienstleistern nicht um „private Dienstleister“ handle. Die Behörden in Frankreich, Dänemark und Schweden haben hingegen angegeben, dass die Durchführung der Passagier- und Handgepäckkontrollen in die Zuständigkeit der Flughafenbetreiber falle, wobei nicht spezifiziert wurde, ob diese Aufgabe auch an externe Dienstleister ausgelagert werden kann.

Tab. 47: Durchführung der Passagier- und Handgepäckkontrollen in den jeweiligen Ländern

	Zentrale Polizeibehörde	Sonstige Behörde	Flughafen	PSDL	Fluggesellschaften
Australien	-	-	x	X	x
Dänemark	-	-	x	-	-
Frankreich	-	-	x	-	-
Kanada	-	x	-	-	-
Niederlande	-	-	-	X	-
Polen	-	-	x	X	-
Schweden	-	-	x	-	-
Spanien	x	-	-	X	-
UK	-	-	x	X	-
USA	-	x	-	-	-

Die Luftsicherheitsbehörden wurden weiterhin nach der Befugnis des Staates gefragt, bei Ausführung der Passagier- und Handgepäckkontrollen durch private Akteure direkt in die Kontrollvorgänge einzugreifen (z. B. im Ernstfall). In keinem der untersuchten Länder wurde dabei ein Eingreifen des Staates in diese Aufgaben explizit ausgeschlossen. Für Frankreich wurde eine generelle Eingreifbefugnis angegeben, diese erfordere keine besondere Begründung. Die australische Luftsicherheitsbehörde äußerte sich hingegen besonders umfangreich zu den dortigen Eingriffsmöglichkeiten des Staates. In Australien werden die Befugnisse und Zuständigkeiten bei den Passagier- und Handgepäckkontrollen durch den *Aviation Transport Security Act* von 2004 (zuletzt geändert im Jahr 2018)[327] geregelt. Neben detaillierten Regelungen zu verbotenen Gegenständen, Kontrollprozessen und den Befugnissen der beteiligten Akteure regelt das Gesetz auch die Notwendigkeit von sogenannten *Transport Security Programs* (TSPs). Für Flughafenbetreiber und Fluggesellschaften ist ein solches TSP erforderlich. In diesen Sicherheitsprogrammen müssen die entsprechenden Unternehmen beschreiben, wie sie die vorgeschriebenen Sicherheitsmaßnahmen umgesetzt haben und weiterhin umsetzen wollen. Die genaue Ausgestaltung dieser Programme ist auch Inhalt der australischen *Aviation Transport Security Regulations* aus dem Jahr 2005[328]. Es ist aber darüber hinaus auch möglich, dass der australische Senat ein Sicherheitsprogramm für eine oder mehrere Fluggesellschaften oder Flughafenbetreiber erstellt, in denen detaillierte Angaben zur Durchführung von Sicherheitsmaßnahmen und dem entsprechenden Sicherheitsequipment gemacht werden können, die dann von dem entsprechenden Unternehmen umzusetzen sind. Darüber hinaus beschreibt der *Aviation Transport Security Act* 2004 auch detailliert die Befugnisse, wie Polizisten und Sicherheitsinspektoren in den Betriebsablauf der Sicherheitskontrollen eingreifen.

In Großbritannien ist der Staat ebenfalls berechtigt, in die Passagier- und Handgepäckkontrollen einzugreifen. Dies gilt sowohl für den Fall, wenn diese von privaten Dienstleistern durchgeführt werden, als auch für den Fall, wenn diese von den Flughafenbetreibern übernommen werden. Es wurde jedoch in einer Freitextantwort angemerkt, dass diese Eingriffe nicht der Normalfall seien. Im Falle eines Eingreifens erfolge erst eine Weisung des *Secretary of State*. Dies sei unter anderem bei einer Veränderung der allgemeinen Sicherheitslage oder zwecks der Erprobung neuer Sicherheitstechnik der Fall. Der zuständige *Secretary of State* für Luftsicher-

327 https://www.legislation.gov.au/Details/C2018C00491 (zuletzt abgerufen am 4. November 2019).

328 https://www.legislation.gov.au/Datails/F2018C00068 (zuletzt abgerufen am 4. November 2019).

heit ist der Minister bzw. die Ministerin *of State for Security and Economic Crime*.[329]

Für Dänemark wurde ebenfalls angegeben, dass der Staat unter besonderen Umständen in die Durchführung der Passagier- und Handgepäckkontrollen, die regulär von den Flughafenbetreibern durchgeführt werden, eingreifen kann. Angeführt wurden verschärfte Kontrollen bei „VIP-Flügen", also Sonderflügen außerhalb des Linienbetriebs, oder bei Flügen, bei deren Abflughafen Zweifel an der Qualität der dortigen Sicherheitsmaßnahmen bestehen. Derartige Eingriffe werden nach Angaben der Luftsicherheitsbehörde von der nationalen Polizei oder dem dänischen *Centre for Civil Aviation* (Da-CAA) vorgenommen. Letzteres ist dem dänischen Ministerium für *Transport, Construction and Housing* nachgeordnet und befasst sich mit Sicherheitsfragen im Bereich der Luftfahrt, sowohl bezogen auf Angriffe als auch auf Sicherheitsfragen im Bereich der Luftverkehrskoordination.[330] Ähnlich wie für Großbritannien wurde auch für Dänemark angemerkt, dass bei einer veränderten Gefährdungslage verschärfte Kontrollen durch die nationale Polizei angefordert werden können.

Für Polen, wo regulär die Flughafenbetreiber für die Durchführung der Passagier- und Handgepäckkontrollen zuständig sind, kann der Staat ebenfalls in die Passagier- und Handgepäckkontrollen eingreifen. Dies gilt auch, wenn die Flughäfen die Durchführung dieser Aufgabe an private Dienstleister abgeben. Zusätzlich wurde ergänzt, dass der polnische Grenzschutz (*Border Guard*) die Durchführung der Passagier- und Handgepäckkontrollen übernehmen kann, sofern dies zur Aufrechterhaltung der öffentlichen Sicherheit erforderlich sei. Bei der polnischen *Border Guard* handelt es sich um eine bewaffnete Strafverfolgungseinheit. Neben der Überprüfung von Personalien gehören zu den Aufgaben dieser Einheit auch die Durchführung von Passagier-, Gepäck- und Postkontrollen sowie die Überprüfung von Flugzeugen bei Flügen mit hohem Sicherheitsbedarf.[331]

Für die Niederlande wurde die *Royal Marechaussee* als die zuständige staatliche Stelle für Eingriffe in die Passagier- und Handgepäckkontrollen benannt. Die Royal Marechaussee ist eine bewaffnete Einheit, die sowohl

---

329 https://www.gov.uk/government/ministers/minister-of-state-minister-for-security (zuletzt abgerufen am 9. September 2019).

330 http://www.trafikstyrelsen.dk/en/civil-aviation.aspx (zuletzt abgerufen am 9. September 2019).

331 http://antyterroryzm.gov.pl/eng/anti-terrorism/institutions-and-servi/the-border-guard/658,The-Border-Guard.html (zuletzt abgerufen am 9. September 2019).

Aufgaben im Bereich des Grenzschutzes als auch internationale Militäreinsätze übernimmt.[332] Die entsprechenden Einheiten übernehmen die Sicherung der Passagier- und Handgepäckkontrollen und greifen bei Gefahrensituationen und bei festgestellten kriminellen Aktivitäten (Schmuggel, versuchte Entführungen etc.) ein. Ähnlich wie die polnische *Border Guard* übernimmt die *Royal Marechaussee* auch die Überprüfung der Ausweisdokumente von einreisenden Personen. Im Falle eines Angriffes gibt es in den Niederlanden einen weitreichenden Notfallplan, der neben der *Royal Marechaussee* weitere staatliche Akteure betrifft, unter anderem die niederländische *Civil Aviation Authority*.

In Kanada, Spanien und den USA werden private Dienstleister für die Durchführung der Passagier- und Handgepäckkontrollen direkt von den zuständigen staatlichen Behörden beauftragt bzw. die Kontrollen werden von staatlichem Personal durchgeführt, wodurch sich die Frage nach der staatlichen Eingriffsbefugnis erübrigt. In Spanien werden diese Kontrollen teilweise auch direkt von der nationalen Polizei durchgeführt. Nur für Schweden wurden keine Angaben zur Eingriffsbefugnis des Staates in besagte Kontrollen gemacht. Die Passagier- und Handgepäckkontrollen werden dort regulär von den Flughafenbetreibern durchgeführt.

Die jeweils zuständigen Behörden wurden weiterhin gefragt, ob die privaten Akteure im Bereich der Luftverkehrswirtschaft (z. B. private Sicherheitsdienstleister, Flughafenbetreiber, Fluggesellschaften) einer regulären Beaufsichtigung bzw. Überwachung durch Staatsangestellte unterliegen. Polen, Frankreich und die Niederlande gaben an, dass Staatsangestellte alle abgefragten Akteure im Bereich der Luftverkehrswirtschaft anleiten bzw. überwachen. In Schweden und Großbritannien findet keine Anleitung bzw. Überwachung der abgefragten Gruppen durch Staatsangestellte statt. Dänemark, Kanada, die USA und Spanien gaben keine Auskunft über eine derartige Überwachung bzw. Anleitung. In Australien findet eine derartige Anleitung bzw. Überwachung nicht täglich statt. Die Überwachung der Sicherheitsrichtlinien erfolge aber regelmäßig über das bereits beschriebene System der Sicherheitsprogramme, deren Einhaltung von den Sicherheitsinspektoren überprüft werde.

Die Flughafenbetreiber sind in allen Staaten, die hierzu Angaben gemacht haben, in die Ausschreibungsprozesse für private Sicherheitsdienstleister involviert. Die Frage bezieht sich ausschließlich auf Staaten, in denen Aufträge für die Durchführung der Passagier- und Handgepäckkon-

332 https://english.defensie.nl/organisation/marechaussee (zuletzt abgerufen am 17. September 2019).

trollen an spezialisierte Dienstleister ausgelagert werden. Die dänische Luftsicherheitsbehörde beantwortete diese Frage nicht. Hingegen werden die Flughafenbetreiber in Kanada bei der Ausführung durch die CATSA unterstützt. In Polen sind im Bereich der Frachtkontrolle neben den Flughafenbetreibern noch weitere „regulated Agents" an der Ausschreibung beteiligt. In den USA ist die Regierung auf Bundesebene die zuständige Stelle, wobei zu beachten ist, dass die Vergabe von Sicherheitsaufträgen an private Dienstleister, wie bereits ausgeführt, eine Ausnahme darstellt. Ausschreibungen im Rahmen des *Screening Partnership Programs* laufen dabei wie folgt ab. Flughafenbetreiber, die Interesse an der Teilnahme an diesem Programm haben, reichen einen Antrag bei der zuständigen TSA-Stelle ein. Dieser muss seit 2011 eine Begründung zu der durch die Umstellung erwarteten Vorteile enthalten. Nach Genehmigung des Antrages, schreibt die zuständige TSA-Stelle einen Auftrag für die entsprechende Dienstleistung aus, auf den sich anschließend ebenfalls von der TSA zertifizierte Sicherheitsdienstleister bewerben können. Wobei zu beachten ist, dass das *Screening Partnership Program* nur auf die Passagier- und Handgepäckkontrollen Anwendung findet, die Aufgabegepäck- und Frachtkontrollen verbleiben in jedem Fall bei der TSA. Zudem erteilt die TSA den Zuschlag für das Angebot und die Dienstleister werden von der TSA und nicht von dem entsprechenden Flughafenbetreiber beauftragt. Die Flughafenbetreiber sind also nicht direkt in die Ausschreibungs- und Vergabeprozesse im Rahmen des *Screening Partnership Programs* involviert.[333]

Bei der Frage nach der Zuständigkeit für die Vertragsvergabe von Aufträgen an private Dienstleister gaben Schweden, Großbritannien, Spanien, Frankreich, Australien und die Niederlande ebenfalls die Flughafenbetreiber als zuständige Stelle an. In Polen sind diese die gleichen Akteure, die auch für die Erstellung der Ausschreibung zuständig sind. In Kanada weichen die Zuständigkeiten für die Vergabe von Aufträgen von der Zuständigkeit für die Erstellung entsprechender Ausschreibung ab. Dort ist allein CATSA für die endgültige Vergabe der Aufträge zuständig, die Flughafenbetreiber sind somit zwar in die Ausschreibung involviert, nicht aber in die Vergabe. Für die USA wurde auch hier die Regierung auf Bundesebene angegeben. Die dänische Luftsicherheitsbehörde machte hierzu keine Angaben.

In Dänemark, Schweden, Frankreich und den Niederlanden sind nach Angaben der jeweiligen Behörden die Flughafenbetreiber neben den Aus-

333 https://www.tsa.gov/for-industry/screening-partnerships (zuletzt abgerufen am 18. November 2019).

schreibungen und der Vergabe von Aufträgen an private Sicherheitsdienstleister auch für die Personalplanung der Sicherheitskräfte, die die entsprechenden Kontrollen durchführen, zuständig. In Spanien, Australien und Großbritannien sind die Flughafenbetreiber gemeinsam mit den angestellten privaten Luftsicherheitsdienstleistern für die Personalplanung verantwortlich. Für Polen wurden wiederum die Flughafenbetreiber als verantwortliche Stelle angegeben. In Kanada ist auch bei der Personalplanung CATSA die allein verantwortliche Stelle. Ebenso ist in den USA die TSA als staatliche Stelle für die Personalplanung der Sicherheitskräfte verantwortlich, wobei bei Auftragsvergabe im Rahmen des *Screening Partnership Program* den Dienstleistern die Personalplanung überlassen bleibt, solange die Ergebnisse der Kontrollvorgänge den TSA Richtlinien entsprechen.[334]

6.2.1.1 Schutz der Kontrollstellen

Weiterhin wurde für die untersuchten Staaten abgefragt, welche Akteure für den Schutz der Kontrollstellen (Passagier- und Handgepäckkontrolle) zuständig sind, also die Kontrollstellen gegen unbefugtes Eindringen schützen und im Falle von Angriffen reagieren. Während bei den Fragen zur Verantwortung für die administrative Planung relativ einheitlich auf die Flughafenbetreiber verwiesen wurde, gaben alle befragten Staaten mindestens eine in den Schutz der Kontrollstellen involvierte staatliche Organisation an. In Schweden und Großbritannien sind jeweils die Flughafenbetreiber in Zusammenarbeit mit regionalen Polizeieinheiten für die Sicherung der Kontrollstellen zuständig. In Großbritannien arbeiten die genannten Akteure zusätzlich mit Mitarbeiterinnen und Mitarbeitern privater Sicherheitsdienstleister zusammen. In Australien wird die Sicherung der Kontrollstellen sowohl von regionalen wie auch zentralen Polizeibehörden und von Mitarbeiterinnen und Mitarbeitern der Flughäfen wahrgenommen. Der australische Aviation Transport Security Act 2004 regelt auch die Befugnisse dieser privaten Sicherheitskräfte, die als *Airport security guards* bezeichnet werden. Diesen ist es gestattet, Personen notfalls mit physischer Gewalt festzuhalten, wenn ein Verdacht auf ein geplantes oder

334 https://www.tsa.gov/for-industry/screening-partnerships (zuletzt abgerufen am 18. November 2019).

begangenes Verbrechen vorliegt. Die festgehaltenen Personen sind jedoch umgehend der zuständigen staatlichen Stelle zu übergeben.[335]

In Kanada und den USA sind hingegen ausschließlich Mitarbeiter der regionalen Polizeieinheiten mit den genannten Sicherungsmaßnahmen betraut. In Dänemark, Frankreich und Spanien sind die zentralen Polizeibehörden für die Sicherung der Kontrollstellen zuständig, wobei diese in Spanien mit privaten Sicherheitsdienstleistern bei der Sicherung der Kontrollstellen zusammenarbeiten. In Polen und den Niederlanden sind die jeweils mit dem Grenzschutz betrauten Einheiten für die Sicherung der Kontrollstellen zuständig. Es handelt sich dabei um die gleichen Kräfte, die auch von staatlicher Seite befugt sind, in die Kontrollvorgänge einzugreifen. Für die Niederlande ist die Royal Marechaussee zuständig, die bei der Sicherung der Kontrollstellen mit den für die Flughäfen zuständigen Polizeieinheiten zusammenarbeitet. In Polen ist die *Boarder Guard* zuständig. Im Falle einer Gefahrensituation oder eines versuchten Verbrechens sind die privaten Sicherheitskontrolleure, ähnlich wie in Australien, befugt, Personen aufzuhalten und der *Boarder Guard* oder der Polizei zu übergeben.

Tab. 48: Schutz der Kontrollstellen für die Passagier- und Handgepäckkontrollen in den jeweiligen Ländern

	Zentrale Polizeibehörde	Regionale Polizeibehörde	Sonstige Behörde	Flughafen	PSDL	Sonstige
Australien	x	x	-	x	-	-
Dänemark	x	-	-	-	-	-
Frankreich	x	-	-	-	-	-
Kanada	-	x	-	-	-	-
Niederlande	-	-	x	x	-	-
Polen	-	-	-	-	-	x
Schweden	-	x	-	x	-	-
Spanien	x	-	-	-	x	-
UK	-	x	-	x	x	-
USA	-	x	-	-	-	-

335 https://www.legislation.gov.au/Details/C2018C00491 (zuletzt abgerufen am 4. November 2019).

6.2.1.2 Einsatz der LuftAss in anderen Bereichen

Die ausländischen Landessicherheitsbehörden wurden danach gefragt, ob die Mitarbeiter, die die Passagier- und Handgepäckkontrollen durchführen, auch in anderen Bereichen eingesetzt werden und, falls ja, wie häufig dies der Fall sei. In Schweden, den USA, Frankreich und Kanada nehmen die LuftAss keine weiteren Aufgaben wahr, während die polnische und britische Luftsicherheitsbehörde hierzu keine Angaben machten. In den Niederlanden, Spanien, Dänemark und Australien ist eine derartige Übernahme verschiedener Kontrollaufgaben durch dieselben Kontrollkräfte bekannt. In den Niederlanden ist ein einheitliches Training für sämtliche der folgenden Kontrollmaßnahmen erforderlich:

- Passagier- und Handgepäckkontrollen
- Kontrolle des aufgegebenen Gepäcks
- Kontrolle von Material von Luftfahrtunternehmen, Bordvorräten und Flughafenlieferungen
- Zugangskontrollen an einem Flughafen
- Fahrzeugkontrollen

Ist die entsprechende Qualifikation gegeben, können die Kontrollkräfte in allen genannten Bereichen eingesetzt werden. Wie oft eine derartige Mehrfacherfüllung von ein und derselben Person tatsächlich erfolgt wurde nicht angegeben. Lediglich für die Post- und Frachtkontrolle werden in den Niederlanden andere Kontrollkräfte eingesetzt

In Dänemark kann hingegen auch die Fracht- und Postkontrolle von den gleichen Kontrollkräften durchgeführt werden, die auch die Passagier- und Handgepäckkontrollen übernehmen. Zudem können Passagier- und Handgepäckkontrollen auch von Personen übernommen werden, die

- Kontrollen des aufgegebenen Gepäcks durchführen,
- Kontrolle von Material von Luftfahrtunternehmen, Bordvorräten und Flughafenlieferungen durchführen und
- Fahrzeugkontrollen durchführen.

Auch für Dänemark wurden keine Angaben gemacht, wie oft eine Person mehrere dieser Aufgaben tatsächlich durchführt. Für Spanien wurde angegeben, dass die Passagier- und Handgepäckkontrollen von Personen übernommen werden können, die noch weitere Kontrollaufgaben im Bereich der Luftsicherheit wahrnehmen. Nach Angaben der Luftsicherheitsbehörde kommt es dort häufig vor, dass die Passagier- und Handgepäckkontrollen von Personen übernommen werden, die:

- Zugangskontrollen an einem Flughafen durchführen,
- das aufgegebene Gepäck und

- Material von Luftfahrtunternehmen, Bordvorräten und Flughafenlieferungen kontrollieren.

Selten kommt es hingegen in Spanien vor, dass Personen Passagier- und Handgepäckkontrollen vornehmen, die auch mit der Fracht- und Postkontrolle betraut sind.

Seitens der australischen Behörde wurde angegeben, dass Personen, die Passagier- und Handgepäckkontrollen durchführen, zusätzlich ebenfalls häufig die folgenden Aufgaben wahrnehmen:

- Zugangskontrollen an einem Flughafen
- Kontrollen des aufgegebenen Gepäcks
- Kontrollen von Material von Luftfahrtunternehmen, Bordvorräten und Flughafenlieferungen
- Fahrzeugkontrollen.

6.2.2 Ausbildung der LuftAss

6.2.2.1 Organisation der Ausbildung der LuftAss

Zunächst wurde geklärt, ob in den befragten Staaten die Ausbildung der LuftAss von derselben Institution übernommen wird, die auch für die Durchführung der Passagier- und Handgepäckkontrollen zuständig ist bzw. welche Stellen dies genau übernehmen. Kanada und die USA bejahten diese Frage, während alle anderen befragten Staaten angaben, dass dies nur teilweise der Fall sei. In Kanada ist CATSA und in den USA die TSA die allein verantwortliche Stelle für die Ausbildung der LuftAss. Dänemark, Schweden Großbritannien und Polen gaben jeweils an, dass die Flughafenbetreiber für Ausbildung zuständig seien. Diese können die Schulung entweder in eigenen Schulungseinrichtungen durchführen oder diese Aufgabe an private Schulungsdienstleister auslagern. Dänemark gab an, dass diese Form der Auslagerung eher selten vorkomme. In Schweden erfolge hingegen die Schulung im Regelfall in privaten Schulungszentren, während die Ausbildung direkt durch die Flughafenbetreiber einen Sonderfall darstelle. Ähnlich verhält es sich in Australien. Hier werden Schulungen in zertifizierten privaten Schulungseinrichtungen durchgeführt, wobei es häufig vorkomme, dass private Sicherheitsdienstleister, die mit der Durchführung der Passagier- und Handgepäckkontrollen betraut sind, auch gleichzeitig zertifizierte Ausbildungsinstitute beinhalten, an denen die eigenen Mitarbeiterinnen und Mitarbeitern aus- und weitergebildet werden. In Frankreich übernehmen die Flughäfen, die auch für die Durchführung der Passagier- und Handgepäckkontrollen zuständig sind, die Ausbildung der entsprechenden Kontrollkräfte. Als Ausbildungsorganisation wurden dann aber private Schulungszentren genannt, was auf eine ähnliche Regelung wie in Dänemark, Schweden, Großbritannien und Australien schließen lässt, wo die Verantwortung für die erforderlichen Schulungen bei der gleichen Organisation liegt, die auch für die Durchführung der Kontrollen zuständig ist, der eigentliche Schulungsprozess aber ausgelagert werden kann.

In Spanien werden Ausbilder privater Schulungsunternehmen, die sich für die Ausbildung des LuftAss qualifizieren wollen, von staatlicher Seite geprüft und zertifiziert. Die hierfür zuständige Stelle ist die *Agencia Estatal De Seguridad Aèrea* (AESA), also die staatliche Stelle für Luftsicherheit in Spanien. Neben der beschriebenen Zertifizierung übernimmt AESA auch die Prüfung der Einhaltung technischer Standards im Bereich der Luftfahrt, unter anderem die Überprüfung der von den Fluglinien erstellten Sicherheitskonzepte.[336] Die zugelassenen Ausbilder führen die Schulungen für das entsprechende Personal durch, die Abschlussprüfung und Zulassung wird in Spanien jedoch durch die zuständige staatliche Stelle übernommen. In Spanien ist ein *Aviation Security Awareness Training* nicht nur für das Sicherheitspersonal, welches die Passagier- und Handgepäckkontrollen durchführt, verpflichtend, sondern für sämtliches Personal das länger als 30 Tage im Sicherheitsbereich des Flughafens tätig ist.[337]

Nach Angaben der niederländischen Luftsicherheitsbehörde gibt es 43 zertifizierte Schulungseinrichtungen für das entsprechende Sicherheitspersonal in den Niederlanden.[338] Diese Trainingseinrichtungen sowie die dort beschäftigten Ausbilder werden von der Royal Marechaussee überprüft und zertifiziert.

6.2.2.2 Dauer der Ausbildung der LuftAss und Festlegung der Ausbildungsinhalte

Nur Großbritannien gab an, dass keine gesetzliche Mindestzeit für die Ausbildung der LuftAss vorgesehen sei. Dort gibt es einen von staatlicher

---

336 https://www.seguridadaerea.gob.es/lang_en/la_agencia/organizacion_y_funciones/default.aspx (zuletzt abgerufen am 8. Oktober 2019).

337 https://aertecsolutions.com/aviation/airport-security-accreditation/?lang=en (zuletzt abgerufen am 8. Oktober 2019).

338 Eine Schulungseinrichtung liegt in der Karibik.

Seite zertifizierten Test, den sogenannten *National X-Ray Competency Test* (NXCT) – *Cabin Baggage*, der bestanden werden muss, um die entsprechende Qualifikation zu erhalten. Die Ausbildungsinhalte werden von der britischen *Civil Aviation Authority* (CAA) festgelegt. Diese hat in Folge des *Civil Aviation Act 2012* verschiedene Aufgaben im Bereich der Luftsicherheit von dem britischen Department for Transport (DfT) übernommen. Neben der Festlegung von Ausbildungsinhalten für die Kontrollkräfte gehört auch die Durchführung von Audits bei den Passagier- und Handgepäckkontrollen zu den Aufgaben der britischen CAA.[339]

Wie viel Vorbereitungszeit für diesen Test eingeplant wird, steht den Flughafenbetreibern bzw. dem Schulungsbetrieb frei. Mit Ausnahme der schwedischen Luftsicherheitsbehörde, die hierzu keine Angaben machte, wurden für alle anderen Staaten entsprechende Ausbildungszeiten für die Kontrollkräfte angegeben. Keine der angegebenen Ausbildungszeiten liegt dabei über den in Deutschland vorgesehenen sechs Wochen. Einige Staaten gaben zudem die Ausbildungszeit aufgeschlüsselt nach Zeiten im theoretischen Bereich und Zeiten im *Training on the Job* an. Beispielsweise beträgt die Minimalausbildungszeit für die Arbeit an einer Kontrollstelle fünf Tage theoretisches Training und 60-100 Stunden *Training on the Job*. Die Dauer des praktischen Teils ist dabei abhängig von der Größe des Flughafens, an dem die auszubildende Kontrollkraft später eingesetzt werden soll. 100 Stunden sind dabei für die größte Kategorie an Flughäfen (Klasse 1) erforderlich. Zuständig für die Festlegung der Ausbildungsinhalte ist in Kanada CATSA in Zusammenarbeit mit Transport Canada. Transport Canada oder auch Canada TC ist das kanadische Ministerium für Verkehrswesen.

In Dänemark sind hingegen 15 Tage theoretische Ausbildungszeit plus *Training on the Job* erforderlich. Die dänische Luftsicherheitsbehörde spezifizierte jedoch die Dauer des praktischen Trainings nicht. In Dänemark ist die Da-CAA für die Festlegung der Unterrichtsinhalte verantwortlich. Die Niederlande gaben eine erforderliche theoretische Ausbildungszeit von nur 16 Stunden an, ergänzt durch eine praktische Trainingseinheit von 8 Stunden. Es wurde jedoch zusätzlich von der befragten Behörde angemerkt, dass derzeit eine Überarbeitung dieser Anforderungen geplant sei. Auch in den Niederlanden werden die Ausbildungsinhalte von der zuständigen CAA festgelegt, wobei diese hierbei von der Royal Marechaussee beraten werden.

---

339 https://publicapps.caa.co.uk/modalapplication.aspx?appid=11&mode=detail&id=7918 (zuletzt abgerufen am 8. November 2019).

In Frankreich beträgt die Ausbildungszeit zwischen 65 und 94 Stunden, je nach angestrebtem Einsatzgebiet, wobei nicht spezifiziert wurde, ob Teile der Ausbildungszeit als *Training on the Job* durchgeführt werden. Die französische CAA legt die Ausbildungsstandards fest. Auch in Polen ist die CAA die zuständige Stelle für die Festlegung der Unterrichtsinhalte, die vorgesehene Schulungsdauer beträgt dort acht Tage. In den USA sind für die Durchführung der Passagier- und Handgepäckkontrollen 22 Tage Ausbildung vorgesehen, die Inhalte werden von der TSA festgelegt. Seit 2016 erhalten Anwärterinnen und Anwärter die theoretische Ausbildung im zentralen USA Schulungscenter in Georgia.[340] In Australien sind zehn Tage Training vorgesehen. Zur Zuständigkeit für die Lerninhalte wurde ausgeführt, dass die zertifizierten Schulungsunternehmen, die die Schulungen durchführen, die Schulungsinhalte selbst gestalten können. Der Abschlusstest wird hingegen von *der Australian Skills Quality Authority* (ASQA) festgelegt, die in verschiedenen Bereichen Ausbildungsziele von staatlich zertifizierten Ausbildungen vorgibt.[341] In Spanien sind für die Ausbildung der entsprechenden Kontrollkräfte fünf Tage eingeplant, die dort zuständige Stelle für die Prüfungsdurchführung ist die AESA.

6.2.3 Zertifizierung, Beschaffung und Betrieb der Sicherheitstechnik

Ein weiterer inhaltlicher Block des Fragebogens umfasst Fragen zur Beschaffung und der Wartung der Sicherheitstechnik im Bereich der Passagier- und Handgepäckkontrollen (z. B. Metalldetektoren, Handscanner, Röntgengeräte). Gefragt wurde danach, welche Stellen für die Zertifizierung, die Anschaffung, den Aufbau und die initiale und regelmäßige Überprüfung der Sicherheitstechnik zuständig sind.

In Schweden, Polen, Großbritannien und Dänemark wird dabei nur die Zertifizierung der Sicherheitstechnik von einer staatlichen bzw. transnationalen Stelle übernommen. Alle anderen Aufgaben, also die Anschaffung, der Aufbau, die Überprüfung nach dem Aufbau und im laufenden Betrieb, der Betrieb selbst sowie die Wartung werden in diesen Staaten von den Flughafenbetreibern übernommen. Die befragte Behörde in Spanien gab ebenfalls die Flughafenbetreiber als verantwortliche Stelle für die Anschaffung und die Überprüfung/Instanthaltung der Sicherheitstechnik an.

340 https://www.tsa.gov/blog/2016/02/23/training-new-hires-now-central-tsa-academy (zuletzt abgerufen am 8. November 2019).

341 https://www.asqa.gov.au/about (zuletzt abgerufen am 8. November 2019).

Lediglich zur Frage nach der verantwortlichen Stelle für den Aufbau des Equipments wurden von der spanischen Behörde keine Angabe gemacht. In Großbritannien wird die Zertifizierung der Sicherheitstechnik vom britischen Department of Transportation durchgeführt. In Dänemark ist die nationale CAA für diese Aufgabe verantwortlich. In Schweden gelten hingegen nach Auskunft der befragten Behörde ausschließlich die ECAC-Standards[342] für die Sicherheitstechnik. Der *Common Evaluation Process of Security Equipment* (CEP) ist das Laborprüfprogramm zur Zertifizierung von Sicherheitstechnik nach den ECAC-Standards.[343] Neben Schweden wurde auch für Polen und Spanien eine alleinige Geltung der ECAC-Zertifizierung angegeben. Listen mit der zertifizierten Sicherheitstechnik sind auf der ECAC-Website einsehbar.[344]

In den Niederlanden ist die nationale CAA für die Zertifizierung zuständig, die sich dabei aber auch an den ECAC-Standards orientiert. Zusätzlich wird die Behörde in diesem Aufgabenfeld von der Royal Marechaussee beraten. Beide Akteure sind auch für die initiale Prüfung der Sicherheitstechnik und die Unterstützung der Flughafenbetreiber bei der Anschaffung der Sicherheitstechnik verantwortlich. Für die Zertifizierung ist in den Niederlanden, in nicht näher beschriebenen Ausnahmefällen, auch die Behörde für *Toegepast Natuurwetenschappelijk Onderzoek* (TNO), also für angewandte Naturwissenschaften zuständig. Für den Aufbau, den Betrieb und die Wartung der Sicherheitstechnik sind in den Niederlanden die Flughafenbetreiber verantwortlich. In Frankreich erfolgt die Zertifizierung der Sicherheitstechnik ebenfalls durch die nationale CAA, die auch die initiale Prüfung der Sicherheitstechnik übernimmt. Alle weiteren abgefragten Verantwortlichkeiten im Bereich der Sicherheitstechnik liegen in Frankreich bei den Flughafenbetreibern. In Australien wird die Zertifizierung vom australischen *Department of Home Affairs*, genauer von der dortigen *Aviation and Maritime Security Division*, durchgeführt. An anderer Stelle wurde zum Zertifizierungsprozess der Sicherheitstechnik angemerkt, dass sich Australien bei der Zertifizierung der entsprechenden Technik an den

---

342 ECAC steht für EUROPEAN CIVIL AVIATION CONFERENCE, dabei handelt es sich um eine transnationale Organisation zur Festlegung gemeinsamer europäischer Standards in der zivilen Luftfahrt. Die Organisation hat derzeit 44 Mitgliedsstaaten und besteht bereits seit 1955, zu den Aufgaben dieser Organisation gehört unter anderem die Durchführung von Sicherheitsaudits im Bereich der zivilen Luftfahrt (https://www.ecac-ceac.org/about-ecac (zuletzt abgerufen am 18. November 2019)).

343 https://www.ecac-ceac.org/cep (zuletzt abgerufen am 18. November 2019).

344 https://www.ecac-ceac.org/cep (zuletzt abgerufen am 18. November 2019).

geltenden europäischen und US-amerikanischen Kriterien orientiere. Die australischen Flughafenbetreiber sind für alle weiteren abgefragten Aufgaben im Zusammenhang mit der Sicherheitstechnik verantwortlich, wobei bei der Frage nach dem Aufbau der Sicherheitstechnik noch darauf hingewiesen wurde, dass die Flughafenbetreiber hier häufig mit den Herstellern zusammenarbeiten.

In Kanada haben sich CATSA, *Canada TC* und *NAV Canada* die Aufgaben im Zusammenhang mit der Sicherheitstechnik aufgeteilt. *Canada TC* ist für die Zertifizierung und die initiale Prüfung zuständig. Bei CATSA liegt die Verantwortung für die Beschaffung. Die Zuständigkeit für den Aufbau der Sicherheitstechnik teilen sich CATSA und *NAV Canada*, während die Verantwortung für die Wartung bzw. regelmäßige Überprüfung ausschließlich bei *NAV Canada liegt*. Die USA gaben für alle abgefragten Zuständigkeiten die Bundesregierung als verantwortliche Stelle an.

6.2.4 Finanzierung der Kosten für die Passagier- und Handgepäckkontrollen und weitere Fragen

Ein weiterer Fragenblock enthielt Fragen zur Finanzierung der Passagier- und Handgepäckkontrollen. Dabei wurde zuerst nach der Finanzierung im Allgemeinen und anschließend nach den Kostenträgern für die Personalkosten, Sachkosten und die Kosten für die staatliche Fachaufsicht im Besonderen sowie nach weiteren relevanten Kosten in diesem Bereich gefragt.

Die Niederlande machten nur Angaben zu Finanzierung der staatlichen Fachaufsicht, die vom Staat übernommen werde. Dänemark, Großbritannien, Australien und Polen gaben an, dass alle Kosten außer der staatlichen Fachaufsicht von den Flughafenbetreibern übernommen werden, welche die anfallenden Kosten über Flughafengebühren an die Fluggesellschaften weitergeben können. Australien ergänzte zu diesen Finanzierungsfragen, dass die Flughafenbetreiber häufig Serviceverträge mit den Herstellern der Sicherheitstechnik schließen, die über die Kosten für die Instandhaltung der Geräte gedeckt werden. Die britische Luftsicherheitsbehörde führte zu den Kosten für die staatlichen Überprüfungen aus, dass die nationale CAA für ihre Regulierungstätigkeit eine Gebühr bei den entsprechenden Unternehmen im Bereich der Luftfahrt erhebe, um ihre Kosten zu decken. Auch Schweden gab an, die staatlichen Kontrollen hauptsächlich über bei den Flughafenbetreibern erhobene Gebühren zu refinanzieren. In Australien werden die Kosten für die staatlichen Kontrollen aus dem Haushaltsetat des *Departments of Home Affairs* beglichen. Die polnische Luftsicherheitsbehörde verwies allgemeiner darauf, dass die entsprechenden staatlichen Kontrollen aus staatlichen Mitteln finanziert werden.

Spanien, Frankreich und Kanada gaben demgegenüber für alle abgefragten Kostenpunkte an, dass diese durch staatlich erhobene Gebühren bzw. Steuern refinanziert werden. Die Französische CAA erhebt eine Flughafensteuer, durch die unter anderem die Sicherheitskontrollen finanziert werden.[345] In Spanien wird eine Gebühr pro Passagier zur direkten Finanzierung der Sicherheitskontrollen erhoben. Die restlichen Kosten werden nach Angabe der befragten Behörde von *Aena* getragen. *Aena* ist ein staatlicher Betreiber von Flughäfen in Spanien, dem 46 der insgesamt etwa 59 Flughäfen in Spanien gehören.[346] Die Kosten für den Polizeieinsatz und den Einsatz weiteren Sicherheitspersonals wird in Spanien hingegen aus dem Haushalt des Innenministeriums finanziert. Auch Kanada gab an, zur Finanzierung der Kosten für die Sicherheitskontrollen Passagiergebühren zu erheben. Für die USA wurde von der zuständigen Stelle lediglich der föderale Bundesstaat als Träger der Kosten angegeben, mit Ausnahme der Kosten für Sicherheitstechnik, die in seltenen, nicht näher beschriebenen, Einzelfällen von den Flughäfen übernommen werden. In den USA ist die TSA durch den Kongress dazu berechtigt, Sicherheitsgebühren zu erheben, die zur Finanzierung der Sicherheitskontrollen beitragen.

6.2.5 Unterschiede zwischen Flughäfen innerhalb eines Staates

In einem abschließenden Fragenblock wurden die nationalen Behörden gefragt, ob innerhalb ihres Staates unterschiedliche Luftsicherheitssysteme an den unterschiedlichen Flughäfen existieren und, falls ja, wie diese aussehen. Die Niederlande, Australien, Kanada und Großbritannien gaben an, dass unterschiedliche Modelle im Bereich der Luftsicherheit an verschiedenen Flughäfen bekannt seien. Die Niederlande gaben zur Art dieser Unterschiede an, dass die gesetzlichen Anforderungen an die verwendete Sicherheitstechnik an den Flughäfen anhand von individuellen Risikoberechnungen ermittelt werden. Diese Berechnungen berücksichtigen unter anderem Faktoren wie die Anzahl der zu erwartenden Passagiere.

---

345 https://www.ecologique-solidaire.gouv.fr/en/aeronautical-taxes (zuletzt abgerufen am 18. November 2019).

346 http://www.aena.es/en/corporate/company-profile.html und https://www.prokerala.com/travel/airports/spain/ (zuletzt abgerufen am 12. November 2019).

Daher unterscheiden sich die Sicherheitssysteme an den verschiedenen Standorten bezogen auf die verwendete Sicherheitstechnik. Auch die kanadische Luftsicherheitsbehörde gab an, dass sich die Flughäfen bei der verwendeten Sicherheitstechnik und dem Aufbau der Kontrollspuren unterscheiden. In Australien existiert ein Raster, nach dem die Flughäfen in Kategorien eingeteilt werden. Je nach Kategorie unterscheiden sich die geltenden Anforderungen an den Kontrollprozess der Passagier- und Handgepäckkontrollen. Derzeit basiere das System hauptsächlich auf der Unterscheidung zwischen internationalen und lokalen Flughäfen, wobei sich das System aber derzeit in einem Reformprozess befinde. So sei zukünftig angedacht, auch die Passagierzahlen der lokalen Flughäfen zu berücksichtigen und die Anforderungen dementsprechend zu verschärfen. Nach dieser Umstellung sei beispielsweise eine Ausweitung der Nutzung von Körperscannern an den größeren lokalen australischen Flughäfen zu erwarten.

Großbritannien gab, bezogen auf unterschiedliche Sicherheitsmodelle an den unterschiedlichen Flughäfen an, dass 50 der insgesamt 129 britischen Flughäfen als „directed Airports" betrachtet werden. Für diese *directed Airports* gelten sämtliche Sicherheitsvorschriften nach dem britischen *National Aviation Security Programme*. Für die restlichen britischen Flughäfen gelten die Sicherheitsstandards der EU nach der Verordnung EC/1254/2009.

6.3 Zentrale Ergebnisse (im Abgleich mit dem deutschen System)

Im Folgenden sollen kurz die zentralen Ergebnisse im Abgleich mit dem deutschen System der Luftsicherheit zusammengeführt werden. Unter den betrachteten Staaten finden sich viele, bei denen die Flughafenbetreiber stärker in die Organisation der Passagier- und Handgepäckkontrollen eingebunden sind, als dies in Deutschland der Fall ist. Außer in den USA, sind die Flughafenbetreiber in allen betrachteten Staaten für diese Kontrollen zumindest rechtlich mitverantwortlich. In Großbritannien, Schweden, den Niederlanden, Polen und Dänemark wurden die Flughafenbetreiber als einzig rechtlich verantwortliche Stelle angegeben.

In allen betrachteten Staaten ist für die jeweilig zuständige staatliche Stelle ein direktes Eingreifen in die Passagier- und Handgepäckkontrollen in unterschiedlichem Umfang möglich. Ähnlich wie in Deutschland werden die Passagier- und Handgepäckkontrollen in vielen der betrachteten Staaten von privaten Sicherheitsdienstleistern durchgeführt. Nur in

Kanada und den USA findet sich ein zu Deutschland in dieser Hinsicht vergleichbares Modell, bei dem die Vergabe derartiger Aufträge durch eine staatliche Stelle erfolgt, wobei in den USA diese Ausführung durch private Sicherheitsdienstleister, wie beschrieben, einen Sonderfall darstellt. Neben jenen Staaten, in denen die Kontrollen durch private Sicherheitsdienstleister durchgeführt werden, finden sich auch Staaten, in denen die Kontrollen durch Mitarbeiter der Flughäfen oder durch Staatsangestellte erfolgen. Zum bewaffneten Schutz der Kontrollstellen wurde hingegen für alle betrachteten Staaten, ähnlich wie in Deutschland auch, eine staatliche Stelle als verantwortlich angegeben. Teilweise arbeiten diese mit privaten Akteuren zusammen.

Zur Ausbildung der Kontrollkräfte für die Passagier- und Handgepäckkontrollen gaben nur Kanada und die USA an, dass diese durch eine staatliche Stelle durchgeführt werde, in den USA durch TSA und in Kanada durch CATSA. In allen anderen Staaten werden die entsprechenden Schulungen von privaten Schulungsanbietern durchgeführt. Die staatliche Aufsicht über diese Schulungen erfolgt dabei auf unterschiedlichen Wegen. Teilweise muss eine staatliche Abschlussprüfung absolviert werden, teilweise werden nur die Schulungsunternehmen oder die Prüfer zertifiziert. Genauso wie in Deutschland, ist in keinem der betrachteten Staaten ein mehrjähriger Ausbildungsberuf für die Kontrollkräfte in der Passagier- und Handgepäckkontrolle vorgesehen. Für einige Staaten wurden übliche Mindestschulungszeiten von wenigen Tagen bis mehrere Wochen angegeben. In anderen existiert hingegen keine Mindestschulungsdauer, sondern das geforderte Qualifikationsniveau wird ausschließlich über eine Abschlussprüfung abgefragt. Wobei zu beachten ist, dass im verwendeten Fragebogen keine Informationen zur erforderlichen Vorqualifikation (z. B. Schulabschluss) abgefragt wurden.

In allen abgefragten Staaten muss die im Bereich der Passagier- und Handgepäckkontrolle verwendete Sicherheitstechnik einer Zertifizierung unterzogen werden. In einigen Staaten unterliegt diese ausschließlich den international geltenden Richtlinien. Mehrere Staaten verwiesen dabei auf die geltenden ECAC-Standards. In anderen Staaten bestehen, wie in Deutschland, nationale Standards für die Zertifizierung der Sicherheitstechnik, die in eigenen Prüflaboren erarbeitet und auf die zu zertifizierende Technik angewandt werden.

In Spanien, Frankreich, Kanada und den USA werden die Kosten für die Durchführung der Passagier- und Handgepäckkontrolle durch eine staatliche Stelle erhoben und anschließend durch eine Luftsicherheitsgebühr oder entsprechende Steuer refinanziert. In anderen Staaten wird der größte

Teil der Kosten durch die Flughafenbetreiber beglichen und anschließend über Flughafenentgelte an die Passagiere weitergeben, während die Kosten für die staatliche Zertifizierung und Überwachung aus staatlichen Mitteln finanziert werden. Eine vollständige Übernahme aller im Bereich der Luftsicherheit anfallenden Kosten durch eine staatliche Stelle wurde hingegen für keinen der betrachteten Staaten festgestellt.

Zusammengefasst lässt sich zu den Erkenntnissen aus der vorliegenden internationalen Befragung von Luftsicherheitsbehörden in Bezug auf das deutsche System sagen, dass sich viele Elemente des deutschen Systems in ähnlicher Form auch in anderen Staaten finden (z. B. der Einsatz privater Sicherheitsdienstleister, die Abrechnung der Kosten über eine Luftsicherheitsgebühr). Unter Berücksichtigung der verwendeten Kriterien erscheint das kanadische System, unter den betrachteten Staaten, jenes zu sein, das dem deutschen Modell am stärksten ähnelt. Dort werden ebenfalls „private" Dienstleister durch eine staatliche Stelle beauftragt und die Sicherheitstechnik von einer staatlichen Stelle beschafft und betreut. Eine deutsche Besonderheit scheint jedoch die flughafenspezifische Aufteilung in Landes- oder Bundeszuständigkeit zu sein. Ein derartiges System wurde für keinen der betrachteten Staaten beschrieben.

7 Vorstellung und Bewertung möglicher Reformmodelle

7.1 Vorstellung möglicher Reformmodelle

In diesem Kapitel sollen bereits existierende und eigene Reformvorschläge kurz vorgestellt werden. Im Anschluss werden Prüfkriterien für die Reformmodelle entwickelt (Kapitel 7.2) und die Modelle einzeln anhand dieser Prüfkriterien einer Bewertung unterzogen (Kapitel 7.3).

Die zu prüfenden Modelle reichen von einer weitgehenden Verlagerung der Aufgabenerfüllung auf die Flughäfen über die Gründung neuer Körperschaften bis hin zu Optionsmodellen. Es handelt sich um folgende Modelle:

1. Weitgehende Aufgabenübertragung auf die Flughäfen
2. Teilweise Aufgabenübertragung auf die Flughäfen (Sicherheitstechnik und Kontrollstellen)
3. Gründung einer Anstalt öffentlichen Rechts
4. Gründung einer BPOL-Direktion (nebst 13 Inspektionen)
5. Gründung staatlicher Sicherheitsgesellschaften (Bayerisches Modell)
6. Gründung halbstaatlicher Sicherheitsgesellschaften
7. Optionale Übernahme weiteichender Aufgaben durch die Flughäfen
8. Optionale Übernahme der Sicherheitstechnikbeschaffung und Einrichtung der Kontrollstellen

Soweit die Modelle auf Vorschlägen der Stakeholder beruhen, wurde versucht, etwaige Lücken in der Ausformulierung „modellgerecht“ zu schließen, um eine Bewertung vornehmen zu können. Darauf wird an entsprechenden Stellen hingewiesen.

Grundsätzlich ist auch eine (weitere) Kombination verschiedener Aspekte unterschiedlicher Modelle denkbar. Im Rahmen des Gutachtens war es jedoch nicht möglich, alle denkbaren Kombinationen vorzustellen und zu bewerten.

7.1.1 Übertragung wesentlicher Aufgaben auf die Flughäfen

Wesentliche Teile der Luftverkehrswirtschaft und das BMI präferieren eine Übertragung wesentlicher Aufgaben der Luftsicherheitskontrollen nach

§ 5 LuftSiG auf die Flughäfen.[347] Die Luftsicherheit solle jedoch weiterhin eine hoheitliche Aufgabe bleiben. Unterschiede liegen dabei innerhalb des Modells vor allem in Fragen der (Vor-)Finanzierung und damit auch des Ausfallrisikos, die das BMI bei den Flughäfen sieht, wohingegen die Luftverkehrswirtschaft hier den Staat (auch) in der Verantwortung sieht.

Danach würden die Flughäfen folgende Aufgaben wahrnehmen:

- Beschaffung der Sicherheitstechnik sowie Konfiguration der Kontrollstellen,
- Ausschreibung, Auswahl, Kontrahierung und Vertragsmanagement bzgl. der PSDL; dabei wäre es aus Sicht des Gutachters naheliegend, den Flughäfen aufzuerlegen, notwendige Durchgriffsrechte der LSB ggü. dem PSDL vertraglich zu verbürgen.[348]
- Operative Steuerung der PSDL sowie vertragsbasierte Qualitätssicherung,
- Vorfinanzierung der Kosten für die PSDL und die Sicherheitstechnik (inklusive Erhebung und Berechnung eines Luftsicherheitsentgelts), wobei eine zumindest teilweise Kostenübernahme oder -deckelung durch den Staat von Seiten der Luftverkehrswirtschaft gefordert wird.

Die LSB würden demnach (weiterhin) zuständig sein für:

- Zertifizierung der Sicherheitstechnik (ggf. auch Zulassung des konkreten Einbaus der Sicherheitstechnik und der Kontrollspurenkonzeption insgesamt),
- Fachaufsicht über die Flughäfen, die PSDL und die Kontrollvorgänge (LuftAss),
- Qualitätssicherung, namentlich durch Überprüfungen (z. B. Audits, Inspektionen, Sicherheitstests, Erhebungen)
- Erlass von Vorgaben für Ablauf, Standards und Prozess bei den Kontrollen,
- Ausbildungsinhalte, Prüfungsabnahme, Rezertifzierung der LuftAss, Zertifizierung der Ausbilder und Beleihung der LuftAss.

Ob und inwieweit die LSB an der Ausschreibung und Auswahl der PSDL und der Einrichtung der Kontrollstelle beteiligt werden soll, ist nicht ab-

---

347 Für die Luftverkehrswirtschaft: ADV und BDL, aber auch einzelne Flughäfen. Grundlage für die Ausführungen der Verbände ist neben geführten Interviews das Positionspapier des *Flughafenverbands ADV*, Luftsicherheit im Blick. Die Angaben zum BMI beruhen auf einer entsprechenden Auskunft des BMI.
Auf eine weitere Hinterlegung mit Quellen wird bei den weiteren Ausführungen verzichtet.

348 Wie dies etwa die *Neue Welt* vorsieht.

schließend definiert. Da dies die effektive staatliche Aufsicht betrifft, wird es dort bei der Modellbewertung geprüft.

Innerhalb des Modells besteht die Möglichkeit, dass die Flughäfen die Kontrollen mittels eigener Unternehmen durchführen und sie nicht an externe Dienstleister vergeben. Auf diesen Fall wird am Ende der Modellbewertung eingegangen.

Insbesondere die Luftverkehrswirtschaft sieht im Wesentlichen folgende Vorteile:

- Einsatz besserer Sicherheitstechnik: Eine durchsatzstärkere Technik könnte beschafft werden; es bestände größere Flexibilität bei der Auswahl der Technik und damit auch erweiterte Innovationsmöglichkeiten bei gleichzeitigem Wegfall enger haushaltsrechtlicher und vergaberechtlicher Bindungen.
- Die Flughäfen können ihre vorhandenen Kenntnisse der Passagierzahlen bei der Steuerung einbringen; zudem stehen sie in dauerndem Austausch mit den Fluggesellschaften.
- Synergieeffekte durch doppelfunktionale Einsatzmöglichkeiten, da der Flughafen infolgedessen für § 5- und § 8-Kontrollen zuständig wäre.
- Die Flughäfen könnten bessere Anreize in den Verträgen setzen, sodass die PSDL neben hoher Qualität auch die Effizienz und zudem auch die Fluggastfreundlichkeit stärker in den Blick nehmen können.
- Insgesamt Effizienzgewinne und damit einhergehende Kostensenkung.
- Kürzere Wartezeiten bei den Kontrollen und ein daraus folgendes besseres Gesamterlebnis der Passagiere am Flughafen und mehr Zeit im Einkaufsbereich des jeweiligen Flughafens.

Das BMI präferiert einen solchen Systemwechsel zudem, um die BPOL von polizeifremden Aufgaben (Ausschreibung, Steuerung der PSDL, Beschaffung Kontrolltechnik, Gebührenberechnung und -einziehung) zu entlasten und so Kapazitäten für polizeiliche Aufgaben freizusetzen.

Auch Fraport befürwortet eine solche Übertragung, ist aber offen, ob die Kontrollen durch PSDL, durch flughafeneigene oder durch (halb-)staatliche SG durchgeführt werden.

Bezüglich der Kosten(vor-)finanzierung sieht das BMI die Flughäfen in der Verantwortung; diese folge der Aufgabenübernahme. Sonst bedeute dies eine Zurverfügungstellung von Steuergeldern an Private ohne jede staatliche Kontrolle. Die Luftverkehrswirtschaft verweist dagegen darauf, dass die Kosten wegen des hohen Wettbewerbsdrucks von vielen Flughäfen nicht vollständig über Entgelte refinanzierbar wären. Sie fordern deshalb eine Beteiligung des Staates. Der Umfang wird nur teilweise konkretisiert. Teils wird die bereits aktuell bestehende Deckelung von 10 € pro kontrollierten Passagier genannt, teils werden anteilige Kostenübernahmen bis hin zu einer Garantieübernahme bei Forderungsausfall gefordert. Die Luftverkehrswirtschaft sieht ihre Forderungen im Koalitionsvertrag berücksichtigt. Bzgl. der rechtlichen Umsetzung geht das BMI von einer zustimmungsbedürftigen Änderung des LuftSiG aus.

7.1.2 Teilweise Aufgabenübertragung auf die Flughäfen (Sicherheitstechnik und Kontrollstellen)

Eine nur teilweise Aufgabenübertragung auf die Flughäfen wurde von einzelnen Akteuren angeregt, ohne dass sich dies nach Kenntnis des Gutachters in einem Positionspapier niedergeschlagen hätte. Nach diesem Modell würden die Flughäfen die Beschaffung der Sicherheitstechnik sowie die Konfiguration der Kontrollstellen übernehmen. Insoweit würden sie die Vorfinanzierung der Kosten für die Sicherheitstechnik übernehmen und könnten bzw. müssten die Kosten über Entgelte refinanzieren.

Danach oblägen den LSB weiterhin alle Aufgaben im Zusammenhang mit den PSDL, d. h. Ausschreibung, Auswahl, Kontrahierung und Vertragsmanagement sowie die Steuerung.

7.1.3 Anstalt des öffentlichen Rechts in Bundeshand (für Flughäfen in Bundeszuständigkeit)

Die GdP[349] fordert die Gründung einer Anstalt des öffentlichen Rechts (AöR) in Bundeshand, die für die Flughäfen in Bundeszuständigkeit wesentliche Aufgaben der Luftsicherheit übernehmen würde. Dies wären namentlich[350]:

- Durchführung der § 5-Kontrollen mit eigenem Personal; eine Übernahme von Personal der PSDL ist vorgesehen.
- Auswahl und Steuerung der LuftAss.
- Alle Prozesse der Entwicklung, Anforderungsbeschreibung und Beschaffung von Sicherheitstechnik. Was unter Entwicklung von Sicherheitstechnik zu verstehen ist, gerade auch im Verhältnis zur insoweit bestehenden Aufgabenerledigung durch die BPOL, wird nicht erläutert. Der Gutachter geht von einem Fortbestand der Erprobungsstelle

349 GdP, Luftsicherheit aus einer Hand (derzeit nicht online).
350 Vgl. etwa GdP, Luftsicherheit aus einer Hand, S. 6.

in Lübeck aus (dazu sogleich). Auch auf die Konfiguration der Kontrollstellen geht das Papier nicht ausdrücklich ein. Allerdings ist davon auszugehen, dass auch dies die AöR übernehmen würde, da dies zum einen eng mit der Sicherheitstechnikbeschaffung zusammenhängt und sie zum anderen die BPOL ersetzen soll, die dies bisher macht.

- Alle Prozesse der Frachtkontrollen im vollständigen Umfang.[351]
- Wach- und Streifendienst (auch unter Waffen im nicht-öffentlichen Bereich der Flughäfen, dabei Herauslösung bisher gebundener Vollzugsbeamter.)
- Einheitliche Fortbildung und (Berufs-)Ausbildung der LuftAss, sodass diese in den verschiedenen Tätigkeitsfeldern der AöR tätig werden könnten. Davon wären auch § 9-Kontrollen erfasst.
- Ausübung der vollständigen personal- und sicherheitsrechtlichen Verantwortung für alle in der Luftsicherheit Beschäftigten. Auch hier fehlen detaillierte Informationen. Das Papier wird so gedeutet, dass nunmehr die Zuverlässigkeitsüberprüfungen von der AöR durchgeführt würden.[352]
- Alle Prozesse im Zusammenhang der Bemessung, Beitreibung und Verwertung der Luftsicherheitsgebühr.
- Ebenfalls fehlt eine explizite Aussage dazu, ob die AöR auch die Qualitätskontrolle (Audits, Inspektionen, Tests), die bisher die BPOL durchführt, übernehmen würde. Mit Blick auf den Anspruch, die BPOL durch die AöR zu ersetzen, ist hiervon auszugehen.
- Insgesamt würde die AöR zur LSB i. S. d. § 5 LuftSiG.
- Ob und inwieweit die AöR auch für die Eigensicherungsaufgaben der Flughäfen nach § 8 LuftSiG zuständig wäre, wird nicht explizit dargestellt, es ist allerdings von einem Verbleiben im Status quo auszugehen, da andere zu übernehmende Bereiche wie die Frachtkontrollen ausdrücklich Erwähnung finden.

Mit Blick auf BPOL und BMI zusammengefasst würde dies bedeuten, dass die BPOL von allen Aufgaben im unmittelbaren Zusammenhang mit den § 5-Kontrollen entbunden würde. Weiterhin sollte die BPOL nach Auffassung des Gutachters für die Zertifizierung der Sicherheitstechnik zuständig sein, da mit der Erprobungsstelle Lübeck eine weitestgehend

351 Dies deuten wir als Ersatz der bisher von den Fluggesellschaften verantworteten Eigensicherung nach § 9 und § 9a LuftSiG.

352 Auf S. 6 spricht das Positionspapier von „Sicherheitsüberprüfungen“, was der Gutachter als Zuverlässigkeitsprüfung deutet. Eine Beleihung ist naturgemäß nicht mehr erforderlich.

autarke und funktionierende Einheit besteht.[353] Ferner sollte sie die Bewachung der Kontrollstelle übernehmen. Dem BMI würde die Fachaufsicht über die AöR obliegen.

Vorteile sieht die GdP vor allem in folgenden Aspekten:

- Reduzierung der beteiligten Akteure (Luftsicherheit in einer Hand), ein zentraler Ansprechpartner von der Personen- und Gepäckkontrolle bis zur Luftfracht, keine Abstimmung zwischen BPOL und Beschaffungsamt bei Beschaffung der Luftsicherheitstechnik.
- Entlastung der BPOL von polizeifremden Aufgaben; Entlastung des BMI.
- Schaffung einer kostengünstigen und betriebswirtschaftlich sinnvollen Organisationsform.
- Reduzierung der Bedeutung wirtschaftlicher Faktoren bei der Erfüllung von Aufgaben der Luftsicherheit.
- Erfüllung hoheitlicher Aufgaben der Luftsicherheit durch den Staat. Unmittelbare Weisungsmöglichkeiten gegenüber. den Kontrollkräften (nach dem Modellverständnis des Gutachters auch unterhalb der Gefahrenlage)
- Geringere Fluktuation und höhere Zufriedenheit der Kontrollkräfte.

7.1.4 Modell: Gründung BPOL-Direktion Luftsicherheit

In Anlehnung an das AöR-Modell wäre es auch denkbar, dass bei einer behördlichen Aufgabenwahrnehmung keine neue Behörde geschaffen wird, sondern die Zuständigkeit für die Luftsicherheit bei der BPOL als Sicherheitsbehörde vollständig verbleibt. In diesem Modell übernimmt die BPOL als Luftsicherheitsbehörde alle Aufgaben gem. § 5 LuftSiG für die 13 Verkehrsflughäfen in Bundeszuständigkeit. Dies umfasst auch die operative Durchführung der Passagier- und Gepäckkontrollen, die bislang von PSDL im Auftrag der BPOL übernommen wurden. Hierzu wird seitens des Gutachters vorgeschlagen, alle luftsicherheitsrechtlichen Aufgaben in einer Bundespolizeidirektion „Luftsicherheit“ zu bündeln. Die neu zu gründende BPOLD führt die Passagier- und Gepäckkontrollen mit eigenem Personal durch, bei denen es sich im Wesentlichen jedoch nicht um Polizeivollzugsbeamte, sondern um Verwaltungsbeamte oder Tarifbeschäf-

353 Falls dies mit unionalen Vorgaben konfligieren sollte, wäre eine geschlossene organisatorische (nicht örtliche) Migration der Stelle unter Beachtung der dienst- und arbeitsrechtlichen Kautelen in die AöR anzustreben.

tigte handelt, wie es sie bereits heute in der Bundespolizei gibt[354]. Wie auch die bestehenden BPOLD mit regionaler Zuständigkeit, die aus weiteren Untereinheiten bestehen (Inspektionen und Reviere), wäre die BPOLD „Luftsicherheit" an den jeweiligen Flughafenstandorten vertreten. Somit würde die BPOLD über 13 Standorte in elf Bundesländern mit insgesamt rund 9.500 Mitarbeiterinnen und Mitarbeitern verfügen und wäre damit – mit deutlichem Abstand – die größte BPOLD innerhalb der BPOL.

Die *Auswahl sowie die Aus- und Fortbildung der LuftAss* erfolgen durch die neu zu gründende BPOLD. Eine Beleihung ist nicht mehr erforderlich, da es sich bei den LuftAss um Angehörige der Bundespolizei handelt. Legt man die Zahl der aktuell an den 13 Flughäfen in Bundeszuständigkeit tätigen LuftAss für die Personalausstattung der neuen Einheit zugrunde, müsste die neue BPOLD zunächst mehr als 9.000 LuftAss zuzüglich Verwaltungspersonal einstellen, um diese Aufgabe wahrnehmen zu können. Ggf. könnte das Verwaltungspersonal, das innerhalb der BPOL bereits für den Bereich Luftsicherheit zuständig war – zumindest teilweise – in die neue Organisation überführt werden. Geht man von einer Eingruppierung der LuftAss – wie im bayerischen Modell – in die Entgeltgruppe 6 TVöD VKA aus, dann entspricht dies einem Bruttogehalt von 2.549,58 € (Grundgehalt Stufe 1 zzgl. Zulagen)[355].

Eine wesentliche Aufgabe der BPOLD „Luftsicherheit" ist die Planung und Organisation der Passagier- und Gepäckkontrollen am jeweiligen Flughafen. Hierzu sollte an jedem Flughafen, eine Bundespolizeiinspektion (BPOLI) „Luftsicherheit" angesiedelt werden. Alternativ könnten die bereits an Flughäfen bestehenden BPOLI um einen neuen Teilbereich erweitert werden, dem die LuftAss zugeordnet sind. Dieser Bereich würde dann der BPOLD „Luftsicherheit" unterstehen (und ebenso primär mit Verwaltungspersonal besetzt werden), während die übrige BPOLI der regional zuständigen BPOLD zugeordnet wäre.

Für die *Beschaffung und den Betrieb der Sicherheitstechnik* soll ebenfalls die neue BPOLD „Luftsicherheit" zuständig sein, die dabei vom Bundesbeschaffungsamt unterstützt werden könnte. Dabei müssten die Abläufe ggü. dem Status quo optimiert werden, da insoweit fehlende Standards von der BPOL bemängelt werden.

---

354 Derzeit gibt es 1.934 Verwaltungsbeamte und 5.843 Tarifbeschäftigte in der Bundespolizei (Stand: 1. Oktober 2019).

355 Dies entspricht einem Entgelt von 15,25 € pro Stunde (Stufe 1) (Stand: 1. März 2020).

Darüber hinaus sollen die Aufgaben im Zusammenhang mit der Luftsicherheitsgebühr auf die neu zu gründende BPOLD übertragen werden. Hierzu gehören vor allem die Berechnung und Erhebung der Luftsicherheitsgebühr.

Keine Änderungen würden sich im Bereich der Zertifizierung der Sicherheitstechnik ergeben, da auch hier weiterhin die Forschungs- und Erprobungsstelle in Lübeck zuständig wäre.

7.1.5 Gründung staatlicher Sicherheitsgesellschaften (Bayerisches Modell)

Das Bayerische Modell wurde bereits oben in Kapitel 4.1.4 vorgestellt.

7.1.6 Gründung halbstaatlicher Sicherheitsgesellschaften

Nach diesem Vorschlag der DPolG[356] würden die Kontrollen durch halbstaatliche Sicherheitsgesellschaften (HSG) erbracht, die teils in staatlicher Hand, teils in privater Hand (etwa PSDL und/oder Flughafen) liegen, wobei der Staat eine Mehrheit halten würde.[357] Dadurch sollen die Stärken beider Seiten eingebracht werden. Dabei würde an jedem Flughafen, d. h. auch solche in Landeszuständigkeit, eine Sicherheitsgesellschaft gegründet, sodass „das Prinzip ‚Sicherheit aus einer Hand' [auf] die örtliche Ebene projiziert"[358] werde.

Diese HSG hätte folgende Aufgaben:

- Durchführung aller Sicherheitskontrollen nach § 5 LuftSiG und nach § 8 LuftSiG. Übernahme der derzeit bei den PSDL angestellten LuftAss durch die HSG.
- Personalrekrutierung, -anstellung und -management (einschließlich Buchhaltung). Ausbildung der LuftAss (unter staatlichen Vorgaben).
- Steuerung des Personaleinsatzes für die Kontrollen.

---

356 Vgl. etwa die Stellungnahme der DPolG im Landtag NRW (LT NRW Drs. 17/1708). Zudem wurde ein Interview geführt.

357 Am Flughafen Nürnberg gibt es bereits eine SG, die teils in privater Hand ist. Allerdings hat dies historische Gründe. Das „Bayerische Modell" ist eine SG in staatlicher Hand.

358 LT NRW Drs. 17/1708, S. 2.

- Beschaffung der Sicherheitstechnik[359] sowie Einrichtung der Kontrollstellen.
- Berechnung und Erhebung der Luftsicherheitsgebühr.

Zugleich sollen die Privaten ihre Expertise als Teilhaber in die Gesellschaft einbringen. Die Flughafenbetreiber könnten sich bei der Steuerung des Personaleinsatzes, der Beschaffung der Sicherheitstechnik und/oder der Konfiguration der Kontrollstellen engagieren.[360] Die PSDL würden „Unterstützungsarbeit" leisten, d. h. konkret beschriebene Aufgabenpakete unter Gesamtverantwortung der SG umsetzen. Dies wäre aus Sicht des Gutachters offenkundig eine externe Tätigkeit, da ansonsten ohnehin eine Verantwortung der HSG bestünde. Welche konkrete Rolle die PSDL als etwaige Gesellschafter spielen, wird nicht ausgeführt. Ob Private sich überhaupt an den HSG beteiligen und in welchem Umfang sie dies tun würden, hängt von zahlreichen Faktoren – Interessenlage, Attraktivität, ökonomische Rahmenbedingungen, Grad des wechselseitigen Kooperations- und Vertrauensverhältnisses, Vergaberecht etc. – ab (siehe Kapitel zur Umsetzbarkeit 7.2.6). Im Ausgangspunkt wird von einer aktiven und gut organisierten Beteiligung jedenfalls der Flughäfen ausgegangen, da ihre Kenntnisse und Perspektiven die zentrale Stärke der HSG und damit des Modells insgesamt ausmachen würden.

Den LSB würde weiterhin die Fachaufsicht, das Setzen der Rahmenbedingungen für die Ausbildung (einschließlich Prüfung und Beleihung) sowie, in Form der BPOL, die Zertifizierung der Sicherheitstechnik obliegen. Zudem würde die LSB die Luftsicherheitsgebühr berechnen und erheben.

Zudem wird die Einführung eines eigenständigen Ausbildungsberufs als LuftAss gefordert. Da dies nicht zwingend mit einem Modellwechsel einhergeht, wird insoweit auf die Ausführungen zu etwaigen Reformen im Ausbildungswesen auf Kapitel 5.5.3 verwiesen.

359 An dieser Stelle ist die Formulierung in der Stellungnahme etwas vage, als dass ggf. auch die Flughäfen direkt die Sicherheitstechnik beschaffen könnten, dies wird wegen des unmittelbaren Zusammenhangs im einschlägigen Absatz aber wie hier gedeutet. Vgl. LT NRW Drs. 17/1708, S. 3.

360 Teils wird von einer „Übernahme" dieser Aufgaben durch die Flughäfen gesprochen, teils vom Einbringen ihres Know-hows. Im Folgenden wird davon ausgegangen, dass die HSG für die Aufgaben verantwortlich ist und für die Aufgabenerfüllung Einheiten schafft, in denen Vertreter der Privaten maßgebliche Entscheidungsverantwortung zukommen würde. Eine „Übernahme" i.e.S. durch die Flughäfen ist damit aber ausgeschlossen, da die Einheiten für die HSG und in ihrem Verantwortungsbereich agieren.

Das Modell sieht dabei vor, dass die Vergabe der Kontrolltätigkeit an die HSG ohne Ausschreibung erfolgen kann. Danach wäre der Verkauf der Anteile aus Sicht des Vergaberechts der maßgebliche Akt und unterläge entsprechend hohen Anforderungen. *Erstens* müssten alle materiellen und prozeduralen Anforderungen des Vergaberechts erfüllt sein. So müssten eine Ausschreibung mit hinreichend klarer Leistungsbeschreibung sowie ein fairer Wettbewerb gewährleistet sein. Die zu gründende Gesellschaft darf *zweitens* nur den bereits in der Ausschreibung definierten Zweck verfolgen, da jede Änderung des Gesellschaftszwecks (während der Dauer der Konzession) zu einer erneuten Ausschreibungspflicht führt. Der private Anteil muss *drittens* eine Minderheitsbeteiligung darstellen. Die Beteiligung darf *viertens* nur auf Zeit erfolgen und bei Ablauf ist eine erneute Ausschreibung erforderlich. Dabei müssten der (Wieder-)Verkaufswert und eine etwaige Verkaufspflicht bei der Vergabe an andere Private vertraglich festgelegt werden. Alternativ zur Festlegung des Wiederverkaufswertes stünde der ursprünglich gezahlte Preis oder der aktuelle Verkehrswert. Es können *fünftens* mehrere Private, z. B. PSDL und Flughafen, beteiligt werden, wobei die jeweiligen Anteile getrennt ausgeschrieben und vergeben werden würden.

Vorteile sieht die DPolG vor allem in folgenden Aspekten:

- Einbringen der Expertise von Flughäfen und PSDL.
- Zugleich Entlastung der BPOL/LSB.
- Entfallen der aufwendigen Beschaffungsprozesse der LSB in Bezug auf die Sicherheitstechnik.
- Berücksichtigung örtlicher Besonderheiten.
- Senkung der Luftsicherheitskosten durch mehr staatliche Beteiligung und Effizienzsteigerung beim Personal- und Materialeinsatz.
- Qualitätssteigerung durch direkten staatlichen Einfluss auf Auswahl und Ausbildung des Kontrollpersonals sowie durch uneingeschränkter Weisungsbefugnis ggü. den Kontrollkräften.
- Hoheitliche Aufgabe wird durch staatlich Beschäftigte erfüllt.
- Vorteile für die LuftAss durch Anstellung bei halbstaatlicher Gesellschaft.

7.1.7 Optionsmodelle

Es sind Optionsmodelle dergestalt denkbar, dass die Flughäfen die Möglichkeit haben, bestimmte Aufgaben freiwillig zu übernehmen. Dies würde entweder der weitgehenden oder der nur teilweisen Aufgabenübertragung entsprechen. Vor dem Hintergrund, dass Umstellungsprozesse flughafen- und behördenseitig einen äußerst hohen Aufwand in Form von Sach- und Personalkosten verursachen, muss ein solches Modell grundsätzlich eine einmalige und dauerhafte Übernahme klar definierter Aufgaben vorsehen. Nur im Ausnahmefall, etwa bei schwerwiegenden, nicht vom Flughafen zu vertretenden Änderungen der Umstände, kann ein Anspruch auf Rückübertragung bestehen. Eine konsensuale Rückübertragung ist damit nicht ausgeschlossen.

Um überbordende Ausdifferenzierungen bei den LSB zu vermeiden, sind die Optionsmodelle strikt zu trennen. Es werden einmal das Optionsmodell 1: Weitgehende Übertragung und einmal das Optionsmodell 2: teilweise Übertragung begutachtet.

7.1.8 Übersicht wesentliche Aufgaben im Zusammenhang mit den Passagier- und Gepäckkontrollen nach Zuständigkeiten und Modellen

Die folgende Tabelle gibt noch einmal einen Überblick, welche Aufgaben in welchem Modell von welchen Akteuren wahrgenommen werden.

Tab. 49: Wesentliche Aufgaben und ihnen zugeordnete Teilaufgaben im Zusammenhang mit den Passagier- und Gepäckkontrollen

Wesentliche Aufgaben im Zusammenhang mit den Passagier- und Gepäckkontrollen	**Status quo Bund**	**Staatliche SG (Bayerisches Modell)**	**Weitgehende Übertragung auf FH**	**Teilweise Übertragung auf FH**	**BPOLD**	**AöR**	**Halbstaatliche SG**
Ausschreibung § 5-Kontrollen, Kontrahierung und Vertragsmanagement							
Inhaltliche Vorbereitung der Ausschreibung für die LuftAss	BPOL	entfällt	Flughafen	LSB	entfällt	entfällt	Sonderfall[362]
Durchführung des Ausschreibungsverfahrens	BeschA	entfällt	Flughafen	BeschA	entfällt	entfällt	Sonderfall
Fachliche Bewertung der Angebote	BPOL	entfällt	Flughafen	LSB	entfällt	entfällt	Sonderfall
Auswahl der privaten Sicherheitsdienstleister	BeschaA	entfällt	Flughafen	LSB	entfällt	entfällt	Sonderfall
Kontrahierung	BeschA	entfällt	Flughafen	BeschA	entfällt	entfällt	entfällt
Vertragsmanagement (Boni, Mali etc.)	BeschA/BPOL	entfällt	Flughafen	BeschA/LSB	entfällt	entfällt	entfällt
Organisation und Durchführung der § 5-Kontrollen							
Übermittlung der Passagierzahlen	Fluggesellschaften	Fluggesellschaften	Fluggesellschaften	Fluggesellschaften	Fluggesellschaften	Fluggesellschaften	Fluggesellschaften
Festlegung der Zahl und Anforderung der LuftAss für die jeweiligen Kontrollstellen	BPOL	SG	Flughafen	BPOL	BPOL	AöR	HSG
Festlegung der Öffnung und Besetzung von Kontrollstellen	BPOL	SG	Flughafen	BPOL	BPOL	AöR	HSG
Festlegung der Methodik der Durchführung der Passagier- und Handgepäckkontrollen	BPOL	LSB	LSB	BPOL	BPOL	AöR	HSG
Aufsicht der Arbeit der LuftAss (Intervention bei Gefahrenlage und mittelabre Kontrolle durch Weisung an Vorgesetzte)	BPOL	LSB	LSB	BPOL	BPOL	AöR	LSB

Wesentliche Aufgaben im Zusammenhang mit den Passagier- und Gepäckkontrollen	Status quo Bund	Staatliche SG (Bayerisches Modell)	Weitgehende Übertragung auf FH	Teilweise Übertragung auf FH	BPOLD	AöR	Halbstaatliche SG
Anordnung von Nachschulungen der LuftAss	BPOL	LSB	LSB	BPOL	BPOL	AöR	LSB
Prüfung und Abrechnung der geleisteten Kontrollstunden	BPOL	SG (nur Abrechnung)	Flughafen/ BPOL	BPOL	BPOL (nur Abrechnung)	AöR (nur Abrechnung)	HSG (nur Abrechnung)
Durchführung der Röntgen-, Personen- und Nachkontrolle	PSDL (beliehen)	SG	PSDL (beliehen)	PSDL (beliehen)	BPOL	AöR	HSG
Durchführung spezieller Sprengstoffkontrollen (ETD)	PDSL (beliehen)	SG	PDSL (beliehen)	PDSL (beliehen)	BPOL	AöR	HSG
Öffnung und Durchsuchung des Handgepäcks	PDSL (beliehen)	SG	PDSL (beliehen)	PDSL (beliehen)	BPOL	AöR	HSG
Schutz der Kontrollstellen	BPOL	BPOL/LPOL	BPOL/LPOL	BPOL/LPOL	BPOL	BPOL	BPOL
Einrichtung und Betrieb der Kontrollstellen							
Festlegung der Anzahl und Standorte der Kontrollstellen	BPOL	LSB	Flughafen	Flughafen	BPOL	AöR	HSG
Bereitstellung von Flächen für die Kontrollstellen	Flughäfen	Flughafen	Flughafen	Flughafen	Flughafen	Flughafen	Flughafen
Tatsächliche Einrichtung der Kontrollstellen (einschließlich Peripherie)	BPOL	LSB	Flughafen	Flughafen	BPOL	AöR	HSG
Abnahme der eingerichteten Kontrollstelle	BPOL	LSB	BPOL	BPOL	BPOL	AöR	HSG
Beschaffung, Betrieb und Wartung der Sicherheitstechnik							
Beschaffung der Ausbildungs- und Kontrolltechnik	BPOL/BeschA	LSB	Flughafen	Flughafen	BPOL	AöR	HSG
Betrieb der Ausbildungs- und Kontrolltechnik	BPOL	LSB	Flughafen	Flughafen	BPOL	AöR	HSG
Wartung der Ausbildungs- und Kontrolltechnik	BPOL/Hersteller	LSB/Hersteller	Flughafen/ Hersteller	Flughafen/ Hersteller	BPOL/ Hersteller	AöR/Hersteller	HSG/Hersteller
Zertifizierung der Kontrolltechnik	BPOL	BPOL	BPOL	BPOL	BPOL	BPOL	BPOL
Organisation und Durchführung der Ausbildung der LuftAss; Beleihung							

Wesentliche Aufgaben im Zusammenhang mit den Passagier- und Gepäckkontrollen	**Status quo Bund**	**Staatliche SG (Bayerisches Modell)**	**Weitgehende Übertragung auf FH**	**Teilweise Übertragung auf FH**	**BPOLD**	**AöR**	**Halbstaatliche SG**
Festlegung der Vorgaben zur Dauer, Inhalte und Methoden der Aus- und Fortbildung	BMI, BPOL (EU)	LSB (EU)	LSB (EU)	LSB (EU)	BPOL (EU)	AöR (EU)	BPOL (EU)
Durchführung von Ausbildungslehrgängen für LuftAss	Private	SG	PSDL	Private	BPOL	AöR	HSG
Durchführung regelmäßiger Schulungslehrgänge für LuftAss	Private	SG	PSDL	Private	BPOL	AöR	HSG
Abnahme der Abschlussprüfung	BPOL	LSB	LSB	BPOL	BPOL	AöR	LSB
Beleihung der LuftAss	BPOL	LSB	LSB	BPOL	entfällt	entfällt	LSB
Qualitätsmanagement/Tätigkeiten zur Überwachung der Einhaltung							
Internes Qualitätsmanagement (z. B. durch PSDL/SG)	PSDL	SG	PSDL/Flughafen	SDL	BPOL	AöR	HSG
Behördliche Qualitätssicherungsmaßnahmen (nationale Sicherheitsaudits, Inspektionen, Sicherheitstests, Erhebungen)	NQS, BPOL	LSB	LSB	BPOL	BPOL	AöR	LSB
Vorfinanzierung, Berechnung & Durchsetzung der Kosten für die § 5-Kontrollen							
Vorfinanzierung der Kosten für die bereitgestellten Flächen für Kontrollstellen	BPOL	LSB	Flughafen	LSB	BPOL	AöR	HSG
Vorfinanzierung der Kosten für LuftAss (einschließlich Auswahl, Ausbildung und Steuerung der LuftAss)	BPOL	SG	Flughafen	LSB	BPOL	AöR	HSG
Vorfinanzierung Kosten für die Anschaffung und Wartung der Sicherheitstechnik	BPOL	LSB	Flughafen	FH	BPOL	AöR	HSG

Wesentliche Aufgaben im Zusammenhang mit den Passagier- und Gepäckkontrollen	**Status quo Bund**	**Staatliche SG (Bayerisches Modell)**	**Weitgehende Übertragung auf FH**	**Teilweise Übertragung auf FH**	**BPOLD**	**AöR**	**Halbstaatliche SG**
Vorfinanzierung Kosten für die Aufsicht und behördliche Qualitätssicherung	BPOL	LSB	entfällt (bzw. Verzicht)	LSB	BPOL	AöR	LSB
Berechnung und Durchsetzung der Kosten für die bereitgestellten Flächen für Kontrollstellen	BPOL	LSB	Flughafen	Flughafen	BPOL	AöR	LSB
Berechnung und Durchsetzung der Kosten für LuftAss (einschließlich Auswahl, Ausbildung und Steuerung der LuftAss)	BPOL	LSB	Flughafen	LSB	BPOL	AöR	LSB
Berechnung und Durchsetzung der Kosten für die Anschaffung und Wartung der Sicherheitstechnik	BPOL	LSB	Flughafen	Flughafen	BPOL	AöR	LSB
Berechnung und Durchsetzung der Kosten für die Aufsicht und behördliche Qualitätssicherung	BPOL	LSB	entfällt (bzw. Verzicht)	LSB	BPOL	AöR	LSB

7.2 Ableitung von Kriterien zur Bewertung der Modelle

Aus der Leistungsbeschreibung und den Ergebnissen der empirischen Erhebungen lassen sich sechs Kriterien für eine Bewertung der Handlungsoptionen ableiten:

1. Qualität/Sicherheitsniveau, einschließlich effektiver staatlicher Aufsicht,
2. effiziente Aufgabenwahrnehmung,
3. Einheitlichkeit der Kontrollen,
4. Sozialverträglichkeit,
5. Finanzielle Auswirkungen für Staat und Wirtschaft,
6. Umsetzbarkeit

Im Folgenden werden diese Kriterien definiert.

7.2.1 Qualität/effektive Aufsicht

Die Gewährleistung eines höchstmöglichen Sicherheitsniveaus ist zwingende Voraussetzung für jede Reorganisation im Bereich der Luftsicherheit. Zentrale Indikatoren für das Sicherheitsniveau sind die Ergebnisse der verschiedenen Überprüfungen durch die Kommission, durch die nationalen Luftsicherheitsbehörden sowie durch – behördlich validierte – Tests der ausführenden Stelle (i.d.R. PSDL). Hinzutreten (nicht-)verhinderte Anschläge. Dem Gutachter lagen aus Geheimschutzgründen keine Prüfergebnisse vor. Somit kann keine direkte Bewertung der Qualität der Kontrollen erfolgen. Jedoch ist nach Angaben verschiedener Stakeholder davon auszugehen, dass das deutsche System der Luftsicherheit ein hohes Sicherheitsniveau aufweist.[362] Zugleich zeigt sich, dass auf Grund fehlender zugänglicher Daten eine fundierte Abschätzung in diesem Bereich nicht möglich ist.

Allerdings ist eine effektive staatliche Aufsicht über die Kontrollen nicht nur verfassungsrechtlich geboten, sondern auch der Hebel, um – gerade bei einer Übertragung von Aufgaben auf Private – sowohl durch

---

361 Für den Bereich Ausschreibung etc. passen die Kategorien für die HSG nur bedingt, da sie sich auf die Ausschreibung der Gesellschaftsanteile beziehen müssen. Kontrahierung und Vertragsmanagement entfallen, da die HSG selbst für die Kontrollen verantwortlich ist.

362 Vgl. exemplarisch die Auskunft des BMI und die Flughafenbefragung, oben Kapitel 4.1.5.

umfangreiche Vorgaben als auch durch die Kontrolle der Einhaltung aller einschlägigen Standards ein hohes Qualitätsniveau zu gewährleisten. Unter effektive Aufsicht wird hier das verbindliche Setzen von Sicherheits- und Verfahrensstandards, die Möglichkeit, die Einhaltung bestehender Qualitätsvorgaben zu überprüfen und auf Abweichungen wirksam, d. h. insbesondere mit Weisungen gegenüber dem Kontrollpersonal, reagieren zu können, verstanden.

7.2.2 Effiziente Aufgabenwahrnehmung

Unter Einhaltung des hohen Sicherheitsniveaus gilt es, eine zügige und effiziente Aufgabenwahrnehmung zu gewährleisten. Effizienz bedeutet in diesem Zusammenhang eine Aufgabenerledigung ohne große Reibungsverluste (z. B. fehlende Daten oder Datenstandards, durch aufwendige, ggf. sogar dysfunktionale und/oder nicht standardisierte Abstimmungsprozesse; nicht optimal allozierte Zuständigkeiten). Auf die finanziellen Auswirkungen wird gesondert eingegangen. Aus der Analyse der oben dargestellten Pilotprojekte, der Ergebnisse der Befragungen der Flughäfen und Landesluftsicherheitsbehörden, den über Interviews gespiegelten Erfahrungen auf Bundesebene und in Bayern lassen sich folgende Teilaspekte ableiten:

- Hinreichend viel und gut ausgebildetes sowie motiviertes Kontrollpersonal[363]: Rekrutierung, Ausbildung, Perspektiven, geringe Fluktuation der LuftAss.
- Regelmäßiger und vertrauensvoller Datenfluss und standardisierte technische Schnittstellen bzgl. steuerungsrelevanter Daten.
- Synergieeffekte: Freisetzen von Personalkapazitäten durch gebündelte Zuständigkeiten, vielfache Verwendung von Standards, Wissen, Software; Größenvorteile bei der Beschaffung
- Stärken ausspielen: angemessene Anreize für die verantwortlichen Akteure, Orts- und Sachnähe; z. B. Einbringen der Expertise „Sicherheit“ durch die LSB, der Expertise „Ortsnähe“ und „wirtschaftliches Denken (in Bezug auf Gesamtflughafen)“ durch die Flughäfen. Dabei auch „Denken der Kontrollen im Gesamtprozess“[364], d. h. Einbettung der Kontrollen in vor- und nachgelagerte Prozesse, einschließlich der sog. Peripherie der Kontrollstellen.

---

363 Das Kontrollpersonal stand bei allen Stakeholdern im Fokus, zur Situation bei den übrigen Akteuren wird nicht eingegangen.

364 So ein wiederkehrender Ausdruck v.a. seitens der Luftverkehrswirtschaft.

- Klare Zuständigkeitsverteilung aus Sicht der Nutzerinnen und Nutzer bzw. Adressatinnen und Adressaten. Dies sind zuvörderst die Passagiere, allerdings beinhaltet der Vorschlag der Gründung einer AöR deren Zuständigkeit auch für Frachtkontrollen, weshalb auch Frachtspediteure umfasst sind.
- Wenig personelle Schnittstellen[365], um Abstimmungsprozesse schlank zu halten.
- Regelmäßige und vertrauensvolle Kommunikation; gemeinsames Verständnis der Gesamtaufgabe Luftsicherheit und wechselseitiges Vertrauen der Stakeholder. Diese Aspekte stellen wesentliche Rahmenbedingungen für das Funktionieren jedes Systems dar, was sich etwa an der (zurecht) zunehmenden Bedeutung der Standortdialoge zeigt.[366]
  Da die Qualität der Kommunikation jedoch maßgeblich davon abhängt, wie sie vor Ort gelebt wird und diese – wie sogleich erläutert wird – nach derzeitigem Kenntnisstand systemunabhängig ist, können die Modelle nicht in ihren Auswirkungen auf die Regelmäßigkeit und das Vertrauen in der Kommunikation geprüft werden.[367] Bereits heute finden sich in den unterschiedlichen Systemen der Organisation der Luftsicherheitskontrollen teils gut gelebte Kommunikationsstrukturen. Umgekehrt stellt sich trotz gleicher Organisationsstruktur die Kommunikation an verschiedenen Standorten als sehr unterschiedlich in ihrer Qualität dar.
- Effektive Bewältigung von Peaks: frühzeitige Erkennung und Meldung, gute Gesamtprozesse am Flughafen, hinreichend großer und flexibler Personalkörper (einschließlich des doppelfunktionalen Einsatzes).
  Am derzeitigen System wird immer wieder der Umgang mit Peaks kritisiert. Dabei ist zunächst klarzustellen, dass die Ursachen für Peaks vielfältig sind und in die Verantwortungsbereiche verschiedener Akteure, Prozesse oder Geschehnisse fallen – die Sicherheitskontrolle selbst

---

365 Dabei geht es um Schnittstellen in der täglichen Arbeit des Systems Luftsicherheit. Nicht betrachtet werden soll die Frage, ob auf Ebene der obersten Bundesbehörden eine Zusammenlegung sinnvoll, da dies nicht Gegenstand des Gutachtenauftrags ist.

366 Vgl. dazu Kapitel 5.1.2.

367 Eine Besonderheit stellt insoweit die Gründung halbstaatlicher Sicherheitsgesellschaften dar, da hier die Zusammenarbeit durch die gemeinsame Gesellschaft strukturiert wird. Das Funktionieren der HSG hängt damit wohl noch stärker von einer guten Kommunikation ab. Zugleich wird einer guten Kommunikation ein strukturierender Rahmen gegeben, der zu einer weiteren Verbesserung führen kann.

ist dabei nicht Ursache für Peaks. Das Spektrum reicht von Problemen am Anreisebahnhof (z. B. Verspätung von Zügen und damit gleichzeitige Ankunft einer Vielzahl von Passagieren) über die teils schubweise und kurzfristige Abfertigung der Passagiere durch die Fluggesellschaften, bis hin zu flugplanbedingten Peaks. Bei der Bewältigung geht es einerseits darum, diese frühzeitig abzusehen und in die Planung (v.a. des Kontrollpersonals) einzubeziehen. Andererseits geht es darum, auf kurzfristige Peaks reagieren zu können.

Es ist ersichtlich, dass eine klare Abgrenzung der Aspekte nicht möglich ist, sie sich vielmehr teilweise ergänzen und dass in der Bewältigung von Peaks vorgenannte Aspekte aufgegriffen werden.

7.2.3 Einheitlichkeit der Aufgabenerfüllung

Die Einheitlichkeit beinhaltet mehrere Dimensionen, zuvörderst die einheitliche Durchführung der Kontrollen unter Berücksichtigung der verbindlichen Vorgaben von EU und Bund. Die Durchführung der Kontrollen ist bis in kleine Prozessschritte rechtlich determiniert. Die Einhaltung dieser Vorgaben wird durch eine effektive Aufsicht gewährleistet. Insofern ist selbst bei einer Übertragung der Durchführung der Kontrollen auf die Flughäfen kein Abweichen bei der konkreten Kontrolle durch die LuftAss zu erwarten. Die Einwirkungsmöglichkeiten der LSB hierauf werden unter effektive Aufsicht behandelt. Insofern wird die Kontrolltätigkeit nur knapp unter Einheitlichkeitsgesichtspunkten geprüft.

Allerdings unterscheidet sich die eingesetzte Sicherheitstechnik, wobei auch hier zum einen durch die Zertifizierung ein einheitliches Niveau sichergestellt wird. Zum anderen muss die Sicherheitstechnik den konkreten Anforderungen vor Ort[368] gerecht werden und im Rahmen der zertifizierten Sicherheitstechnik soll es gerade Wettbewerb mit der Folge unterschiedlicher Sicherheitstechnik geben.

Grundlage für eine einheitliche Kontrolle ist zudem die einheitliche Qualifikation der LuftAss. Angesichts der einheitlichen Vorgaben und zentralen Prüfungen ist hier in Bezug auf die § 5-Kontrollen bei keinem Modell eine weitere Vereinheitlichung zu erwarten. Die Frage einer einheitlichen Ausbildung der LuftAss und LSKK wird unter dem Aspekt

368 Auf Aspekte wie zentrale oder dezentrale Kontrollstellen gehen wir an dieser Stelle nicht ein, da hierzu weder verbindliche Vorgaben bestehen noch wegen der baulichen Eigenheiten erlassen werden könnten.

doppelfunktionaler Einsatz oben bei effizienter Aufgabenerledigung behandelt.

Ferner ist darunter eine einheitliche Aufgabenverteilung zu verstehen. Zum einen wären danach in ganz Deutschland idealerweise dieselben Akteurstypen für dieselben Aufgaben zuständig. Dem würde eine Lösung, die für alle Flughäfen gelten würde, entsprechen. Zum anderen gäbe es die gleiche Aufgabenverteilung im Zuständigkeitsbereich einer LSB. Danach wäre idealerweise eine LSB nicht für Flughäfen mit divergierenden Aufgabenzuweisungen zuständig. Dies würde bedeuten, dass die LSB je nach konkretem Flughafen unterschiedliche Aufgaben und in der Folge divergierende Abstimmungsbedürfnisse und Aufsichtsprozesse bewältigen müssten. Auch wenn dies Aspekte effizienter Aufgabenerledigung und finanzielle Auswirkungen tangiert, werden diese Aspekte bei jedem Modell unter Einheitlichkeit reflektiert.

Weitere mögliche Aspekte der Einheitlichkeit, wie einheitliche Datenstandards, werden unter der effizienten Aufgabenwahrnehmung behandelt.

7.2.4 Sozialverträglichkeit

Unter Sozialverträglichkeit sind im Kontext von Reorganisationsüberlegungen die Weiterbeschäftigung der Mitarbeiterinnen und Mitarbeiter bei einem Modellwechsel, Beschäftigungsperspektiven im jeweiligen Modell, Gehaltsperspektiven und allgemein die Zufriedenheit der Beschäftigten zu verstehen. Allerdings liegen hierzu kaum Daten vor, weshalb im Wesentlichen auf Einschätzungen von Stakeholdern zurückgegriffen werden muss. Da die LuftAss für eine Arbeit jenseits der § 5-Kontrollen wegen ihrer insoweit zielgerichteten Ausbildung nicht qualifiziert sind, dürfte ihr Interesse an einer Weiterbeschäftigung bei einem Modellwechsel besonders groß sein.

Ferner gilt, dass Effizienzsteigerungen, die mit Personaleinsparungen einhergehen, zunächst[369] in einem gewissen Zielkonflikt mit der Sozialverträglichkeit stehen. Mangels Daten zu den Einsparungspotenzialen einzelner Maßnahmen und mangels Kenntnis, in welchem Umfang solche Maßnahmen tatsächlich nach einem Modellwechsel ergriffen würden, wird auf diesen Aspekt bei der Modellbewertung nicht weiter eingegangen.

369 Dabei werden freiwerdende Personalkapazitäten nicht zwingend entlassen, sondern können auch für andere Tätigkeiten verwendet werden.

Die Arbeitsbedingungen gibt maßgeblich die anstellende Körperschaft vor, derzeit etwa der PSDL, ggf. in Auseinandersetzung mit den Arbeitnehmervertretungen.

7.2.5 Finanzielle Auswirkungen

Jedes Modell soll auf seine finanziellen Auswirkungen hin untersucht werden, wobei *erstens* sowohl die staatliche Seite in Form der LSB als auch die Wirtschaft (dort differenziert nach Flughafen, Fluggesellschaft und ggf. PSDL) betrachtet werden. Dabei geht es vor allem um eine Differenzierung und Benennung der Aufwandsbereiche sowie eine qualitative Abschätzung der Änderungen ggü. dem Status quo. Grundsätzlich wird dabei zwischen einmaligen Migrationskosten und laufenden Kosten unterschieden. Migrationskosten enthalten vor allem Kosten für die Anschaffung von Technik und den Aufbau (und ggf. initialen Qualifikation) von Personal sowie der Etablierung von Standards in Prozessen, IT und Kommunikation[370]. Die laufenden Kosten beinhalten Sach- und Personalkosten. *Zweitens* gilt es die Auswirkungen auf die Gesamtkosten und damit letztlich auf die Gebührenhöhe abzuschätzen. Gebührenschuldner sind die Fluggesellschaften, doch können diese die Kosten (i.d.R. weitgehend[371]) v.a. an die Passagiere weitergeben werden. Das Ausmaß der Weitergabe hängt maßgeblich von der Wettbewerbssituation und der Preiselastizität ab, wozu keine Daten vorliegen. Schließlich soll *drittens* der Aspekt der Vorfinanzierung und der möglichen (Teil-) Übernahme von Kosten durch den Staat beleuchtet werden. In der Regel finanziert die Stelle vor, bei der die Kosten anfallen. Im Anschluss werden diese, wie angedeutet, weitergereicht. Die Frage der Vorfinanzierung wird immer wieder von den Stakeholdern als zentrale Herausforderung genannt. [372]

---

370 Die letzteren Aspekte werden zum besseren Überblick gesondert aufgeführt – und nicht etwa unter Personal- und Sachkosten subsumiert.

371 Dies hängt der Marktsituation ab, insbesondere an der Preiselastizität der Nachfrage und der Konkurrenz unter den Flughäfen. Mit anderen Worten: Je stärker die Nachfrage nach Flugleistungen (überhaupt) mit steigendem Preis abfällt und je besser vergleichbare Flugleistungen an anderen Flughäfen verfügbar sind, desto schwieriger ist die Weitergabe an die Passagiere. Hierzu fehlen Daten, wenn auch die Stakeholder der Luftverkehrswirtschaft eine grundsätzliche Weitergabe angedeutet haben.

372 Vgl. dazu die Flughafenbefragung oben Kapitel 4.1.5.

7.2.6 Umsetzbarkeit

Schließlich wird die Umsetzbarkeit des Modells abgeschätzt. Dabei wird geprüft, ob und inwieweit alle betroffenen Akteure, die mit dem Modell einhergehenden Anforderungen erfüllen wollen bzw. können. Betroffen im Sinne der Umsetzbarkeit sind vor allem die Akteure, denen neue Aufgaben zuwachsen sollen.

Vor jedem Modellwechsel gilt es zu reflektieren, mit welchem Zeithorizont die Übergänge zu gestalten sind. Dabei gilt es rechtliche Vorgaben (z. B. laufende Verträge mit PSDL) und tatsächliche Herausforderungen (z. B. Beschaffung notwendiger Sach- und Personalmittel) zu bewältigen. Hierauf wird nicht im Einzelnen eingegangen.

7.3 Bewertung der verschiedenen Reformmodelle

Im Folgenden werden die einzelnen Reformmodelle anhand der Prüfkriterien bewertet. Begonnen wird mit der weitgehenden Übertragung auf die Flughäfen (Kapitel 7.3.1), gefolgt von der teilweisen Übertragung auf die Flughäfen (Kapitel 7.3.2). Daran schließen sich die Gründung einer AöR (Kapitel 7.3.3), die Gründung einer BPOL-Direktion (Kapitel 7.3.4), eine Übertragung des Bayerischen Modells auf alle Flughäfen (Kapitel 7.3.5) und die Gründung halbstaatlicher Sicherheitsgesellschaften (Kapitel 7.3.6) an. Zum Schluss wird auf die beiden Optionsmodelle eingegangen (Kapitel 7.3.7 und 7.3.8).

7.3.1 Modell: Weitgehende Übertragung auf Flughäfen

Zunächst wird angenommen, die Flughäfen schreiben die Durchführung der Kontrollen weiter aus. Zur Erledigung mittels eigener Gesellschaften vgl. das Unterkapitel am Ende dieses Modells.

7.3.1.1 Qualität/effektive Aufsicht

Alle übertragenen Aufgaben werden unter Aufsicht der LSB ausgeführt. Zunächst soll dargestellt werden, was dies für die konkreten Aufgaben bedeutet, um anschließend eine Gesamtbewertung vorzunehmen.

Bezüglich der Ausschreibung und Auswahl, Kontrahierung/Vertragsmanagement mit den PSDL nimmt der proaktiv gestaltende Einfluss der LSB ab, da sie bei den Verhandlungen und bei der Auswahl nicht direkt beteiligt ist. Gleiches gilt für die Beschaffung der Sicherheitstechnik und die Einrichtung der Kontrollstellen.

Allerdings zeigen sich Stakeholder der Luftverkehrswirtschaft[373] offen, hier die LSB effektiv zu beteiligen. So könnte die LSB nicht nur Vorgaben zur Ausschreibung (vor allem zur Definition und Bedeutung von *Qualität*) machen, sondern ggf. sogar beim Auswahlprozess beteiligt werden. Ähnliches gilt für den Einbau der Sicherheitstechnik und die Konfiguration der Kontrollstellen, bei denen die LSB bereits frühzeitig beteiligt werden könnte und nicht erst am Ende (etwa bei einer vorzusehenden Zulassung). Damit wäre eine institutionelle und frühzeitige Berücksichtigung des Aspekts Luftsicherheit gewährleistet. Dies würde zu einem größeren Abstimmungsaufwand führen, dessen Ausmaß vor allem von gelebtem Rollenverständnis und zu definierenden Prozessstandards abhängt. Soweit ohnehin ein regelmäßiger Austausch, auch auf Grundlage von Standortdialogen, stattfindet und ein gemeinsames Verständnis der Aufgabenverteilung besteht, ist der zusätzliche Aufwand als gering einzuschätzen. Inwieweit eine Beteiligung der LSB bei der konkreten Auswahl der PSDL effektiv und zugleich mit vertretbarem Aufwand möglich ist, gilt es – ggf. auch an den einzelnen Flughäfen – zu prüfen. Eine Alternative wäre es, nur die Standards zu setzen und die Einhaltung im Rahmen der Fachaufsicht reaktiv zu überprüfen. Allerdings kann dies Dokumentationsaufwand für eine effektive Kontrolle bedeuten. Derzeit funktioniert die Zusammenarbeit zwischen Flughäfen und LSB durchweg gut bis sehr gut[374], was eine gute Grundlage für die Entwicklung funktionaler Rollenverständnisse darstellt.

Um etwaigen Sicherheitsbedenken entgegen treten zu können, wird im Folgenden von einer Beteiligung der LSB dieser Gestalt ausgegangen[375]:

- Erstellen von Vorgaben zur Ausschreibung der Kontrollleistungen (PSDL), v.a. bzgl. Definition und Gewichtung der Qualität. Sicherstellung der Einhaltung entweder durch Beteiligung bei Auswahl oder durch nachträgliche, ggf. stichprobenartige, Überprüfung.
- Zulassung der Kontrollstelle, ggf. (informelle) frühzeitige Mitwirkung.

Die operative Steuerung der PSDL würde durch den Flughafenbetreiber erfolgen, eine (proaktive) Beteiligung der LSB soll hier in jeder Form ver-

373 Ausdrücklich auch die Fraport.

374 Vgl. Kapitel 4.2.2.

375 Ob und inwieweit dies einer gesetzlichen Regelung bedürfte, gälte es zu klären.

mieden werden. Wie viel Personal eingesetzt wird, entscheidet also allein der Flughafen. Allerdings kann die LSB auf die Arbeit der LuftAss Einfluss nehmen: Bei Überschreiten der Gefahrenschwelle durch Weisungen sowie bei anderweitig sicherheitsrelevant mangelhaftem Verhalten kann die LSB aufsichtliche Maßnahmen ergreifen und insbesondere Weisungen an den PSDL erteilen – in jedem Falle hinreichende Rechtsgrundlage für Letzteres wäre die Verankerung entsprechender Rechte im Vertrag zwischen FH und PSDL.[376] Schließlich sei auf die umfangreichen Vorgaben zur ordnungsgemäßen Durchführung der Kontrollen und die Möglichkeit der Prüfung durch Tests, Audits etc. verwiesen (vgl. dazu Kapitel 4.1.2.1.6).

Zur Handlungslogik der Flughäfen als steuernde Stellen im möglichen Spannungsfeld von Passagierdurchsatz und Kontrollqualität: An einer ausreichenden Anzahl an offenen Kontrollspuren und deren hinreichender personeller Ausstattung hat der Flughafenbetreiber grundsätzlich ein genuines Interesse, da die Reduzierung der Wartezeiten ein besseres Gesamterlebnis der Passagiere und mehr Zeit für die Wahrnehmung der Einkaufsmöglichkeiten bedeuten und für viele Akteure der Luftverkehrswirtschaft maßgebliche Begründung für die Aufgabenübertragung ist. Dass die Steigerung des Durchsatzes nicht zu einer Reduzierung des Sicherheitsniveaus der Kontrollen führt, wird auf rechtlicher Ebene durch die Qualitätsanforderungen an den positiven Abschluss des Kontrollvorgangs gewährleistet. Erst wenn der Passagier ordnungsgemäß kontrolliert wurde, darf die Person den Sicherheitsbereich betreten. Der Maßstab ist insoweit absolut, d. h. insbesondere unabhängig von etwaigen langen Warteschlangen oder sonstigem ökonomischen Druck. Die LuftAss sind insoweit nach staatlichen Vorgaben und staatlicher Prüfung geschult und beliehen. Das mögliche Spannungsfeld aus hohem Durchsatz und hoher Qualität muss dahingehend aufgelöst werden, als dass die Erhöhung des Durchsatzes durch bessere Konfiguration der Kontrollstellen, mehr und ggf. besser qualifiziertem/erfahrenerem Personal o.ä. erreicht wird. Die hinreichende Qualität muss durch eine effektive Aufsicht flankiert werden, wobei etwa datenbasierte Mechanismen Grundlage für weitergehende Untersuchungen sein können. So könnte die LSB die durchschnittliche Dauer angemessener Kontrollvorgänge mit der tatsächlichen Dauer (über eine hinreichend lange Dauer) vergleichen. So könnte sichergestellt werden, dass Kontrollen nicht zu Lasten der Qualität beschleunigt werden. Zudem würden durch eine schlechte Steuerung (oder auch Beschaffung) induzierte Sicherheits-

376 So beim Vertrag über die Neue Welt geschehen. Rechtssicherer wäre eine gesetzliche Normierung.

mängel weitreichende ökonomische und möglicherweise auch rechtliche Folgen für den Flughafenbetreiber (von einer Haftung bis hin zum Entzug der Betriebsgenehmigung) haben.

Um der – von einzelnen Stakeholdern ausdrücklich befürchteten – Gefahr, dass wegen des hohen Wettbewerbsdrucks bei der Auswahl der PSDL die Qualität zu Gunsten des Preises nachlassen könnte, zu begegnen, würden die oben erwähnten staatliche Standards bei Definition und Gewichtung von Qualität, aber auch eine Beteiligung der LSB im Verfahren wirkungsvolle Mechanismen darstellen.

In der Gesamtschau wäre auch bei Übertragung maßgeblicher Aufgaben auf die Flughäfen eine effektive staatliche Aufsicht gewährleistet, wobei angemessene Verfahren gerade im Bereich der proaktiven Beteiligung definiert und implementiert werden müssten.

7.3.1.2 Effiziente Aufgabenwahrnehmung

Die Aufgabenwahrnehmung wird anhand der oben dargestellten Unterkriterien geprüft und einer abschließenden Bewertung zugeführt.

Hinreichend viel und gut ausgebildetes sowie motiviertes Kontrollpersonal[377]: Rekrutierung, Ausbildung, Perspektiven, geringe Fluktuation der LuftAss

Derzeit teils bestehende Schwierigkeiten bei der Rekrutierung von ausreichend (fähigem) Kontrollpersonal dürften durch die Verlagerung der Beauftragungsverantwortung auf die Flughäfen auch weiterhin bestehen, da insbesondere die Bezahlung nicht steigen dürfte. Umgekehrt dürfte diese auch nicht (signifikant) sinken, da *erstens* der Kostendruck wegen der Implementierung der hohen Gewichtung von Qualität bei der Auswahl der PSDL nur bedingt an diese weitergeben werden kann. Insoweit ist wegen der zu heute vergleichbaren Auswahlkriterien keine relevante Änderung zu erwarten. *Zweitens* da viele PSDL tarifgebunden sind. Da alle PSDL ihr Personal für denselben Flughafen (primär) auch in dessen Umkreis rekrutieren, stehen sie *drittens* denselben hohen Anforderungen potenzieller Beschäftigter gegen. Dazu kommt, dass die Ausbildung nach zentralen Vorgaben erfolgt und die Prüfung zentral abgenommen wird. An den (häufig fehlenden) Verbleibperspektiven der LuftAss im Unterneh-

377 Das Kontrollpersonal stand bei allen Stakeholdern im Fokus. Auf die Situation des Personals wird bei den übrigen Akteuren nicht eingegangen.

men in Form von breiteren Verwendungsmöglichkeiten ändert sich durch das Modell nichts, sodass auch weiterhin das Problem der Fluktuation bestehen dürfte. Insgesamt sind allenfalls geringe Auswirkungen auf dieses Unterkriterium zu erwarten.

Regelmäßiger und vertrauensvoller Datenfluss sowie standardisierte technische Schnittstellen bzgl. steuerungsrelevanter Daten

Die steuerungsrelevanten Passagierzahlen haben zunächst die Fluggesellschaften. Da sie diese ohnehin an die Flughäfen melden, um ihnen die Steuerung des Bodenpersonals zu ermöglichen, würde insoweit eine Schnittstelle entfallen. Auch wenn die teils lückenhafte Zuleitung der Fluggesellschaften an die BPOL ein mehrfach bemängeltes Problem ist, ist dieses durch Anpassungen im System wie in Kapitel 7.2.3 dargestellt recht problemlos zu bewältigen. Insofern erscheinen die Vorteile der Aufgabenverlagerung marginal.

Synergieeffekte: Personaleinsparung durch gebündelte Zuständigkeiten, vielfache Verwendung von Standards, Wissen, Software; Größenvorteile bei der Beschaffung

Bei der BPOL treten heute wegen ihrer Zuständigkeit für 13 Flughäfen gewisse Synergie- und Skaleneffekte auf. Namentlich beim Einkauf von Sicherheitstechnik wird von der BPOL auf gute Preise und Rahmenverträge verwiesen, die eine günstige und zügige Lieferung gewährleisten. Diese Größeneffekte würden mit Übernahme der Beschaffung durch Flughäfen zunächst abnehmen.

Ein Beweggrund der Luftverkehrswirtschaft ist gerade die Loslösung von den Rahmenverträgen, da diese als innovationshemmend wahrgenommen werden. Im Rahmen der Beschaffung von Sicherheitstechnik für die § 8-Kontrollen haben einige Flughäfen Einkaufsgemeinschaften gebildet. Details zu diesen Einkaufsgemeinschaften liegen dem Gutachter nicht vor. Ob und inwieweit solche auch im Rahmen dieses Modells gebildet würden und diese bessere Bedingungen als die zentral beschaffende BPOL aushandeln kann, kann nicht eingeschätzt werden.

Stärken ausspielen: angemessene Anreize für die verantwortlichen Akteure, Orts- und Sachnähe; z. B. Einbringen der Expertise „Sicherheit" durch die LSB, der Expertise „Ortsnähe" und „wirtschaftliches Denken (in Bezug auf Gesamtflughafen)" durch die Flughäfen. Dabei auch „Denken der Kontrollen im Gesamtprozess", d. h. Einbettung der Kontrollen in vor- und nachgelagerte Prozesse, einschließlich der sog. Peripherie der Kontrollstellen

Da die Flughäfen die vor- und nachgelagerten Prozesse maßgeblich bestimmen, führt die Übertragung der Verantwortung gerade der Konfiguration der Kontrollstellen dazu, dass hier eine optimalere Konzeption des Gesamtprozesses möglich wird. Sie können die Zuweisung der Flächen in Abwägung der konkurrierenden Nutzungsmöglichkeiten vornehmen, d. h. z. B. mehr Fläche für Kontrollen vorsehen.[378] Eine sicherheitsrelevante Verknappung der Flächen ist dabei – auch aufgrund qualitätssichernder Eingriffsmöglichkeiten der LSB (dazu eingangs bei effektiver Aufsicht) – im Ergebnis nicht zu befürchten. Zumal die Qualität jedes Kontrollvorgangs von den LuftAss absolut, d. h. insbesondere unabhängig von der Anzahl wartender Passagiere zu gewährleisten ist.

Durch die Übernahme der Sicherheitstechnikbeschaffung können die Flughäfen entscheiden, ob sie mehr Geld für Geräte mit höherem Durchsatz ausgeben, um so Personalkapazitäten freisetzen und im Ergebnis Personal- und Gesamtkosten einsparen zu können (zu Letzterem s.u. finanzielle Auswirkungen). Der Umfang möglicher Effizienzgewinne hängt dabei vom Umfang der Durchsatzsteigerung durch die neue Sicherheitstechnik ab.

Klare Zuständigkeitsverteilung

Aus der Sicht der Passagiere wäre der ohnehin schon heute oft als Beschwerdestelle wahrgenommene Flughafen[379] für die Zahl der offenen Kontrollspuren und deren Besetzung auch tatsächlich verantwortlich, d. h. aus Sicht dieser Referenzgruppe würde die Verantwortungszuweisung eindeutiger. Zugleich würden BMI bzw. BPOL weniger wahrscheinlich als Stelle für Beschwerden, die eigentlich die von den Flughäfen zu verantwortende Bereiche zum Gegenstand haben, wahrgenommen.

---

378 Ob und inwieweit sie dies tun, hängt von einer entsprechenden Gesamtabwägung ab. Größere Änderungen sind wegen des begrenzten Platzes bzw. der hohen Nutzungskonkurrenz eher nicht zu erwarten.

379 So die Auskunft von Stakeholdern der Luftverkehrswirtschaft.

Wenig personelle Schnittstellen

Durch die Übertragung auf die Flughäfen tritt praktisch kein weiterer Akteur auf den Plan, da die Flughäfen für die maßgeblichen Prozesse die BPOL ersetzen und insgesamt bereits ein relevanter Akteur im Rahmen der Organisation der Luftsicherheit sind. Dabei bleibt die Erfüllung der Aufgaben in der Sache jeweils einem Akteur vorbehalten: Einerseits dem Flughafen, wobei die LSB primär aufsichtlich agieren würde. Andererseits die PSDL bzw. die LuftAss, gegenüber denen die LSB dasselbe Durchgriffsrecht hätte wie im Status quo. Dabei würde (und müsste) die Beteiligung der LSB in Form und Gegenstand standardisiert und damit auch prozessbezogen eine hinreichend klare Aufgabenverteilung gewährleistet werden. Damit wäre die Expertise der LSB angemessen in die konkreten Prozesse einbringbar. Eine bisher noch vorhandene Schnittstelle in Form des Beschaffungsamtes würde durch die Übertragung auf die Flughäfen entfallen. Auch müssten die Fluggesellschaften die Passagierzahlen nicht mehr an die LSB melden, wenn auch die Steuerung durch die Flughäfen von der LSB beaufsichtigt würde.

Effektive Bewältigung von Peaks: frühzeitige Erkennung und Meldung, gute Gesamtprozesse am Flughafen, hinreichend großer und flexibler Personalkörper (einschließlich doppelfunktionaler Einsatz)

Es gibt einige Möglichkeiten der Prozessoptimierung unterhalb der Aufgabenverlagerung (vgl. dazu Kapitel 5.5). Diese sind auch bei einer Aufgabenverlagerung implementierbar. Ob und inwieweit eine Verantwortungsverlagerung die Anreize für die Flughäfen erhöht, gerade solche Optimierungen vorzunehmen, die mit nicht unerheblichen Aufwendungen verbunden sind, kann hier nicht abgeschätzt werden. Allgemeine ökonomische Annahmen über rationales Agieren würden die Implementierung von als effizient i. S. e. Kosten-Nutzen-Abschätzung bewerteten Instrumenten nahelegen.

Entscheidender in der Diskussion ist der Aspekt des doppelfunktionalen Einsatzes der LuftAss und der LSKK. Zwar würde die Zuständigkeit der Flughäfen für beide Kontrollen die organisatorische Möglichkeit der gemeinsamen Vergabe schaffen und damit der operativen Flexibilität erhöhen, doch müsste dies mit erheblichen weiteren Voraussetzungen einhergehen. *Erstens* müsste die Ausbildung entsprechend vereinheitlich werden (dazu Kapitel 5.5.5). *Zweitens* müssten die örtlichen Voraussetzungen am jeweiligen Flughafen passen, d. h. insbesondere dürften die Kontrollstellen nicht zu weit auseinander liegen (vgl. zur Situation im Status quo Kapitel 4.2.1). *Drittens* müsste die Zulässigkeit einer einheitlichen Vergabe (d. h.

mit nur einem Los) rechtlich final geprüft werden. Die Übertragung wesentlicher Aufgaben auf die Flughäfen wäre damit notwendige Bedingung für Effizienzgewinne mittels doppelfunktionalen Einsatzes, aber bei weitem noch keine hinreichende Bedingung.

7.3.1.3 Einheitlichkeit der Aufgabenerfüllung

An der tatsächlichen Durchführung der Kontrollen würde sich allein auf Ebene der Sicherheitstechnik insoweit etwas ändern, als dass die Möglichkeit der eigenen Sicherheitstechnikbeschaffung – i.d.R. ohne Bindung an Rahmenverträge – die Vielfalt eingesetzter Technik aus dem national zugelassenen Rahmen erhöhen könnte. Auf personeller Ebene würden weiterhin PSDL die Kontrollen durchführen.

Das Modell hat den Anspruch, bundesweit ausgerollt zu werden. Deshalb wäre auf der Akteurstypenebene eine Einheitlichkeit gegeben, da der Akteur „Flughafen" für die Aufgabenwahrnehmung zuständig würde. Allerdings würde die Zahl der Akteure zunehmen, als dass statt der bisher zuständigen LSB nun 25[380] Flughäfen diese Aufgaben wahrnehmen würden.

7.3.1.4 Sozialverträglichkeit

Hier dürfte sich im Vergleich zu heute – unter der Annahme des Ausbleibens eines Preiskampfes zwischen den PSDL, der über das heutige Maß hinausgeht – strukturell nichts ändern. Die Arbeitsbedingungen gibt maßgeblich der PSDL, ggf. in Auseinandersetzung mit den Arbeitnehmervertretungen, vor. Beim Wechsel der PSDL würden ebenso eine Übernahme nach § 613a BGB erfolgen.

7.3.1.5 Finanzielle Auswirkungen

Auf Seiten der Wirtschaft wird zunächst die **Kostenveränderung** bei den Flughäfen betrachtet. Diesen würden erhebliche Migrationskosten entstehen. Zunächst müssten sie die erforderliche Sicherheitstechnik beschaffen,

380 28 abzüglich der Flughäfen in Bayern. Eine Änderung der Zuständigkeiten in Bayern steht derzeit nicht zur Disposition.

wobei die Übernahme vorhandener Technik von den LSB naheliegt[381]. Ebenso müsste initial zur Gewinnung fähigen Personals für die Beschaffung der Sicherheitstechnik und für die Steuerung Geld aufgewendet werden. Dabei können die Flughäfen aber auf vorhandene Expertise im Beschaffungsbereich aus der Zuständigkeit für die § 8-Kontrollen zurückgreifen. Zudem müsste für jede Aufgabe Wissen und Standards entwickelt und implementiert werden. Im laufenden Betrieb müssten nicht nur Betrieb, Wartung und Erneuerung der Sicherheitstechnik, sondern auch eigenes Personal finanziert werden.

Inwieweit die **Gesamtkosten** der § 5-Kontrollen sinken würden, hängt maßgeblich davon, ob und inwieweit die oben beschriebenen Effizienzgewinne tatsächlich umgesetzt werden und die dargestellten Effizienzverluste überwiegen. Zumindest für einige Flughäfen dürfte eine Kostensenkung möglich sein. Gerade im Bereich der Sicherheitstechnik, Kontrollstellenkonfiguration und Steuerung bestehen hier Ansatzpunkte.[382] Soweit diese mit (kurzfristigen) Personaleinsparungen oder Lohnreduktionen einhergehen, besteht ein Zielkonflikt mit der Sozialverträglichkeit.

Die Flughäfen würden nach diesem Modell grundsätzlich das Risiko der **Vorfinanzierung** tragen, da bei ihnen die Kosten anfallen, da sie die PSDL beauftragen und die Sicherheitstechnik beschaffen. Ob und inwieweit der Staat hier Teile der Kosten oder das Risiko (zumindest in Teilen bzw. für bestimmte Fälle) übernehmen würde, ist zwischen Luftverkehrswirtschaft und Staat umstritten. Die Entscheidung ist maßgeblich politischer Art, da sie eine mögliche Umverteilung zugunsten der Luftverkehrswirtschaft (und damit auch der Passagiere) und zulasten des Steuerzahlers beinhaltet. Dieser Aspekt soll deshalb im Weiteren allein unter dem Gesichtspunkt der Umsetzbarkeit betrachtet werden.

7.3.1.6 Umsetzbarkeit

Eine weitreichende Aufgabenübertragung auf alle Flughäfen erscheint derzeit – ohne Änderung der Rahmenbedingungen – nicht erfolgsversprechend. Ein erheblicher Teil der befragten Flughäfen (acht von 18) ist noch nicht einmal grundsätzlich bereit, (einzelne) Aufgaben im Bereich der § 5-Kontrollen zu übernehmen. Umgekehrt war nur ein großer Flughafen be-

381 Insoweit kann die Neue Welt als Erkenntnisquelle dienen.

382 Vgl. dazu bei effiziente Aufgabenwahrnehmung das Unterkapitel „Stärken ausspielen“.

reit, alle Aufgaben einschließlich der Vorfinanzierung zu übernehmen.[383] Hintergrund der Einschätzungen ist folgender:

- Die Flughäfen müssten das Ausfallrisiko selbst tragen oder dieses ggü. den Luftfahrtunternehmen einpreisen. Derzeit findet bei der Erhebung der Luftsicherheitsgebühr jedenfalls seitens der BPOL keine Einpreisung statt.[384] D. h. entweder würden die Flughäfen Kosten (teilweise) übernehmen oder aber ihre Wettbewerbsposition würde sich – zumindest international[385] – ggü. dem Status quo verschlechtern. Soweit Flughäfen im nationalen Vergleich überdurchschnittliche Ausfallrisiken (bzw. Durchsetzungskosten) haben, würde sich ihre Wettbewerbsposition national verschlechtern – zugunsten von Flughäfen mit unterdurchschnittlichen Ausfallrisiken.
- Für die Flughäfen, die im Vergleich zum derzeitigen System Effizienzverluste erleiden würden (etwa wegen geringer Größe bzw. nachlassenden Größeneffekten), würde sich die Wettbewerbssituation ggü. heute (weiter) verschlechtern.
- Die derzeitige 10 €-Grenze gilt nur für die Luftsicherheitsgebühr und nicht für etwaige Entgelte. D. h., dass die Flughäfen, die bereits von der Grenze profitieren, in der Regel durch einen Modellwechsel Nachteile erleiden würden.
- Grundlage für die (Re-)Organisation der Luftsicherheitskontrollen ist zumindest bisher die Annahme, dass die Luftfahrunternehmen bzw. deren Passagiere und nicht die organisierenden Stellen (das sind *heute* die LSB bzw. *morgen* die Flughäfen) die Kosten tragen sollen. Soweit also Kosten bei den Flughäfen verbleiben, würde dies nicht der angestrebten Allokation entsprechen.

Auch wenn eine Übertragung gegen den Willen der Flughäfen rechtlich möglich sein sollte, ist davon wegen typischerweise auftretenden Dysfunktionalitäten gerade in einem Bereich, der für die Sicherheit und die Gesamtwirtschaft von erheblicher Bedeutung ist, eher abzuraten. Auch wenn nach einer Übertragung die Flughäfen grundsätzlich ein genuines Eigeninteresse an zügigen Kontrollen haben[386], dürfte sich der Gesamtprozess bei

383 Hierbei handelt es sich um Fraport, wobei die Verhandlungen zur Neuen Welt u. a. wegen einer fehlenden Lösung für die Regelung der Ausfallrisiken bis heute nicht abgeschlossen werden konnten, vgl. dazu Kap. 5.4.

384 Abschließende Aussagen zu anderen LSB liegen nicht vor.

385 Zunächst nur international, da im Ausgangspunkt alle deutschen Flughäfen von der Änderung betroffen wären.

386 Vgl. zur „Handlungslogik der Flughäfen“ oben Kapitel 4.1.5 [effektive Aufsicht].

„überforderten“ Flughäfen – zumindest für einen erheblichen Zeitraum – verschlechtern.

Die Verantwortung für die § 8-Kontrollen zeigt, dass die Flughäfen strukturell in der Lage sind, die in Rede stehenden Aufgaben zu übernehmen – wenn auch durchaus aus Sicht von Qualität und Effizienz der § 8-Kontrollen teils deutliche Herausforderungen gespiegelt wurden. Sollte die dargestellte Frage der finanziellen Auswirkungen adäquat gelöst werden, wäre das Modell umsetzbar.

Für die Einführung des Modells wäre nach Einschätzung des BMI eine zustimmungsbedürftige Änderung des LuftSiG erforderlich.

7.3.1.7 Vorschläge zur Modifikation des Ausgangsmodells

Dabei ergeben sich aus der Prüfung ggü. dem eingangs in Kapitel 7.1.1 dargestellten Modell folgende Ergänzungs- bzw. Modifikationsvorschläge durch den Gutachter. Grundsätzlich ist die Stärkung der Rolle der LSB ein wichtiger Aspekt. Dies lässt sich dadurch erreichen, indem sie in dem Modell zusätzlich folgende Aufgaben als Ausprägung einer effektiven Aufsicht wahrnimmt:

- Erstellen von Vorgaben zur Ausschreibung der Kontrollleistungen (PSDL), v.a. bzgl. Definition und Gewichtung der Qualität
- Sicherstellung von deren Einhaltung entweder durch Beteiligung bei Auswahl oder durch nachträgliche, ggf. stichprobenartige, Überprüfung
- Zulassung der Kontrollstelle, ggf. (informelle) frühzeitige Mitwirkung.

7.3.1.8 Erledigung durch flughafeneigene Unternehmen

Die Flughäfen hätten nach dem Modell die Möglichkeit, eigene Unternehmen zur Erledigung der § 5-Kontrollen zu gründen.[387] Dies ist bereits heute an einigen Flughäfen geschehen. Dies hätte zur Folge, dass die Leistungen nicht mehr ausgeschrieben werden müssten und vielmehr dauerhaft diese Gesellschaft die Aufgabe erledigen würde. Soweit dies geschieht, würde sich die Bewertung (nur) in folgenden Bereichen ändern. Auf die übrigen Kriterien dürfte dies keine Auswirkungen haben.

387 Einen anderen Weg ist die Neue Welt gegangen, die eine Ausschreibung durch die Flughäfen zwingend vorsieht und eine Beteiligung der Frasec ausschließt.

7.3.1.8.1 Effiziente Aufgabenwahrnehmung

Qualität/Sicherheitsniveau, einschließlich effektiver staatlicher Aufsicht

Hier würde sich nur insoweit etwas ändern, als dass dies LSB mangels Ausschreibung keinen Einfluss auf die Auswahl der PSDL nehmen kann. Da dies durchaus als wesentliches Element einer Qualitätssicherung anzusehen ist, müssten die Sicherheitskonzepte, internen Vorgaben etc. der flughafeneigenen Gesellschaft sowie des Flughafens regelmäßig von der LSB überprüft werden.

Effiziente Aufgabenwahrnehmung: Hinreichend viel und gut ausgebildetes sowie motiviertes Kontrollpersonal[388]: Rekrutierung, Ausbildung, Perspektiven, geringe Fluktuation der LuftAss

Inwieweit hier eine Änderung durch die Gründung flughafeneigener Unternehmen eintreten würde, hängt maßgeblich von den angebotenen Arbeitsbedingungen ab. Dies hängt wiederum auch davon ab, ob eine Tarifbindung gegeben ist. Dies ist etwa bei FraSec der Fall, die auch Mitglied des BDLS ist und damit dem branchenüblichen Tarifvertrag unterliegt.

Eine Besonderheit betrifft die derzeitige den Verhandlungen von Arbeitnehmer- und Arbeitgebervertretungen zugrunde liegende Kostentragung. Die wesentlichen PSDL sind Mitglied im BDSL und unterliegen damit denselben Tarifverträgen und zahlen den gleichen Lohn. Wegen der gleichen Löhne können die PSDL diese auch nicht untereinander als Wettbewerbsvorteil nutzen. Wenn der Flughafen selbst die Entgelte erhebt und die § 5-Kontrollen durch eine eigene Gesellschaft durchführen lässt, werden geringe Lohnkosten der LuftAss zu einem Wettbewerbsvorteil des Flughafens. Deshalb hat das flughafeneigene Unternehmen tendenziell ein größeres Interesse an niedrigen Löhnen als dies die PSDL derzeit haben.

Inwiefern staatliche Flankierungen zur Sicherstellung der Personalqualität erforderlich würden, die über die bestehenden Ausbildungsvorgaben hinausgehen, müsste sich in der Praxis zeigen. Die Identifikation der LuftAss mit dem Unternehmen könnte sich durch das Wegfallen der heute recht regelmäßigen Arbeitgeberwechsel jedenfalls erhöhen.

388 Das Kontrollpersonal stand bei allen Stakeholdern im Fokus, zur Situation bei den übrigen Akteuren wird nicht eingegangen.

7.3.1.8.2 Sozialverträglichkeit

Wiederum gilt, dass die Arbeitsbedingungen von der konkreten Ausgestaltung vor Ort abhängen.

In jedem Fall müsste sichergestellt werden, dass ein Übergang auf die Flughäfen als Betriebsübergang i. S. d. § 613a BGB auch bei Übernahme durch flughafeneigene Unternehmen gilt.

7.3.2 Modell teilweise Aufgabenübertragung auf die Flughäfen (Sicherheitstechnik und Kontrollstellen)

7.3.2.1 Qualität/effektive Aufsicht

Die Beschaffung der Sicherheitstechnik sowie die Konfiguration und Einrichtung der Kontrollstellen würde – wie im Modell der weitreichenden Aufgabenübertragung – unter Aufsicht der LSB erfolgen. Auch wenn insoweit die Ausführungen entsprechend gelten, soll hier die wesentlichen Aspekte des Modells dargestellt werden.

Die Flughäfen würden die Beschaffung aus der Liste der zertifizierten Geräte vornehmen. Um die sicherheitsbehördliche Perspektive möglichst frühzeitig einzubringen, sollte die LSB bereits bei der Planung der Kontrollstelle beteiligt werden.

Dies würde naturgemäß Abstimmungsaufwand bedeuten, der aber angesichts des zu erwartenden regelmäßigen Austausches (auch auf Grundlage von Standortdialogen) und durch die Definition der Rollenverständnisse aller Beteiligten und von Prozessstandards und eingedenk des abgegrenzten Gegenstands als sehr gering einzuschätzen ist. Zur Gesamtbewertung der finanziellen Auswirkungen siehe unten 7.3.2.5.

Die operative Steuerung würde – wie im Status quo – durch die LSB erfolgen, bei Implementierung der neuen Verträge durch den PSDL selbst. Insoweit sind keine Änderungen durch den Modellwechsel zu verzeichnen.

In der Gesamtschau wäre auch bei Übertragung von Aufgaben der Sicherheitstechnikbeschaffung und der Kontrollstelleneinrichtung auf die Flughäfen eine effektive staatliche Aufsicht gewährleistet, wobei angemessene Verfahren gerade im Bereich der proaktiven Beteiligung definiert und implementiert werden müssten.

7.3.2.2 Effiziente Aufgabenwahrnehmung

Die Aufgabenwahrnehmung wird anhand der oben dargestellten Unterkriterien geprüft und einer abschließenden Bewertung zugeführt.

Hinreichend viel und gut ausgebildetes sowie motiviertes Kontrollpersonal[389]: Rekrutierung, Ausbildung, Perspektiven, geringe Fluktuation der LuftAss

Hier würde sich nichts ändern, da insoweit keine Aufgabenverschiebung stattfindet.

Regelmäßiger und vertrauensvoller Datenfluss sowie standardisierte technische Schnittstellen bzgl. steuerungsrelevanter Daten

Hier würde mangels Übertragung der Steuerung keine Änderung ggü. dem Status quo eintreten.

Stärken ausspielen: angemessene Anreize für die verantwortlichen Akteure, Orts- und Sachnähe; z. B. Einbringen der Expertise „Sicherheit“ durch die LSB, der Expertise „Ortsnähe“ und „wirtschaftliches Denken (in Bezug auf Gesamtflughafen)“ durch die Flughäfen. Dabei auch „Denken der Kontrollen im Gesamtprozess“, d. h. Einbettung der Kontrollen in vor- und nachgelagerte Prozesse, einschließlich der sog. Peripherie der Kontrollstellen

Da insoweit dieselbe Aufgabe wie bei der „weitgehenden Übertragung“ verlagert wird, gelten dieselben Erwägungen:

Da die Flughäfen die vor- und nachgelagerten Prozesse maßgeblich bestimmen, führt die Übertragung der Verantwortung gerade der Konfiguration der Kontrollstellen dazu, dass hier eine optimalere Konzeption des Gesamtprozesses möglich wird. Sie können die Zuweisung der Flächen in Abwägung der konkurrierenden Nutzungsmöglichkeiten vornehmen, d. h. z. B. mehr Fläche für Kontrollen vorsehen, damit diese schneller gehen und damit das Reiseerlebnis besser wird und mehr Zeit für Konsum im Duty-free-Bereich zur Verfügung steht.[390] Eine sicherheitsrelevante Verknappung der Flächen ist dabei – auch dank qualitätssichernder Eingriffsmöglichkeiten der LSB – im Ergebnis nicht zu befürchten. Zumal die Qua-

---

389 Das Kontrollpersonal stand bei allen Stakeholdern im Fokus, zur Situation bei den übrigen Akteuren wird nicht eingegangen.

390 Ob und inwieweit sie dies tun, hängt von einer entsprechenden Gesamtabwägung ab. Größere Änderungen sind wegen des begrenzten Platzes bzw. der hohen Nutzungskonkurrenz eher nicht zu erwarten.

lität jedes Kontrollvorgangs von den LuftAss absolut, d. h. insbesondere unabhängig von der Anzahl wartender Passagiere zu gewährleisten ist. Dabei kann (und sollte) sicherheits(rechtliche) Expertise der LSB einfließen.

Klare Zuständigkeitsverteilung

Aus Sicht der Passagiere würde sich die maßgebliche Verantwortung für die Steuerung der LuftAss nicht verändern. Es steht demnach zu befürchten, dass Beschwerden bei eigentlich nicht verantwortlichen Stellen erhoben werden.

Allerdings gäbe es für die Fluggesellschaften zukünftig zwei Ansprechpartner mit Blick auf die Luftsicherheitskosten. Die Flughäfen würden ein Sicherheitsentgelt für die Kontrollstellen und die Sicherheitstechnik erheben. Die LSB hingegen erhebt eine (reduzierte) Luftsicherheitsgebühr zur Finanzierung der Kosten für das Personal der LuftAss sowie für die Fachaufsicht.

Wenig personelle Schnittstellen

Einerseits würde eine bisher noch vorhandene Schnittstelle in Form des Beschaffungsamtes entfallen, wenn die Flughäfen die Beschaffung übernehmen. Andererseits würde nunmehr die LSB – wie oben dargestellt – bei der Konfiguration beteiligt. Allerdings ist durch den ohnehin bestehenden Austausch eine – ggü. der derzeit als nicht optimal beschriebenen Abläufe mit dem Beschaffungsamt auf Bundesebene – geringere hemmende Wirkung zu erwarten, weshalb personelle Schnittstellen insgesamt abnehmen. Unberücksichtigt bleibt dabei die interne Organisation des Flughafens bei der Beschaffung. Sollten hier dysfunktionale Schnittstellen aufgebaut werden, würde dies die Effizienz schmälern.

Bei den Flughäfen müsste eine Einheit zur Berechnung der Entgelte für die Kosten der Sicherheitstechnik nebst Kosten für die Einrichtung der Kontrollstellen betraut werden. Es ist davon auszugehen, dass dies bei den Stellen gebündelt würde, die die Entgelte für die § 8-Kontrollen berechnen (und erheben).

Effektive Bewältigung von Peaks: frühzeitige Erkennung und Meldung, gute Gesamtprozesse am Flughafen, hinreichend großer und flexibler Personalkörper (einschließlich doppelfunktionaler Einsatz)

Die Verlagerung der Beschaffung der Sicherheitstechnik und die Einrichtung der Kontrollstellen kann Teil einer flexibleren und effizienteren Gesamtkonzeption sein. Allerdings dürfte die Auswirkung von (idealerweise) durchsatzstärkerer und besser auf den Flughafen angepasster Sicherheitstechnik und die Konfiguration der Kontrollstellen auf Peaks nur begrenzt sein. Infolgedessen hat dies keine Auswirkungen auf die Größe und Flexibilität des Personalkörpers oder die Erkennung bzw. planerische Vermeidung von Peaks.

7.3.2.3 Einheitlichkeit der Aufgabenerfüllung

An der tatsächlichen Durchführung der Kontrollen würde sich allein auf technischer Ebene insoweit etwas ändern, als dass die Möglichkeit der eigenen Sicherheitstechnikbeschaffung – i.d.R. ohne Bindung an Rahmenverträge – die Vielfalt eingesetzter Technik erhöhen dürfte.

Das Modell hat den Anspruch, bundesweit ausgerollt zu werden. Deshalb wäre auf der Akteurstypenebene eine Einheitlichkeit (und Fortbestand der weniger historisch gewachsener Besonderheiten) im gleichen Maße gegeben, wie bisher.

7.3.2.4 Sozialverträglichkeit

Mangels unmittelbarer Auswirkungen auf die LuftAss sind keine nennenswerten Auswirkungen auf die Sozialverträglichkeit zu erwarten.

7.3.2.5 Finanzielle Auswirkungen

Inwieweit die **Gesamtkosten** der § 5-Kontrollen sinken würden, hängt maßgeblich davon, ob und inwieweit die oben beschriebenen Effizienzgewinne tatsächlich umgesetzt werden und inwieweit sie die dargestellten Effizienzverlusten überwiegen. Dabei muss beachtet werden, dass die Verortung der Kosten mit der Verlagerung der Aufgabenerledigung von den LSB zu den Flughäfen wandert. Zumindest für einige Flughäfen dürfte eine Kostensenkung möglich sein.

Das Risiko der Vorfinanzierung würde im Ausgangspunkt den Flughäfen vor allem bezüglich der Sicherheitstechnikbeschaffung zufallen, die Kosten für die PSDL würden (weiterhin) von den LSB vorfinanziert. Im Ergebnis dürfte dies administrativ keine signifikante Verschlechterung zum Status quo darstellen, da die bisher von den LSB vorgenommene Berechnung und Einziehung der Kosten für die Sicherheitstechnik den Flughäfen zufallen würde. Die Flughäfen könnten dies technisch-organisatorisch den bisher ohnehin erhobenen Sicherheitsentgelten aufschlagen.

Damit würde zwar die Kostenberechnung und -einziehung für die § 5-Kontrollen zunächst aufgespalten in einen Anteil, der von den Flughäfen verantwortet, und einen Anteil, der von den LSB verantwortet würde. Doch könnte dies wie dargestellt bei den Flughäfen in bereits vorhandene Strukturen eingebettet werden und für die LSB wäre es ggü. dem Status quo eine Aufwandsverringerung.

Auch wenn die Kosten für die Sicherheitstechnik im Vergleich zu den Kosten für die PSDL deutlich geringer sind, stellt das Ausfallrisiko einen, gerade für weniger robust aufgestellte Flughäfen, nicht zu vernachlässigenden Faktor dar. Allerdings gelten auch hier die oben entwickelten Möglichkeiten einer staatlichen Beteiligung.[391]

7.3.2.6 Umsetzbarkeit

Derzeit sind viele Flughäfen nicht bereit, die Beschaffung der Sicherheitstechnik (einschließlich der Vorfinanzierung) zu übernehmen. Wenn auch die Zurückhaltung weniger stark als bei der weitgehenden Aufgabenübertragung ausfällt, ist sie doch deutlich. Wiederum ist das Kostenrisiko das zentrale Argument, ergänzt um das der Liquiditätsverringerung. Gerade Flughäfen mit geringem Cash-Flow könnten zumindest für die Übergangsphase Hilfen, etwa in Form günstiger Kredite, zur Verfügung gestellt werden. Soweit allerdings der Staat seine Finanzierungsverantwortung verstärkt und die Risiken für die Flughäfen klar abgegrenzt und kalkulierbar werden, wären die Flughäfen zu einer Aufgabenerledigung in der Lage. Insoweit gelten die Ausführungen zur „weitgehenden Übertragung“ erst recht.

7.3.3 Modell: Gründung AöR

7.3.3.1 Qualität/effektive Aufsicht

Mit der Gründung der AöR würden alle LuftAss in einem direkten Weisungsverhältnis zu den aufsichtführenden Stellen stehen, sodass organisational von einer maximal möglichen Effektivität der Aufsicht ausgegangen werden kann.

---

391 Vgl. Kapitel 7.3.2.6.

Bei der Qualität der konkreten Arbeit ist nach derzeitigem Kenntnisstand kein struktureller Unterschied zu erwarten. Zunächst würden viele LuftAss der PSDL übernommen, sodass eine starke personelle Kontinuität bestehen würde. Des Weiteren unterscheide sich die Arbeit von LuftAss der BPOL und solchen der PSDL laut Einschätzung der BPOL nicht. Ob sich das Ausbildungsniveau signifikant durch die Bündelung bei der AöR dergestalt verändern würde, dass die Kontrollen selbst eine höhere Qualität erlangen würden, kann nicht abgeschätzt werden.

Ergänzend sei darauf hingewiesen, dass mit der zu erwartenden abnehmenden Fluktuation leichter Erfahrung und Wissen der LuftAss in der Organisation gehalten werden könnte und zugleich weniger Personen über sicherheitsrelevantes Wissen verfügen würden, die nicht mehr im Sicherheitsbereich arbeiten.

7.3.3.2 Effiziente Aufgabenwahrnehmung

Die Aufgabenwahrnehmung wird anhand der oben dargestellten Unterkriterien geprüft und einer abschließenden Bewertung zugeführt.

Hinreichend viel und gut ausgebildetes sowie motiviertes Kontrollpersonal[392]: Rekrutierung, Ausbildung, Perspektiven, geringe Fluktuation der LuftAss

Inwiefern eine Rekrutierung von fähigen Kontrollkräften möglich wäre, hängt zum einen vom erwartbaren Stundenlohn ab. Das BMI geht von einer – im Vergleich zu den PSDL – geringeren Bezahlung aus. Dabei legt es eine Eingruppierung in E 3 des TVöD zugrunde.[393] Vertreter operativ tätiger Stakeholder haben von einem Zuwachs von Aufgaben und Verantwortung der Kontrollkräfte berichtet, was ggf. eine höhere Eingruppierung rechtfertige. In Bayern erfolgt die Eingruppierung nach E 6 TVöD VKA. Dadurch wäre zumindest bei einem längerfristigen Verbleib ein höherer Stundenlohn für die LuftAss möglich. Nimmt man zudem die Erfahrungen aus Bayern, dass die Rekrutierung – auch wegen den im öffentlichen Dienst gesehenen sonstigen Vorteilen – insgesamt gut funktioniere, dürften ausreichend Möglichkeiten bestehen, die Stellen

392 Das Kontrollpersonal stand bei allen Stakeholdern im Fokus, zur Situation bei den übrigen Akteuren wird nicht eingegangen.

393 PSDL zahlen derzeit einen Stundenlohn von 19,01 €. E 3 würde 13,72 € bzw. nach 15 Jahren 16,65 € brutto Stundenlohn bedeuten (Stand: 1. März 2020).

hinreichend attraktiv zu gestalten, um fähiges Personal anzuwerben. Vor diesem Hintergrund erscheint es realistisch, dass vorhandene LuftAss von den PSDL an den betroffenen Flughäfen übernommen werden können.

Das Ausbildungsniveau könnte, da nach diesem Modell auch die Ausbildung selbst durch staatliche Stellen erfolgen würde, noch zielgerichteter gesteigert bzw. sichergestellt werden.

Auch die Perspektiven für einen langfristigen Verbleib dürften wegen breiterer Stellenangebote ggü. PSDL für die LuftAss mindestens genauso gut sein. Eine Körperschaft, die nicht nur für die Durchführung der Kontrollen, sondern für alle Aufgaben der Luftsicherheit zuständig ist, dürfte insoweit mehr Veränderungs-, Aufstiegs- und damit Verbleibchancen bieten.

Insgesamt ist mit einer Abnahme der als im Status quo als problematisch beschriebenen Fluktuation zu rechnen. Je nach Ausgestaltung der Dienstverhältnisse könnte eher das umgekehrte Phänomen auftreten, dass nicht für alle LuftAss – bei typischerweise irgendwann auftretender Unfähigkeit, eine Kontrolltätigkeit auszuüben – dauerhaft Verwendung gefunden werden kann. Mit Blick auf die Fluktuation hat dies aber keine Auswirkungen, da diese sich auf eigentlich (dienst-)fähige LuftAss bezieht, die aus anderen Gründen die PSDL nach kurzer Zeit verlassen.

Regelmäßiger und vertrauensvoller Datenfluss sowie standardisierte technische Schnittstellen bzgl. steuerungsrelevanter Daten

Die AöR müsste ebenso wie die BPOL heute von den Fluggesellschaften die Passagierzahlen erhalten. Auch hier gilt, dass dies – wie unter Kapitel 7.3.5.2 dargestellt – problemlos zu bewältigen wäre.

Synergieeffekte: Personaleinsparung durch gebündelte Zuständigkeiten, vielfache Verwendung von Standards, Wissen, Software; Größenvorteile bei der Beschaffung

Die AöR wäre für 13 Flughäfen in Deutschland zuständig und hätte bei Prozessen, Wissen und etwa Einkauf die Möglichkeit, Synergieeffekte zu nutzen.

Stärken ausspielen: angemessene Anreize für die verantwortlichen Akteure, Orts- und Sachnähe; z. B. Einbringen der Expertise „Sicherheit“ durch die LSB, der Expertise „Ortsnähe“ und „wirtschaftliches Denken (in Bezug auf Gesamtflughafen)“ durch die Flughäfen. Dabei auch „Denken der Kontrollen im Gesamtprozess“, d. h. Einbettung der Kontrollen in vor- und nachgelagerte Prozesse, einschließlich der sog. Peripherie der Kontrollstellen

Da die AöR die Aufgaben der BPOL als LSB übernehmen würde, würden dieselben Herausforderungen, aber auch Lösungsmöglichkeiten gelten. Siehe zu letzterem namentlich das Kapitel zu den Pilotprojekten (5.1) und zu den weiteren Optimierungsmöglichkeiten unterhalb einer Aufgabenverschiebung (5.5).

Klare Zuständigkeitsverteilung aus Sicht der Nutzerinnen und Nutzer bzw. Adressatinnen und Adressaten

Hier würde aus Sicht der Passagiere keine Änderung zum Status quo auftreten, da weiterhin eine staatliche Stelle für die Steuerung und die Flughäfen für Zuleitung und das restliche „Reiseerlebnis“ zuständig wären. Fehladressierungen von Beschwerden dürften sich deshalb nicht reduzieren.

Allerdings wären etwaige, von der GdP monierte Zuständigkeitslücken zwischen BPOL und Zoll bei Frachtkontrollen durch die Zuständigkeit der AöR auch für die Frachtkontrollen geschlossen. Dies hat allerdings keine Auswirkungen auf die § 5-Kontrollen.

Wenig personelle Schnittstellen

Einerseits wäre das Beschaffungsamt wie im Status quo beteiligt. Andererseits dürften die Schnittstellen in personeller Hinsicht gerade mit Blick auf die Qualitätssicherung bei den Kontrollen „glatter“ sein, da unmittelbare Weisungsketten in definierten Zuständigkeitsräumen bestehen und kein PSDL zwischengeschaltet wäre. Zudem würden aufwendige Ausschreibungs- und Auswahlprozesse, die heute bzgl. der PSDL erforderlich sind, entfallen.

Effektive Bewältigung von Peaks: frühzeitige Erkennung und Meldung, gute Gesamtprozesse am Flughafen, hinreichend großer und flexibler Personalkörper (einschließlich doppelfunktionaler Einsatz)

Die Erkennung und Meldung von Peaks würde sich durch die Gründung der AöR nicht verändern. Auch die Gesamtprozesse am Flughafen würden sich mangels stärkerer Einbeziehung der Flughäfen nicht verändern.

Jedoch sind möglicherweise Flexibilisierungen im Personalkörper möglich. Durch die Schaffung einer anstellenden Körperschaft wäre zunächst eine kurzfristige Verlagerung von LuftAss zwischen den Flughäfen denkbar. Dies müsste dienst- bzw. arbeitsrechtlich eingehegt werden, erschiene aber zumindest für Extremfälle denkbar. Der Einsatz von LSKK scheidet dagegen aus, da diese Aufgabe nicht der AöR zuwachsen würde. Allerdings soll sie für Frachtkontrollen zuständig sein. Laut GdP finden diese vor allem nachts statt, sodass zumindest an Flughäfen, die einen signifikanten Frachtverkehr aufweisen, eine solche Doppelfunktionalität denkbar wäre. Da das Modell eine insoweit einheitliche Ausbildung vorsieht, wäre ein doppelfunktionaler Einsatz zumindest für neue Kontrollkräfte rechtlich möglich. Schließlich müssten die organisatorischen Voraussetzungen am jeweiligen Flughafen vorliegen, etwa die tatsächliche Abrufbarkeit, eine bewältigbare Distanz zwischen den Kontrollstellen, etc.

7.3.3.3 Einheitlichkeit der Aufgabenerfüllung

Die konkrete Kontrolle würde wegen des Wegfalls der PSDL eher an Einheitlichkeit gewinnen, wobei, wie dargestellt, schon heute ein hoher Standardisierungsgrad besteht. In Bezug auf die Aufsicht würde lediglich die AöR statt der BPOL zuständig sein.

7.3.3.4 Sozialverträglichkeit

Das Modell sieht eine Übernahme der betroffenen LuftAss vor, allerdings müssten die Voraussetzungen für die Übernahme in den öffentlichen Dienst erfüllt sein. Nach der oben dargestellten Möglichkeit der angemessenen Bezahlung, des Wegfalls des ständigen Arbeitgeberwechsels und der Vorteile des öffentlichen Dienstes dürften hiervon viele LuftAss Gebrauch machen.

Insgesamt würde das Modell die Arbeitsplatzsicherheit und Perspektiven der LuftAss verbessern, wenn auch der Umgang mit Personen, die mangels Leistungsfähigkeit keine Beleihung mehr erhalten, geklärt werden muss.

7.3.3.5 Finanzielle Auswirkungen

Der Wirtschaft würden keine neuen Aufgaben zukommen, vielmehr würden die PSDL an 13 Flughäfen keine § 5-Kontrollen mehr durchführen. Insofern würden sie ein nicht unerhebliches Aufgabenfeld verlieren. Jedoch ist es schwierig abzuschätzen, welche Auswirkungen der Wegfall dieses Tätigkeitsfeldes konkret auf den Umsatz bzw. den Gewinn der Unternehmen in diesem Bereich hätte, da die PSDL zum Teil noch zahlreiche weitere Aufgaben in anderen Tätigkeitsbereichen innerhalb und außerhalb der Luftsicherheit übernehmen. Darüber hinaus betrifft eine solche Aufgabenverlagerung auch die privaten Schulungsanbieter, welche bisher die Aus- und Fortbildung der LuftAss der PSDL übernommen haben. Auch hier ist es schwierig abzuschätzen, welche Auswirkungen der Wegfall dieses Tätigkeitsfeldes konkret auf den Umsatz bzw. den Gewinn dieser Anbieter hätte.

Für den Staat würden zunächst umfangreiche Migrationskosten gerade im Bereich der Personalrekrutierung, der Raum- und IT-Beschaffung entstehen. Diese würden Ressourcen für § 5- und § 9-Kontrollen umfassen. Allerdings wären diese insoweit gemindert, als dass LuftAss der PSDL übernommen werden sollen und als dass Personal, Wissen und Technik sowie Räume von der BPOL transferiert werden könnten. Inwieweit Personal der BPOL – freiwillig oder durch dienstrechtliche Maßnahmen – tatsächlich in die AöR eingebettet arbeiten würde, ist auch eine Frage der Umsetzbarkeit. Verstärkt stellt sich diese Herausforderung bei Personal des LBA, das derzeit für § 9-Kontrollen zuständig ist und ebenfalls überführt werden müsste, wenn nicht neues Personal (und Wissen) generiert werden soll. Soweit haushaltsrelevante Anreize für einen freiwilligen Wechsel von Personal gesetzt werden, würde dies Kosten ggü. dem Status quo bedeuten. Die Migrationskosten wären nicht refinanzierbar. Laufende Kosten würde die AöR über die Luftsicherheitsgebühr refinanzieren. In diesem Bereich würden sich dem Grunde nach keine Änderungen ergeben.

Für die Fluggesellschaften und Flughäfen ist die Entwicklung der Luftsicherheitsgebühr relevant. Effizienzgewinne und damit Kosteneinsparungen sind im Modell an einigen Stellen angelegt. Wie sich die Wahrscheinlichkeit und der Umfang ihrer Realisierung darstellen, hängt neben der Entwicklung funktionaler Rahmen- und Organisationsvorgaben auch von den handelnden Akteuren ab. In jedem Falle sollte die Perspektive und Expertise der Flughäfen bei Beschaffung der Sicherheitstechnik und der Einrichtung der Kontrollstellen in standardisierten Prozessen – und auf Grundlage von Standortdialogen – eingeholt werden.

Da die Berechnung und Einziehung in staatlicher Hand verblieben, würde sich bezüglich der Vorfinanzierung nichts ändern. Insbesondere wäre auch der in der LuftSiGebVO festgesetzte Gebührenrahmen, der derzeit 2 bis 10 Euro beträgt, nicht unmittelbar betroffen.

7.3.3.6 Umsetzbarkeit

Die primären Folgen der Umsetzung würden staatlicherseits die BPOL, die AöR sowie – soweit die Frachtkontrollen betroffen sind – BMVI bzw. LBA und den Bundeshaushalt betreffen. Es müssten erhebliche personelle Wechsel von bestehenden Behörden zur AöR sichergestellt werden. Bei einem entsprechenden politischen Willen wäre dies grundsätzlich leistbar. Allerdings dürfte neben der allgemeinen Herausforderung erheblicher Umstrukturierungen von größeren Organisationsstrukturen die Tatsache, dass Behörden, die unterschiedlichen Ministerien nachgeordnet sind, eine Besonderheit darstellen. Zudem müsste sichergestellt werden, dass hinreichend qualifiziertes Personal zur Verfügung steht – sei es durch Wechsel aus bestehenden Behörden, sei es am sonstigen Arbeitsmarkt. Dabei müssen die Chancen und Risiken, insgesamt die erheblichen Folgen einer Verstaatlichung abgewogen werden. Nicht betroffen wären dagegen Rechtspositionen der Länder, da die AöR für Landesflughäfen nicht zuständig wäre.

Die Durchführung der Kontrollen durch die öffentliche Hand würde zwar die PSDL an den 13 betroffenen Flughäfen tangieren, allerdings stellt dies kein Umsetzungshindernis dar. Solange die Effizienzgewinne oder jedenfalls keine Verschlechterung zum Status quo in der Gebührenhöhe und die Beteiligung der Flughäfen bei Sicherheitstechnik und Kontrollstelleneinrichtung sowie transparente, soweit wie möglich auch die Interessen der Flughäfen berücksichtigende, Kriterien der LuftAss-Steuerung sichergestellt werden, dürfte dieses Modell auch bei den Flughäfen auf Akzeptanz stoßen. Dies stellt allerdings keine geringen Voraussetzungen für eine erfolgreiche Implementierung dar.

7.3.4 Gründung BPOL-Direktion

7.3.4.1 Qualität/effektive Aufsicht

Da die BPOLD „Luftsicherheit" als eine Organisationseinheit der Luftsicherheitsbehörde die Passagier- und Gepäckkontrollen durchführen würde, würden alle Kontrollkräfte in einem direkten Weisungsverhältnis zu den aufsichtsführenden Stellen stehen, so dass organisational von einer maximal möglichen Effektivität der Aufsicht ausgegangen werden kann.

Bei der Qualität der konkreten Arbeit ist kein Unterschied zu erwarten, da die Ausbildung nach denselben Kriterien und Vorgaben erfolgt. Ein Vorteil könnte jedoch sein, dass aufgrund der „Nähe“ zu Sicherheitsfragen als Angehörige der BPOL eine größere Sensibilität für das Thema „Sicherheit“ bei den LuftAss besteht.

Ergänzend sei darauf hingewiesen, dass mit der zu erwartenden abnehmenden Fluktuation leichter Erfahrung und Wissen der LuftAss in der Organisation gehalten werden könnte und zugleich weniger Personen über sicherheitsrelevantes Wissen verfügen würden, die nicht mehr im Sicherheitsbereich arbeiten

7.3.4.2 Effiziente Aufgabenwahrnehmung

Die Aufgabenwahrnehmung wird anhand der oben dargestellten Unterkriterien geprüft und einer abschließenden Bewertung zugeführt.

Hinreichend viel und gut ausgebildetes sowie motiviertes Kontrollpersonal: Rekrutierung, Ausbildung, Perspektiven, geringe Fluktuation der LuftAss

Hinsichtlich der Rekrutierung von Personal für die neu geschaffene Organisationseinheit sind zwei Strategien denkbar. Zum einen könnte den bisher für die PSDL tätigen LuftAss eine Übernahme in den öffentlichen Dienst angeboten werden. Zum anderen wäre es möglich, dass die BPOLD neues Personal rekrutiert. Dabei hängt eine erfolgreiche Rekrutierung von fähigen Kontrollkräften von dem zu erwartenden Gehalt ab. Das BMI geht von einer – im Vergleich zu den PSDL – geringeren Bezahlung aus. Dabei legt es eine Eingruppierung in E 3 des TVöD zugrunde. [394] Allerdings erfolgt bereits heute schon die Eingruppierung der BPOL-eigenen LuftAss in E 5 TVöD[395]. Die Vertreter operativ tätiger Stakeholder haben von einem Zuwachs von Aufgaben und Verantwortung der Kontrollkräfte berichtet,

394 PSDL zahlen derzeit einen Stundenlohn von 19,01 €. E 3 würde 13,72 € bzw. nach 15 Jahren 16,65 € brutto Stundenlohn bedeuten (Stand: 1. März 2020).

395 Dies entspricht einem Entgelt von 14,63 € pro Stunde (Stufe 1). Nach 15 Jahren im Dienst wären dies 18,15 € pro Stunde (ohne Tarifanpassungen und Zulagen) (Stand: 1. März 2020).

was ggf. eine höhere Eingruppierung rechtfertige. In Bayern erfolgt die Eingruppierung der LuftAss der Sicherheitsgesellschaften nach E 6 TVöD VKA[396]. Dadurch wäre zumindest bei einem längerfristigen Verbleib ein höherer Stundenlohn für die LuftAss möglich. Nimmt man zudem die Erfahrungen aus Bayern, dass die Rekrutierung – auch wegen der im öffentlichen Dienst gesehenen sonstigen Vorteile – insgesamt gut funktioniere, dürften ausreichend Möglichkeiten bestehen, die Stellen hinreichend attraktiv zu gestalten, um fähiges Personal anzuwerben. Vor diesem Hintergrund erscheint es als eine realistische Möglichkeit, dass vorhandene LuftAss von den PSDL an den betroffenen Flughäfen übernommen werden können.

Das Ausbildungsniveau könnte, da nach diesem Modell auch die Ausbildung selbst durch die BPOL erfolgen würde, noch zielgerichteter gesteigert bzw. sichergestellt werden.

Zudem bietet der öffentliche Dienst im Vergleich zur Privatwirtschaft sicherere Arbeitsbedingungen, sodass insgesamt mit einer Abnahme der Fluktuation zu rechnen ist. Ein mögliches Problem ist darin zu sehen, dass der Staat in größerem Umfang Personal mit nur sehr begrenzten Einsatzmöglichkeiten aufgrund der absolvierten LuftAss-Ausbildung anstellen würde. Bei langer Dienstzugehörigkeit und gesundheitlichen Problemen, welche die weitere Ausübung der Tätigkeit als LuftAss verhindern, müsste die BPOL adäquate alternative Verwendungsmöglichkeiten für dieses speziell ausgebildete Personal finden.

Mit Blick auf die Fluktuation hat dies aber keine Auswirkungen, da diese sich auf eigentlich fähige LuftAss bezieht, die aus anderen Gründen die PSDL verlassen.

Regelmäßiger und vertrauensvoller Datenfluss und standardisierte technische Schnittstellen bzgl. steuerungsrelevanter Daten

Die BPOL würde weiterhin von den Fluggesellschaften die Passagierzahlen erhalten. Auch wenn die teils lückenhafte Zuleitung der Fluggesellschaften an die BPOL ein mehrfach bemängeltes Problem ist, ist dieses durch Anpassungen im System – wie im Kapitel 5.1.4 unter *Datenübermittlung* dargestellt – recht problemlos zu bewältigen.

Da die Bundespolizei bereits in mehr oder weniger etablierte Kommunikationsstrukturen (Standortdialoge) an den jeweiligen Flughäfen integriert

396 Dies entspricht einem Entgelt von 15,25 € pro Stunden (Stufe 1). Nach 15 Jahren im Dienst wären dies 18,91 € pro Stunde (ohne Tarifanpassungen und Zulagen) (Stand: 1. März 2020).

ist, könnte die BPOLD diese weiter nutzen, ohne dass es hier einer Anlaufphase bedürfte.

Synergieeffekte: Personaleinsparung durch gebündelte Zuständigkeiten, vielfache Verwendung von Standards, Wissen, Software; Größenvorteile bei der Beschaffung

Die BPOL wäre weiterhin für 13 Verkehrsflughäfen in Deutschland zuständig. Allerdings würden alle Aufgaben in der neu geschaffenen BPOLD „Luftsicherheit" gebündelt. Dies hätte den Vorteil, dass tendenziell eine höhere Spezialisierung in der Aufgabenwahrnehmung bei steigender Anzahl an betreuten Flughäfen möglich wäre, sodass leichter Standards, Wissen und Software einheitlich entwickelt und implementiert werden könnten. Die Größenvorteile beim Einkauf von Sicherheitstechnik würden sich zum Status quo nicht verändern.

Dabei könnte auf vorhandenes Fachwissen bzw. auf umfangreiche Erfahrungen im Bereich der Luftsicherheit sowie bereits etablierte Prozesse und Verfahren zurückgegriffen werden. Ein wesentlicher Vorteil gegenüber einer eigenständigen Behörde (siehe AöR-Modell, Kapitel 7.1.3) wäre zudem, dass keine vollständig neue Verwaltung aufgebaut werden müsste, da bereits bestehende Verwaltungsstrukturen genutzt werden könnten.

Stärken ausspielen: angemessene Anreize für die verantwortlichen Akteure, Orts- und Sachnähe; z. B. Einbringen der Expertise „Sicherheit" durch LSB, der Expertise „Ortsnähe" und „wirtschaftliches Denken (in Bezug auf Gesamtflughafen)" durch Flughäfen. Dabei auch Denken der Kontrollen im Gesamtprozess (**vor- und nachgelagerte Prozesse berücksichtigen, einschließlich sog. Peripherie**)

Da die BPOL weiterhin die Aufgaben im Bereich der Luftsicherheit wahrnehmen würde, würden dieselben Herausforderungen, aber auch Lösungsmöglichkeiten wie im Status quo gelten (siehe dazu Kapitel 5.1 zu den Pilotprojekten und Kapitel 5.5 zu den weiteren Optimierungsmöglichkeiten unterhalb einer Aufgabenverschiebung). Wichtig ist dabei, dass die BPOLD „Luftsicherheit" auch weiterhin vor Ort präsent und in die an den jeweiligen Flughäfen existierenden Kommunikationsprozesse integriert ist.

Vor dem Hintergrund des geäußerten Wunsches, die BPOL von polizeifremden Aufgaben zu entlasten, gilt es folgendes zu beachten: Die Durchführung der § 5-Kontrollen einschließlich Personalsteuerung, Beschaffung und Einrichtung der Sicherheitstechnik fällt strukturell bzw. typologisch durchaus in den Aufgabenbereich einer Sicherheitsbehörde. Präziser müsste man also die Kritik auf „vollzugsfremde" Aufgaben beziehen, soweit diese durch Vollzugsbeamte erledigt werden. Insofern müsste das Modell, um seine Stärken ausspielen zu können, sicherstellen, dass an den Stellen zur Erledigung vollzugsfremder Aufgaben Personen eingesetzt werden, die gerade für diese Aufgaben aus- und/oder weitergebildet sind. Dies mag für Polizeivollzugsbeamte im Einzelfall gelten, doch weicht die Aufgabe erheblich vom Berufsbild des Polizeivollzugsbeamten ab. Dabei müssten Regelungen und Organisationsformen gefunden werden, die eine effiziente und dauerhafte Aufgabenwahrnehmung gewährleisten und dabei Laufbahnrecht und Aufstiegschancen in Einklang bringen.

Klare Zuständigkeitsverteilung aus Sicht der Passagiere

Wesentlicher Vorteil wäre, dass alle Aufgaben gem. § 5 LuftSiG von einer Behörde übernommen würden. Damit gäbe es einen zentralen Ansprechpartner für Fragen im Bereich der Luftsicherheit.

Wenig personelle Schnittstellen

Einerseits wäre das Beschaffungsamt an der Beschaffung von Sicherheitstechnik weiterhin beteiligt. Andererseits dürften die Schnittstellen in personeller Hinsicht gerade mit Blick auf die Qualitätssicherung bei den Kontrollen „glatter" sein, da unmittelbare Weisungsketten in definierten Zuständigkeitsräumen bestehen und kein PSDL zwischengeschaltet wäre.

Effektive Bewältigung von Peaks: frühzeitige Erkennung, Meldung, gute Gesamtprozesse am Flughafen, hinreichend großer und flexibler Personalkörper (einschließlich doppelfunktionaler Einsatz)

Die Erkennung und Meldung von Peaks würde sich durch die Gründung einer BPOLD „Luftsicherheit" nicht verändern. Sofern keine stärkere Einbeziehung der Flughäfen erfolgt (z. B. bei der Einrichtung der Kontrollstellen und bei der Beschaffung der Sicherheitstechnik), würden sich die Gesamtprozesse am Flughafen ggü. dem Status quo nicht verändern.

Jedoch sind möglicherweise Flexibilisierungen im Personalkörper möglich. Durch die Schaffung einer Organisationseinheit, die für alle 13 Flughäfen zuständig wäre, wäre zunächst eine kurzfristige Verlagerung zwischen den Flughäfen denkbar. Dies müsste dienst- bzw. arbeitsrechtlich geklärt werden, erschiene aber zumindest für Extremfälle denkbar. Der Einsatz von LSKK für die Passagier- und Gepäckkontrolle scheidet dagegen aus, da diese Aufgabe nicht der BPOLD zukommen würde.

7.3.4.3 Einheitlichkeit der Aufgabenerfüllung

Die konkrete Kontrolltätigkeit würde wegen des Wegfalls der PSDL eher an Einheitlichkeit gewinnen, wobei, wie dargestellt, schon heute ein hoher Standardisierungsgrad besteht. Aufsichtlich würde sich gegenüber dem Status quo nichts ändern, da die BPOL hierfür weiterhin an denselben Flughäfen verantwortlich wäre.

7.3.4.4 Sozialverträglichkeit

Da eine Umstellung auf dieses Modell aufgrund laufender Verträge erst sukzessive erfolgen könnte, wäre es möglich, den LuftAss der PSDL am jeweiligen Flughafen ein Übernahmeangebot zu unterbreiten. Dies bedeutet jedoch nicht automatisch eine Übernahmegarantie aller LuftAss in den öffentlichen Dienst. Denkbar wäre aber auch, dass die BPOLD eine andere Rekrutierungsstrategie in Erwägung zieht, da sie zusätzlich noch andere Kriterien für eine Beschäftigung im öffentlichen Dienst anlegt.

Einerseits könnte das Modell die Arbeitsplatzsicherheit und Perspektiven der LuftAss verbessern, sofern sie von der BPOL übernommen werden. Andererseits müssten sie nach heutigem Stand mit einem geringeren Gehalt aufgrund ihrer Eingruppierung nach TVöD (E 6) rechnen (siehe Modellbeschreibung 7.1.4).

7.3.4.5 Finanzielle Auswirkungen

Zunächst wäre der Aufbau einer eigenen BPOLD mit einmaligen Kosten für den Staat verbunden, wenngleich – wie bereits oben dargestellt – auf bestehende Strukturen und Erfahrungen zurückgegriffen werden könnte. So müsste in der neu einzurichtenden BPOLD ein Verwaltungsüberbau geschaffen werden, für den aber auch auf vorhandenes Personal zurückgegriffen werden könnte, das die Aufgaben bereits wahrgenommen hat (z. B. im BPOLP). Welche Kosten für die Rekrutierung und Ausbildung von neuem Personal entstehen, hängt im Wesentlichen von der gewählten Rekrutierungsstrategie der BPOL ab (Übernahme von LuftAss der PSDL und/oder eigene Rekrutierung von Personal). Die Kosten für den Aufbau der neuen BPOLD wären nicht refinanzierbar und müssten vom Staat getragen werden. Einsparungen ergeben sich vor allem im Bereich der Ausschreibung der § 5-Kontrollen. Darüber hinaus ermöglicht die Schaffung einer eigens dafür eingerichteten Einheit, eine bessere Zuordnung der Kosten im Bereich der Luftsicherheit und würde damit der mehrfach seitens des BRH geäußerten Kritik, dass nicht alle anfallenden Kosten bei der Berechnung der Luftsicherheitsgebühr berücksichtigt werden, entgegenwirken. Dies würde allerdings den Kostenposten „Personal LSB" erhöhen, soweit diese bisher nicht abgerechnet wurden. Dies bedeutet allerdings nicht, dass die Gebühr insgesamt steigen muss, da dies nur einen kleinen Teil der Gesamtkosten und -folgen des neuen Modells ausmachen würde. Einsparungen an anderen Stellen können dies im Übrigen überkompensieren.

Die laufenden Kosten (z. B. Personalkosten, LuftAss, Beschaffung und Wartung der Sicherheitstechnik, Verwaltungskosten) würden über die weiterhin zu erhebende Luftsicherheitsgebühr refinanziert werden. Da die Berechnung und Einziehung in staatlicher Hand verbleiben würden, würde sich bezüglich der Vorfinanzierung nichts ändern. Insbesondere wäre auch der in der LuftSiGebVO festgesetzte Gebührenrahmen, der derzeit 2 bis 10 Euro beträgt, nicht unmittelbar betroffen.

Negative finanzielle Auswirkungen hätte eine Übernahme aller luftsicherheitsrechtlicher Aufgaben durch die BPOL vor allem für die PSDL, die bisher die Kontrollen durchgeführt haben. Jedoch ist es schwierig abzuschätzen, welche Auswirkungen der Wegfall dieses Tätigkeitsfeldes konkret auf den Umsatz bzw. den Gewinn der Unternehmen in diesem Bereich hätte, da die PSDL zum Teil noch zahlreiche weitere Aufgaben in anderen Tätigkeitsbereichen innerhalb und außerhalb der Luftsicherheit übernehmen. Darüber hinaus betrifft eine solche Aufgabenverlagerung auch die privaten Schulungsanbieter, welche bisher die Aus- und Fortbildung der LuftAss der PSDL übernommen haben. Auch hier ist es schwierig abzuschätzen, welche Auswirkungen der Wegfall dieses Tätigkeitsfeldes konkret auf den Umsatz bzw. den Gewinn dieser Anbieter hätte.

Für die Fluggesellschaften und Flughäfen ist die Entwicklung der Luftsicherheitsgebühr relevant. Effizienzgewinne und damit Kosteneinsparungen sind im Modell an einigen Stellen angelegt. Gerade gebündelte Zuständigkeiten bei klarer Zuständigkeitsverteilung und einem – ggü. dem Status quo – verbessertem Rollenverständnis (keine Wahrnehmung als „organisationsfremde" Aufgabe seitens der BPOL) sowie eine geringere Fluktuation bei den LuftAss sind zu nennen. Allerdings bedeutet die Aufnahme in den öffentlichen Dienst auch, dass weniger flexibel auf strukturelle Änderungen im Bedarf an Kontrollstunden (z. B. bei einem dauerhaften Rückgang der Passagierzahlen) reagiert werden kann. Demgegenüber kann heute tageweise die Kontrollstundenanzahl und bei jeder Ausschreibung können die Rahmenbedingungen angepasst werden. Insgesamt kann dies, auch mit Blick auf das Verbleiben im Dienst von Personen, die die Tätigkeit der LuftAss nicht mehr ausüben können, zu einem teils vorübergehenden, teils strukturellen Personalüberhang führen.

Umgekehrt müssen die PSDL die Flexibilität heute einpreisen, ggf. ergänzt durch Personalabbau. Wie die Wahrscheinlichkeit und der Umfang der Realisierung der Effizienzveränderungen sich darstellen, hängt neben der Entwicklung funktionaler Rahmen- und Organisationsvorgaben von den handelnden Akteuren ab. In jedem Falle sollte die Perspektive der Flughäfen bei Beschaffung der Sicherheitstechnik und der Einrichtung der Kontrollstellen in standardisierten Prozessen – und auf Grundlage von Standortdialogen – eingeholt werden.

7.3.4.6 Umsetzbarkeit

Die vollständige Aufgabenwahrnehmung im Bereich der § 5-Kontrollen durch die BPOL an Flughäfen in Bundeszuständigkeit in Form einer neu zugründenden BPOLD „Luftsicherheit" würde mindestens für die Aufbauphase eine Aufstockung des Haushalts der BPOL und damit einhergehend eine Anpassung des Organisations- und Dienstpostenplans erfordern. Dabei wäre die neu zuständige BPOLD mit rund 10.000 Mitarbeiterinnen und Mitarbeitern die mit Abstand größte Unterbehörde in der BPOL. Dies würde eine erhebliche Organisationsveränderung und Übergangsphase bedeuten, was mit einem entsprechenden politischen Willen leistbar wäre. Dabei müssten die Chancen und Risiken, insgesamt die erheblichen Folgen einer vollständigen Aufgabenerledigung durch den Staat, abgewogen werden.

Die Durchführung der Kontrollen durch die BPOL würde zwar die PSDL an den 13 betroffenen Flughäfen tangieren, allerdings stellt dies kein Umsetzungshindernis dar. Solange Effizienzgewinne erzielt werden oder es jedenfalls zu keiner Verschlechterung des Status quo mit Blick auf die Gebührenhöhe kommt und gleichzeitig transparente, soweit wie möglich auch die Interessen der Flughäfen berücksichtigende Kriterien der LuftAss-Steuerung sichergestellt werden, dürfte dieses Modell auch bei den Flughäfen auf Akzeptanz stoßen.

7.3.5 Modell: Gründung staatlicher Sicherheitsgesellschaften („Bayerisches Modell")

Im Folgenden wird eine flächendeckende Einführung des Bayerischen Modells geprüft. Es sei dabei klargestellt, dass nach unserem Kenntnisstand alle Beteiligten in Bayern mit der Situation insgesamt sehr zufrieden sind. Änderungen struktureller Art sind derzeit in Bayern ausgeschlossen, um eine Bewertung der Situation in Bayern kann es also nicht gehen. Vielmehr sollen die Möglichkeit und Auswirkungen eines flächendeckenden Modellwechsels reflektiert werden, wobei die Bayerischen Erfahrungswerte hilfreich sein können.

7.3.5.1 Qualität/effektive Aufsicht

Mit der Gründung staatlicher SG würden alle LuftAss in einem direkten Weisungsverhältnis zu den aufsichtsführenden Stellen stehen, sodass organisational von einer maximal möglichen Effektivität der Aufsicht ausgegangen werden kann. Insbesondere können Weisungen unterhalb der Gefahrenschwelle erteilt werden.

Bei der Qualität der konkreten Arbeit ist nach derzeitigem Kenntnisstand kein struktureller Unterschied zu erwarten. Zunächst würden viele LuftAss der PSDL übernommen, sodass eine starke personelle Kontinuität bestehen würde.

Des Weiteren dürfte auch hier gelten, dass durch das öffentliche Anstellungsverhältnis keine signifikante Änderung der Kontrollarbeit zu erwarten ist (vgl. zur AöR Kapitel 7.3.3.1). Zugleich weisen die Erfahrungen in Bayern auf ein mögliches hohes Sicherheitsniveau hin. Ob sich das Ausbildungsniveau signifikant durch die Bündelung bei der SG dergestalt verändern würde, dass die Kontrollen selbst eine höhere Qualität erlangen würden, kann mangels Daten nicht abgeschätzt werden.

Ergänzend sei darauf hingewiesen, dass mit der zu erwartenden abnehmenden Fluktuation leichter Erfahrung und Wissen der LuftAss in der Organisation gehalten werden könnte und zugleich weniger Personen über sicherheitsrelevantes Wissen verfügen würden, die nicht mehr im Sicherheitsbereich arbeiten

7.3.5.2 Effiziente Aufgabenwahrnehmung

Die Aufgabenwahrnehmung wird anhand der oben dargestellten Unterkriterien geprüft und einer abschließenden Bewertung zugeführt.

Hinreichend viel und gut ausgebildetes sowie motiviertes Kontrollpersonal[397]: Rekrutierung, Ausbildung, Perspektiven, geringe Fluktuation der LuftAss

Zur Rekrutierung gelten die Ausführungen zur AöR entsprechend, d. h. es ist mit einer hinreichenden Attraktivität zu rechnen.

Das Ausbildungsniveau könnte, wie beim AöR-Modell ggü. dem Status quo noch zielgerichteter gesteigert bzw. sichergestellt werden.

Hohe Fluktuationen sind ebenso wenig wie beim AöR-Modell zu erwarten – und in Bayern derzeit auch kein Problem. Die Tatsache, dass LuftAss, sobald sie die Kontrolltätigkeit nicht mehr ausführen können, mangels Beleihung derzeit in Bayern entlassen werden, betrifft nicht die Fluktuation in diesem Sinne, sondern wird bei der Sozialverträglichkeit aufgegriffen.

Inwiefern eine Rekrutierung von fähigen Kontrollkräften möglich wäre, hängt zum einen vom erwartbaren Stundenlohn ab. In Bayern erfolgt die Eingruppierung nach E 6 TVöD VKA. Dadurch wäre zumindest bei einem längerfristigen Verbleib ein höherer Stundenlohn für die LuftAss möglich. Nimmt man zudem die Erfahrungen aus Bayern, dass die Rekrutierung – auch wegen den im öffentlichen Dienst gesehenen sonstigen Vorteilen – insgesamt gut funktioniere, dürften ausreichend Möglichkeiten bestehen, die Stellen hinreichend attraktiv zu gestalten, um fähiges Personal anzuwerben. Vor diesem Hintergrund erscheint es realistisch, dass vorhandene LuftAss von den PSDL an den betroffenen Flughäfen übernommen werden können.

Das Ausbildungsniveau könnte, da nach diesem Modell auch die Ausbildung selbst durch staatliche Stellen erfolgen würde, noch zielgerichteter gesteigert bzw. sichergestellt werden.

Insgesamt ist mit einer Abnahme der als im Status quo als problematisch beschriebenen Fluktuation zu rechnen. Je nach Ausgestaltung der Dienstverhältnisse könnte eher das umgekehrte Phänomen auftreten, dass nicht für alle LuftAss – bei typischerweise irgendwann auftretender Unfähigkeit, eine Kontrolltätigkeit auszuüben – dauerhaft Verwendung gefunden werden kann. Mit Blick auf die Fluktuation hat dies aber keine

397 Das Kontrollpersonal stand bei allen Stakeholdern im Fokus, zur Situation bei den übrigen Akteuren wird nicht eingegangen.

Auswirkungen, da diese sich auf eigentlich (dienst-)fähige LuftAss bezieht, die aus anderen Gründen die PSDL nach kurzer Zeit verlassen.

Regelmäßiger und vertrauensvoller Datenfluss sowie standardisierte technische Schnittstellen bzgl. steuerungsrelevanter Daten

Die Steuerung würde weiterhin durch die LSB erfolgen, eine Veränderung des Datenflusses zum Status quo ist nicht zu erwarten. Auch wenn die teils lückenhafte Zuleitung der Fluggesellschaften an die BPOL ein mehrfach bemängeltes Problem ist, ist dieses durch Anpassungen im System – wie im Kapitel 5.1.4 unter *Datenübermittlung* dargestellt – recht problemlos zu bewältigen.

Synergieeffekte: Personaleinsparung durch gebündelte Zuständigkeiten, vielfache Verwendung von Standards, Wissen, Software; Größenvorteile bei der Beschaffung

Die SG wären am jeweiligen Flughafen nur für die Durchführung der Kontrollen zuständig, die strukturelle Aufteilung zwischen LSB und SG als Stelle, die operativ Kontrollen durchführt, bliebe bestehen. Das bedeutet, dass die LSB weiterhin Sicherheitstechnik beschaffen und deshalb heute vorhandene Synergieeffekte namentlich bei den großen LSB (BPOL) in Form von Größeneffekten beim Einkauf auch künftig bestehen würden.

Stärken ausspielen: angemessene Anreize für die verantwortlichen Akteure, Orts- und Sachnähe; z. B. Einbringen der Expertise „Sicherheit“ durch die LSB, der Expertise „Ortsnähe“ und „wirtschaftliches Denken (in Bezug auf Gesamtflughafen)“ durch die Flughäfen. Dabei auch „Denken der Kontrollen im Gesamtprozess“, d. h. Einbettung der Kontrollen in vor- und nachgelagerte Prozesse, einschließlich der sog. Peripherie der Kontrollstellen

Die Expertise Sicherheit würde durch LSB und SG durchgängig bis zum Kontrollvorgang eingebracht. Demgegenüber würde die Perspektive der Flughäfen nicht strukturell besser eingebracht als im Status quo. Vgl. zu den Herausforderungen, aber auch Lösungsmöglichkeiten – vgl. Kapitel 5.1 zu den Pilotprojekten – und zu den weiteren Optimierungsmöglichkeiten unterhalb einer Aufgabenübertragung (Kapitel 5.5).

Klare Zuständigkeitsverteilung aus Sicht der Nutzerinnen und Nutzer bzw. Adressatinnen und Adressaten

Hier würde aus Sicht der Passagiere keine Änderung zum Status quo auftreten, da weiterhin eine staatliche Stelle für die Steuerung und die Flughäfen für Zuleitung und das restliche „Reiseerlebnis" zuständig wären. Fehladressierungen von Beschwerden dürften sich deshalb nicht reduzieren.

Wenig personelle Schnittstellen

Einerseits wäre das Beschaffungsamt wie im Status quo beteiligt. Andererseits dürften die Schnittstellen in personeller Hinsicht gerade mit Blick auf die Qualitätssicherung bei den Kontrollen „glatter" sein, da unmittelbare Weisungsketten in definierten Zuständigkeitsräumen bestehen und kein PSDL zwischengeschaltet wäre. Durch die dauerhafte Zuständigkeit der SG entfallen jedoch die aufwendigen Ausschreibungs- und Vergabeprozesse bzgl. der PSDL.

Effektive Bewältigung von Peaks: frühzeitige Erkennung und Meldung, gute Gesamtprozesse am Flughafen, hinreichend großer und flexibler Personalkörper (einschließlich doppelfunktionaler Einsatz)

Die Erkennung und Meldung von Peaks würde sich durch die Gründung der SG nicht verändern. Auch die Gesamtprozesse am Flughafen würden sich mangels stärkerer Einbeziehung der Flughäfen nicht verändern. Die Größe des Personalkörpers an LuftAss und eine doppelfunktionale Einsetzbarkeit würden sich nicht strukturell ändern. Auch Flexibilitätsgewinne durch Arbeitszeitmodelle dürften im öffentlichen Dienst nicht strukturell besser sein als im privaten Sektor.

7.3.5.3 Einheitlichkeit der Aufgabenerfüllung

Da das Modell die Gründung von SG für die jeweiligen Flughäfen vorsieht, ist in territorialer Hinsicht keine Stärkung der Einheitlichkeit ggü. dem Status quo zu erwarten. Allerdings kann wegen der Dauerhaftigkeit der Übertragung auf die SG am jeweiligen Standort eine höhere Einheitlich der Durchführung der Kontrollen im Zeitverlauf erwartet werden. Hinsichtlich der Aufsicht würde sich ggü. dem Status quo nichts ändern, da dieselben LSB mit denselben Aufgaben betraut wären.

7.3.5.4 Sozialverträglichkeit

Das Modell sieht eine Übernahme der betroffenen LuftAss vor. Nach der oben dargestellten Möglichkeit der angemessenen Bezahlung, des Wegfalls des ständigen Arbeitgeberwechsels und der Vorteile des öffentlichen

Dienstes dürften hiervon viele LuftAss Gebrauch machen. Insgesamt würde das Modell die Arbeitsplatzsicherheit und Perspektiven der LuftAss verbessern, wenn auch der Umgang mit Personen, die mangels Leistungsfähigkeit keine Beleihung mehr erhalten, geklärt werden muss.

7.3.5.5 Finanzielle Auswirkungen

Der Wirtschaft würden keine neuen Aufgaben zukommen, vielmehr würden die PSDL – bei vollständiger Umsetzung des Modells – an keinem Flughafen mehr § 5-Kontrollen durchführen. Insofern würden sie ein nicht unerhebliches Aufgabenfeld für ganz Deutschland verlieren.

Für den Staat würden zunächst recht umfangreiche Migrationskosten gerade im Bereich der Personalrekrutierung, ggf. auch der Raumbeschaffung für die SG entstehen. Allerdings wären diese insoweit gemindert, als dass LuftAss und Räume von den PSDL übernommen werden sollen. Die Migrationskosten wären nicht refinanzierbar. Laufende Kosten würden über die Luftsicherheitsgebühr refinanzieren. In diesem Bereich würden sich dem Grunde nach keine Änderungen ergeben.

Für die Fluggesellschaften und Flughäfen ist die Entwicklung der Luftsicherheitsgebühr relevant. Effizienzgewinne und damit Kosteneinsparungen sind im Modell strukturell kaum angelegt, namentlich eine – insoweit typischerweise genannte – stärkere Beteiligung der Flughäfen bei Sicherheitstechnikbeschaffung und Einrichtung der Kontrollstellen sowie die Übertragung der Steuerung der LuftAss von den LSB auf die Flughäfen oder die SG (bzw. PSDL) sind nicht vorgesehen. Dabei ist allerdings auf die Zufriedenheit der Bayerischen Flughäfen mit dem System hinzuweisen. Ob die vergleichsweise niedrigen Luftsicherheitsgebühren in Bayern[398] mit dem System oder (auch) aus anderen, denkbar mannigfaltigen Gründen, zu erklären sind, kann mangels detaillierter Untersuchungen nicht geklärt werden. Es wurde jedoch von den Stakeholdern betont, dass der Erfolg des Modells auch und maßgeblich in der gemeinsamen Interessenlage der Beteiligten und der guten Zusammenarbeit zwischen LSB, Flughafen und zuständigem Ministerium begründet sei. Insoweit wurde auch hervorgehoben, dass das Bayerische Modell nicht ohne Weiteres, insbesondere aufgrund der regionalen Bedingungen und Besonderheiten, übertragbar sei.

---

398 München 7,83 €, Nürnberg 8,55 € und Memmingen 4,40 € ab dem 1. Januar 2020.

In jedem Falle sollte bei einer bundesweiten Einführung geprüft werden, ob und wie die Perspektive der Flughäfen bei Beschaffung der Sicherheitstechnik und der Einrichtung der Kontrollstellen in standardisierten Prozessen – und auf Grundlage von Standortdialogen – eingeholt werden sollte bzw. kann.

Da die Berechnung und Einziehung in staatlicher Hand verblieben, würde sich bezüglich der Vorfinanzierung nichts ändern. Insbesondere wäre auch der in der LuftSiGebVO festgesetzte Gebührenrahmen, der derzeit 2 bis 10 Euro beträgt, nicht unmittelbar betroffen.[399]

7.3.5.6 Umsetzbarkeit

Die Gründung der SG würde den Rechtsträgern der LSB obliegen, d. h. Bund und Länder müssten die nötigen Aufgaben übernehmen und insbesondere auch die initialen Kosten tragen. Insoweit müsste ein entsprechender politischer Wille bei Bund und Ländern bestehen. Dieser müsste auch den damit einhergehenden Verlust eines wesentlichen Tätigkeitsfeldes Privater in Form der PSDL umfassen.

7.3.6 Modell: Halbstaatliche Sicherheitsgesellschaften (HSG)

7.3.6.1 Qualität/effektive Aufsicht

Mit der Gründung von halbstaatlichen Sicherheitsgesellschaften (HSG) würden alle LuftAss in einem direkten Weisungsverhältnis zu den aufsichtsführenden Stellen stehen, sodass organisational von einer maximal möglichen Effektivität der Aufsicht ausgegangen werden kann.

Bei der Qualität der konkreten Arbeit ist nach derzeitigem Kenntnisstand kein struktureller Unterschied zu erwarten. Zunächst würden viele LuftAss der PSDL übernommen, sodass eine starke personelle Kontinuität bestehen würde. Des Weiteren dürfte auch hier gelten, dass durch das öffentliche Anstellungsverhältnis keine signifikante Änderung der Kontrollarbeit zu erwarten ist (vgl. zur AöR Kapitel 7.3.3.1). Ob sich das Ausbildungsniveau signifikant durch die Bündelung bei der HSG dergestalt

399 Selbstverständlich kann die Rechtsgrundlage (Nummer 2 der Anlage zu § 1 der LuftSiGebVO) jederzeit geändert werden.

verändern würde, dass die Kontrollen selbst eine höhere Qualität erlangen würden, kann mangels Daten nicht abgeschätzt werden.

Ergänzend sei darauf hingewiesen, dass mit der zu erwartenden abnehmenden Fluktuation leichter Erfahrung und Wissen der LuftAss in der Organisation gehalten werden könnte und zugleich weniger Personen über sicherheitsrelevantes Wissen verfügen würden, die nicht mehr im Sicherheitsbereich arbeiten

7.3.6.2 Effiziente Aufgabenwahrnehmung

Die Aufgabenwahrnehmung wird anhand der oben dargestellten Unterkriterien geprüft und einer abschließenden Bewertung zugeführt.

Hinreichend viel und gut ausgebildetes sowie motiviertes Kontrollpersonal[400]: Rekrutierung, Ausbildung, Perspektiven, geringe Fluktuation der LuftAss

Zur Rekrutierung gelten die Ausführungen zur AöR entsprechend, d. h. es ist mit einer hinreichenden Attraktivität zu rechnen. Das Ausbildungsniveau könnte, wie beim AöR-Modell, ggü. dem Status quo noch zielgerichteter gesteigert bzw. sichergestellt werden. Hohe Fluktuationen sind ebenso wenig wie beim AöR-Modell zu erwarten.

Regelmäßiger und vertrauensvoller Datenfluss sowie standardisierte technische Schnittstellen bzgl. steuerungsrelevanter Daten

Die Steuerung würde durch die HSG unter Beteiligung des Flughafens[401] erfolgen. Damit lägen steuerungsrelevante Daten vor und mit den Flughäfen wäre ein Stakeholder beteiligt, der ohnehin im engen Austausch mit den Fluggesellschaften steht.

Synergieeffekte: Personaleinsparung durch gebündelte Zuständigkeiten, vielfache Verwendung von Standards, Wissen, Software; Größenvorteile bei der Beschaffung

Für Flughäfen in Bundeszuständigkeit gilt: Bei der BPOL treten heute wegen ihrer Zuständigkeit für 13 Flughäfen gewisse Synergie- und Skaleneffekte auf. So wird von der BPOL beim Einkauf von Sicherheitstechnik auf

400 Das Kontrollpersonal stand bei allen Stakeholdern im Fokus, zur Situation bei den übrigen Akteuren wird nicht eingegangen.

401 So die Annahme, vgl. dazu oben bei der Modellbeschreibung, Kapitel 7.1.6.

gute Preise und Rahmenverträge verwiesen, die eine günstige und zügige Lieferung gewährleisten. Diese Größeneffekte würden mit Übernahme der Beschaffung durch die HSG (unter interner Beteiligung der Flughäfen) zunächst abnehmen.

Ein Beweggrund der Luftverkehrswirtschaft ist gerade die Loslösung von den Rahmenverträgen, da diese als innovationshemmend wahrgenommen werden. Im Rahmen der Beschaffung von Sicherheitstechnik für § 8-Kontrollen haben einige Flughäfen Einkaufsgemeinschaften gebildet. Ob und inwieweit solche auch im Rahmen dieses Modells gebildet würden und diese bessere Bedingungen als die zentral beschaffende BPOL aushandeln kann, kann nicht eingeschätzt werden.

Für Flughäfen in Landeszuständigkeit sind keine Details zu etwaigen Größenvorteilen bei der Beschaffung bekannt, wegen der geringen Anzahl an Flughäfen, für die eine beschaffende Stelle zuständig ist, dürften hier Einkaufsgemeinschaften von Flughäfen im Vorteil sein.

Insgesamt gilt, dass durch die gemeinsame Zuständigkeit der HSG für § 5 und § 8-Kontrollen Größeneffekte und gewisse personelle Synergien wahrscheinlich wären.

Stärken ausspielen: angemessene Anreize für die verantwortlichen Akteure, Orts- und Sachnähe; z. B. Einbringen der Expertise „Sicherheit“ durch die LSB, der Expertise „Ortsnähe“ und „wirtschaftliches Denken (in Bezug auf Gesamtflughafen)“ durch die Flughäfen. Dabei auch „Denken der Kontrollen im Gesamtprozess“, d. h. Einbettung der Kontrollen in vor- und nachgelagerte Prozesse, einschließlich der sog. Peripherie der Kontrollstellen

Die Expertise Sicherheit würde durch die LSB und die HSG durchgängig bis zum Kontrollvorgang eingebracht. Die wirtschaftliche Perspektive der Flughäfen würde bei der Mitwirkung bei der Steuerung der LuftAss sowie der Einrichtung der Kontrollstellen innerhalb der HSG und bei der eigenverantwortlichen Beschaffung der Sicherheitstechnik eingebracht. Ob und inwieweit die PSDL bei den vorgesehenen „unterstützenden Tätigkeiten“ besondere Expertise einbringen können, kann mangels Spezifikation der Tätigkeiten nicht abgeschätzt werden. Damit würden im Idealfall alle relevanten Perspektiven bei wesentlichen Prozessen hinreichend eingebracht, wobei eine angemessene Entscheidungsfindung – effizient und zugleich v.a. die Sicherheitsinteressen hinreichend berücksichtigend – innerhalb der HSG sichergestellt werden muss.

Klare Zuständigkeitsverteilung aus Sicht der Nutzerinnen und Nutzer bzw. Adressatinnen und Adressaten

Hier würde aus Sicht der Passagiere ggü. dem Status quo eine Änderung eintreten, als dass die Flughäfen durch ihre Beteiligung an der HSG für „Reiseerlebnis" und Steuerung (mit-)verantwortlich wären. Eine Adressierung der Flughäfen wegen (wahrgenommener) Steuerungsdefizite würde also zumindest auch beim richtigen Empfänger landen. Umgekehrt wären an die HSG adressierte Beschwerden wegen Defizite beim „Gesamterlebnis Flughafen" bei dieser regelmäßig nicht per se falsch zugeordnet, da der Flughafen Mitgesellschafter wäre.

Wenig personelle Schnittstellen

Auch wenn die Beschaffung der Sicherheitstechnik durch die Flughäfen selbst erfolgen würde (und also insoweit die Schnittstelle Beschaffungsamt entfiele), müssen die Beteiligungen der Privaten regelmäßig ausgeschrieben werden. Entfallen würde dagegen die Ausschreibung der Kontrollen selbst, da diese von der HSG übernommen würde, wobei jedoch die Aufgabe der Steuerung als neue auszuschreibende Leistung anfiele.

Bzgl. der Steuerung gilt: Einerseits würde eine Steuerung durch die LSB aufgrund von Daten der Fluggesellschaften entfallen, stattdessen würde die HSG mittels der beim beteiligten Flughafen liegenden Daten steuern. Die Schnittstelle zwischen Fluggesellschaften und LSB entfiele. Andererseits müssten innerhalb der HSG neue entscheidungsfähige Strukturen und Einheiten geschaffen werden. Inwiefern hier Formalisierungen Entscheidungsprozesse verschlanken können oder verkomplizieren, muss bei der Organisation der jeweiligen HSG vor Ort entschieden werden. Eine gute Basis für schlanke Abstimmung ist eine bereits bestehende gute und vertrauensvolle Kommunikation. Dabei müssen strukturelle Interessenunterschiede von Wirtschaft und Staat unter dem gemeinsamen Interesse einer effizienten und effektiven Erfüllung der Aufgabe Luftsicherheit kommunikativ und organisatorisch eingehegt werden.

Effektive Bewältigung von Peaks: frühzeitige Erkennung und Meldung, gute Gesamtprozesse am Flughafen, hinreichend großer und flexibler Personalkörper (einschließlich doppelfunktionaler Einsatz)

Die Erkennung und Meldung von Peaks würde sich durch die Gründung der HSG nicht verändern, da hierzu z. B. Sensoren zur Erfassung der Passagierströme erforderlich sind, die unabhängig von Systemwechseln stehen (vgl. etwa beim Pilotprojekt Schönefeld, Kapitel 5.1.2).

Die Gesamtprozesse am Flughafen könnten sich dank stärkerer Einbeziehung der Flughäfen angefangen bei der Abfertigung über die Zuleitung bis hin zur Kontrolltechnik verbessern.

Auch würde mit der doppelten Zuständigkeit der HSG für § 5 und § 8-Kontrollen eine zentrale Voraussetzung für eine doppelfunktionale Einsetzbarkeit der Kontrollkräfte erfüllt werden. Eine entsprechende Änderung der Ausbildung und/oder sukzessive Weiterqualifikationen, aber auch die Sicherstellung der Erreichbarkeit der Kontrollstellen durch die LuftAss/LSKK[402] und ggf. das Auseinanderziehen der Peaks im Flugplan[403] wären weitere Voraussetzungen. Heute bestehende Unterschiede in der eingesetzten Kontrolltechnik, die die Ausbildung und die Anwendungspraxis erschweren, dürften wegen der doppelten Zuständigkeit der HSG über die Zeit abnehmen.

7.3.6.3 Einheitlichkeit der Aufgabenerfüllung

Da das Modell die Gründung von HSG für die jeweiligen Flughäfen vorsieht, ist in territorialer Hinsicht keine Stärkung der Einheitlichkeit ggü. dem Status quo zu erwarten. Allerdings kann wegen der Dauerhaftigkeit der Übertragung der Kontrolltätigkeit auf die HSG am jeweiligen Standort eine höhere Einheitlichkeit im Zeitverlauf erwartet werden. Inwiefern dies auch für die Beschaffung der Sicherheitstechnik und die Steuerung gilt – beides Leistungen, die regelmäßig ausgeschrieben werden müssten –, hängt von etwaigen Wechseln der Beteiligungen ab. Auch wenn die Ersetzung des örtlichen Flughafens wegen struktureller Vorteile bei der Aufgabenerfüllung[404] durch einen Dritten unwahrscheinlich erscheint, könnte der Flughafen sich aus der Aufgabenerledigung durch Nicht-Bieten zurückziehen. Dann müssten neue Standards und Prozesse definiert und implementiert werden.

Hinsichtlich der Aufsicht würde sich ggü. dem Status quo nichts ändern, als dass dieselben LSB mit denselben Aufgaben betraut wären.

---

402 Etwa durch Schaffung zentraler gemeinsamer Kontrollstellen.

403 Vgl. dazu oben Kapitel 7.1.6.

404 Die Beschaffung der Sicherheitstechnik hat hohe Synergieeffekte mit der Konfiguration der Kontrollstellen, bei denen der Flughafen beteiligt würde. Die Steuerung soll gerade deshalb durch den Flughafen erfolgen, weil dieser ohnehin die erforderlichen Daten hat.

7.3.6.4 Sozialverträglichkeit

Das Modell sieht eine Übernahme der betroffenen LuftAss vor. Nach der oben dargestellten Möglichkeit der angemessenen Bezahlung, des Wegfalls des ständigen Arbeitgeberwechsels und der Vorteile des öffentlichen Dienstes dürften hiervon viele LuftAss Gebrauch machen. Insgesamt würde das Modell die Arbeitsplatzsicherheit und Perspektiven der LuftAss verbessern, wenn auch der Umgang mit Personen, die mangels Leistungsfähigkeit keine Beleihung mehr erhalten, geklärt werden muss.

7.3.6.5 Finanzielle Auswirkungen

Die Wirtschaft würde teils neue Aufgaben erhalten, teils Aufgaben verlieren. Die Flughäfen wären für die Beschaffung der Sicherheitstechnik zuständig und würden sich an den HSG beteiligen. Innerhalb dieser wären sie maßgeblich bei der Konfiguration der Kontrollstellen und der Steuerung involviert. Insofern müssten sie Ressourcen in personeller und sachlicher Hinsicht für die Aufgabenerfüllung aufwenden, gerade die Beschaffung der Sicherheitstechnik dürfte einen nicht unerheblichen Kostenpunkt darstellen. Hierbei müssten angemessene Regelungen für Übernahme der Sicherheitstechnik gefunden werden, wobei der Vertrag zur Neuen Welt Ausgangspunkt sein kann. Zudem müssten sie den Kaufpreis für die Anteile an der HSG aufbringen, der allerdings als Gegenwert erhalten bliebe. Die PSDL würden – bei vollständiger Umsetzung des Modells – an keinem Flughafen mehr § 5 oder § 8-Kontrollen (selbständig[405]) durchführen. Insofern würden sie ein nicht unerhebliches Aufgabenfeld für ganz Deutschland verlieren.

Der Staat müsste zunächst die HSG gründen und private Mitgesellschafter gewinnen. Der Aufwand für Letzteres dürfte sich, auch wenn es vergaberechtlichen Kautelen unterliegt, dank der Erfahrungen mit der Ausschreibung der Kontrollleistungen überschaubar sein. Jedoch müsste Personal, v.a. LuftAss und LSKK, durch die neue Gesellschaft rekrutiert werden. Inwiefern hierbei initial der Staat die Kosten trägt oder bereits die neuen Mitgesellschafter, hängt vom zeitlichen Ablauf des Systemwechsels ab. In jedem Falle müsste der Staat als Mehrheitsgesellschafter den überwiegenden Anteil des Startkapitals für die HSG aufbringen.

405 Je nachdem, welche Rolle ihnen genau zukommt, wirken sie zumindest unterstützend bei den Kontrollen.

Die Migrationskosten wären nicht refinanzierbar. Laufende Kosten würden über die Luftsicherheitsgebühr refinanziert. In diesem Bereich würden sich dem Grunde nach keine Änderungen ergeben.

Inwieweit die **Gesamtkosten** der § 5-Kontrollen sinken würden, hängt maßgeblich davon, ob und inwieweit die oben beschriebenen Effizienzgewinne tatsächlich umgesetzt werden und inwieweit sie die dargestellten Effizienzverluste überwiegen. Zumindest für einige Flughäfen dürfte eine Kostensenkung möglich sein. Gerade im Bereich der Sicherheitstechnik, Kontrollstellenkonfiguration und Steuerung bestehen hier Ansatzpunkte. Soweit diese mit (kurzfristigen) Personaleinsparungen oder Lohnreduktionen einhergehen, besteht ein Zielkonflikt mit der Sozialverträglichkeit. Dabei steht und fällt der Erfolg des Modells – auch in finanzieller Hinsicht – mit der guten Zusammenarbeit der Stakeholder in der HSG. Ob und wieweit dies gelingt, kann nicht abgeschätzt werden.

Bemerkenswert ist hierbei der Aufwand, der durch die regelmäßige Ausschreibung der Leistungen „Durchführung der Kontrolle" und „Steuerung" den LSB entsteht. Auch für die Flughäfen ist wegen der fehlenden Dauerhaftigkeit der Übertragung keine Planungssicherheit gewährleistet. Dabei sei auch auf die im System angelegte Paradoxie verwiesen, dass einerseits ausgeschrieben werden muss, andererseits aus Effizienzgründen immer derselbe Akteur erfolgreich sein soll: der Flughafen. Es liegt nahe, eine dauerhafte Übertragung vorzunehmen und die proaktive staatliche Mitwirkung durch passgenau organisierte gemeinsame Abstimmungseinheiten zu gewährleisten – der Vorteil der Gründung einer Gesellschaft sticht insoweit nicht ins Auge.

Da die Berechnung und Einziehung in staatlicher Hand verbleiben würden, würde sich bezüglich der Vorfinanzierung nichts ändern. Insbesondere wäre auch der in der LuftSiGebVO festgesetzte Gebührenrahmen, der derzeit 2 bis 10 Euro beträgt, nicht unmittelbar betroffen.[406]

7.3.6.6 Umsetzbarkeit

Die Gründung der HSG würde den Rechtsträgern der LSB obliegen, d. h. Bund und Länder müssten die nötigen Aufgaben übernehmen und insbesondere auch die initialen Kosten tragen. Insoweit müsste ein entsprechender politischer Wille bei Bund und Ländern bestehen. Dieser müsste auch

406 Selbstverständlich kann die Rechtsgrundlage (Nummer 2 der Anlage zu § 1 der LuftSiGebVO) jederzeit geändert werden.

den damit einhergehenden Verlust eines wesentlichen Tätigkeitsfeldes Privater in Form der PSDL umfassen.

Maßgebliche Vorteile des Modells liegen gerade in der Einbeziehung der Privaten über die Beteiligung an der HSG. Da eine Beteiligung nicht erzwungen werden kann, gilt es, vor einer flächendeckenden Umsetzung die Interessen der Stakeholder zu analysieren und auf dieser Basis die konkrete Ausgestaltung des HSG-Modells im gemeinsamen Prozess vorzunehmen. Dieser Prozess dürfte eine gewisse Komplexität gerade mit Blick auf eine angemessene und rechtssichere Verteilung der Risiken und Gewinnzuweisungen mit sich bringen. Ob und inwieweit dies dazu führen würde, dass die Flughäfen sich flächendeckend an den HSG beteiligen würden, kann nicht abgeschätzt werden.

Folge des Modells könnte also sein, dass sich Flughäfen nicht beteiligen. Die Folgen sollen kurz reflektiert werden. Für die Flughäfen, die sich nicht an der HSG beteiligen sollten, gilt dennoch, dass ihnen die Beschaffung der Sicherheitstechnik – nach Ausschreibung und zeitlich begrenzt – übertragen werden könnte. Allerdings würde ihre Expertise bei der Konfiguration der Kontrollstellen sowie – soweit vorhanden – bei der Steuerung der Kontrollkräfte nicht über die Beteiligung an der Gesellschaft, also „intern“ eingebracht werden können. Hier wäre eine „externe“ Beteiligung jedenfalls bei der Einrichtung der Kontrollstellen denkbar.[407] Im Wesentlichen würde die Einheitlichkeit auf organisationaler Ebene ggü. dem Status quo noch weiter zurückgehen und namentlich bei den LSB, die für mehrere Flughäfen zuständig sind, könnten zwei Systeme mit partiell unterschiedlichen Rollenanforderungen auftreten. Da allerdings in jedem Fall Gesellschaften mit umfassenden Zuständigkeiten gegründet würden und nur die private Beteiligung variiert, würden sich die Unterschiede auf die Anforderungen innerhalb der Gesellschaft beschränken: Bei Beteiligung Privater würden diese wesentliche Aufgaben innerhalb der Gesellschaft erfüllen, ohne eine solche Beteiligung müsste entsprechendes Personal vollständig von der LSB in die Gesellschaft überführt und/oder neues rekrutiert werden.

407 Vgl. dazu oben Kapitel 7.1.7.

7.3.7 Modell: optionale Übernahme wesentlicher Aufgaben durch Flughäfen (Optionsmodell 1)

7.3.7.1 Qualität/effektive Aufsicht

Für die Flughäfen, die weitreichende Aufgaben der Luftsicherheit übernehmen, gelten die Ausführungen zum Modell weitgehenden Übertragung (7.3.1.1). Für die Flughäfen, die von der Option keinen Gebrauch machen, gilt der Status quo (einschließlich möglicher Optimierungsmöglichkeiten, siehe Kapitel 5).

7.3.7.2 Effiziente Aufgabenwahrnehmung

Die Aufgabenwahrnehmung wird anhand der oben dargestellten Unterkriterien geprüft und einer abschließenden Bewertung zugeführt.

Hinreichend viel und gut ausgebildetes sowie motiviertes Kontrollpersonal[408]: Rekrutierung, Ausbildung, Perspektiven, geringe Fluktuation der LuftAss

Wiederum gilt, dass die Ausführungen für die Flughäfen, die von der Option Gebrauch machen, die obigen Ausführungen gelten. Für die Übrigen gilt der Status quo.

Regelmäßiger und vertrauensvollen Datenfluss sowie standardisierte technische Schnittstellen bzgl. steuerungsrelevanter Daten

Wiederum gilt, dass die Ausführungen für die Flughäfen, die von der Option Gebrauch machen, die obigen Ausführungen gelten. Für die Übrigen gilt der Status quo.

Synergieeffekte: Personaleinsparung durch gebündelte Zuständigkeiten, vielfache Verwendung von Standards, Wissen, Software; Größenvorteile bei der Beschaffung

Derzeitige Synergieeffekte durch die Größe und den breiten, gleich gelagerten Zuständigkeitsbereich der BPOL etwa im Einkauf von Sicherheitstechnik, würden mit der Abnahme der „Vollzuständigkeit" zurückgehen.

---

408 Das Kontrollpersonal stand bei allen Stakeholdern im Fokus, zur Situation bei den übrigen Akteuren wird nicht eingegangen.

Umgekehrt würden die bei der weitgehenden Übertragung beschriebenen Vorteile der Erledigung durch die Flughäfen greifen.

Stärken ausspielen: angemessene Anreize für die verantwortlichen Akteure, Orts- und Sachnähe; z. B. Einbringen der Expertise „Sicherheit“ durch die LSB, der Expertise „Ortsnähe“ und „wirtschaftliches Denken (in Bezug auf Gesamtflughafen)“ durch die Flughäfen. Dabei auch „Denken der Kontrollen im Gesamtprozess“, d. h. Einbettung der Kontrollen in vor- und nachgelagerte Prozesse, einschließlich der sog. Peripherie der Kontrollstellen

Wiederum gilt, dass die Ausführungen für die Flughäfen, die von der Option Gebrauch machen, die obigen Ausführungen gelten. Für die Übrigen gilt der Status quo.

Klare Zuständigkeitsverteilung aus Sicht der Nutzerinnen und Nutzer bzw. Adressatinnen und Adressaten

Wiederum gilt, dass die Ausführungen für die Flughäfen, die von der Option Gebrauch machen, die obigen Ausführungen gelten. Für die Übrigen gilt der Status quo. Insbesondere für die Passagiere dürfte sich trotz der weiteren Ausdifferenzierung des Systems kein Nachteil ergeben, da Beschwerden weiterhin an Flughafen oder BPOL gerichtet werden (können).

Wenig personelle Schnittstellen

Wiederum gilt, dass die Ausführungen für die Flughäfen, die von der Option Gebrauch machen, die obigen Ausführungen gelten. Für die Übrigen gilt der Status quo.

Effektive Bewältigung von Peaks: frühzeitige Erkennung und Meldung, gute Gesamtprozesse am Flughafen, hinreichend großer und flexibler Personalkörper (einschließlich doppelfunktionaler Einsatz)

Wiederum gilt, dass die Ausführungen für die Flughäfen, die von der Option Gebrauch machen, die obigen Ausführungen gelten. Für die Übrigen gilt der Status quo.

7.3.7.3 Einheitlichkeit der Aufgabenerfüllung

Für die Flughäfen, die von der Option Gebrauch machen, gilt: An der tatsächlichen Durchführung der Kontrollen würde sich allein bzgl. der Sicherheitstechnik insoweit etwas ändern, als dass die Möglichkeit der

Beschaffung der eigenen Sicherheitstechnik – i.d.R. ohne Bindung an Rahmenverträge – die Vielfalt eingesetzter Technik erhöhen dürfte.

Für die LSB, die für mehrere Flughäfen zuständig sind, könnten sich Varianten aufspannen: Einmal wären sie, wie im Status quo, für zahlreiche, gerade auch polizeifremde Aufgaben, zuständig und einmal würden sie weitgehend reaktiv-aufsichtlich agieren. Die BPOL dürfte hiervon aus mehreren Gründen besonders betroffen sein. Nicht nur ist sie für deutlich mehr Flughäfen zuständig als jede andere LSB, sondern mit Ausnahme von München ist sie auch für die größten Flughäfen zuständig. Unter diesen finden sich auch diejenigen, die am ehesten an einer weitreichenden Aufgabenübernahme interessiert sind. Dies würde vor allem im Übergang dazu führen, dass sich Rollenverständnisse und Abläufe herausbilden müssten. Dabei wäre die Anwendungszahl mit einer Grundgesamtheit von 13 Flughäfen gering und die interne Zuständigkeit eindeutig zuordenbar. Im Ergebnis würde sich intern eine Differenzierung der Aufgabenerledigung nach den beiden Varianten ergeben, wodurch die Einheitlichkeit ein Stück weit geschmälert würde.

Insgesamt würde sich für die konkrete Kontrolltätigkeit nichts, für die Sicherheitstechnik nichts Signifikantes und für die Tätigkeit der LSB mindestens übergangsweise die Abläufe in nicht unerheblichem Maße ändern.

Die möglichen finanziellen Auswirkungen werden sogleich unten skizziert. Auf die Frage etwaig nachlassender Synergieeffekte wurde oben unter Kapitel 7.3.1 eingegangen.

7.3.7.4 Sozialverträglichkeit

Wiederum gilt, dass die Ausführungen für die Flughäfen, die von der Option Gebrauch machen, die obigen Ausführungen gelten. Für die Übrigen gilt der Status quo.

7.3.7.5 Finanzielle Auswirkungen

Im Bereich der Flughäfen, die von der Option Gebrauch machen würden, wären folgende finanzielle Auswirkungen zu erwarten. Soweit die Erfüllung von Aufgaben von der LSB auf den Flughafen übertragen wird, wird Erstere entlastet und maßgebliche Kosten würden entfallen. Der mit einer etwaigen Ausdifferenzierung der Rollen (primär Aufsicht oder maßgebliche Beteiligung) einhergehende Mehraufwand hängt vom Umfang der

Optionswahrnehmung ab. Wenn so viele Flughäfen im Zuständigkeitsbereich der LSB verbleiben, dass sie effiziente Strukturen aufrechterhalten kann, ist kein bzw. kaum eine Kostensteigerung zu erwarten. Sollte dagegen etwa die BPOL nur noch für einen (kleinen) Flughafen vollumfänglich die Aufgaben erledigen, würden Ineffizienzen, v.a. im Übergang, entstehen. Allerdings deutet die Praxis, dass viele LSB in den Ländern nur für wenige kleine Flughäfen zuständig sind, darauf hin, dass dies halbwegs effizient möglich ist.

Dabei dürfte kein Vorhalten von Personal für etwaige Rückübertragungen erforderlich sein, da *erstens* eine solche per Modelldefinition die absolute Ausnahme darstellt und *zweitens* jedenfalls die BPOL ohnehin Wissen und Personal für die nicht optierenden Flughäfen vorhält, dass dann bei einer Rückübertragung durch andere Flughäfen genutzt werden könnte.

Für die optierenden Flughäfen würden erhebliche Aufwendungen entstehen, vgl. oben bei „weitgehende Aufgabenübertragung". Für die PSDL würde sich strukturell nichts ändern. Ob und inwieweit die Gesamtkosten (und damit die Belastung v. a. der Fluggesellschaften bzw. der Passagiere) sinken, hängt wie bei allen Modellen von der tatsächlichen Realisierung der – hier durchaus erheblichen – Effizienzpotenziale ab. Dabei ist in der Tendenz mit geringeren Kosten als bei Fortführung des Status quo zu rechnen, da die Flughäfen nur dann von der Option Gebrauch machen würden, wenn sich eine solche für sie rechnet.

Die optierenden Flughäfen müssten die Vorfinanzierung übernehmen, wobei die oben bei „weitgehende Aufgabenübertragung" dargestellten Möglichkeiten staatlicher Beteiligung auch hier bestehen. Insgesamt erscheint dabei die Definition einer angemessenen staatlichen Beteiligung insofern leichter, da eine der Grundgesamtheit ggü. geringeren Heterogenität der optierungswilligen Flughäfen besteht.

Für die nicht optierenden Flughäfen gilt das zum Status quo Geschriebene.

7.3.7.6 Umsetzbarkeit

Soweit die staatlichen Stellen betroffen sind, hängt die Umsetzung von einem entsprechenden politischen Willen ab. Wie dargestellt dürften absehbar vor allem Flughäfen in Bundeszuständigkeit von der Option Gebrauch machen. Soweit das wirtschaftliche Risiko der (Vor-) Finanzierung geklärt wird, würde die Attraktivität für die Flughäfen steigen.

Ob eine – ggf. zustimmungsbedürftige – Änderung des LuftSiG erforderlich ist oder ob eine Implementierung und Ausweitung der Neuen Welt auf weitere Flughäfen der bessere Weg wäre, muss auf politischer Ebene entschieden werden. Jedenfalls scheint eine Wiederholung der Aushandlung des Neue-Welt-Vertrages für mehrere Flughäfen kaum leistbar. Vielmehr sollte ein Mustervertrag entwickelt werden, der nur einzelne und abgegrenzte Anpassungsmöglichkeiten vorsieht.

7.3.8 Modell: Optionale Übernahme der Sicherheitstechnikbeschaffung und Einrichtung der Kontrollstellen (Optionsmodell 2)

7.3.8.1 Qualität/effektive Aufsicht

Für die Flughäfen, die teilweise Aufgaben der Luftsicherheit übernehmen, gelten die Ausführungen zum Modell teilweise Übertragung (7.3.2.1). Für die Flughäfen, die von der Option keinen Gebrauch machen, gilt der Status quo (einschließlich möglicher Optimierungsmöglichkeiten, siehe Kapitel 5).

7.3.8.2 Effiziente Aufgabenwahrnehmung

Die Aufgabenwahrnehmung wird anhand der oben dargestellten Unterkriterien geprüft und einer abschließenden Bewertung zugeführt.

Hinreichend viel und gut ausgebildetes sowie motiviertes Kontrollpersonal[409]: Rekrutierung, Ausbildung, Perspektiven, geringe Fluktuation der LuftAss

Hier würde sich nichts ggü. dem Status quo ändern.

Regelmäßiger und vertrauensvoller Datenfluss sowie standardisierte technische Schnittstellen bzgl. steuerungsrelevanter Daten

Die Steuerung würde nicht übertragen, insofern würden diesbezüglich keine Änderungen eintreten.

409 Das Kontrollpersonal stand bei allen Stakeholdern im Fokus, auf die Situation bei den übrigen Akteuren wird nicht eingegangen.

Synergieeffekte: Personaleinsparung durch gebündelte Zuständigkeiten, vielfache Verwendung von Standards, Wissen, Software; Größenvorteile bei der Beschaffung

Derzeitige Synergieeffekte durch die Größe und den breiten, gleich gelagerten Zuständigkeitsbereich der BPOL etwa im Einkauf von Sicherheitstechnik, würde mit der Abnahme der „Vollzuständigkeit“ zurückgehen. Umgekehrt würden die bei der „teilweisen Übertragung“ beschriebenen Vorteile der Erledigung durch die Flughäfen greifen.

Stärken ausspielen: angemessene Anreize für die verantwortlichen Akteure, Orts- und Sachnähe; z. B. Einbringen der Expertise „Sicherheit“ durch die LSB, der Expertise „Ortsnähe“ und „wirtschaftliches Denken (in Bezug auf Gesamtflughafen)“ durch die Flughäfen. Dabei auch „Denken der Kontrollen im Gesamtprozess“, d. h. Einbettung der Kontrollen in vor- und nachgelagerte Prozesse, einschließlich der sog. Peripherie der Kontrollstellen

Wiederum gilt, dass die Ausführungen für die Flughäfen, die von der Option Gebrauch machen, die Ausführungen zur „teilweisen Übertragung“ gelten. Für die Übrigen gilt der Status quo.

Klare Zuständigkeitsverteilung aus Sicht der Nutzerinnen und Nutzer bzw. Adressatinnen und Adressaten

Aus Sicht der Passagiere würde sich die maßgebliche Verantwortung für die Steuerung der LuftAss nicht verändern. Es steht demnach zu befürchten, dass weiterhin Beschwerden bei eigentlich nicht verantwortlichen Stellen eingehen werden.

Wenig personelle Schnittstellen

Wiederum gilt, dass die Ausführungen für die Flughäfen, die von der Option Gebrauch machen, die Ausführungen zur „teilweisen Übertragung“ gelten. Für die Übrigen gilt der Status quo.

Effektive Bewältigung von Peaks: frühzeitige Erkennung und Meldung, gute Gesamtprozesse am Flughafen, hinreichend großer und flexibler Personalkörper (einschließlich doppelfunktionaler Einsatz)

Wiederum gilt, dass die Ausführungen für die Flughäfen, die von der Option Gebrauch machen, die Ausführungen zur „teilweisen Übertragung“ gelten. Für die Übrigen gilt der Status quo.

7.3.8.3 Einheitlichkeit der Aufgabenerfüllung

Für die Flughäfen, die von der Option Gebrauch machen, gilt: An der tatsächlichen Durchführung der Kontrollen würde sich allein auf technischer Ebene insoweit etwas ändern, als dass die Möglichkeit der Beschaffung der eigenen Sicherheitstechnik – i.d.R. ohne Bindung an Rahmenverträge – die Vielfalt eingesetzter Technik erhöhen dürfte.

Für die LSB, die für mehrere Flughäfen zuständig sind, könnte die unterschiedliche Aktivierung der Option zu zwei Rollen führen: Einmal wären sie für die Beschaffung der Sicherheitstechnik und die Konfiguration der Kontrollstellen selbst zuständig (und würden allenfalls die Flughäfen beteiligen), einmal würden sie die entsprechenden Aufgabenerledigungen durch die Flughäfen nur beaufsichtigen. Namentlich die BPOL könnte hiervon betroffen sein. Sollte ein erheblicher Anteil der 13 Flughäfen optieren, müsste die BPOL für eine vergleichsweise kleine Anzahl Beschaffungsstrukturen vorhalten. Allerdings sind heute viele LSB der Länder nur für wenige (häufig sogar nur für einen) Flughäfen zuständig, ohne dass dies von Seiten der Flughäfen als Mangel für die Zusammenarbeit wahrgenommen würde.[410] Zudem muss die Sicherheitstechnik schon heute für jeden Flughafen angepasst werden, weshalb die Einheitlichkeit in der Sicherheitstechnik gering ist.

Auf die Frage etwaig nachlassender Synergieeffekte wurde oben im Kapitel 7.3.2 eingegangen.

7.3.8.4 Sozialverträglichkeit

Wiederum gilt, dass die Ausführungen für die Flughäfen, die von der Option Gebrauch machen, die obigen Ausführungen gelten. Für die Übrigen gilt der Status quo.

7.3.8.5 Finanzielle Auswirkungen

Im Bereich der Flughäfen, die von der Option Gebrauch machen würden, wären folgende finanzielle Auswirkungen zu erwarten. Soweit Aufgaben von der LSB auf den Flughafen übertragen werden, wird erstere entlastet und maßgebliche Kosten würden entfallen. Der mit einer etwaigen

---

410 Vgl. dazu die Ergebnisse der Befragung, Kapitel 4.3.

Ausdifferenzierung der Rollen (Beschaffung der Sicherheitstechnik oder bloße Aufsicht darüber) einhergehende Mehraufwand erscheint selbst für die BPOL vernachlässigbar. Auch dürfte kein Vorhalten von Personal für etwaige Rückübertragungen erforderlich sein, da *erstens* eine solche per Modelldefinition die absolute Ausnahme darstellt und *zweitens* jedenfalls die BPOL ohnehin Wissen und Personal für die nicht optierenden Flughäfen vorhält.

Für die Flughäfen würden gewisse Aufwendungen erforderlich, vgl. oben bei „teilweise Aufgabenübertragung". Für die PSDL würde sich strukturell nichts ändern. Ob und inwieweit die Gesamtkosten (und damit die Belastung v. a. der Fluggesellschaften bzw. der Passagiere) sinken, hängt wie bei allen Modellen von der tatsächlichen Realisierung der – vorhandenen, ggü. anderen Modellen aber weniger erheblichen – Effizienzpotenziale. Dabei ist in der Tendenz mit geringeren Kosten als bei Fortführung des Status quo zu rechnen, da die Flughäfen nur dann von der Option Gebrauch machen würden, wenn sich eine solche für sie rechnet.

Die optierenden Flughäfen müssten die Vorfinanzierung übernehmen, wobei die oben bei „weitgehende Aufgabenübertragung" dargestellten Möglichkeiten auch hier bestehen. Insgesamt erscheint dabei die Definition einer angemessenen staatlichen Beteiligung insofern leichter, da eine der Grundgesamtheit ggü. geringeren Heterogenität der optierungswilligen Flughäfen besteht.

Für die nicht optierenden Flughäfen gilt das zum Status quo Geschriebene.

7.3.8.6 Umsetzbarkeit

Soweit die staatlichen Stellen betroffen sind, hängt die Umsetzung von einem entsprechenden politischen Willen ab. Mit Einhegung des (Vor-)Finanzierungsrisikos könnte das Modell für verschiedene Flughäfen attraktiv werden.

Das Modell erscheint wegen des abgrenzbaren Gegenstandes vergleichsweise leicht umsetzbar, zumal die Aufgabenübertragung per Vertrag zwischen Rechtsträger der LSB und Flughafen erfolgen könnte. Auch könnten die Rahmenbedingungen einer solchen Übernahme durch Rechtsvorschrift gesetzt werden.

7.4 Haftungsfragen bei den einzelnen Modellen

Ebenso sind für die einzelnen Modelle die oben[411] bereits angesprochenen Haftungsfragen zu erläutern. Es lassen sich insoweit fünf mehr oder weniger rechtlich und praktisch relevante Fallgruppen bilden. Diese sind die Haftung für Terror (7.4.1), die Haftung für die Verletzung von Rechtsgütern der kontrollierten Passagiere bei der Kontrolle (7.4.2) und die Haftung für verpasste Flüge (7.4.3.).

7.4.1 Terroranschläge

Die erste Fallgruppe ist die Haftung für Terroranschläge. Sie ist rechtlich hochrelevant, aber praktisch bisher dankenswerterweise nicht. Da in sämtlichen Modellen die LuftAss weiterhin die Kontrollen ausführen und auch weiterhin dafür beliehen werden, bleiben sie auch Beamte im haftungsrechtlichen Sinn. Insoweit ändert sich gegenüber der oben[412] dargestellten Rechtslage nichts. Insbesondere sind keine Fälle denkbar, in denen – etwa nach auf die Flughäfen übertragener Steuerung – durch einen Steuerungsfehler ein Terroranschlag mitverursacht wird, ohne dass den LuftAss ein vorwerfbares Verhalten trifft. Denn die bei der Kontrolle einzuhaltenden Standards gelten unabhängig von Personalknappheit bzw. langen Schlangen.

7.4.2 Verletzung von Rechtsgütern bei der Kontrolle

Auch in Bezug auf die Haftung für die Verletzung von Rechtsgütern bei der Kontrolle (Leben, Leib, Eigentum) ändert sich gegenüber der bisherigen Rechtslage nichts, da die LuftAss weiterhin Beamte im haftungsrechtlichen Sinn sein werden.

7.4.3 Haftung für verpasste Flüge

Die Haftung für verpasste Flüge lässt sich in mehrere Fallgruppen unterteilen. Darunter fällt der verpasste Flug wegen einer zu langen Wartezeit

411 Siehe Kapitel 3.3.3.
412 Siehe Kapitel 3.3.3.1.

vor der Kontrolle (sog. Zuführung zur Kontrolle) (7.4.3.1), der verpasste Flug wegen zu wenigen geöffneten Kontrollspuren und einer daraus resultierenden zu langen Wartezeit (7.4.3.2) und der verpasste Flug wegen einer zu langsamen Kontrolle (7.4.3.2.1).

7.4.3.1 Zu lange Wartezeit vor der Kontrolle (Zuführung)

Wie oben[413] dargelegt, handelt es sich insoweit um eine Frage der Zuführung zur Kontrollstelle. Bei allen geprüften Modellen verbleibt diese wie nach geltender Rechtslage beim Flughafen. Haftungsrechtlich ändert sich somit nichts.

7.4.3.2 Ungenügende Menge an LuftAss

Bei der Haftung für Fälle, in denen der Flug aufgrund einer ungenügenden Anzahl an offenen Kontrollstellen bzw. einer ungenügenden Anzahl an eingesetzten LuftAss und damit einer ungenügenden Steuerung verpasst wurde, ist danach zu unterscheiden, wer steuert.

7.4.3.2.1 Steuerung durch den Flughafen

Soweit der Flughafen steuert (Modelle Kapitel 7.3.1 und Kapitel 7.3.7), steuert ein Privater und nur eine rein zivilrechtliche Haftung kommt in Betracht. Fraglich ist die Anspruchsgrundlage. Zwischen den Passagieren und dem Flughafen besteht kein Vertrag. Der vor dem *AG Erding*[414] verhandelte Fall ist insoweit ein Sonderfall, da es dort wesentlich um eine der Sache nach unzutreffende Auskunft einer Mitarbeiterin bzw. eines Mitarbeiters des Flughafens ging.

Der Flughafen besorgt für die Passagiere kein Geschäft, sodass auch keine Geschäftsführung ohne Auftrag vorliegt. Ebenso hat sich der Flughafen nicht bereichert.

Es bleibt eine Haftung wegen einer unerlaubten Handlung. Verletzt wäre die Forderung auf Beförderung gegen die Airline. Es ist kein Schutzgesetz im Sinne des § 823 Abs. 2 BGB ersichtlich, das Passagiere davor

---

413 Siehe Kapitel 3.3.3.3.1.
414 Siehe Kapitel 3.3.3.3.1.

schützen soll, dass zu wenige Kontrollstellen am Flughafen offen sind und sie so ihr Flugzeug verpassen. Das Vermögen ist kein sonstiges Recht im Sinne des § 823 Abs. 1 BGB, da sich der Schutzbereich des Deliktsrechts des BGB auf absolute Rechte beschränkt.[415] Daraus folgt, dass insoweit kein Schadensersatzanspruch der Passagiere besteht. Da danach weder eine Staatshaftung noch eine Haftung des Flughafens in Betracht kommt, wäre der Staat besser und der Passagier ggü. dem Status quo schlechter gestellt.

Dies ließe sich durch die Schaffung eines neuen Anspruchs bzw. einer Umgestaltung der Steuerungspflicht in ein Schutzgesetz mit der Intention, die Passagiere vor einem Verpassen des Flugzeugs zu schützen, ändern. Es ist aber zu bedenken, dass dann auch an ein Mitverschulden der Passagiere, § 254 BGB, zu denken wäre.

7.4.3.2.2 Steuerung durch die BPOL

Soweit eine Bundespolizeidirektion Luftsicherheit gegründet wird, entsteht kein Unterschied zur aktuellen Rechtslage, da nach wie vor die Bundespolizei, egal mit welcher Direktion, steuert.

7.4.3.2.3 Steuerung durch eine AöR

Auch bei einer Anstalt des öffentlichen Rechts, die für die Steuerung zuständig ist, besteht kein Unterschied zur aktuellen Rechtslage. Lediglich die Anstalt ist dann Haftender.

7.4.3.2.4 Steuerung durch eine staatliche Sicherheitsgesellschaft

Bei der Frage nach der Haftung für eine personell unzureichend ausgestattete Kontrollstelle ist danach zu fragen, ob diejenigen Angestellten der staatlichen Sicherheitsgesellschaft, die mit der Haftung betraut sind, Beamtinnen und Beamten im haftungsrechtlichen Sinn sind. Sie sind jedenfalls keine Beamtinnen und Beamten im staatsrechtlichen Sinn. Beamtin/Beamter im haftungsrechtlichen Sinn ist, wem von der zuständigen Stelle die Ausübung eines öffentlichen Amtes anvertraut wurde.[416] Jede

415 *Wagner,* in: MüKo-BGB, BGB § 823, Rn. 370 m. w. N.
416 *Papier/Shirvani,* in: MüKo-BGB, BGB § 839, Rn. 130 m. w. N.

dienstliche Betätigung, die öffentlich-rechtliche Belange wahrnimmt, ist ein öffentliches Amt.[417] Entscheidend ist die nach außen wahrgenommene Funktion.[418] Zivilpersonen, die privatrechtlich tätig werden, muss eine hoheitsrechtliche Funktion anvertraut worden sein.[419] Hoheitlich ist sie insbesondere dann, wenn sie einen erkennbaren Bezug zu den Grundrechten der Betroffenen hat. Eine solche Funktion kann auch Verwaltungshelfern zukommen, wenn sie als „Werkzeug" der Verwaltung erscheinen, also insbesondere dem Einfluss und der Weisung der Verwaltung unterliegen.

Die Angestellten der Sicherheitsgesellschaft sind Zivilpersonen. Fraglich ist, ob die Steuerung hoheitlich im genannten Sinne ist. Insoweit fehlt es an Präzedenzfällen. Dagegen spricht, dass Kontrollen trotz schlechter Steuerung grundsätzlich stattfinden. Dem ist entgegenzuhalten, dass die Steuerung maßgeblich darüber entscheidet, wie viele Kontrollspuren geöffnet werden und wie diese zu besetzen sind. Ohne Durchlaufen der Kontrolle können die Passagiere erwartbare und berechtigte Interessen, zuvörderst das Fliegen, nicht wahrnehmen. Ein insoweit konkretisiertes Mobilitätsbedürfnis (einschließlich erheblicher finanzieller Aufwendungen) ist mindestens Ausdruck einer „verdichteten" allgemeinen Handlungsfreiheit. Die Steuerung wirkt sich also unmittelbar auf die Realisierungsmöglichkeit grundrechtlich geschützter Tätigkeiten aus. Ggf. kann sogar ein Anspruch auf angemessene personelle Ausstattung und Organisation der – zweifelsohne – hoheitlichen Leistung „Sicherheitskontrolle" verfassungsrechtlich grundiert werden. Dabei agiert der Angestellte der SG unter direkter Weisungsmöglichkeit der LSB, i. d. R. auch auf Grundlage von dieser erstellten oder genehmigten Verfahren. Er kann als deren „Werkzeug" angesehen werden.

Steht demnach fest, dass die Steuerung hoheitliche Tätigkeit ist, müsste diese auch drittschützend sein. Dies ist bereits oben unter Kapitel 3.3.3.3.2 festgestellt worden. Insgesamt ist wohl eine Haftung anzunehmen.

7.4.3.2.5 Steuerung durch eine halbstaatliche Sicherheitsgesellschaft

Mangels direktem Weisungsverhältnis zwischen LSB und Flughäfen, die nach diesem Modell die Steuerung übernehmen, fehlt es an einem hinreichenden Bezug der Tätigkeit zum Staat. Eine Haftung scheidet aus.

---

417 *Papier/Shirvani*, in: MüKo-BGB, BGB § 839, Rn. 130 m. w. N.
418 *Papier/Shirvani*, in: MüKo-BGB, BGB § 839, Rn. 131 m. w. N.
419 *Papier/Shirvani*, in: MüKo-BGB, BGB § 839, Rn. 132 m. w. N.

7.4.3.3 Zu langsame Kontrolle

Da die Kontrolle durch Beliehene durchgeführt wird, gilt insoweit unabhängig vom Modell nach wie vor Staatshaftungsrecht.

7.5 Fazit Modellbewertung

Die Modellbewertung hat gezeigt, dass das Ausmaß der mit dem entsprechenden Modell einhergehenden Änderungen bzgl. der Prüfkriterien ggü. dem Status quo äußerst unterschiedlich ist. Jenseits der wegen der engen rechtlichen Vorgaben praktisch unabänderlichen operativen Kontrolltätigkeit bestehen teils erhebliche Optimierungspotentiale, die mit einem Modellwechsel einhergehen können.

Diese Modelle reichen von einer (ggf. sogar nur optionalen) Übernahme der Beschaffung der Sicherheitstechnik und Konfiguration der Kontrollstellen durch die Flughäfen über eine Übernahme weitreichender Aufgaben durch die Flughäfen bis hin zur Gründung einer Anstalt öffentlichen Rechts auf Bundesebene, die die BPOL ersetzt und zudem die LuftAss anstellt. Die Erfolgsaussichten der Modelle hängen dabei auch von der grundsätzlichen Frage ab, in welchem Umfang die Aufgabenerledigung durch den Staat erfolgen soll.

Bemerkenswert ist dabei, dass das Funktionieren jedes Systems – teils erhebliche – spezifische Voraussetzungen mit sich bringt, aber die zentralen, systemübergreifenden Voraussetzungen (v.a. gemeinsames Rollenverständnis, vertrauensvolle und regelmäßige Kommunikation, funktionierender Datenaustausch) zugleich anspruchsvoll zu erfüllen sind sowie kaum „herbeireguliert“ werden können.

Die Voraussetzungen der Modelle und mögliche Veränderungen, die sie ggü. dem Status quo mit sich bringen, vor allem Effizienzpotentiale und finanzielle Auswirkungen, wurden ausführlich beleuchtet. Allerdings ist der Status quo v.a. dank der Pilotprojekte in Bewegung, d. h. die Auswirkungen laufender und bevorstehender Optimierungsmöglichkeiten lassen sich noch nicht abschätzen. Diese werden vom Gutachter über die Flughäfen gemittelt als durchaus erheblich eingeschätzt. Ob und inwieweit vor der Etablierung zumindest wesentlicher Optimierungsinstrumente – z. B. Standortdialoge sowie darauf aufbauende Kommunikationsstrukturen und Rollenverständnisse, neue Verträge mit den PSDL – ein Systemwechsel eingeleitet werden sollte, bedarf einer politischen Entscheidung. Insoweit kann das Gutachten mangels entsprechender Daten zu den Folgen der laufenden Optimierungen nur bedingt verwaltungswissenschaftliche Grundlage sein. In jedem Falle sollte zum einen das bestehende System, solange ein Systemwechsel nicht erfolgt ist, weiter und fortlaufend optimiert werden. Zum anderen sollten vor einem etwaigen Systemwechsel dessen Auswirkungen umfassend und datengestützt auch an exemplarischen betroffenen Standorten untersucht werden, da die Voraussetzungen vor allem bei den Flughäfen und LSB äußerst unterschiedlich sind. Die vorliegende Bewertung kann insoweit nur Ausgangspunkt für die Auswahl des oder der Modelle für eine weitere Betrachtung sein.

Die folgende Übersicht bietet einen Überblick über alle oben vorgestellten und bewerteten Reformmodelle.

Tab. 50: Bewertungsmatrix für die vorgestellten Reformmodelle

Modell/ Kriterium	Qualität/effektive Aufsicht	Effizienz	Einheitlichkeit	Sozialverträglichkeit	Finanzielle Auswirkungen	Umsetzbarkeit
Weitgehende Übernahme durch die Flughäfen (Kap. 7.3.1)	Einwirkung auf LuftAss bleibt wie im Status quo Hinreichende Einwirkungsmöglichkeiten der LSB auf Auswahl der PSDL und Konfiguration der Kontrollstellte sollten durch Beteiligungs- und Kontrollinstrumente sichergestellt werden Wirtschaftliche Expertise (und Handlungslogik) der Flughäfen kann so in einem funktionalen Zusammenwirken der Stakeholder mit der Expertise der LSB zusammenwirken	Recht große Potentiale, v.a. Einbettung der Kontrolle in Gesamtprozess (Kontrollstelle und vor- und nachgelagerte Prozesse aufeinander abstimmen) und Möglichkeit, effizientere Sicherheitstechnik zu beschaffen Ggf. effizientere Steuerung z. B. durch IT-Lösungen möglich Peaks bleiben Problem, insbesondere doppelfunktionaler Einsatz nicht ohne weitere Änderungen möglich	Kontrolle durch LuftAss bleibt wie im Status quo Technik würde vielfältiger	Keine signifikante Änderung ggü. Status quo, jedoch stehen Effizienzgewinne, die mit Personal-einsparungen einhergehen in gewissem Spannungsverhältnis zur Sozialverträglichkeit Weiterbeschäftigung grds. vorgesehen	Für FH (v.a. initial) erhebliche Mehrausgaben Für Staat entlastend, jedoch mit Blick auf Umsetzbarkeit (teilweise) Übernahme des Finanzierungsrisikos, ggf. auch der Kosten insgesamt durch Staat erforderlich Kosten Luftsicherheit insgesamt: je nach Umfang und Ausschöpfung der Effizienzpotenziale	Flughäfen strukturell in der Lage, Aufgaben zu übernehmen; wenn und soweit Staat Finanzierungsrisiko und ggf. Kosten teilweise übernimmt, wären Flughäfen auch praktisch in der Lage
Teilweise Übernahme durch die Flughäfen (Kap. 7.3.2)	Einwirkung auf LuftAss bleibt wie im Status quo Hinreichende Einwirkungsmöglichkeiten auf Konfiguration der Kontrollstellte sichergestellt werden	Gewisse Potentiale bei Sicherheitstechnik und Konfiguration	Technik würde vielfältiger	Mangels unmittelbarer Auswirkungen auf LuftAss kaum Auswirkungen zu erwarten	Flughäfen müssten initial viel Sicherheitstechnik anschaffen bzw. übernehmen von LSB Finanzierungsrisiko müsste geklärt werden Gesamtkosten Luftsicherheit ggf. geringer; dazu Effizienzpotenziale ausschöpfen	Insgesamt geringer Umstellungs-aufwand

Modell/ Kriterium	Qualität/effektive Aufsicht	Effizienz	Einheitlichkeit	Sozialverträglichkeit	Finanzielle Auswirkungen	Umsetzbarkeit
AöR (Kap. 7.3.3)	Maximale staatl. Einwirkungsmöglichkeiten auf LuftAss (Staatsbedienstete)	Vergleichbare Potentiale wie im Status quo Weniger Fluktuation der LuftAss zu erwarten Schaffung einer Großbehörde	Kontrolltätigkeit eher einheitlicher als bisher, da LuftAss Beschäftigte der AöR wären	Übernahme der LuftAss grds. Vorgesehen, wobei Voraussetzungen für öD erfüllt sein müssen Geringere Fluktuation	PSDL würden Betätigungsfeld verlieren Staat hätte hohe Umstellungskosten Laufende Kosten (und damit Gebührenhöhe): je nach Verwendungsmöglichkeiten/ Umgang mit LuftAss, die Aufgaben nicht mehr erfüllen können Ggf. Personalüberhang; insgesamt weniger personelle Flexibilität	Sehr hoher Umstellungsaufwand, da neue Behörde mit sehr viel Personal geschaffen werden müsste; allerdings Übernahme von LuftAss der PSDL und von Expertise der BPOL möglich
BPOLD (Kap. 7.3.4)	Maximale staatl. Einwirkungsmöglichkeiten auf LuftAss	Vergleichbare Potentiale wie im Status quo Zudem: weniger Fluktuation der LuftAss zu erwarten Schaffung einer Großbehörde	Kontrolltätigkeit eher einheitlicher als bisher, da LuftAss Beschäftigte der BPOL wären	Übernahme der LuftAss grds. Vorgesehen, wobei Voraussetzungen für öD erfüllt sein müssen Geringere Fluktuation	PSDL würden Betätigungsfeld verlieren Staat hätte hohe Umstellungskosten Laufende Kosten (und damit Gebührenhöhe): je nach Verwendungsmöglichkeiten/Umgang mit LuftAss, die Aufgaben nicht mehr erfüllen können Ggf. Personalüberhang; insgesamt weniger personelle Flexibilität	Hoher bis sehr hoher Umstellungsaufwand, da neue Direktion mit sehr viel Personal geschaffen werden müsste; allerdings Übernahme von LuftAss der PSDL und von Expertise vorhandener Einheiten der BPOL möglich

Modell/ Kriterium	Qualität/effektive Aufsicht	Effizienz	Einheitlichkeit	Sozialverträglichkeit	Finanzielle Auswirkungen	Umsetzbarkeit
Staatl. SG (Kap. 7.3.5)	Sehr hohe staatl. Einwirkungsmöglichkeiten auf die LuftAss	Grds. ähnliche Effizienzpotentiale wie der Status quo Besonderheiten vor Ort können gut abgebildet werden	In der Fläche wegen lokalen agierenden SG eher Abnahme Vor Ort durch Kontinuität der SG bei Kontrolltätigkeit höher	Übernahme der LuftAss grds. vorgesehen Geringere Fluktuation Ggf. Entlassung bei Wegfall der Eignung als LuftAss (z. B. aus gesundheitlichen Gründen)	PSDL würden Betätigungsfeld verlieren Staat müsste Gesellschaften aufsetzen und betreuen; SG müsste LuftAss anstellen Strukturell die gleichen Effizienzpotentiale und damit Kosteneinsparungspotentiale wie im Status quo	Bei pol. Willen auf Bundes- bzw. Landesebene umsetzbar
Halbstaatl. SG (Kap. 7.3.6)	Sehr hohe staatl. Einwirkungsmöglichkeiten auf die LuftAss (diese sind direkt bei HSG angestellt)	Idealerweise werden wirtschaftliche und staatliche Expertise in der HSG vereint (SG führt Kontrollen durch; FH steuert, beschafft Sicherheitstechnik und richtet Kontrollstellen (maßgeblich) ein) ABER: hohe Voraussetzungen; zudem Ausschreibung der Steuerung, Sicherheitstechnik-beschaffung und Konfiguration wiederkehrend erforderlich	In der Fläche wegen lokalen agierenden HSG eher Abnahme Vor Ort durch Kontinuität der HSG bei Kontrolltätigkeit höher	Übernahme der LuftAss grds. vorgesehen Geringere Fluktuation Ggf. Entlassung bei Wegfall der Eignung als LuftAss (z. B. aus gesundheitlichen Gründen)	Flughäfen würden, wenn und soweit sie wollen, neue Aufgaben (Steuerung, Beschaffung Sicherheitstechnik, Konfiguration) (mit-)übernehmen Staat müsste Gesellschaften aufsetzen und betreuen Wenn Gesellschafter ihre Stärken tatsächlich einbringen, können insoweit Effizienzgewinne zu Einsparungen führen; andererseits hoher Aufwand durch regelmäßige Ausschreibungen; Gesamtsaldo hängt von vielen Faktoren ab	Staatlicherseits bei pol. Willen auf Bundes- bzw. Landesebene umsetzbar Hinreichende Attraktivität der Beteiligung für Private u.U. sehr herausfordernd sicherzustellen

Modell/ Kriterium	Qualität/effektive Aufsicht	Effizienz	Einheitlichkeit	Sozialverträglichkeit	Finanzielle Auswirkungen	Umsetzbarkeit
Optionale weitgehende Übernahme durch die Flughäfen (Kap. 7.3.7)	Für Flughäfen, die Option wahrnehmen: s.o. Für übrige: Status quo	Für Flughäfen, die Option wahrnehmen: s.o. Für übrige: Status quo	Kontrolle weiterhin sehr einheitlich; Gewisser Rückgang bei übrigen Prozessen, zudem u.U. dieselbe LSB für zwei Systeme zuständig	Für Flughäfen, die Option wahrnehmen: s.o. Für übrige: Status quo	Grds. gilt auch hier: Für Flughäfen, die Option wahrnehmen: s.o. Für übrige: Status quo Allerdings entsteht für LSB, die für zwei Systeme zuständig sind, v.a. dann ein Verlust an Effizienz, wenn sie nur noch für wenige Flughäfen die Steuerung etc. übernimmt und dafür Einheiten aufrechterhalten muss	Größte Stärke, da nur die Flughäfen übernehmen, die wollen
Optionale teilweise Übernahme durch die Flughäfen (Kap. 7.3.8)	Für Flughäfen, die Option wahrnehmen: s.o. Für übrige: Status quo	Für Flughäfen, die Option wahrnehmen: s.o. Für übrige: Status quo	Nur Sicherheitstechnik und Kontrollstellen betroffen, deshalb keine relevante Änderung	Für Flughäfen, die Option wahrnehmen: s.o. Für übrige: Status quo	Grds. gilt auch hier: Für Flughäfen, die Option wahrnehmen: s.o. Für übrige: Status quo Allerdings entsteht für LSB, die für zwei Systeme zuständig sind v.a. dann ein Verlust an Effizienz, wenn sie nur noch für wenige Flughäfen die Sicherheitstechnikbeschaffung und Kontrollstelleneinrichtung übernimmt und dafür Einheiten aufrechterhalten muss	Größte Stärke, da nur die Flughäfen übernehmen, die wollen

8 Zusammenfassung

Im Rahmen der vorliegenden Studie erfolgte eine Begutachtung des bestehenden Systems der Luftsicherheit in Deutschland sowie eine Darstellung und kritische Abwägung verschiedener möglicher Reformmodelle. Dabei wurde der Fokus auf die Organisation und Aufgabenwahrnehmung auf Bundesebene gelegt. Berücksichtigt wurden dabei neben den Positionen der wesentlichen Stakeholder aus dem Bereich der Luftsicherheit auch die Ergebnisse der in den letzten Jahren durchgeführten Pilotprojekte sowie Erfahrungen aus anderen Staaten mit einem dem deutschen vergleichbaren Sicherheitsniveau. Ebenfalls begutachtet wurden die bestehende Rechtslage und die Kostenentwicklung im Bereich der Luftsicherheit

Status quo des Systems der Luftsicherheit in Deutschland

Der Status quo zeichnet sich durch eine Vielzahl beteiligter Akteure und fragmentierte Zuständigkeiten aus. Dies wird sowohl anhand der großen Zahl zuständiger Luftsicherheitsbehörden als auch anhand der Zahl und Heterogenität der deutschen Verkehrsflughäfen deutlich. Die empirischen Ergebnisse zeigen dennoch, dass das derzeitige System der Luftsicherheit bezogen auf seine primäre Funktion, den Luftverkehr gegen Gefahren durch Gewalteinwirkung abzusichern, durchaus als effektiv bis sehr effektiv wahrgenommen wird – eine sofortige Umstellung des bestehenden Systems ist vor diesem Hintergrund nicht erforderlich.

Kritisiert wurde das bestehende System hingegen vor allem unter Effizienzgesichtspunkten. Nicht nur bezogen auf die steigenden Kosten für die Durchführung der Kontrollen, sondern auch bezogen auf die Effizienz der Aufgabenverteilung und Prozesse der Aufgabenerledigung. Das bestehende System wird von nahezu allen Akteuren als zu uneinheitlich – etwa bezogen auf §§ 5-, 8- und 9-Kontrollen – und als mit zu vielen, teils dysfunktionalen Schnittstellen versehen, kritisiert.

Zwei wiederkehrende Argumente bezogen auf die Effizienz der Aufgabenverteilung wurden dabei häufig genannt. Zum einen beklagte die BPOL eine Belastung der eigenen Kräfte durch vollzugsfremde Aufgaben im Bereich der Organisation und Durchführung der Passagier- und Gepäckkontrollen (z. B. Ausschreibungsprozesse bzgl. der PSDL und deren Vertragsmanagement, die Steuerung der LuftAss und die Beschaffung der Sicherheitstechnik). Zum anderen wünschen sich viele Flughafenbetreiber mehr Einfluss auf die Rahmenbedingungen der Kontrollen. Einigkeit besteht dahin, dass die Kontrolle selbst eine hoheitliche Aufgabe ist.

Allerdings scheinen unter den befragten Flughafenbetreibern unterschiedliche Ansichten vorzuherrschen, ob dieses Mehr an gewünschtem Einfluss mit einer weitreichenderen Aufgabenübernahme durch die Flughafenbetreiber einhergehen sollte. Während einige Flughafenbetreiber in der durchgeführten Befragung eine Übernahme von solchen vollzugsfremden Aufgaben generell ausschlossen, zeigte die Mehrheit der befragten Flughäfen durchaus Interesse daran, zumindest einzelne Aufgaben zukünftig zu übernehmen. Allerdings konnte sich nur ein einziger der befragten Flughafenbetreiber die vollständige Verantwortungsübernahme in diesem Bereich vorstellen. Hingegen herrschte kaum Bereitschaft, die Vorfinanzierung für die Aufgaben zu übernehmen.

Laufende Optimierungsprozesse

Insbesondere in den durchgeführten Stakeholder-Interviews wurde mehrfach zu verschiedenen Aspekten des bestehenden Systems der Luftsicherheit darauf hingewiesen, dass sich die Situation bereits in jüngster Zeit durch ein „Umdenken" bei den zentralen Akteuren verbessert hätte. Als zentral für diese positive Entwicklung wurden dabei mehrfach die bisher durchgeführten Pilotprojekte genannt.

Ein sehr erfolgreiches Instrument ist der **Standortdialog**. Nach den Ergebnissen der vorliegenden Untersuchung ist eine konstruktive Zusammenarbeit eine notwendige Voraussetzung für den reibungslosen Ablauf der Luftsicherheitskontrollen. Dementsprechend sollten die bestehenden Standortdialoge an allen Verkehrsflughäfen konsequent umgesetzt werden. Da diese noch nicht überall eingeführt wurden, ist eine Bewertung des Ist-Zustands derzeit nur schwer möglich. Es ist jedoch davon auszugehen, dass durch eine flächendeckende Implementation dieses Instruments einige der in der Untersuchung beschriebenen Probleme behoben werden könnten. Ebenso ist die Umstellung der Verträge mit den PSDL zu beachten. Diese **neugestalteten PSDL-Verträge** werden derzeit eingeführt, sobald an einem Verkehrsflughafen in Bundeszuständigkeit ein Vertrag mit einem PSDL ausläuft. Da dieses neue Vertragsmodell bereits eine stärkere und eigenverantwortlichere Beteiligung der PSDL im Bereich der Steuerung vorsieht, besteht durchaus Grund zu der Annahme, dass dies bereits die gewünschte Entlastung der Bundespolizei von den administrativen Tätigkeiten bewirken und auch zu einer Effizienzsteigerung des bestehenden Systems beitragen kann. Es wurden zahlreiche **weitere Optimierungsmaßnahmen** im Rahmen der Pilotprojekte geprüft, von denen einige als durchaus vielversprechend eingeschätzt wurden (z. B. die „Easy Security"-Kontrollfläche[420]). Hier sollte auf Grundlage der Erkenntnisse der Studie die Fortführung und Ausweitung dieser Prozesse geprüft werden (vgl. dazu sogleich im Teilkapitel „Modellwechsel").

Derzeit problematisch ist die Weitergabe von Daten zwischen den beteiligten Akteuren. Dies betrifft insbesondere die Daten, die zur Prognose der Kontrollstunden bzw. für die Personalanforderung für die Sicherheitskontrollen benötigt werden. Um eine verbindliche und rechtssichere Grundlage für eine umfassende Abfrage der Passagierdaten seitens der LSB sicherzustellen, empfiehlt es sich, eine verbindliche Meldepflicht zu verankern, die ggf. um Sanktionsmöglichkeiten zu ergänzen ist. Vor dem Hintergrund der großen Bedeutung der Daten für den Planungsprozess erscheint der Umsetzungsaufwand gering.

Modellwechsel

Das System der Organisation der Luftsicherheit in Deutschland ist derzeit, nicht zuletzt durch die Vielzahl an beteiligten Akteuren, eng mit angrenzenden organisationalen Prozessen verknüpft, die im Rahmen dieser Studie nicht alle umfassend betrachtet werden konnten. Hinzu kommt, dass die bisherigen Reformansätze bislang noch nicht vollständig umgesetzt wurden. Zum jetzigen Zeitpunkt können die Auswirkungen der Reformen und gerade auch ihr Zusammenspiel noch nicht in vollem Umfang abgeschätzt werden. Die Ergebnisse der empirischen Analyse deuten jedoch darauf hin, dass sie zu einer Verbesserung der aktuellen Situation beitragen. Dies ist insbesondere bei der Erwägung möglicher Reformmodelle zu beachten. Einige der dargestellten Reformansätze würden zu tiefgreifenden Veränderungen, nicht nur bezogen auf die Organisation der Luftsicherheit, sondern auch bezogen auf die Luftverkehrsbranche, die derzeitig die § 5-Kontrollen durchführenden Sicherheitsdienstleister und auf die beteiligten Luftsicherheitsbehörden führen. Vor diesem Hintergrund sollte in Erwägung gezogen werden, die laufenden Optimierungen in die Tiefe und in die Breite voranzutreiben und von einer zentralen Stelle – z. B. einer Steuerungsgruppe aus BMI und Vertretern der Luftverkehrswirtschaft – begleiten und evaluieren zu lassen. Dabei könnten wesentliche Erkenntnisse zu weitergehenden, auch systemischen Optimierungs- bzw. Reformpotentialen gewonnen werden. Parallel dazu sollte – wenn nicht schon heute eine Entscheidung zugunsten eines anderen Modells getroffen wird – geprüft werden, den äußerst weit gediehenen Neue Welt-Prozess

420 Vgl. dazu Kapitel 5.1.3 und Kapitel 5.1.4.

wieder aufzugreifen.[421] Mit der Umsetzung der Neuen Welt können erste Erfahrungen und Daten für das derzeit von verschiedenen Stakeholdern präferierte Modell gesammelt werden, wenngleich eine Übertragung des Modells auf andere Flughafentypen noch einmal im Rahmen weiterer Modellprojekte geprüft werden müsste. Insbesondere könnte dabei auch die Frage der Umsetzbarkeit und des Mehraufwandes einer optionalen Übertragung aus Sicht einer Luftsicherheitsbehörde, die nunmehr eine alte und eine neue Welt betreuen würde, evaluiert werden.

Dabei handelt es sich im Ergebnis um eine politische Entscheidung. Wenn der politische Wille zu einem zeitnahen, d. h. die soeben dargestellten Prozesse nicht abwartenden, Systemwechsel besteht, empfiehlt es sich, das bevorzugte Modell noch einmal im Detail mit allen seinen Auswirkungen und auch seinen Auswirkungen auf die angrenzenden organisationalen Prozesse zu prüfen. Ebenso kann es sich anbieten, zunächst einen Pilotversuch mit begleitender oder anschließender Evaluation zu starten.[422]

---

421 Dies scheint nach Einigung zwischen BMI und Fraport mittlerweile geschehen zu sein (https://www.bmi.bund.de/SharedDocs/pressemitteilungen/DE/2021/05/fraport-luftsicherheitskontrolle-frankfurt.html).

422 Ein solcher Pilotversuch wäre für die Gründung einer AöR oder neuen Bundespolizeidirektion kaum durchführbar. Bzgl. der Übertragung auf die Flughäfen böte sich der Neue Welt-Prozess an, bzgl. der Gründung einer staatlichen Sicherheitsgesellschaft besteht mit den Flughäfen München, Nürnberg und Memmingen ein entsprechendes System, das auf seine Übertragbarkeit hin im Detail untersucht werden könnte. Zu den ausdrücklich geäußerten örtlichen Besonderheiten (vgl. oben Kapitel 7.3.5.2).

9 Literaturverzeichnis

Ausschuss für Verkehr und für das Post- und Fernmeldewesen, Beschlußempfehlung und Bericht des Ausschusses für Verkehr und für das Post- und Fernmeldewesen (14. Ausschuß) zu dem von der Bundesregierung eingebrachten Entwurf eines Gesetzes zur Änderung des Luftverkehrsgesetzes (9. Änderungsgesetz), BT-Drs. 8/3431.

Bayerischer Landtag, Schriftliche Anfrage, der Abgeordneten Katharina Schulze BÜNDNIS 90/DIE GRÜNEN vom 2.8.2018, Vollsperrung Terminal 2 am Münchner Flughafen, BayLT Drs. 17/23697.

Bendel, Oliver, Definition Gamification, in: Gabler Wirtschaftslexikon 2020.

Borsdorff, Anke/Deyda, Christian, Luftsicherheitsgesetz für die Bundespolizei, Bundespolizeiliche Aufgaben nach dem neuen Luftsicherheitsgesetz, Lübeck 2005.

Buchberger, Elisabeth, § 5 LuftSiG, in Schenke, Wolf-Rüdiger/Graulich, Kurt/ Ruthig, Josef (Hrsg.), Sicherheitsrecht des Bundes, 2. Auflage, München 2019.

Buchberger, Elisabeth, § 8 LuftSiG, in Schenke, Wolf-Rüdiger/Graulich, Kurt/ Ruthig, Josef (Hrsg.), Sicherheitsrecht des Bundes, 2. Auflage, München 2019.

Buchberger, Elisabeth, § 9 LuftSiG, in Schenke, Wolf-Rüdiger/Graulich, Kurt/ Ruthig, Josef (Hrsg.), Sicherheitsrecht des Bundes, 2. Auflage, München 2019.

Bundesministerium des Innern/Bundesministerium für Verkehr, Bau und Stadtentwicklung, Anhang zum Nationalen Luftsicherheitsprogramm (NLSP).

Bundesministerium des Innern/Bundesverband der Deutschen Luftverkehrswirtschaft e.V., Vereinbarung zwischen dem BMI und dem BDL über das gemeinsame Projekt „Prozessoptimierung der Passagiersteuerungs- und Sicherheitskontrollverfahren", 2014, unveröffentlicht.

Bundesministerium des Innern, für Bau und Heimat, Luftsicherheitsgebühr, https://www.bmi.bund.de/SharedDocs/downloads/DE/veroeffentlichungen/themen/sicherheit/luftsicherheitsgebuehr.html (zuletzt abgerufen am 31. März 2020).

Bundespolizei/Securitas/Flughafen Berlin Brandenburg, BMI-BDL-Projekt: Prozessoptimierung der Passagiersteuerungs- und Sicherheitskontrollverfahren, Abschlussbericht des Pilotprojekts am Flughafen Berlin-Schönefeld (SXF), 2017, unveröffentlicht.

Bundespolizeiinspektion Flughafen Hamburg, Standort-Ergebnisbericht HAM – Projekt „Prozessoptimierung der Passagiersteuerungs- und Sicherheitskontrollverfahren", 2016, unveröffentlicht.

Bundespolizeipräsidium Potsdam/Bundesverband der Deutschen Luftverkehrswirtschaft e.V., Standort-Ergebnisbericht CGN – Projekt „Prozessoptimierung der Passagiersteuerungs- und Sicherheitskontrollverfahren", 2019, unveröffentlicht.

CDU/CSU/SPD, Ein neuer Aufbruch für Europa. Eine neue Dynamik für Deutschland. Ein neuer Zusammenhalt für unser Land, Koalitionsvertrag zwischen CDU, CSU und SPD, 19. Legislaturperiode, 12. März 2018.

Deutsche Polizeigewerkschaft Bundespolizeigewerkschaft, Anhörung von Sachverständigen im Innenausschuss des Landtags NRW, Sicherheitsdefizite für Flugpassagiere beseitigen – Landesregierung muss sich für die Bündelung aller Luftsicherheitsaufgaben in staatlicher Hand einsetzen. Antrag der Fraktion der SPD, Drucksache 17/6258, Stellungnahme DPolG Bundespolizeigewerkschaft zum Antrag der SPD-Fraktion, LT NRW Drs. 17/1708.

Deutscher Bundestag, Entwurf eines Gesetzes zur Änderung des Luftverkehrsgesetzes (9. Änderungsgesetz), BT-Drs. 8/3431.

Deutscher Bundestag: Gesetzentwurf der Bundesregierung Entwurf eines Gesetzes zur Neuregelung von Luftsicherheitsaufgaben, BT-Drs. 15/2361.

Flughafenverband ADV, Luftsicherheit im Blick April 2017.

Giemulla, Elmar M., § 5 LuftSiG, in: Giemulla, Elmar M./Schmid, Ronald (Hrsg.), Luftsicherheitsgesetz, Kommentar, Band 1.3, Neuwied 76. Ergänzungslieferung 2019.

Giemulla, Elmar M., § 8 LuftSiG, in: Giemulla, Elmar M./Schmid, Ronald (Hrsg.), Luftsicherheitsgesetz, Kommentar, Band 1.3, Neuwied 76. Ergänzungslieferung 2019.

Giemulla, Elmar M., § 9 LuftSiG, in: Giemulla, Elmar M./Schmid, Ronald (Hrsg.), Luftsicherheitsgesetz, Kommentar, Band 1.3, Neuwied 76. Ergänzungslieferung 2019.

Giemulla, Elmar M., Vorbemerkung zu Abschnitt 2 LuftSiG, in: Giemulla, Elmar M./Schmid, Ronald (Hrsg.), Luftsicherheitsgesetz, Kommentar, Band 1.3, Neuwied 76. Ergänzungslieferung 2019.

Giemulla, Elmar M./Schmid, Ronald (Hrsg.), Luftsicherheitsgesetz, Kommentar, Band 1.3, Neuwied 76. Ergänzungslieferung 2019 (zitiert: *Bearbeiter*, in: *Giemulla*).

Giemulla, Elmar M./van Schyndel, Heiko, § 16a LuftSiG, in: Giemulla, Elmar M./ Schmid, Ronald (Hrsg.), Luftsicherheitsgesetz, Kommentar, Band 1.3, Neuwied 76. Ergänzungslieferung 2019.

Grabherr, Edwin/Reidt, Olaf/Wysk, Peter (Hrsg.), Luftverkehrsgesetz, Kommentar, 21. Auflage, München Stand Januar 2019 (zitiert: *Bearbeiter*, in: *Grabherr*).

Ibler, Martin, GG Art. 86, in: Maunz, Theodor/Dürig, Günter (Hrsg.), Grundgesetz, Kommentar, 87. Auflage, München März 2019.

Krüger, Jenny Kathinka, Kognitive Aspekte in der zivilen Luftsicherheit, Relevanz kognitiver Fähigkeiten für die Luftsicherheitskontrolle von Passagieren und Handgepäck in Zeiten zunehmender terroristischer Bedrohung, Dissertation 24.7.2017, aktualisierter Nachdruck, 24. Juli 2017.

Maunz, Theodor/Dürig, Günter (Hrsg.), Grundgesetz, Kommentar, 87. Aufl., München März 2019 (zitiert: *Bearbeiter*, in: *Maunz/Dürig*).

Meyer, Anton/Wysk, Peter, Einl LuftSiG, in: Grabherr, Edwin/Reidt, Olaf/Wysk, Peter (Hrsg.), Luftverkehrsgesetz, Kommentar, 21. Auflage, München Stand Januar 2019.

Papier, Hans-Jürgen/Shirvani, Foroud, BGB § 839, in: Säcker, Franz Jürgen/Rixecker, Roland/Oetker, Hartmut/Limperg, Bettina (Hrsg.), Münchener Kommentar zum Bürgerlichen Gesetzbuch, Band 6 Schuldrecht - besonderer Teil IV. §§ 705 - 853. Partnerschaftsgesellschaftsgesetz. Produkthaftungsgesetz, 7. Auflage, München 2017.

Säcker, Franz Jürgen/Rixecker, Roland/Oetker, Hartmut/Limperg, Bettina (Hrsg.), Münchener Kommentar zum Bürgerlichen Gesetzbuch, Band 6 Schuldrecht - besonderer Teil IV. §§ 705 - 853. Partnerschaftsgesellschaftsgesetz. Produkthaftungsgesetz, 7. Auflage, München 2017 (zitiert: *Bearbeiter*, in: *MüKo-BGB*).

Schaefer, Christoph, Luftsicherheitsverwaltung durch Private: Eine Bestandsaufnahme, NVwZ 35. Jahrgang (2016), 1135–1139.

Schaefer, Christoph, Der wartende Passagier, Ansprüche bei Mängeln und Verzögerungen der Luftsicherheitskontrollen, NJW (2019), 3029–3033.

Schenke, Wolf-Rüdiger/Graulich, Kurt/Ruthig, Josef (Hrsg.), Sicherheitsrecht des Bundes, 2. Auflage, München 2019 (zitiert: *Bearbeiter*, in: *Schenke/Graulich*).

Schoch, Friedrich/Schneider, Jens-Peter/Bier, Wolfgang (Hrsg.), Verwaltungsgerichtsordnung, Kommentar, 36. Auflage, München Februar 2019.

Schröder, Christin/Weinkopf, Claudia, Arbeitsbedingungen in der Fluggastkontrolle – zwischen hoheitlichen Befugnissen und fehlender Wertschätzung?, IAQ-Forschung (Juli 2017).

Stober, Rolf, Dürfen beliehene Luftsicherheitsassistenten streiken?, NVwZ 32. Jahrgang (2013), 538–542.

Stucke, Christian, LuftSiG § 5, in: Grabherr, Edwin/Reidt, Olaf/Wysk, Peter (Hrsg.), Luftverkehrsgesetz, Kommentar, 21. Auflage, München Stand Januar 2019.

ver.di, Arbeitsbedingungen im Sicherheitsgewerbe, So beurteilen die Beschäftigten die Lage, Ein Report auf Basis einer Umfrage mit dem DGB-Index Gute Arbeit, Band 12 August 2018.

Wagner, Gerhard, BGB § 823, in: Säcker, Franz Jürgen/Rixecker, Roland/Oetker, Hartmut/Limperg, Bettina (Hrsg.), Münchener Kommentar zum Bürgerlichen Gesetzbuch, Band 6 Schuldrecht - besonderer Teil IV. §§ 705 - 853. Partnerschaftsgesellschaftsgesetz. Produkthaftungsgesetz, 7. Auflage, München 2017.

10 Verzeichnis der zitierten Rechtsprechung

Gericht	**Entscheidungsart**	**Datum**	**Aktenzeichen**	**Fundstelle**
AG Erding	Urteil	23. August 2016	8 C 1143/16	
Bayerischer Verwaltungsgerichtshof	Beschluss	28. Juli 2010	8 ZB 09.1080	
BGH	Beschluss	14. Dezember 2017	III ZR 48/17	
BGH	Urteil	05. April 2018	III ZR 211/17	
BGH	Urteil	11. Dezember 1997	III ZR 52/97	
BGH	Urteil	11. Januar 2007	III ZR 302/05	BGHZ 170, 260-275
BGH	Urteil	17. Mai 1990	III ZR 191/88	
BGH	Urteil	30. November 1967	VII ZR 34/65	BGHZ 49, 108-117,
BVerfG	Beschluss	20. März 2013	2 BvF 1/05	BVerfGE 133, 241-272
BVerfG	Urteil	18. Januar 2012	2 BvR 133/10	BVerfGE 130, 76-130
BVerwG	Urteil	3. März 1994	4 C 1/93	BVerwGE 95, 188-208
BVerwG	Beschluss	23. November 2006	3 B 26/06	
BVerwG	Urteil	18. März 2004	3 C 23/03	

BVerwG	Urteil	18. März 2004	3 C 24/03	BVerwGE 120, 227-239
BVerwG	Urteil	26. August 2010	3 C 35/09	BVerwGE 137, 377-390
LG Bonn	Urteil	10. Oktober 2018	1 O 155/18	
LG Düsseldorf	Urteil	15. Mai 2018	2b O 179/15	
Oberverwaltungsgericht für das Land Nordrhein-Westfalen	Urteil	22. November 2007	20 D 38/05.AK	
Oberverwaltungsgericht für das Land Nordrhein-Westfalen	Beschluss	14. April 2005	20 B 616/05.AK	
OLG Frankfurt	Urteil	12. August 2013	1 U 276/12	
OVG Lüneburg	Beschluss	3. Mai 2005	12 MS 132/05	

11 Verzeichnis der verwendeten Webseiten

Institution	Adresse	Abrufdatum
Aena SME	http://www.aena.es/en/corporate/company-profile.html	3. März 2020
AERTEC Solutions	https://aertecsolutions.com/aviation/airport-security-accreditation/?lang=en	8. Oktober 2019
Agencia estatal de seguridad Aerea	https://www.seguridadaerea.gob.es/lang_en/la_agencia/organizacion_y_funciones/default.aspx	8. Oktober 2019
Air Navigation Service Provider	https://www.navcanada.ca/en/about-us/pages/who-we-are.aspx	4. November 2019
Australian Skills Quality Authority	https://www.asqa.gov.au/about	8. November 2019
Bundesministerium des Innern, für Bau und Heimat	https://www.bmi.bund.de/DE/themen/sicherheit/kriminalitaetsbekaempfung-und-gefahrenabwehr/luft-schiene-grenzen/luft-schiene-grenzen-node.html	14. Februar 2020
Bundesministerium des Innern, für Bau und Heimat	https://www.bmi.bund.de/SharedDocs/downloads/DE/veroeffentlichungen/themen/sicherheit/luftsicherheitsgebuehr.html	3. März 2020
Bundesministerium für Verkehr und digitale Infrastruktur	https://www.bmvi.de/DE/Themen/Mobilitaet/Luft/Luftverkehr/luftverkehr.html	14. Februar 2020
Bundesregierung	https://www.bundesregierung.de/breg-de/themen/klimaschutz/luftverkehrsteuer-1681874	25. Februar 2020
Bundesverband der Luftsicherheitsunternehmen	https://www.bdls.aero/luftsicherheitsassistent-gehalt	3. März 2020

Institution	Adresse	Abrufdatum
Canadian Air Transport Security Authority	https://www.catsa-acsta.gc.ca/en/about-us	9. September 2019
Civil Aviation Authority	https://publicapps.caa.co.uk/modalapplication.aspx?appid=11&mode=detail&id=7918	8. November 2019
Congress	https://www.congress.gov/bill/107th-congress/senate-bill/1447/text	4. November 2019
European Civil Aviation Conference	https://www.ecac-ceac.org/about-ecac	18. November 2019
European Civil Aviation Conference	https://www.ecac-ceac.org/cep	18. November 2019
European Civil Aviation Conference	https://www.ecac-ceac.org/cep	18. November 2019
Federal Register of Legislation	https://www.legislation.gov.au/Details/C2018C00491	4. November 2019
Federal Register of Legislation	https://www.legislation.gov.au/Datails/F2018C00068	4. November 2019
Federal Register of Legislation	https://www.legislation.gov.au/Details/C2018C00491	4. November 2019
Freistaat Bayern	http://www.freistaat.bayern/dokumente/leistung/188768173207?plz=87480&behoerde=38885350763&gemeinde=644301873678	16. August 2019
Freistaat Bayern	http://www.freistaat.bayern/dokumente/leistung/188768173207?plz=87480&behoerde=38885350763&gemeinde=644301873678	16. August 2019
Freistaat Bayern	http://www.freistaat.bayern/dokumente/leistung/188768173207?plz=87480&behoerde=38885350763&gemeinde=644301873678	16. August 2019

Institution	Adresse	Abrufdatum
Government of the United Kingdom	https://www.gov.uk/government/ministers/minister-of-state-minister-for-security	9. September 2019
Handelsblatt	https://www.handelsblatt.com/unternehmen/mittelstand/familienunternehmer/sicherheitsunternehmen-koetter-security-steigt-am-flughafen-duesseldorf-aus/25166792.html?ticket=ST-7469480-GkLvF1zan7eoax4BjQuF-ap2	25. Februar 2020
International Civil Aviation Organization	https://www.icao.int/about-icao/Pages/default.aspx	6. September 2019
International Civil Aviation Organization	https://www.icao.int/publications/Pages/doc7300.aspx	6. September 2019
International Civil Aviation Organization	https://www.icao.int/Security/SFP/Pages/Annex17.aspx	6. September 2019
International Civil Aviation Organization	https://www.icao.int/Security/SFP/Pages/Annex17.aspx	6. September 2019
Minister of Justice and Attorney General of Canada	https://laws-lois.justice.gc.ca/eng/acts/c-29.7/index.html	25. Oktober 2019
Ministère de la Transition écologique et solidaire	https://www.ecologique-solidaire.gouv.fr/en/aeronautical-taxes	18. November 2019
Organization of American States	http://www.oas.org/juridico/mla/en/treaties/en_conve_suppre_unlaw_seiz_aircr_sig_the_hague_1970.pdf	6. September 2019
Regierung von Polen	http://antyterroryzm.gov.pl/eng/anti-terrorism/institutions-and-servi/the-border-guard/658,The-Border-Guard.html	9. September 2019

Institution	Adresse	Abrufdatum
Royal Netherlands Marechaussee	https://english.defensie.nl/organisation/marechaussee	17. September 2019
Statistisches Bundesamt	https://www.destatis.de/GPStatistik/receive/DESerie_serie_00000094	16. April 2020
Sicherheitsgesellschaft am Flughafen München mbH	https://www.sgm-muc.de/das-unternehmen/aufgaben/	16. August 2019
Trafik-, Bygge- og Boligstyrelsen	http://www.trafikstyrelsen.dk/en/civil-aviation.aspx	9. September 2019
Transportation Security Administration	https://www.tsa.gov/for-industry/screening-partnerships	4. November 2019
Transportation Security Administration	https://www.tsa.gov/blog/2016/02/23/training-new-hires-now-central-tsa-academy	8. November 2019
Transportation Security Administration	https://www.tsa.gov/for-industry/screening-partnerships	18. November 2019
Transportation Security Administration	https://www.tsa.gov/for-industry/screening-partnerships	18. November 2019
United Nations	https://treaties.un.org/doc/db/terrorism/conv1-english.pdf	6. September 2019
United Nations	https://treaties.un.org/doc/Publication/UNTS/Volume%20974/volume-974-I-14118-English.pdf	6. September 2019
United States Government Accountability Office	https://www.gao.gov/new.items/d08456t.pdf	4. November 2019
Westdeutscher Rundfunk	https://www1.wdr.de/nachrichten/rheinland/sicherheitsfirma-koetter-duesseldorf-flughafen-100.html	25. Februar 2020

Kolibri 360 GmbH
Ferdinand-Jühlke-Straße 7
99095 Erfurt, Deutschland
produktsicherheit@kolibri360.de